工程管理新坐标系列教材

“十二五”普通高等教育本科国家级规划教材
辽宁省“十二五”普通高等教育本科省级规划教材
普通高等学校工程管理专业指导委员会推荐用书

工程经济学

（第二版）

李忠富　杨晓冬　主编

科学出版社
北　京

内容简介

本书是工程管理新坐标系列教材之一，按照普通高等学校工程管理专业指导委员会讨论通过的工程经济学课程教学大纲要求，以培养应用型、创新型人才为目标，参照国内外相关著作、教材和应用实例编写而成。本书系统地阐述了工程经济分析的原理和方法，主要内容包括工程经济学概论、资金的时间价值、工程经济分析的基本要素、工程经济评价的指标与方案比选、工程项目财务评价、工程项目国民经济评价、工程项目的资金筹措与融资分析、不确定性与风险分析、工程项目可行性研究、价值工程、项目后评价等。

本书可作为高等学校工程管理专业、理工类专业和经济管理类专业的教材，也可作为工程项目投资决策、规划、设计、施工、咨询等人员的参考书。

图书在版编目(CIP)数据

工程经济学 / 李忠富，杨晓冬主编. —2 版. —北京：科学出版社，2016.2

"十二五"普通高等教育本科国家级规划教材　辽宁省"十二五"普通高等教育本科省级规划教材

ISBN 978-7-03-047226-7

Ⅰ. ①工… Ⅱ. ①李… ②杨… Ⅲ. ①工程经济学–高等学校–教材 Ⅳ. ①F062.4

中国版本图书馆 CIP 数据核字（2016）第 012813 号

责任编辑：兰　鹏　张　凯 / 责任校对：李　莉

责任印制：张　伟 / 封面设计：蓝正设计

科学出版社出版

北京东黄城根北街 16 号

邮政编码：100717

http://www.sciencep.com

固安县铭成印刷有限公司 印刷

科学出版社发行　各地新华书店有售

*

2012 年 6 月第　一　版　开本：787 × 1092　1/16

2016 年 2 月第　二　版　印张：18 1/2

2023 年 1 月第十次印刷　字数：445 000

定价：52.00 元

（如有印装质量问题，我社负责调换）

第二版前言

本书的第一版出版三年多来，被数十所高校用做教材，并于 2014 年被评选为“十二五”普通高等教育本科国家级规划教材和辽宁省“十二五”普通高等教育本科省级规划教材，并获 2014 年大连理工大学优秀教材奖二等奖。这表明本书受到了社会的好评和专家的肯定。根据发展的形势需要，并结合师生使用过程中提出的意见和建议，现对第一版进行调整修订，出版第二版。第二版编写在第一版的基础上不作太多修改，主要是对第一版的错漏之处进行全面更正，并在最后增加第 11 章，即项目后评价。

本书由李忠富、杨晓冬主编，具体写作分工如下：第 1 章由大连理工大学李忠富编写，第 2 章由大连理工大学张明媛编写，第 3 章、第 4 章和第 8 章由哈尔滨工业大学杨晓冬编写，第 5 章、第 6 章由大连交通大学高苛编写，第 7 章由中央财经大学李玉龙编写，第 9 章由大连理工大学土木建筑设计研究院陈准、戴利人编写，第 10 章由大连理工大学李忠富和辽宁大学陈勇共同编写，第 11 章由大连理工大学宋永发编写。全书由李忠富统稿。

本书在编写过程中，参考了一些学者的教材或著作，这些教材或著作大部分在参考文献中列出，在此向各位作者致以谢意，同时也要感谢科学出版社的大力支持。

本书可作为高等学校工程管理专业本科生和研究生，以及土木工程、市政环境工程、交通工程专业的部分本科生和研究生的教材，还可供从事建筑经济与管理工业的政府部门、实际工作者等参考。

本书虽几经修改，但由于水平有限，难免有不足之处，敬请读者批评指正。

编者

2016 年 1 月

第一版前言

工程经济学作为一门工程技术与经济相结合的综合性交叉学科，是为了实现工程建设决策的科学化而产生的。它以工程为对象，利用经济学的理论与分析方法，分析研究工程技术要素的优化配置，通过效益的分析与利弊权衡，以求确定最佳工程技术方案。因此，工程经济学成为高等学校工程管理专业的一门重要专业课。

本书以普通高等学校工程管理专业教学指导委员会讨论通过的工程经济学课程教学大纲为依据，力图全面反映工程经济学完整的理论方法体系、应用技术及本学科的最新进展，为高等学校工程管理专业、理工类专业等提供一部比较完善的经济技术基础课程教材。学生可以通过本课程的学习掌握工程经济学的基本理论及分析方法，具备从事各类工程项目可行性研究、经济评价、方案择优的初步能力。

本书编写将吸收国内外同类教材的长处和特色，依据中国近十几年来工程经济方面的研究与发展，以经济学理论为基础，结合本人十几年来从事相关研究的成果和体会，以工程项目的经济活动为对象，采用定性与定量相结合的方法，阐述各层面的经济关系和经济活动规律，内容丰富、系统全面、可操作性强。

本书由李忠富、杨晓冬主编，具体写作分工如下。

第 1 章由大连理工大学李忠富编写，第 2 章由大连理工大学张明媛编写，第 3 章、第 4 章和第 8 章由哈尔滨工业大学杨晓冬编写，第 5 章、第 6 章由大连交通大学高苛编写，第 7 章由中央财经大学李玉龙编写，第 9 章由大连理工大学土木建筑设计研究院陈准、戴利人编写，第 10 章由大连理工大学李忠富和辽宁大学陈勇共同编写。此外，哈尔滨工业大学营造与房地产系研究生单英华、张黎黎和刘月莹，大连理工大学建设管理系研究生孙丽梅和张亚妮也参与了部分编撰工作。全书由李忠富、杨晓冬统稿。

本书编写过程中，参考了国内外一些学者的教材或著作，书后列出了主要参考文献，在此向各位作者致以谢意，如有遗漏引用资料的出处，在此向专家学者们表示歉意。同时也要感谢科学出版社的大力支持。

本书可作为高等学校工程管理专业本科生和研究生，以及土木工程、市政环境工程、交通工程专业的部分本科生和研究生的教材，还可供从事建筑经济与管理工作的政府部门、实际工作者等参考。

本书虽几经修改，但由于水平有限，难免有不当之处，敬请读者批评指正。

编者

2012 年 2 月

目　录

第1章

工程经济学概论

1.1 工程经济学的概念和发展

1.1.1 工程经济学的概念

工程泛指某项需要投入较大人力和物力的工作，如土木工程、水利工程、机械工程、化学工程、航天工程等。工程经济学（engineering economics）中的“工程”涵盖了一般概念中的工程（制作过程与方法）和技术（劳动的技能和技巧），不仅包括相应的生产工具、物资设备、生产的工艺过程或作业程序方法，同时也包括相应的劳动生产经验、知识和技巧。

工程经济学中的“经济”包括相应的社会经济体制（生产关系）、社会生产和再生产（物质资料的生产、交换、分配、消费的现象和过程）及社会资源的有效利用与节约。

工程经济学将工程中的技术与经济融合，运用经济理论和定量方法，研究工程中的投入与产出之间的关系问题。它是工程与经济的交叉学科，目前尚无统一的定义。其定义大致可归纳为以下三种基本观点。

（1）工程经济学是一门研究如何根据既定的活动目标，分析活动的代价及其对目标实现的贡献，并在此基础上设计、评价、选择，以最低的代价可靠地实现目标的最佳（满意）活动方案的学科。工程经济学的核心内容是一套工程经济分析的思想和方法，是人类提高工程经济活动效率的基本工具。

（2）工程经济学运用有条理的工程经济分析程序，运用数学建模技术，投入相关的工程知识，以工程项目为主体，以技术经济分析为核心，研究如何有效利用有限资源，并将其研究结果运用到那些包含两个或两个以上方案的决策中。

（3）工程经济学不仅要研究工程中技术或生产力方面产生的经济问题，还要通过工程项目把生产力和生产关系联系起来，研究工程项目中发生的人与人之间的关系，研究生产关系中的经济问题，使项目的实施能够满足或超出项目有关利害关系者对项目的要求。

总之，工程经济学是通过分析技术与经济之间的辩证统一关系来科学制定工程方案的学科。

因此，工程经济学可以说是以工程技术项目的方案为对象，研究如何有效地利用工程技术资源，对工程经济活动进行系统评价，科学地预见工程项目直接涉及的经济效果和由此引起的间接效果的科学，是经济学和工程科学技术之间的交叉边缘学科，它是现代科学技术和社会经济发展过程中，各学科互相渗透、互相促进、互动交叉，逐渐形成和发展起来的。

1.1.2 工程经济学的形成与发展

从 1887 年开始，工程经济学先后大致经历了形成、迅速发展和成熟三个主要的发展阶段，目前已经发展成为一门独立的应用广泛的综合性学科。

1. 工程经济学的形成

工程经济学的历史渊源可追溯到 19 世纪后半叶。在此之前，工程师一般只对工程的设计、建造和使用等方面的技术问题负责，很少考虑工程的经济问题。被公认的最早探索工程经济问题的学者是美国建筑工程师威灵顿（Arthur Mellen Wellington），他于 1887 年出版的《铁路布局的经济理论》（*The Economic Theory of The Location of Railways*）一书被认为是第一部工程经济学著作，该书开创性地论述了工程领域中的经济评价工作。威灵顿发现许多工程师在做铁路布局决策时很少考虑铁路工程所需要的投资和将来可能带来的经济收益，因而首次将成本分析方法应用于铁路最佳长度或路线曲率的选择中，并提出了工程利息的概念。他将工程经济学描述为“一门少花钱多办事的艺术”。

威灵顿的精辟见解被后来的工程经济学家所承袭，很多工程经济学家进一步做了大量的研究工作。1915 年，美国斯坦福大学的菲什（John Charles Lounsbury Fish）教授出版的第一部直接以《工程经济学：基本原理》（*Engineering Economics： First Principles*）为名称的著作，系统地阐述了与债券市场相联系的工程投资模型，其分析内容包括投资、利率、初始费用与运营费用、商业组织与商业统计、估价与预测等。1920 年，戈尔德曼（O. B. Goldman）教授出版的《财务工程学》（*Financial Engineering*），提到“工程师的最基本的责任是成本分析，以达到真正的经济性，即赢得最大可能数量的货币，获得最佳财务效益”。他提出了决定相对价值的复利模型。这样，人们就可以用复利法确定方案的比较价值，从而为工程经济学中许多经济分析原理的产生奠定基础。

1930 年，美国工程经济学家格兰特（E.L.Grant）教授出版的《工程经济原理》（*Principles of Engineering Economy*），奠定了经典工程经济学的基础，该书历经半个多世纪，到 1982 年已经再版 6 次，是一本公认的工程经济学代表著作。格兰特教授不仅指出了古典工程经济学的局限性，而且以复利为基础讨论了投资决策的基本理论和方法，同时指出人的经验判断在投资决策中具有重要作用。格兰特对工程经济分析理论的重大贡献得到了社会的普遍认同，因此被誉为“工程经济学之父”。

2. 工程经济学的发展阶段

第二次世界大战结束之后，随着西方社会经济的逐渐复兴，工业投资项目急剧增加，人们面临资金短缺的问题，因此如何使有限的资金得到更有效的利用成为投资者与经营者普遍关心的问题。在这种背景下，受到凯恩斯主义经济理论的影响，工程经济学的研究内容从单纯的工程费用效益分析扩大到市场供求和投资分配方面，从而取得了重大进展。

1951 年，乔尔・迪安（Joel Dean）教授出版的《管理经济学》开创了应用经济学新领域，计算现金流的现值方法逐渐应用到资本支出的分析上，在投资收益与风险分析上起了重要作用。更重大的转折发生于 1961 年，乔尔・迪安教授的《资本预算》一书，不仅发展了现金流量的贴现方法，而且开创了资本限额分配的现代分析方法。

1978 年，布西（L. E. Bussey）出版的《工程项目的经济分析》全面系统地总结了工程项目的资金筹集、经济评价、优化决策以及项目的风险和不确定性分析等基本方法与理论。1982 年，曾任世界生产力科学联盟主席的里格斯（J. L. Riggs）出版的《工程经济学》(*Engineering Economics*)，系统阐述了货币的时间价值、货币管理、经济决策、风险与不确定性分析等工程经济学的基本内容，把工程经济学的学科水平向前推进了一大步。

随着数学和计算技术的发展，特别是运筹学、概率论和数理统计等方法的应用，以及系统工程、计量经济学、最优化技术的飞跃发展，工程经济学与相关学科的交流与发展逐步加强，这也给工程经济学研究增添了新的课题，其内容更加丰富，理论体系更为完善。随着科学技术的发展和人类社会的进步，工程经济学的研究方法还会不断创新，工程经济学的理论也会不断完善，以便满足人们对工程项目和技术方案进行科学决策的新要求。

3. 中国工程经济学的发展

20 世纪 50 年代初期，中国在引进苏联 156 个项目的同时，将技术经济分析和论证的方法，以及“方案研究”“建设建议书”“技术经济分析”等类似可行性研究的方法广泛应用于计划工作、基本建设工作和企业管理中，并取得了较好的效果。这一时期的项目建设采用苏联的一套基本建设程序，在项目投资前期引入技术经济分析与论证的阶段，由于历史和内外部条件的限制，这些方法虽然比较简单和粗糙，且还没有形成系统的理论和方法，但在当时使项目投资决策有了依据，这些项目的投资都产生了较好的经济效益，为新中国成立初期中国工业发展打下了较好的基础。

1962 年 5 月，国务院先后颁布了关于加强基本建设计划设计管理等内容的三项决定，在中国第二部科技发展规划中提出了“技术经济”的概念，并把技术经济视为与其他六大科学技术学科地位相当的学科。工程经济学获得了初步发展。但在“文革”时期，基本建设项目的前期工作没有得到重视，不少工程项目盲目追求项目建设速度，违背了基本建设程序，造成巨大的经济损失。

1978 年改革开放以后，中国在《1978—1985 年全国科学技术发展规划纲要》中，将技术经济和生产管理现代化理论和方法的研究列为 108 项重大研究课题之一。在 1978 年 11 月召开的全国技术经济和管理现代化科学规划工作会议上，通过了《技术经济和管理现代化理论方法的研究规划（1978—1985）》，并成立了中国技术经济研究会。1981 年，国务院成立了技术经济研究中心。1983 年，国家计划委员会要求重视投资前期工作，明确规定把项目可行性研究纳入基本建设程序。1984 年，交通运输部组织编制了《运输船舶技术经济论证名词术语》的部颁标准（JT 0013—1985），其中已经出现了工程经济学的若干基本概念。1985 年，中国政府决定对项目实行“先评估、后决策”的制度，规定建设项目，特别是大中型重点建设项目和限额以上技术改造项目，都必须经过有相应资格的咨询公司的评估。随着经济建设的发展，许多中央、省市主管部门和大中型企业相继成立了技术经济研究机构，一批国内成长起来的科技哲学和经济及管理学者加入技术经济学科队伍中，技术经济的研究队伍不断壮大，学科体系得以不断发展和完善。

20 世纪 90 年代以来，随着中国建立社会主义市场经济体制目标的逐步确立，政府管理经济及配置经济资源的方式发生变化，国家投资体制改革进程加快，工程经济学的理论与方法普遍应用于各类建设项目的经济评价中，同时也推动了中国工程经济学学科的发展。目前，在项目投资决策分析、项目评估和管理中，工程经济学的原理和方法已经得到广泛应用。

1.2 工程技术与经济关系分析

1.2.1 工程技术与经济的关系

工程技术是在工业生产中实际应用的技术，即为了满足特定的社会需要，由具有专门知识和技能的人对物质材料、能量、信息等对象进行的研究、开发、设计、创造和使用具备特定功能的产品的活动过程，以及这种过程所使用和创造的各种手段、知识和方法的总和。

经济一词来源于希腊语，其具体含义随语境的不同而不同。经济的常见含义有社会生产关系的总和、社会物质资料的生产和再生产过程、国民经济的总称、管理社会稀缺资源的方式等。在工程建设领域，经济主要包括投资、成本、利息、利润等要素。

工程经济学是将工程技术与工程经济结合在一起的一门学科，它不同于单纯注重技术可行性的工程学，也不像一般经济学那样研究社会发展的一般经济规律，而是建立在工程技术与经济辩证统一关系之上的研究工程技术和经营活动中诸方案经济合理性的一门学问。

技术和经济在人类进行物质生产、交换活动中始终并存，是不可分割的两个方面。技术具有强烈的应用性和明显的经济目的性，没有应用价值和经济效益的技术是没有生命力的。而经济的发展必须依赖一定的技术手段，世界上不存在没有技术基础的经济发展，技术与经济的这种特性使它们之间有着紧密而不可分割的联系。

技术和经济是对立统一的辩证关系，二者相互促进，相互制约，共同发展。具体表现在以下几个方面。

（1）经济发展是技术发展的物质基础，经济是技术发展的起因和归宿。技术活动的最终目的是产生知识或科技成果，本质上是生产要素组合的投入产出过程，因此，任何新技术的开发，必须投入相应的人力、物力和财力才能保证其正常进行。只有投入了足够的经费，才有可能开发成功，否则新技术的开发将是一时的、缺乏后劲的，甚至是不可能的。据统计，从科学理论研究到技术开发再到产品研制和发展，其投资比值为 1∶10∶100。可见，技术研发需要足够的资金支持，经济发展是技术进步的动力和方向，当国家经济落后或企业研发资金投入不足时，就难以支撑科技发展的需要，技术难以进步。另外，技术发展的目的是促进经济系统更快更有效率地运作，任何技术的产生和发展都取决于经济发展的需要。因此，经济是技术发展的起因和归宿。

（2）技术进步是推动经济发展，提高经济效益的重要条件和手段。技术的突破会对经济发展产生巨大的推动作用，经济的发展必须依靠一定的技术手段。纵观世界经济发展史与技术发展史，无论从世界层面、国家层面还是企业层面来看，都可以观察到这一点。从世界层面来看，科技革命引起产业革命，产业革命引起的经济高涨又对新技术提出了更高的需求，提供了更好的经济支持。每一轮的技术革命都会引发新兴产业的形成与发展。从国家层面来看，一个国家的兴衰从根本上是由技术创新以及有效性决定的，为使经济持续稳定地发展，必须以经济效益为中心，以科技进步为动力，以不断增强综合国力和改善人民生活为目的，实行注重效益、优化结构、提高质量、稳定增长的经济发展战略。从企业层面来看，具备投资能力是企业应用科技成果的重要条件，提高经济效益是企业采用先进技术的动因和目的。

（3）技术与经济相互制约。首先，技术的研发与应用需要投入大量的资金，缺乏足够的资金，就不能进行重大领域的科学研究，因此技术的研发所需的大量投资与经济的可行性之间存在一定矛盾。其次，技术的先进性与经济可行性也存在矛盾，主要体现在技术越先进，对资金投入的需求就越大，但是先进的技术对企业或国家来讲，未必是适用的。最后，技术研发投入总是与风险并存。研究开发应用一旦成功，就会因掌握了技术与市场的领先优势而赢得超额利润，但研究开发应用过程也充满风险，这可能导致技术投入达不到预期效益。

总之，技术与经济既互相促进、互相依赖，又互相制约，随着条件的变化，其关系处于不断地变化和运动之中。技术与经济的这种矛盾关系，正是工程经济学研究的着眼点所在。

1.2.2　工程技术与经济分析的目的

工程技术与经济分析旨在研究技术与经济的关系以及它们之间优化组合的程度和水平，并对提出的各种技术方案进行论证，从技术上的先进性、经济上的合理性入手，进行综合评价、比较，选择最优方案。

具体来讲，工程技术与经济分析可以帮助企业或政府部门在资源有限的情况下，以保证企业经济效益、国民经济效益和社会效益为基础，选择综合收益最佳的工程项目（技术方案），从而提高工程项目经济决策的科学性，并总结已经建成并投入运行后的工程项目（技术方案）的成功经验和失败教训，为以后新项目（技术方案）的决策提供可借鉴的素材。

1.3 工程经济学的研究对象和范围

1.3.1 工程经济学的研究对象

工程经济学是一门由工程技术科学与经济科学相互交叉和渗透而形成的边缘学科。工程经济学本质上是研究不同方案在投资效益上的差异，研究如何有效利用工程技术资源，以较少的资源投入追求尽可能大的方案产出，寻求工程技术方案与经济效益的最佳结合点。工程经济学的研究对象是工程项目，包括工程项目的技术方案分析、财务评价、国民经济评价、工程项目的风险与不确定性分析等内容。因此，可以说工程经济学是以工程项目为对象的技术经济学。

工程项目具有整体性、目的性、一次性、固定性、结果的不可逆转性和投资巨大等特点，其建设过程具有单件性、流动性、区域性、高空作业、露天作业和高风险性等特点，与一般的工业产品（如汽车、家电等）相比有很大差别。因此，其分析方法和指标等也与一般工业产品不完全相同。

1.3.2 工程经济学的研究范围

工程经济学的研究范围包含以下几个方面。

（1）工程经济要素。工程经济要素是进行工程项目评价不可缺少的基本数据和资料，具体内容包括工程经济要素的构成、建设项目投资的构成与估算、产品成本和费用的构成和估算、现行税金的构成等。

（2）现金流量与资金的时间价值。现金流量是拟建项目在整个项目计算期内各个时间点上实际发生的现金流入量与现金流出量的统称。资金的时间价值是进行工程经济分析的基础。具体内容包括现金流量和现金流量图的概念、资金的时间价值的内涵、资金的时间价值复利计算的方法、名义利率和有效利率等。

（3）工程项目经济评价基本方法。经济评价是工程经济分析的核心内容，目的在于确保决策的正确性和科学性，最大限度地降低工程项目投资的风险。其基本方法包括工程项目经济评价（静态评价与动态评价）指标方法、工程项目方案比选方法（互斥、独立和混合型方案比选）等。

（4）工程项目的不确定性与风险分析。工程项目经济评价采用的数据大部分来自估算和预测，具有一定的不确定性和风险性。工程项目的不确定性与风险分析是为了弄清和减少不确定因素对经济效果评价的影响。具体内容包括盈亏平衡分析、敏感性分析、概率分析和风险决策等。

（5）建设项目可行性研究与经济评价。建设项目可行性研究与经济评价是工程经济分析的重要内容，可行性研究是工程项目经济分析理论在工程项目前期的具体应用，是对工程项目前景进行科学预测和项目方案细化的必要过程。具体内容包括工程项目建设程序、可行性研究的程序、可行性研究的依据和作用与内容、可行性研究报告、可行性研究中的市场研究和技术可行性分析等。

（6）设备更新的经济分析。设备更新经济分析是对固定资产在使用过程中发生的磨损、效率降低与过时等问题的应对方式的研究，掌握设备更新方法对保证生产系统的正常运行及企业获利至关重要。具体内容包括设备的磨损及补偿、设备经济寿命的概念与确定、设备更新经济分析、不同设备更新方案的比较分析等。

（7）工程项目财务评价。工程项目的财务评价是在国家现行财税制度和市场价格体系下，分析预测项目的财务效益与费用，判断项目财务可行性的方法。具体内容包括财务评价目的与内容、财务评价方法、财务评价基本步骤、项目财务预测、工程项目投资估算方法、项目财务评价基本报表、项目财务评价指标体系等。

（8）工程项目国民经济评价。工程项目国民经济评价是按照合理配置稀缺资源和社会经济可持续发展的要求，从国民经济全局的角度出发，考察工程项目的经济合理性。具体内容包括国民经济评价必要性与内容、费用与效益的识别与计算、国民经济评价的参数、影子价格的确定、国民经济评价指标及报表等。

（9）价值工程原理与方法。价值工程以最低的寿命周期成本，可靠地实现研究对象的必要功能，能够使工程项目资源得到合理有效的利用。具体内容包括价值工程基本概念、寿命周期成本和功能的概念、价值工程的实施步骤和方法、价值工程在工程项目方案评选中的应用等。

（10）项目后评价。项目后评价可以全面总结项目投资管理中的经验教训，为以后改进项目管理和制定科学的投资计划提供现实依据。具体内容包括项目后评价的含义和作用、项目后评价的基本程序、项目后评价的内容和方法等。

1.4　工程经济学的学科特点和研究方法

1.4.1　工程经济学的学科特点

1. 综合性

工程经济学横跨自然科学和社会科学。工程技术学科研究自然因素运动、发展的规律，是以特定的技术为对象的；而经济学科是研究生产力和生产关系运动、发展规律的一门学科。工程经济学从技术的角度去考虑经济问题，又从经济角度去考虑技术问题。技术是基础，经济是目的。在实际应用中，技术经济涉及的问题很多。而工程技术的经济问题往往是多目标、多因素的。它所研究的内容既包括技术因素、经济因素，又包括社会因素与生态环境因素等。

2. 实用性

工程经济学研究的内容、分析的方案都来源于生产建设实际，并紧密结合生产技术和经济活动进行，它所分析和研究的成果，直接用于生产，并通过实践来验证分析结果是否正确。工程经济学与经济的发展、技术的选择、资源的综合利用、生产力的合理布局等关系非常密切，它使用的数据、信息资料来自生产实践，研究成果通常以一个规划、计划或一个具体方案、具体建议的形式出现。

3. 定量性

工程经济学的研究方法是以定量分析为主，即使有些难以定量的因素，也要予以量化估计。通过对各种方案进行客观、合理、完善地评价，用定量分析结果为定性分析提供科学依据。如果没有定量分析，技术方案的经济性无法正确评价，经济效果的大小无法准确衡量，在诸多方案中也无法进行比较和优选。因此，在分析和研究过程中，要用到很多数学方法，并建立数学模型，借助计算机计算结果。

4. 比较性

工程经济分析通过经济效果的比较，从许多可行的技术方案中选择最优方案或满意的可行方案。例如，一个技术经济指标是先进还是落后，是通过比较得出的。以能耗为例，一吨标准煤能够产生多少产值，没有比较就无法说明。

5. 预测性

工程经济分析活动大多在事件发生之前进行。对将要实现的技术政策、技术措施、技术方案进行预先的分析评价，首先要进行技术经济预测。通过预测，事先明确技术方案的优劣，避免盲目性。

1.4.2 工程经济学的研究方法

工程经济学的研究方法主要包括以下几种。

（1）方案比较方法。对工程项目方案进行比较、选优是工程经济分析的基本内容，方案比较方法贯穿工程经济分析的始终。对同一个工程项目需设计出多种实施方案，工程经济学运用方案的可比性原则及方案比较的具体方法，在对多种方案的技术、经济和社会效果进行计算、分析和评价的基础上，根据项目发展的目标，比较项目的优劣关系，从中选出最优方案。

（2）系统分析法。从系统工程角度看，工程项目由一系列既相互联系又相互区别的相对独立的子系统组成，通过系统地分析这些子系统之间以及子系统与外界环境之间的关系，即可确定工程项目系统的目标与分析边界。在用系统分析方法分析工程项目时，首先，须明确项目发展的主要目标，即技术目标、微观经济效益目标、宏观国民经济效益目标与社会发展目标；其次，分析工程项目系统内部的技术子系统、经济子系统、社会子系统结构及其相互之间的关系；最后，确定建设项目的技术、经济与社会各子系统的发展目标、项目总目标以及相互之间的作用关系，评价和优化项目的技术、经济和社会子系统，达到建设项目总体效果的最优。在系统分析工程项目时，不但要分析项目本身的效益，还要评价项目产生的社会效益和环境效益，以实现工程项目和社会环境与国民经济和谐发展。

（3）动态分析与静态分析相结合的方法。动态分析和静态分析是工程经济学对工程项目进行经济分析常用的两种方法。动态分析是在考虑资金时间价值的前提下，对事物整个发展历程或某一发展阶段的全面系统的评价；静态分析是对事物发展在某个确定时间下的状态进行的分析和评价。这两种分析方法各有侧重点，能够从不同角度反映项目状况，将二者结合起来对工程项目展开综合分析，是工程经济学常用的方法，这不仅发展和完善了动态分析的内涵和方法，而且实现了动态评价方法与静态评价方法的良好结合。

（4）定量分析与定性分析相结合的方法。工程经济学对工程项目的经济分析采取以定量分析为主、定性分析为辅的方式。工程项目的经济分析与评价是一个系统工程，对方案的描述及分析、评价，涉及技术、经济和社会等多个复杂的层面，对其中可以定量描述的内容采用定量分析方法，如运用定量分析方法进行工程项目的经济评价、项目不确定性分析、项目财务评价与国民经济评价、设备更新的经济分析等。工程项目系统中还存在大量目前还无法完全定量化的因素，在很大程度上只能采用定性方法加以描述和分析，如运用定性分析方法对项目后评价、项目可行性研究中的资源评价、建设规模与产品方案、实施进度、无形效果等非经济效果内容进行分析研究。工程经济学强调定量分析与定性分析相结合，并提供了具体的思路和方法。

1.5　工程经济分析的基本步骤

工程经济分析的主要目的是通过对备选方案的比选，全面估算经济效果，并预测面临的风险，为项目决策提供科学依据。工程经济分析应遵循科学的程序，基本步骤如图 1-1 所示。

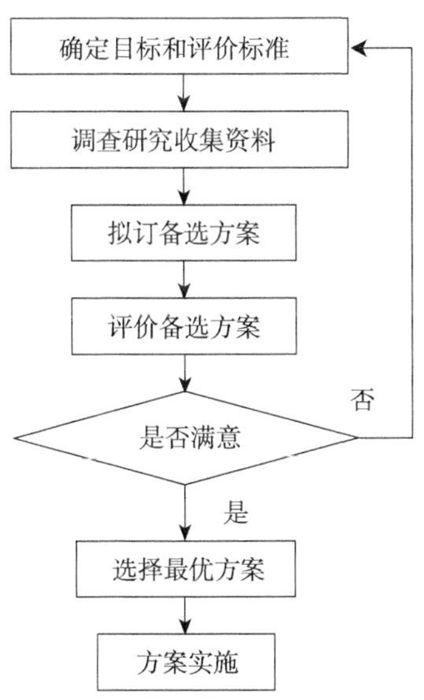

图 1-1　工程经济分析的基本步骤

（1）确定目标和评价标准。任何工程项目方案都有相应的目标体系。工程经济分析的第一步是通过调查研究寻找经济环境中的潜在需求，从而确定工作目标。依据分析对象的不同，应采取合适的方法确定分析目标。按照分析角度的不同，目标可以分为国家目标、地区目标、项目目标、企业目标等。目标的具体内容可以包括项目规模、设备选择、技术改造等。目标确定以后，评价指标也就能够具体化，评价标准也就能够产生。

（2）调查研究收集资料。根据确定的目标进行调查研究，并收集相关的技术、经济、财务、市场、政策法规等资料，为后面的方案构思提供基础。

（3）拟订备选方案。一个工程经济问题可以采用多种方法来解决，因此可以制订出许多不同的方案。工程经济分析过程本身就是多方案选择，所以应尽可能多地列举备选方案，包括维持现状的方案。从理论上讲，备选方案的数量越多，对做出科学决策的作用就越大，但受时间和资源限制，很难做到这一点。一般而言，一个工程项目应至少拟订5~7个方案，以供比较与选择。

（4）评价备选方案。评价备选方案就是对备选方案的经济效果进行评价。对备选方案的经济效果评价应采用定量分析和定性分析相结合的方法，对方案进行包括技术、经济、政治、社会、环境等方面的综合分析和全面评价。

（5）选择最优方案。根据备选方案评价的结果，优选出技术上先进、经济上合理的最佳方案。若对方案比选的结果满意，则选中最优方案；若不满意，则需要重新按照此程序进行方案的构思或者是修改经济目标与评价标准，重复上述过程，直至满意为止。

（6）方案实施。把选定的方案与既定目标进行比较后，需对方案的细节进一步完善，然后在实际工程中开始采用这一方案。

1.6 工程经济分析的基本原则

通过合理的方法对工程技术方案进行分析、比较和评价，是工程经济分析的基本目的。对特定的工程项目，能够列举出多种技术方案，从经济分析的角度考察，这些方案未必都能满足技术上先进、经济上合理、生产上适用的要求。各方案由于所要考虑和解决的问题侧重点不同，有时会带来技术、经济、资源、环境和社会等多方面的问题。处理这些问题所带来的影响，需要对项目方案依据一定的基本分析原则进行合理取舍与评价，进而确定最优方案。

在工程经济分析中，对工程项目或技术方案进行经济分析的基本原则主要有以下七项。这些基本原则分别从不同的角度对项目或方案进行评价，从而得到科学、合理的评价结果。

1. 技术与经济相结合的原则

技术和经济是辩证统一的关系，既相互统一，又相互矛盾。技术是经济发展的重要手段，技术进步是推动经济前进的强大动力，同时技术也是在一定的经济条件下产生和发展的，技术的进步要受经济情况和条件的制约，经济上的需求是推动技术发展的动力。技术与经济之间的这种相互依赖、相互促进和相互制约的关系构成了工程经济评价需要遵循的原则之一。

经济是技术发展的起因和归宿，但由于各种因素的影响，技术先进性与经济的合理性之间存在一定矛盾。在评价方案的技术问题时，既要考虑方案技术的宏观影响，使技术对国民经济和社会发展起到促进作用，又应考虑到方案技术的微观影响，使技术能够有效地结合单位或部门的实际情况，发挥出技术的最大潜能，同时还要注意其经济能力和影响，不要因为项目业主采纳的技术给全局性的经济问题带来诸如资源、环保等方面的负面影响。

所以在应用工程经济学理论来评价工程项目或技术方案时，既要分析其技术上的先进性，评价其技术能力和技术意义，同时也要分析经济上的合理性，评价其经济特性和经济价值，力求做到二者统一，寻找符合国家政策、满足发展方向需要又能给企业带来发展的项目或方案，使之能够最大限度地创造效益，促进技术进步与经济发展。

2. 财务分析与国民经济分析相结合的原则

财务分析是在国家现行财税制度和价格体系的条件下，从项目财务角度分析，计算项目的财务盈利能力和清偿能力，据以判别项目的财务可行性。国民经济分析是从国家整体角度分析，计算项目对国民经济的净贡献，据以判别项目的经济合理性。

项目的财务分析和国民经济分析都是项目的盈利性分析，但两种分析方法的基本出发点不同。财务分析是站在项目的角度，从项目经营者和投资者的角度分析项目在财务上的可行性，属于微观经济效益的分析，而国民经济分析则是站在国民经济的宏观角度上，从全社会的角度分析项目的国民经济费用和效益。另外财务分析只根据项目直接发生的财务收支计算项目的费用和效益，而国民经济分析则从全社会角度考察项目的费用和效益，这与财务分析不同，因为其中有些收入和支出从全社会角度考虑不能作为社会费用或收益。

工程经济分析应坚持财务分析与国民经济分析相结合的方式对项目进行取舍。当财务分析与国民经济分析的结果不一致时，应对其进行深入分析。一般来说，财务分析与国民经济分析结论均可行的项目，应予通过；国民经济分析结论不可行而财务分析可行的项目应予否定。对于一些国计民生必需的项目，国民经济分析结论可行，但财务分析的结论却不可行，通常应进一步优化方案。

3. 效益与费用计算口径对应一致的原则

在经济评价中，将项目的效益与费用限定在同一个范围内是方案比选的基础，计算的净效益才是项目投入的真实回报。财务分析只计算项目本身的直接效益和直接费用，国民经济分析还应计算项目的间接效益和间接费用，即项目的外部效果。为简化计算，有时可将外部效果“内部化”，即把那些效益和费用紧密相关，不统一计算就难以正确考察真实经济效益的“项目群”，视为一个项目（联合体）进行国民经济分析。

4. 定量分析与定性分析相结合，以定量分析为主的原则

定量分析与定性分析从不同评价角度反映了决策方式。定量分析以客观、具体的计算结果为依据，以得出的项目的各项经济效益指标为尺度，对项目进行数字指标的评价。

这种评价方法的优点是能够使评价结构更加精确，减少了工程经济分析工作中的经验决策成分，有利于在定量分析中发现研究对象的实质和规律。定性分析是依据国家的法律法规、国家发展布局及发展方向、该项目对国家发展所起的作用和该项目的发展趋势等进行的基于经验的评价，在实际评价工作中，由于问题的复杂性，很多内容难以用数量方式表达，此情况下，定量分析不适用，定性分析就显得十分必要。定性分析以主观判断为基础，属于经验型决策，在很大程度上依赖于评价人员的经验积累。

工程经济分析坚持采取定量分析与定性分析相结合的原则，有助于发挥两种分析方法的优势，形成补充；以定量分析为主，可以使分析结果科学、准确，有利于决策者在对项目总体有较全面了解的基础上，进行科学决策。

5. 动态分析与静态分析相结合，以动态分析为主的原则

动态分析是在项目决策分析与评价时考虑资金的时间价值，对项目整个计算期内的费用与效益进行折（贴）现现金流量分析。动态分析方法将不同时点的现金流入和流出换算成同一时点的价值，可以对不同方案和不同项目进行比选。静态分析又称非折（贴）现现金流量分析，是在项目决策分析与评价时不考虑资金的时间价值，把不同时点的现金流入和流出看成等值的分析方法。静态分析方法指标计算简便、易于理解，但不能准确反映项目费用与效益的价值量。资金的时间价值分析是项目经济评价的核心，所以分析评价要以动态指标为主。静态指标与一般的财务和经济指标内涵基本相同，一般作为辅助指标。因此，在项目决策分析与评价中应遵循动态分析与静态分析相结合，以动态分析为主的原则，根据工作阶段和深度要求的不同，选择动态分析指标与静态分析指标。

6. 收益与风险权衡原则

工程项目的投资总是伴随着一定程度的风险，风险为工程的最终收益增加了不确定性。通常项目的投资人关心的是效益指标，对于可能给项目带来风险的因素考虑得不全面，对风险可能造成的损失估计不足，结果往往有可能使项目失败。收益与风险权衡的原则提醒投资者，在进行投资决策时，不仅要看到效益，也要关注风险，权衡得失利弊后再行决策。

7. 可比性原则

对备选方案进行比选是工程经济的主要内容。可比性原则是进行定量分析时所应遵循的重要原则之一，可确保所有的备选方案在统一口径下进行比较评价。一般情况下，备选方案需在满足需要、消耗费用、时间和价格上均具有可比性。

（1）满足需要的可比。任何一个项目或方案实施的主要目的都是满足一定的社会需要，不同项目或方案在满足相同的社会需要的前提下也能进行比较。满足需要的可比性应在产品的品种、产量、质量三个方面具有可比性。品种可比是产品品种的名称、规格和数量可比，反映的是企业在产品品种方面满足社会需要的情况。产量可比是项目或技术方案满足社会需要的产品的数量。质量可比是不同项目或技术方案的产品质量相同时，直接比较各项相关指标；质量不同时，则需经过修正计算后才能比较。在进行满足需要的

比较时，能够满足多方面需要的方案可与满足单一需要方案的联合方案进行比较；方案规模不同时，应以规模小的方案乘以适当的倍数与规模大的方案进行比较；对产品可能涉及其他部门或造成某些损失的方案，应将该方案本身与消除其他部门损失的方案组成联合方案进行比较。

（2）消耗费用的可比。工程项目的经济效果是投入和产出之比，所以方案比选除了满足需要上的可比性以外，还需要进行消耗费用方面的可比性分析。由于备选方案的技术特性和经济特性的不同，所需要的人力、物力和财力各不相同，为了使各个方案能够进行经济效果上的比较，应用从项目建设到产出产品及产品消费的全过程中整个社会的消耗费用来比较，而不是用某个国民经济部门或个别环节的部分消耗来进行比较。当项目涉及行业众多，难以从根本上保证消耗费用上的可比性时，可只考虑与项目或方案有直接关系的环节，对这些环节的消耗费用进行比较分析，而省略其他的间接环节的费用比较。

（3）时间的可比。资金的时间价值是动态经济分析的基础，所以在对备选方案进行比选时，必须考虑时间因素，采用相等的计算期作为比较基准，然后才能进行经济效果比较。对于投资、成本、产品质量、产量相同的两个项目或方案，其投入时间不同，经济效益显然不同。而在相同的时间内，不同规模的项目或方案，其经济效益也不同。所以时间因素对方案经济效益有直接的影响。比较不同项目或方案的经济效益，时间因素的可比条件应满足计算期、资金的时间价值和项目整体效益可比。

（4）价格的可比。价格是影响工程项目或技术方案比较的重要因素之一，因此价格的可比性是分析比较项目或技术方案经济效益的一个重要原则。价格可比是项目或技术方案所采用的价格指标体系应该相同。对每个技术方案，无论是消耗品还是产品，均应按其相应的品目价格计算投入或产出。价格水平本身的合理性和恰当性直接影响到工程经济分析的正确性。不同时期技术方案的比较，应采用统一的不变价格或用价格指数进行计算，并应根据技术方案计算期的长短确定相应时期的价格指标。

➢复习思考题

1. 工程经济学的主要研究内容是什么？
2. 工程技术与经济之间存在什么样的关系？
3. 工程经济学的学科特点是什么？
4. 工程经济分析的基本步骤有哪些？
5. 工程项目经济评估中应该遵循什么原则？

第2章

资金的时间价值

2.1　资金的时间价值概述

资金的时间价值是指资金的价值是随时间变化而变化的，是时间的函数，随时间的推移而发生价值的增加，增加的那部分价值就是资金的时间价值。早在1930年格兰特教授出版的《工程经济学原理》一书中，就指出了古典工程经济学的局限性，应以复利计算为基础。这里的复利计算就是资金时间价值的体现和应用，并一直沿用至今。

资金的时间价值的社会属性，在社会主义条件下与资本主义条件下的区别在于：在社会主义条件下，资金的时间价值来源于劳动者为社会创造的价值；而在资本主义条件下，资金的时间价值来源于劳动者创造的剩余价值。

在社会主义条件下，资金的时间价值是资金运动的产物，它同资金的特征本质地联系在一起。资金是社会主义再生产过程中的周转价值，具有垫支、周转、补偿、增值的特征。资金的增值在现实经济生活中近似表现为利润是假定无风险无通胀情况下的增值。因此，可以用利润额和利润率来反映资金使用的经济效果。而用利润率能从相对量上反映资金使用的经济效率，便于在不同时期、不同地区、不同部门、不同企业之间进行分析比较。

在工程经济中，技术方案的经济效益，消耗的一切资源，包括人力、物力等，最后都是以资金的形式表现出来的。因此，在对技术方案进行对比、选择时，为了解决不同时点上发生的费用和效益的时间可比性问题，就必须既要考虑技术方案的资金量大小，又要考虑资金量发生的时间。

资金的时间价值的大小取决于多方面因素，其中主要有以下几点。

（1）资金的使用时间。在单位时间的资金增值率一定的条件下，资金使用时间越长，资金的时间价值越大；使用时间越短，资金的时间价值越小。

（2）资金额的大小。在其他条件不变的情况下，资金额越大，资金的时间价值越大；反之，资金的时间价值越小。

（3）资金投入和回收的特点。在总投资量一定的情况下，前期投入的资金越多，资金的负效益越大；后期投入的资金越多，资金的负效益越小。当资金的回收期一定时，距离现在越近的时间回收的资金越多，资金的时间价值就越大；反之则越小。

（4）资金周转的速度。资金周转速度越快，在一定的时间内等量资金的周转次数越多，资金的时间价值越大；反之则越小。

资金是一种短缺资源，总是有限的，对于国民经济增长具有特别的制约作用。因此，从上述影响资金时间价值的因素来看，要想充分利用并最大限度地获取资金的时间价值，就要合理地使用资金，防止多占积压等浪费资金的现象发生，同时可以吸引、收集闲散资金，加速资金周转，提高投资的社会经济效益。

资金的时间价值的意义体现在以下几点。

（1）充分体现时间因素对经济效益的影响，提高决策的质量。

（2）树立时间就是金钱的观念，提高资金的利用效率和投资效益。

（3）有利于资源的优化配置，使资源向效益高（增值快）的地方流动，提高国民经济的整体实力。

（4）用于缩短项目建设周期，尽早产生投资效益。

总之，在工程经济活动中，必须要承认资金的时间价值的客观存在性，以便获得更好的工程经济效益。

2.2　利息与利率

2.2.1　利息

利息是资金的时间价值的基本体现。例如，我们将一定的资金存入银行，经过一段时间后我们会获得该笔资金以外的另一些回报，这就是我们所说的利息。它是银行在这段时间内占用我们资金所付出的代价，也是我们作为资金所有者却未使用资金而得到的补偿。

利息的计算有单利和复利两种方法。

单利是仅以本金为基数计算利息的方法，即无论经过多少个计息周期，都不计入先前计息周期中所累积增加的利息，其计算公式为

$$I_t=P\cdot i \tag{2-1}$$

式中，I_t 为第 t 个计息期的利息额；P 为本金；i 为计息期单利利率。

故，第 n 期期末单利本利之和 F 等于本金加上总利息，即

$$F=P+I_n=P+P\cdot i\cdot n=P(1+i\cdot n) \tag{2-2}$$

这里，总利息 I_n 为

$$I_n=\sum_{t=1}^{n}I_t=\sum_{t=1}^{n}P\cdot i=P\cdot i\cdot n \tag{2-3}$$

可以看出，在单利计算模式下，利息、本金、利率及计息期数均呈线性关系。

从本质上看，利息是由贷款发生利润的一种再分配。在工程经济分析中，利息常被看

成是一种资金的机会成本。这是因为如果放弃资金的使用权利，相当于失去了收益的机会，也就相当于付出了一定的代价。事实上，投资就是为了在未来获得更大的收益而对目前的资金进行某种安排。很显然，未来的收益应当超过现值的投资，正是这种预期的价值增长才能刺激人们从事投资。因此，在工程经济分析中，利息常指占用资金所付出的代价或放弃使用资金所得到的补偿。

复利将在第 2.3 节中介绍。

2.2.2 利率

利率是指一个计息期内利息额与本金之比，通常以百分数表示，即

$$i=\frac{I}{P}\times 100\% \tag{2-4}$$

式中，I 为一个计息期的利息，或称单位时间内的利息。

式（2-4）表明，利率是单位本金经过一个计息周期后的增值额。在经济学中，利率的定义是从利息的定义中衍生出来的，即在理论上先承认了利息，再用利息来解释利率，而在实际计算中，通常是根据利率来计算利息的。在工程经济分析中，我们通常用利息作为衡量资金时间价值的绝对尺度，用利率作为衡量资金时间价值的相对尺度。利率反映了利息递增的比率。

影响利率的因素有经济因素、政策因素及制度因素等。经济因素包括经济周期、通货膨胀以及税收等。政策因素包括国家的货币政策、财政政策以及汇率政策等。制度因素主要是指利率管制下的利率状况。决定和影响中国利率的主要因素有利润的平均水平、资金的供求状况、物价变动的幅度、国际经济环境及政策性因素等。各国政府经常用利率作为杠杆对经济进行宏观调控，以调节存款量，进而使资金流向其他领域。在经济过热时升高利率，控制消费；在经济过冷时降低利率，刺激消费。

2.2.3 利息和利率在工程经济活动中的作用

（1）利息和利率是以信用方式动员和筹集资金的动力。以信用方式筹集资金有一个特点就是自愿性，而自愿性的动力在于利息和利率。例如，一个投资者，他首先要考虑的是投资某一项目所得到的利息是否比把这笔资金投入其他项目所得的利息多。

（2）利息和利率促进投资者加强经济核算，节约使用资金。投资者借款需付利息，增加支出负担，这就促使投资者必须精打细算，把借入资金用到刀刃上，减少借入资金的占用，以少付利息。同时可以使投资者自觉减少多环节占压资金。

（3）利息和利率是宏观经济管理的重要杠杆。国家在不同时期制定不同的利息政策，对不同地区、不同行业规定不同的利率标准，就会对整个国民经济产生影响。例如，对于限制发展的行业，利率规定得高一些；对于提倡发展的行业，利率规定得低一些，从而引导行业和企业的生产经营服从国民经济发展的总方向。同样，占用资金时间短，收取低息；占用时间长，收取高息。对产品适销对路、质量好、信誉高的企业，在资金供应上

给予低息支持；反之，收取较高利息。

（4）利息和利率是金融企业经营发展的重要条件。作为企业，金融机构必须获取利润。由于金融机构的存放款利率不同，其差额成为金融机构的业务收入。此差额扣除业务费后就是金融机构的利润，所以利息和利率能刺激金融企业的经营发展。

2.3　复利计算公式

与单利相对应，复利是在计算某一计息周期利息时，本金在之前所有周期所累积的利息在当期也要计算利息，即以当期本金和利息之和为计息基数，即“利滚利”的计息方式。复利的计算公式为

$$I_t=F_{t-1}\cdot i \tag{2-5}$$

式中，F_{t-1} 为第 t−1 期期末的复利本利和。又有

$$F_t=P(1+i)^t \tag{2-6}$$

所以，

$$I_n=P(1+i)^n-P \tag{2-7}$$

与单利计算相比，复利的计息利息较高，如表 2-1 所示。

表 2-1　某单利与复利计算利息的差异实例　　单位：万元

使用期	年初款额	单利年末计息	年末本利和	年末偿还
1	1 000	1 000×10%=100	1 100	0
2	1 100	1 000×10%=100	1 200	0
3	1 200	1 000×10%=100	1 300	0
4	1 300	1 000×10%=100	1 400	1 400
使用期	年初款额	复利年末计息	年末本利和	年末偿还
1	1 000	1 000×10%=100	1 100	0
2	1 100	1 100×10%=110	1 210	0
3	1 210	1 210×10%=121	1 331	0
4	1 331	1 331×10%=133.1	1 464.1	1 464.1

从表 2-1 中可以看到：①单利计算和复利计算的利率相等时，资金的复利值大于单利值，且时间越长，差别越大。②由于利息是货币的时间价值的体现，而时间是连续不断的，所以利息也是不断地发生的。从这个意义上来说，复利计算方法比单利计算更能反映货币的时间价值。因此在技术经济分析中，绝大多数情况是采用复利计算。

根据复利的计算方法，当利率的时间单位与计息期不一致时，会出现同样的年利率下不同计息期所得的利息不同的情况，即名义利率和实际利率之别。

名义利率是计息期的利率与年计息次数的乘积。当计息期小于 1 年时，年利率被称为名义利率。例如，按季度计算利息，季利息为 2%，即“年利率为 8%，每季度计息 1 次”，年利率 8%被称为名义利率。

顾名思义，实际利率则为实际计算时采用的利率。也是在一年内，按计息周期利率复利 m 次所得的总利率。

名义利率与实际利率之间的关系是：设名义利率为 r，实际利率为 i，一年内的计息次数为 m，则有

$$i=\left(1+\frac{r}{m}\right)^{m}-1 \quad (2\text{-}8)$$

若计息 n 年，则

$$i=\left(1+\frac{r}{m}\right)^{m\cdot n}-1 \quad (2\text{-}9)$$

当实际利率为年利率时，名义利率与周期利率相等。

现设年名义利率 r=10%，则年、半年、季、月、日的年实际利率如表 2-2 所示。

表 2-2　名义利率与实际利率比较表

年名义利率 r/%	计息期	年计息次数 m/次	计息期利率（$r'=r/m$）/%	年实际利率 I/%
10	年	1	10	10
	半年	2	5	10.25
	季	3	2.5	10.38
	月	12	0.833	10.46
	日	365	0.027 4	10.51

从式（2-8）和表 2-2 中可以看出，年计息次数 m 越多，r' 与 r 相差越大；另外，名义利率为 10%，按季度计息时，按季度利率 2.5%计息与按年实际利率 10.38%计息，二者是等价的。所以，在工程经济分析中，如果各技术方案的计息期不同，就不能简单地使用名义利率来评价，而必须换算成实际利率进行评价，否则会得出不正确的结论。

名义利率实质上是当计息期小于一年的利率转化为年利率时，忽略了时间的因素，没有计算利息的利息，是一种单利的计息方式。

在式（2-8）中，当 $m\to\infty$时，即按照连续复利计算，这时的实际利率被称为连续利率 i'。所谓连续复利，是指一年中计息次数是无限的，而当计息期次数为有限次时，被称为离散复利。连续利率 i' 与名义利率 r 的关系如下：

$$i'=\lim_{m\to\infty}\left[\left(1+r/m\right)^{m}-1\right]=\lim_{m\to\infty}=\left[\left(1+r/m\right)^{m/r}\right]^{r}-1=e^{r}-1 \quad (2\text{-}10)$$

可见，如果计息周期为一定的时间区间（如年、季度、月），并按复利计息，被称为间断复利；如果计息周期无限缩短，则被称为连续复利。

综上，我们可以总结出单利和复利的一些基本情况：①单利仅考虑本金产生的时间价值，未考虑前期利息产生的时间价值。②复利完全考虑了资金的时间价值。③债权人——按复利计算资金的时间价值有利；债务人——按单利计算资金的时间价值有利。④按单利还是按复利计算，取决于债权人与债务人的地位。⑤同一笔资金，当利率和计息期相同时，复利计算的利息比单利计算的利息大，且本金越多，利率越高，计息期数越多，两者差距越大。

2.4　现金流量和现金流量图

工程经济系统中的“现金”是广义的现金，它不仅包括各种货币资金，而且还包括工程经济活动需要的非货币资源的变现价值。对于一个特定的经济系统，如一个投资项目、一个企业、一个行业等，进行技术经济分析时，把各个时间点上实际发生的或即将发生的资金流入或流出称为现金流量。其中，流入系统的资金，即引起系统现金收入的增加额，被称为现金流入（cash income）；流出系统的资金，即引起系统现金支出的增加额，被称为现金流出（cash outcome）。现金流入与现金流出在同一时间点上才能进行加减，其差额被称为净现金流量（net cash flow），即

$$净现金流量=现金流入-现金流出 \tag{2-11}$$

如果净现金流量是正值，则为正净现金流量，是现金流入，是净收入；如果净现金流量是负值，则为负净现金流量，是现金流出，是净支出。

根据资金的时间价值，我们知道，考察工程系统的经济活动全过程，不仅要考察现金流动量，还要考察相应现金额对应的发生时间。所以，可以用一种二维坐标图，即现金流量图简明表示现金的流动。

在现金流量图中，用纵轴表示资金流向和大小，横轴表示时间序列，时间标在分度点上，表示某个周期的末尾和下一周期的起始。现金流入量画在横轴上方，箭头方向向上；现金流出量画在横轴下方，箭头方向向下，如图 2-1 所示。

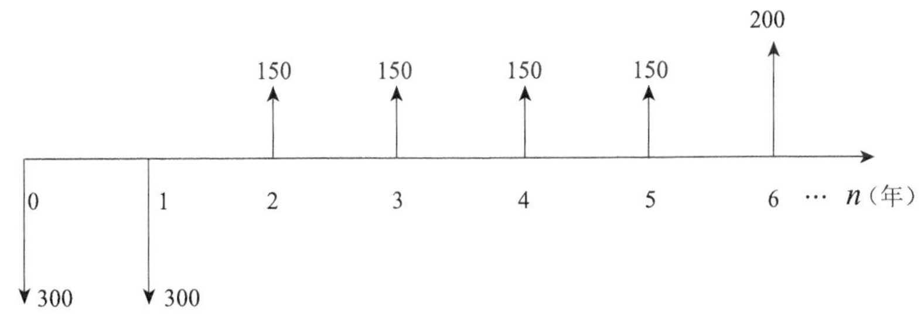

图 2-1　某工程项目净现金流量图（单位：万元）

不难看出，构成一幅完整的现金流量图有三大要素，即现金大小、流向和时间点。在现金流量图中，时间横轴向右推移，表示时间的延续，从 0 到 n，一个刻度表示一个时间单位，可以取年、半年、季度或月等，通常是以一个计息期为一个刻度。

“0”点表示了“现时点”，发生在该点的资金价值以及未来某时点的资金按一定的利率折算到该点的价值，被称为资金的“现值”；与之对应的 n 点为“终值点”。时间坐标的原点通常取在建设期开始的时点，也可取在投产期开始点，而分析计算的起始时间一般都规定在时间坐标的原点。

现金流量图与使用者的立足点有关。例如，贷款方的现金流入就是借款方的现金流出。所以，当我们进行工程项目的现金流量分析时，首先要明确自己的立场。通常，流量的方向是针对资金使用者而言的，现金的流入通常在计息期期末，现金的流出通常在计息期期初。

2.5 等　　值

在某项经济活动中，如果两个方案的经济效果相同，就称这两个方案是等值的。货币等值是考虑了货币的时间价值的，即使金额相等，由于发生的时间不同，其价值也不一定相等；反之，不同时间上发生的金额不等，其货币的价值却可能相等。

资金等值在工程经济分析中是一个非常重要的概念，利用等值的概念，可以把一个时点发生的资金额折算成另一时点的等值金额，这一过程被称为资金的等值计算。例如，现在的 100 元，在每年资金增值率为 10%的条件下，1 年后价值为 110 元，2 年后为 121 元，以此类推，即现在的 100 元与 1 年后的 110 元、2 年后的 121 元具有相同的价值量。资金的等值计算，是以资金的时间价值原理为依据，以利率为杠杆，结合资金的使用时间及增值能力，对工程项目和技术方案的现金进行折算，以期找出共同点上的等值资金额来进行比较、计算和流量选择。

承认资金的时间价值这一现象或概念后，更重要的是资金的时间价值的衡量和计算。这样就引出了资金的时间价值计算的公式，也称利息公式。按支付方式不同，一般包括一次支付公式、等额支付系列公式、等差支付系列公式和等比支付系列公式等。不管具体到哪个公式，其本质都是复利方式下资金计算利息的过程。

2.5.1 基本参数及其含义

在资金的等值计算中，把将来某一时间点的资金金额换算成现在时间点的等值金额的过程称为“折现”或“贴现”。

（1）i——利率（又称折现率）。在工程经济分析中，如不作其他说明，概指年利率，其意义是在一年内投资所得利润或利息与原投资额之比。

（2）n——计息期数。其意义是资金在计算期内计息的次数，其单位通常用“年”。

（3）P——现值。在等值计算中，它代表本金。其大小等于现金流量图中的全部现金流量折算到计息期初时点的数值。

（4）F——终值。在等值计算中，它代表本利和。其大小等于现金流量表中全部现金流量折算到计息期末时点的数值。

（5）A——年值（又称年金）。其意义是在利率 i 的条件下，在 n 次等额支付中，每次支出或收入的金额。

2.5.2 等值计算的基本公式

1. 一次支付类型

一次支付又称整付（single payment），在分析经济系统现金流量时，无论是现金流入或流出，均在一个时点上一次发生。其现金流量图如图 2-2 所示。这里，在考虑资金的时间价值情况下，现金流入 F 与现金流出 P 相等，则 P 与 F 就是等值的。P 是 F 的现值，

F 是 P 的终值。

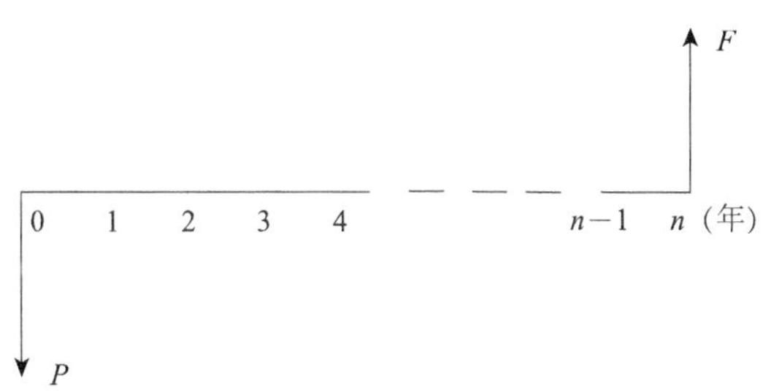

图 2-2 一次支付类型的现金流量图

1）一次支付终值（整付终值）计算公式

一次支付终值（整付终值）计算公式为

$$F=P\cdot(1+i)^n \tag{2-12}$$

记为 $F=P(F/P,i,n)$，$(1+i)^n$ 被称为整付终值系数，记为 $(F/P,i,n)$，斜线的右侧字母表示的是已知参数，即 i，n，P 已知，斜线左侧的 F 为待求值。

【例 2-1】 某房地产公司欲进行新项目开发，需向银行申请贷款 1 000 万元，年利率为 6%，借期 4 年，4 年后该公司向银行偿付的本利和为多少？

解：i=6%，n=4，P=1 000 万元，则

$$F=P(1+i)^n=1\,000\times(1+6\%)^4=1\,262（万元）$$

故，公司在 4 年后应偿付银行 1 262 万元。

2）一次支付现值（整付现值）计算公式

整付现值是整付终值的逆运算，其公式为

$$P=F\cdot\frac{1}{(1+i)^n} \tag{2-13}$$

记为 $P=F(P/F,i,n)$，$\frac{1}{(1+i)^n}$ 被称为整付现值系数，记为 $(P/F,i,n)$，与整付终值系数互为倒数。

【例 2-2】 某企业拟在今后第 5 年年末能从银行取出 2 万元购置一台设备，若年利率为 10%，那么现在应存入银行多少钱？

解：由式（2-13）可直接求得

$$P=F\cdot\frac{1}{(1+i)^n}=2\times\frac{1}{(1+10\%)^5}=2\times0.620\,9$$
$$=1.241\,8（万元）$$

也可查复利系数表得 $(P/F,10\%,5)$=0.620 9，故求得

$$P=F(P/F,i,n)=2\times(P/F,10\%,5)=2\times0.620\,9=1.241\,8（万元）$$

故，现在应存入银行的现值为 1.241 8 万元。

在工程经济评价中，由于现值评价常常是选择现在为同一时点，把技术方案预计的

不同时期的现金流量折算成现值，并按现值之代数和大小做出决策。因此，在工程经济分析时应当注意以下两点。

（1）正确选取折现率。折现率是决定现值大小的一个重要因素，必须根据实际情况灵活选用。

（2）要注意现金流量的分布情况。从收益方面看，获得的时间越早、数额越多，其现值越大。因此，应使技术方案尽早完成，尽早实现生产能力，早获收益，多获收益，才能达到最佳经济效益。从投资方面看，在投资额一定的情况下，投资支出的时间越晚、数额越少，其现值也越小。因此，应合理分配各年投资额，在不影响技术方案正常实施的前提下，尽量减少建设初期投资额，加大建设后期投资比重。

2. 等额支付类型

当经济系统分析期内的现金流量是分布在整个分析期内时，即各年年末的现金流量是数值相等且连续的，则为等额支付（uniform payment）。

1）等额支付终值计算公式

假设各计息期末均支付年金 A，年利率为 i，计息期为 n 的情况下，求终值 F 的计算问题。等额支付终值的现金流量图如图 2-3 所示。

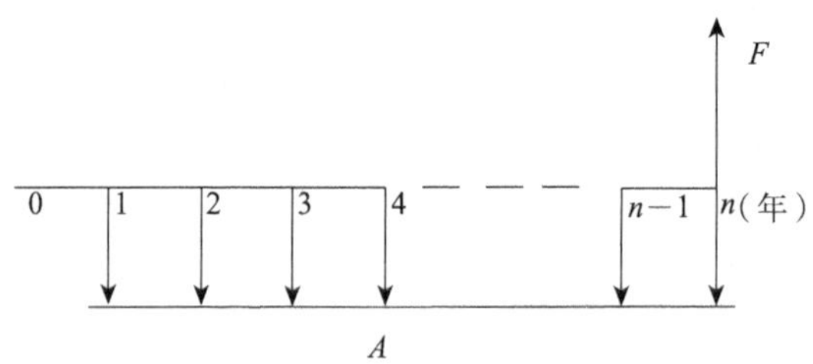

图 2-3 等额支付终值的现金流量图

终值 F 的求解过程如下：

第 1 年年末的年金 A 在第 n 年年末时的本利和值为 $A(1+i)^{n-1}$；

第 2 年年末的年金 A 在第 n 年年末时的本利和值为 $A(1+i)^{n-2}$；

第 3 年年末的年金 A 在第 n 年年末时的本利和值为 $A(1+i)^{n-3}$；

……

第 n 年年末的年金 A 在第 n 年年末时的本利和值为 $A(1+i)^{0}$。

因此，在 n 年中，每年年末投资的年金 A，在第 n 年年末的本利和为

$$F=\sum_{j=1}^{n}A(1+i)^{n-j}$$

根据等比数列求和方法，最后可得终值 F 的表达式为

$$F=A\cdot\frac{(1+i)^{n}-1}{i} \tag{2-14}$$

式中，$\frac{(1+i)^n-1}{i}$为等额支付终值系数，记为（F/A，i，n），因此等额支付终值式（2-14）亦可写为

$$F=A\,(F/A,\ i,\ n) \tag{2-15}$$

【例 2-3】　某大型工程项目预计 5 年建成，每年年初投资 5 亿元，年利率为 6%，项目建成时的实际累计总投资额为多少？

解：根据题意做出现金流量图如图 2-4 所示。

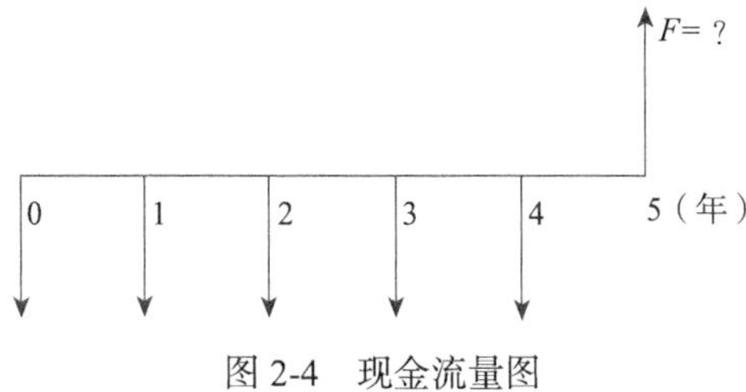

图 2-4　现金流量图

由于投资发生在年初，且最后一年的投资支付与所求终值并未同时发生，故本题可通过以下方式求解。

（1）第 1 年年初的投资视为现值，利用整付终值公式求得其终值 F_1=5×（F_1/5，6%，5）=6.69（亿元）。

（2）第 2~5 年年初的投资视为年值，利用等额支付终值公式求得其终值 F_2=5×（F_2/5，6%，4）=21.87（亿元）。

（3）再将 F_2 视为第 5 年年初的现值，利用整付终值公式求得其终值 F_3=F_2×（F_3/F_2，6%，1）=23.19（亿元）。

（4）则第 5 年年末的终值 F 为

$$F=F_1+F_3=29.88\text{（亿元）}$$

2）等额支付偿债基金公式

在年利率为 i 的情况下，欲将第 n 年年末的资金 F 换算成为与之等值的 n 年中每年年末的等额资金 A，这就是等值支付偿债基金计算问题，是等额支付终值计算的逆运算，故有

$$A=F\cdot\frac{i}{(1+i)^n-1} \tag{2-16}$$

式中，$\frac{i}{(1+i)^n-1}$为等额支付偿债基金系数，记为（A/F，i，n），因此等额支付偿债基金公式（2-16）亦可写为

$$A=F\,(A/F,\ i,\ n) \tag{2-17}$$

【例 2-4】　某工厂计划自筹资金于 5 年后新建一个基本生产车间，预计需要投资 5 000 万元。若年利率为 5%，在复利计息条件下，从现在起每年年末应等额存入银行多少钱？

解：由式（2-16）可直接求得

$$A=F\cdot\frac{i}{(1+i)^n-1}=5\,000\times\frac{5\%}{(1+5\%)^5-1}$$
$$=5\,000\times0.181=905(\text{万元})$$

也可查复利系数表得（A/F，5%，5）=0.180 96≈0.181，故求得

$$A=F(A/F,\ i,\ n)=5\,000\times(A/F,\ 5\%,\ 5)$$
$$=5\,000\times0.181=905(\text{万元})$$

故，每年年末应等额存入银行 905 万元。

3）等额支付现值计算公式

假设各计息期末均支付年金 A，年利率为 i，计息期为 n 的情况下，求现值 P 的计算问题。等额支付现值的现金流量图如图 2-5 所示。

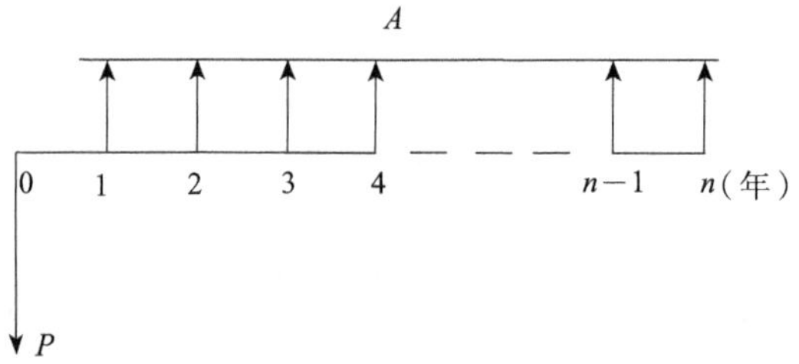

图 2-5 等额支付现值的现金流量图

对于现值 P 的求取，可以利用等额支付终值公式先求得第 n 年年末的终值 F，再利用整付现值公式，将终值 F 折现成现值 P，即

$$F=A\cdot\frac{(1+i)^n-1}{i}$$

$$P=F\frac{1}{(1+i)^n}=A\cdot\frac{(1+i)^n-1}{i}\cdot\frac{1}{(1+i)^n}=A\cdot\frac{(1+i)^n-1}{i(1+i)^n} \quad (2\text{-}18)$$

式中，$\frac{(1+i)^n-1}{i(1+i)^n}$为等额支付现值系数，记为（$P/A$，$i$，$n$）。因此，等额支付现值公式（2-18）亦可写为

$$P=A\,(P/A,\ i,\ n) \quad (2\text{-}19)$$

【例 2-5】 某人购买住房向银行贷款，年利率为 10%，每月计息一次，从现在起连续 10 年的年末需要向银行等额支付 2 万元，其向银行贷款了多少钱?

解：由题知，计息期与利率周期不等，故需要将名义利率转换成实际利率才能进行求解，所以，

$$i=\left(1+\frac{r}{m}\right)^m-1=\left(1+\frac{10\%}{12}\right)^{12}-1=10.47\%$$

根据题意，是已知 i，n，A，求 P 的问题，故根据等额支付现值公式可得

$$P=A(P/A,i,n)=2\times(P/A,10.47\%,10)$$
$$=2\times\frac{(1+i)^n-1}{i(1+i)^n}=2\times\frac{(1+10.47\%)^{10}-1}{10.47\%\times(1+10.47\%)^{10}}=12.044\,9(\text{万元})$$

4）等额支付投资回收计算公式

对于初期的投资 P，当年利率为 i，在 n 年内以每年年末等额资金 A 的方式进行回收的计算问题，即为等额支付投资回收。它是等额支付现值的逆运算，故由式（2-18）可得

$$A=P\cdot\frac{i(1+i)^n}{(1+i)^n-1} \tag{2-20}$$

式中，$\frac{i(1+i)^n}{(1+i)^n-1}$ 为等额支付投资回收系数，记为（A/P，i，n），等额支付投资回收式（2-20）亦可写为

$$A=P（A/P，i，n） \tag{2-21}$$

【例 2-6】　假设以 10%的利率借得 20 000 元，投资于某个寿命期为 10 年的项目，则每年至少要等额收回多少现金才是有利的？

解：根据等额支付投资回收式（2-20）

$$A=P\cdot\frac{i(1+i)^n}{(1+i)^n-1}=20\,000\times\frac{10\%\times(1+10\%)^{10}}{(1+10\%)^{10}-1}=3\,254(\text{元})$$

即每年至少等额收回 3 254 元才能清还贷款本利。

3. 均匀梯度支付类型

均匀梯度支付的现金流是指在分析期内，每年年末发生的方向相同、大小成等差关系变化的现金流量序列。其现金流量图如图 2-6 所示。

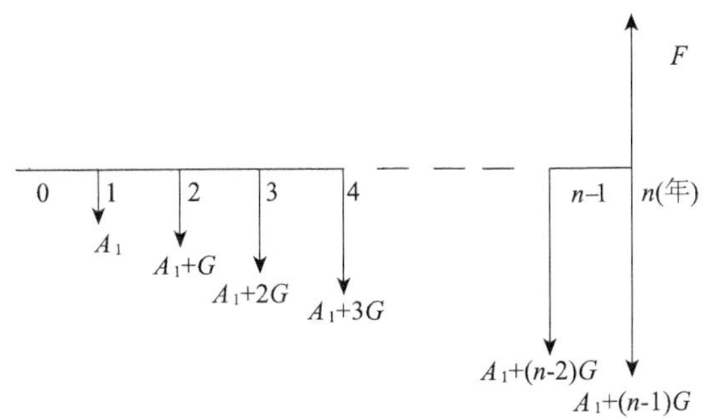

图 2-6　均匀梯度支付现金流量图

在工程实际中，设施的维护费用一般都是逐年递增的。

均匀梯度等差现金流量可分为两部分：一是在各年年末等额支付的年金 A'；二是以 G 为差额的等差资金序列。

此时，可以将等差资金序列看成 n 个一次性支付，即已知 P_n 求 F。则有

$$F_{(1)}=0$$

$$F_{(2)}=G(1+i)^{n-2}$$

$$F_{(3)}=2G(1+i)^{n-3}$$

$$\vdots$$

$$F_{(n)}=(n-1)G(1+i)^{0}$$

$$F=\sum\left(F_{(1)}+F_{(2)}+\cdots+F_{(n)}\right)=G\left[(1+i)^{n-2}+2(1+i)^{n-3}+\cdots+(n-1)\right] \quad ①$$

$$(1+i)F=G\left[(1+i)^{n-1}+2(1+i)^{n-2}+\cdots+(n-1)(1+i)\right] \quad ②$$

②–①：

$$iF=G\left[(1+i)^{n-1}+(1+i)^{n-2}+\cdots+(1+i)-(n-1)\right]=G\frac{(1+i)\left[(1+i)^{n-1}-1\right]}{i}-G(n-1)$$

$$F=G\frac{(1+i)^{n}-(1+i)}{i^{2}}-\frac{G(n-1)}{i}$$

故

$$A''=F(A''/F,i,n)=F\cdot\frac{i}{(1+i)^{n}-1}$$

$$=\cdots=G\left[\frac{1}{i}-\frac{n}{i}(A/F,i,n)\right]$$

$A=A'+A''$ 递增序列；

$A=A'-A''$ 递减序列。

这里的 A 为均匀梯度等差公式中的年值。求出此年值 A，即可根据 A 与现值 P、与终值 F 的关系（等额支付现值、等额支付终值），分别得到 G 与 P、G 与 F 的关系式。这里不赘述，具体表达式如表 2-3 所示。

表 2-3 资金的时间价值等值公式

类型	已知	求	普通复利公式	现金流量图表示
一次支付	P	F	终值公式 $F=P\cdot(1+i)^n$ $F=P\ (F/P,i,n)$	F=? 0 1 2 3 4 — — — n−1 n（年） P

续表

类型	已知	求	普通复利公式	现金流量图表示
一次支付	F	P	现值公式 $P=F\cdot\frac{1}{(1+i)^n}$ $P=F(P/F,i,n)$	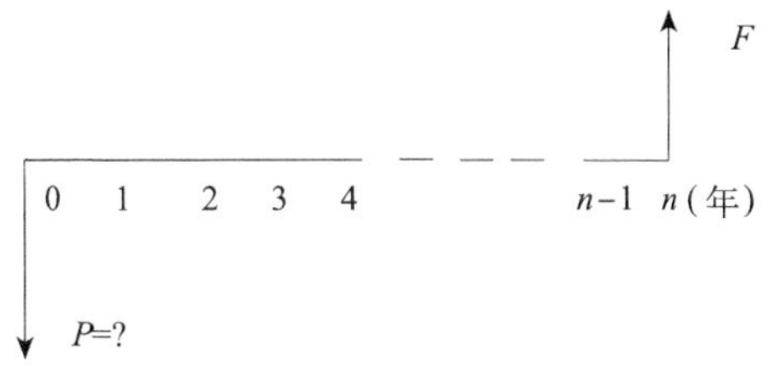
等额支付系列	A	F	等额支付终值公式 $F=A\cdot\frac{(1+i)^n-1}{i}$ $F=A(F/A,i,n)$	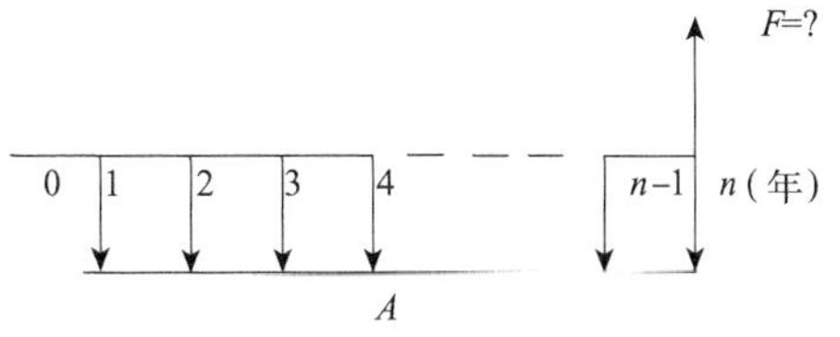
	F	A	等额支付偿债基金公式 $A=F\cdot\frac{i}{(1+i)^n-1}$ $A=F(A/F,i,n)$	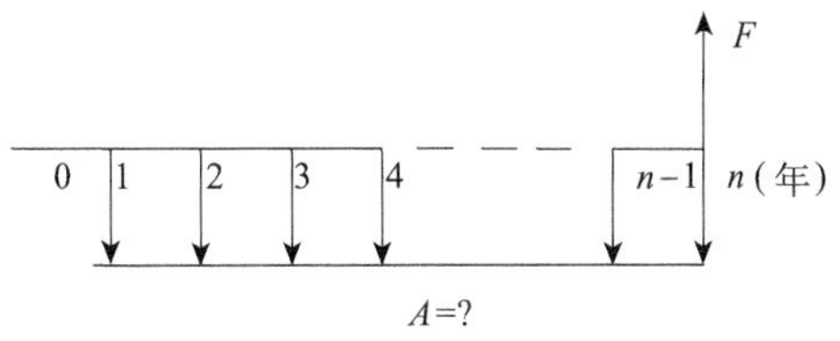
	A	P	等额支付现值公式 $P=A\cdot\frac{(1+i)^n-1}{i(1+i)^n}$ $P=A(P/A,i,n)$	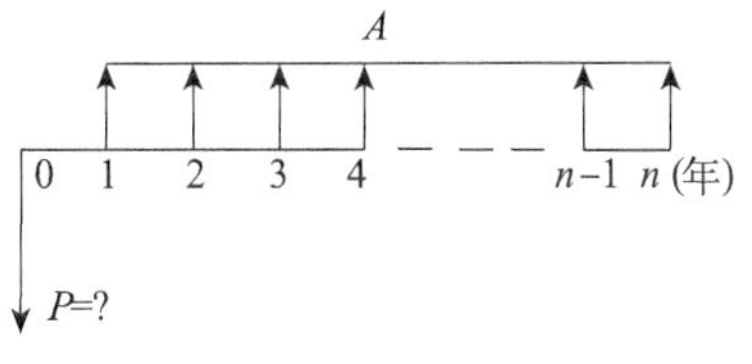
	P	A	等额支付投资回收公式 $A=P\cdot\frac{i(1+i)^n}{(1+i)^n-1}$ $A=P(A/P,i,n)$	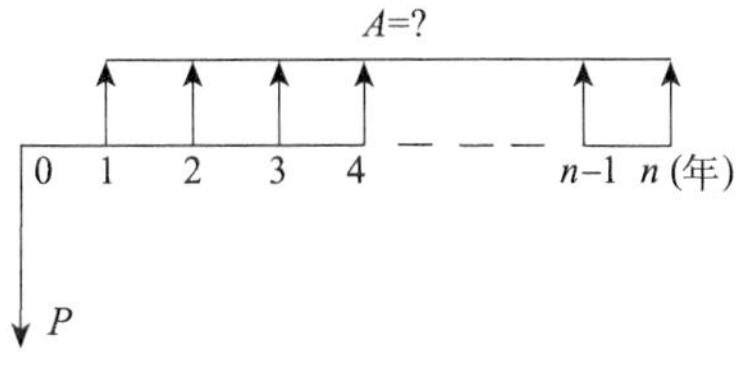
均匀梯度支付系列	G	F	均值梯度终值公式 $F=\left(A_1+\frac{G}{i}\right)\times\frac{(1+i)^n-1}{i}-\frac{nG}{i}$ $F=\left(A_1+\frac{G}{i}\right)\left(\frac{F}{A},i,n\right)-\frac{nG}{i}$	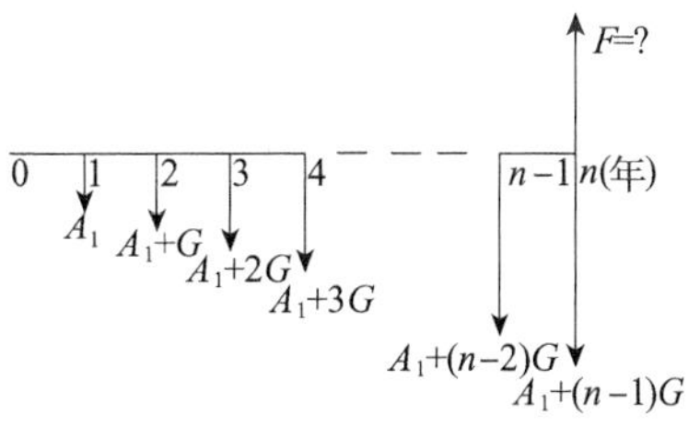

续表

类型	已知	求	普通复利公式	现金流量图表示
均匀梯度支付系列	G	P	均值梯度现值公式 $P=\left(A_1+\frac{G}{i}\right)\times\frac{(1+i)^n-1}{i}\times\frac{1}{(1+i)^n}-\frac{nG}{i}\times\frac{1}{(1+i)^n}$ $P=\left(A_1+\frac{G}{i}\right)\left(\frac{P}{A},i,n\right)-\frac{nG}{i}\left(\frac{P}{F},i,n\right)$	0 1 2 3 4 — — — $n-1$ n（年） P=? A_1 A_1+G A_1+2G A_1+3G $A_1+(n-2)G$ $A_1+(n-1)G$
	G	A	均匀梯度年值公式 $A=A_1+\frac{G}{i}-\frac{nG}{i}\left[\frac{i}{(1+i)^n-1}\right]$ $A=A_1+\frac{G}{i}-\frac{nG}{i}\left(\frac{A}{F},i,n\right)$	A=? 0 1 2 3 4 — — — $n-1$ n（年） A_1 A_1+G A_1+2G A_1+3G $A_1+(n-2)G$ $A_1+(n-1)G$

注：公式中 P 为现值；F 为终值；A 为年金；G 为递增（或递减）的等差值；A_1 为第 1 年年末支付；n 为计息期；i 为利率

【例 2-7】 某工厂投产一台设备，其年收益额第 1 年为 10 000 元，此后直至第 8 年年末逐年递增 300 元，设年利率为 15%，按复利计息。试求该设备 8 年的收益现值及等额序列收益年金（值）。

解：据题意这是递增型等差序列，等差变额 G=300 元，其现金流量图如图 2-7 所示。

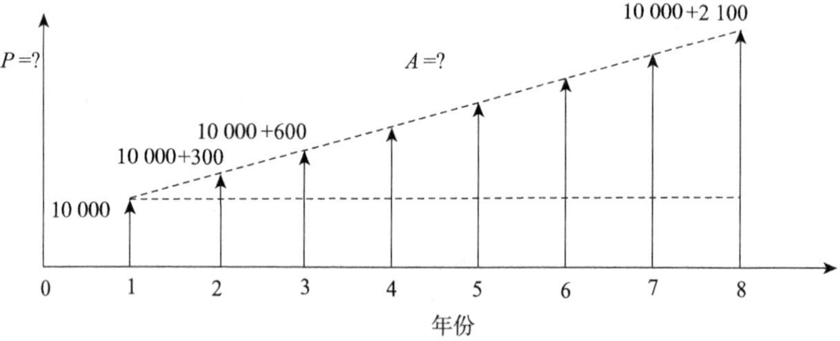

图 2-7 递增型等差序列现金流量图

对图 2-7 的现金流量分布可分解为两部分。

第一部分是以第一年收益额 10 000 元为等额值 A_1 的等额序列现金流量，如图 2-8 所示。

第二部分是以等差变额 G=300 元的递增型等差序列现金流量，如图 2-9 所示。

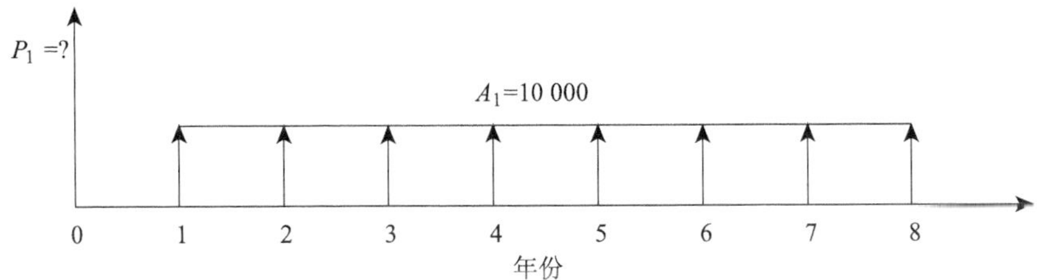

图 2-8　A_1=10 000 元的等额序列现金流量图

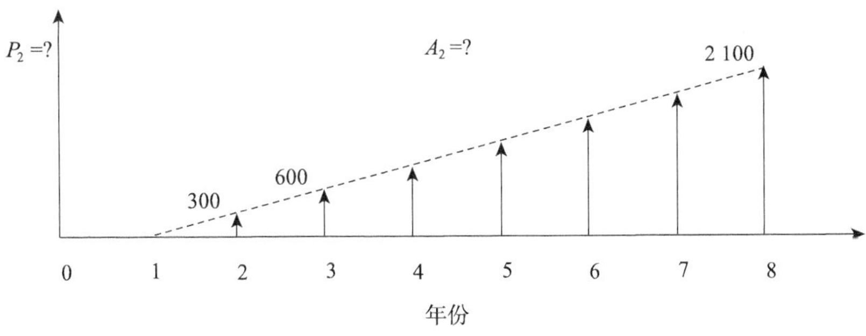

图 2-9　G=300 元的递增型等差序列现金流量图

（1）计算递增型等差序列收益现值。

$$P_1=A_1(P/A, i, n)=10\ 000(P/A, 15\%, 8)$$
$$=10\ 000\times 4.487\ 3=44\ 873（元）$$
$$P_2=G(P/G, i, n)=300\times(P/G, 15\%, 8)$$
$$=300\times 12.481=3\ 744.3（元）$$
$$P=P_1+P_2=44\ 873+3\ 744.3=48\ 617.3（元）$$

故，该设备 8 年内收益现值为 48 617.3 元。

（2）计算递增型等差序列等额收益年金（值）。

$$A_1=10\ 000（元）$$
$$A_2=G(A/G, i, n)=300(A/G, 15\%, 8)$$
$$=300\times 2.78$$
$$=834（元）$$
$$A=A_1+A_2=10\ 000+834=10\ 834（元）$$

故，该设备 8 年内等额序列收益年金（值）为 10 834 元。

对于不等额的支付类型，还有等比序列的等值计算等，这里也不再一一阐述。

在运用公式进行工程经济分析时，需要注意以下一些问题：①要充分利用现金流量图进行分析。②初始投资，一般是假定发生在寿命期初的。③工程活动实施过程中的经常性支出，一般是假定发生在计息期末的。④现值 P 是在当前年度开始时发生的，终值 F 是在当前以后第 n 年年末发生的，年值 A 是在考察期间各年年末发生的；当问题包括 P 和 A 时，系列的第一个 A 是在 P 发生一年后的年末发生的；当问题包括 F 和 A 时，系列的最后一个 A 是与 F 同时发生的。⑤对于均匀梯度计算公式中的第一个 G，是发生在系列的第二年年末的。

4. 计息期不等于支付期的等值计算

1）计息期短于支付期

【例 2-8】 年利率为 12%，每季度计息一次，连续 3 年等额年末支付 1 000 元借款，求第 3 年年末的借款总额为多少？

解法 1：已知 A 求 F 的问题。

（1）将名义利率转换为计息周期利率：$r'=\dfrac{12\%}{4}=3\%$。

（2）将支付期转换为计息期：$A=F'\left(A/F',i,n\right)=1\,000\times$（$A$/1 000，3%，4）=239（元）。

（3）求 F。F=A（F/A，i，n）=A（F/239，3%，12）=3 392（元）。

解法 2：

（1）将名义利率转换为支付周期利率。因本题的支付周期为 1 年，故将名义利率转换为实际利率：

$$i=\left(1+\frac{12\%}{4}\right)^{4}-1=12.55\%$$

（2）求 F。F=A（F/A，i，n）=A（F/1 000，12.55%，3）=3 392（元）。

2）计息期长于支付期

根据财务原则，现金支出发生在期初，现金流入发生在期末，且存款必须存满一个计息期才能计算利息，即在计息期间存入的款项在该期不计利息，要到下一个计息期才计算利息。计息期分界点处的支付不变。

以上介绍了资金的时间价值的基本原理及等值的几个主要计算公式。等值公式的汇总如表 2-3 所示。

➢复习思考题

1. 为什么说资金具有时间价值？
2. 研究资金的时间价值对工程项目的意义是什么？
3. 资金的时间价值计算的关键是什么？
4. 资金的时间价值的实质是什么？
5. 名义利率与实际利率在现实生产活动中的意义是什么？
6. 现金流量图的表现方式有何利弊？
7. 一次支付、等额支付、均匀梯度支付三种支付类型的特点是什么？
8. 现值、终值、年值在工程生产活动中的作用与意义是什么？

➢本章重点及难点解析

第3章

工程经济分析的基本要素

3.1 工程项目建设的投资及构成

3.1.1 投资的概念

工程经济中的投资，是指在工程建设活动中为实现预定生产、经营目标而预先垫付的资金。对于工程建设项目来说，总投资由建设投资和流动资金投资两大主要部分构成。

1. 建设投资

建设投资是指项目按拟定建设规模、产品方案、建设内容进行建设所需的费用，它包括建筑工程费用、设备购置费、安装工程费、建设期借款利息、工程建设其他费用和预备费用。项目寿命期结束时，固定资产的残余价值（一般指当时市场上可实现的预测价值）对于投资者来说是一项在期末可回收的现金流入。建设投资依据在建设期期末形成的资产可分为固定资产投资、无形资产投资和其他资产投资。

1）固定资产投资

建设投资中形成固定资产的投资被称为固定资产投资。固定资产是指在社会再生产过程中较长时间为生产和人民生活服务的物质资料。通常要求使用期限超过一年，单位价值在规定的限额以上。固定资产通常具有以下特点：①从实物形态上看，固定资产能以同样的实物形态为连续多次的生产周期服务，而且在长期的使用过程中，保持其原有形态。②从价值形态上看，固定资产的价值随其使用的磨损，以折旧的形式分期分批地转移到新产品的价值中去。③从资金运动上看，固定资产占用的资金循环一次周期较长，通过折旧得到补偿与回收的部分转化为货币资金。

2）无形资产投资

无形资产可以分为不可确指的和可确指的两大类。不可确指的无形资产主要指商誉、管理水平以及经营历史等，并通过超额利润来反映，其价值只能通过企业的整体资产评估的途径来确定。

可确指的无形资产根据内容可分为知识产权、行为产权、对物产权、公共关系等。知识产权是指专利权、商标权、版权、服务标志、顾客名单等；行为产权是指专利权、许可证、专有技术等；对物产权是指土地使用权、矿业开发权、优惠融资权等；公共关系是指客户关系、销售网络、职工队伍等。现代企业无形资产的比例逐渐提高，在企业资产中占有不可忽视的地位。

3）其他资产投资

其他资产投资是指除固定资产、无形资产以外的资产，主要包括开办费、长期待摊费用和其他长期资产的投资。开办费是指企业在筹建期间，除应计入有关财产物资价值以外所发生的各项费用，包括人员工资、办公费、培训费、差旅费、印刷费、注册登记费以及不计入固定资产价值的借款费用等。长期待摊费用是指摊销期在一年以上的已付费用，如经营性租入固定资产较大改良支出和固定资产大修理支出等。其他长期资产一般包括国家批准储备的特种物资、银行冻结存款以及临时设施和涉及诉讼中的财产等。

2. 流动资金投资

流动资金是指生产经营性项目投产后，为进行正常的生产运营，用于购买原材料、燃料，以及支付工资和其他经营费用等所需的周转资金。它是流动资产与流动负债的差额。流动负债是那些要动用流动资产来归还的各种债务。流动资金的实物形态是流动资产，包括必要的现金、各种存款、应收及预付款、存货等；流动负债主要是指应付账款。由于流动资金需要在项目投产前后集中使用以形成企业的流动资产，在项目整个生产期内长期保持和周转使用，因此流动资金投资是项目投资的重要组成部分。

3.1.2 投资的构成

按照原国家发展计划委员会审定发行的《投资项目可行性研究指南》（计办投资〔2002〕15 号）规定，现行建设工程项目投资构成如图 3-1 所示。

3.1.3 建设投资的粗略估算方法

1. 生产能力指数法

这种方法起源于国外对化工厂投资的统计分析。根据统计，生产能力不同的两个装置，它们的初始投资与两个装置生产能力之比的指数幂成正比。计算公式为

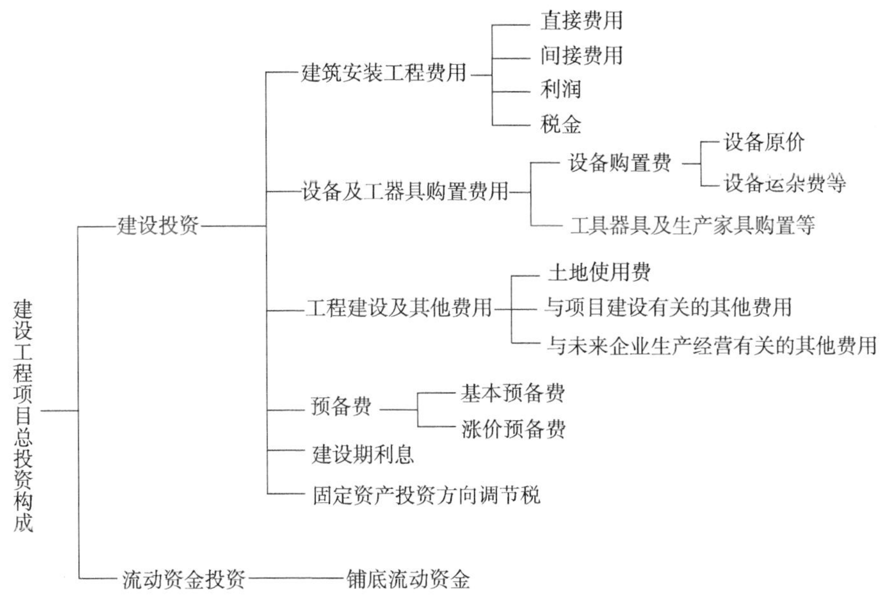

图 3-1　中国现行建设工程项目投资构成

$$C_2=C_1\left(\frac{x_2}{x_1}\right)^n\cdot C_f \tag{3-1}$$

式中，C_2 为拟建项目或装置的投资额；C_1 为已建同类型项目或装置的投资额；x_2 为拟建项目的生产能力；x_1 为已建同类型项目的生产能力；C_f 为价格调整系数；n 为生产能力指数。

该方法中生产能力指数 n 是一个关键因素。不同行业、性质、工艺流程、建设水平、生产率水平的项目，应取不同的指数值。选取 n 值的原则是：靠增加设备、装置的数量，以及靠增大生产场所扩大生产规模时，n 取 0.8~0.9；靠提高设备、装置的功能和效率扩大生产规模时，n 取 0.6~0.7。另外，拟建项目生产能力与已建同类型项目生产能力的比值应有一定的限制范围，一般这一比值不能超过 50，而在 10 以内效果较好。生产能力指数法多用于估算生产装置投资。

2. 资金周转率法

该方法是从资金周转率的定义推算出投资额的一种方法。

当资金周转率已知时，则

$$C=\frac{Q\cdot P}{T} \tag{3-2}$$

式中，C 为拟建项目投资；Q 为产品年产量；P 为产品单价；T 为资金周转率，T=年销售总额/总投资。

该方法概念简单明了，方便易行，但误差较大。不同性质的工厂或生产不同产品的车间，资金周转率都不同，要提高投资估算的精确度，必须做好相关的基础工作。

3. 比例估算法

（1）以拟建项目或装置的设备费为基数。根据已建成的同类型项目的建筑安装工程费和其他费用等占设备价值的百分比，求出相应的建筑安装工程及其他有关费用，其总和为拟建项目或装置的投资额。计算公式为

$$C=E（1+f_1P_1+f_2P_2+f_3P_3）+I \quad （3-3）$$

式中，C为拟建项目的投资额；E为根据设备清单按现行价格计算的设备费的总和；P_1、P_2、P_3为已建成项目中的建筑、安装及工程建设其他费用分别占设备费的百分比；f_1、f_2、f_3为由于时间因素引起的定额、价格、费用标准等变化的综合调整系数；I为拟建项目的其他费用。

这种方法适用于设备投资占比例较大的项目。

（2）以拟建项目中主要的、投资比重较大的工艺设备的投资（含运杂费，也可含安装费）为基数。根据已建同类型项目的统计资料，计算出拟建项目各专业工程费占工艺设备的比例，求出各专业投资，相加得工程费用，再加上其他费用，求得拟建项目的建设投资。

4. 综合指标投资估算法

综合指标投资估算法又称概算指标法，是依据国家有关规定，依据国家或行业、地方的定额、指标和取费标准，以及设备和主材价格等，从工程费用中的单项工程入手，来估算初始投资。采用这种方法，还需要相关专业提供较为详细的资料，有一定的估算精度，精确度相对较高。

3.1.4 建设投资分类详细估算方法

1. 建筑工程费估算

1）估算内容

建筑工程费是指建造永久性建筑物和构筑物所需要的费用，包括以下几部分内容。

（1）各类房屋建筑工程和列入房屋建筑工程预算的供水、供暖、卫生、通风、煤气等设备费用及其装设、油饰工程的费用，列入建筑工程预算的各种管道、电气、电信和电缆线敷设工程的费用。

（2）设备基础、支柱、工作台、烟囱、水塔、水池、灰塔等建筑工程及各种窑炉的砌筑工程和金属结构工程的费用。

（3）为施工而进行的场地平整、工程和水文地质勘察、原有建筑物和障碍物的拆除以及施工临时用水、电、气、路和完工后的场地清理、环境绿化、美化等工作的费用。

（4）矿井开凿，井巷延伸，露天矿剥离，石油、天然气钻井，修建铁路、公路、桥梁、堤坝、灌渠及防洪等工程的费用。

2）估算方法

建筑工程费的估算方法有单位建筑工程投资估算法（以单位建筑工程量投资乘以建筑工程总量）、单位实物工程量投资估算法（以单位实物工程量乘以实物工程总量）和概算指标投资估算法。前两种方法比较简单，最后一种方法要以较为详细的工程资料为基础。

2. 设备及工器具购置费估算

设备及工器具购置费由设备购置费和工具、器具及生产家具购置费组成。在生产性工程建设中，设备及工器具购置费用占建设投资比重的增大，意味着生产技术的进步和资本有机构成的提高。

1）设备购置费

设备购置费是指为投资项目购置或自制的达到固定资产标准的各种国产或进口设备、工具、器具的购置费用，它由设备原价和设备运杂费构成。设备原价是指国产设备或进口设备的原价；设备运杂费是指除设备原价之外的设备采购、运输、途中包装及仓库保管等方面支出费用的总和。

（1）国产设备原价的构成及计算。国产设备原价一般是指设备制造厂的交货价，即出厂价或订货合同价。国产设备原价分为国产标准设备原价和国产非标准设备原价。

国产标准设备原价是按照主管部门颁布的标准图纸和技术要求，由中国设备生产厂批量生产的，符合国家质量检测标准的设备价格。国产标准设备原价有两种，即带有备件的原价和不带有备件的原价。在计算时，一般采用带有备件的原价。国产标准设备原价可通过查询相关价格目录或向设备生产厂家询价得到。

国产非标准设备原价是指国家尚无定型标准，各设备生产厂不可能在工艺过程中采用批量生产，只能按一次订货，根据具体的设计图纸制造的设备。非标准设备原价有多种不同的计算方法，如成本计算估价法、分部组合估价法、定额估价法等。但无论采用哪种方法都应该使非标准设备计价接近实际出厂价，并且计算方法要简便。按成本计算估价法，国产非标准设备原价由以下各项组成，即材料费、加工费、辅助材料费、专用工具费、废品损失费、外购配套件费、包装费、利润、税金和非标准设备设计费。

（2）进口设备购置费的构成及计算。进口设备购置费由进口设备货价、进口从属费用及国内运杂费组成。

进口设备货价按交货地点不同，分为离岸价格（free on board，FOB）与到岸价格（cost，insurance and freight，CIF）两种价格。进口从属费用包括国外运费、国外运输保险费、进口关税、进口环节增值税、外贸手续费、银行财务费和海关监管手续费（减免关税时计算海关监管手续费）等。国内运杂费包括运输费、装卸费、运输保险费和其他杂费等。

进口设备按离岸价计价时，应计算设备运抵中国口岸的国外运费和国外运输保险费，得出到岸价。计算公式为

$$进口设备到岸价=离岸价+国外运费+国外运输保险费 \tag{3-4}$$

式中，

国外运费=离岸价×运费率或单位运价×运量 （3-5）

国外运输保险费=（离岸价+国外运费）×国外保险费率 （3-6）

进口设备的其他几项从属费用通常按下面的公式估算。

进口关税=进口设备到岸价×人民币外汇牌价×进口关税率 （3-7）

进口环节增值税=（进口设备到岸价×人民币外汇牌价+进口关税+消费税）×增值税率 （3-8）

外贸手续费=进口设备到岸价×人民币外汇牌价×外贸手续费率 （3-9）

银行财务费=进口设备货价×人民币外汇牌价×银行财务费率 （3-10）

海关监管手续费=进口设备到岸价×人民币外汇牌价×海关监管手续费率 （3-11）

海关监管手续费是指海关对发生减免进口税或实行保税的进口设备，实施监管和提供服务收取的手续费。全额征收关税的设备，不收取海关监管手续费。

（3）设备运杂费的构成。设备运杂费通常由下列各项构成：①运杂费和装卸费，由设备制造厂交货地点（对国产设备而言）或中国（到岸）港口或边境车站起至工地仓库止期间花费的运费和装卸费。②包装费，是指在设备原价中未包含的、为运输而进行的包装支出的各种费用。③设备供销部门的手续费，按有关部门规定的统一费率计算。④采购与仓库保管费，是指采购、验收、保管和收发设备所发生的各种费用，包括设备采购人员、保管人员和管理人员的工资、工资附加费、办公费、差旅交通费、设备供应部门办公和仓库所占固定资产使用费、工具用具使用费、劳动保护费、检验试验费等。这些费用可按主管部门规定的采购与保管费率计算，即按式（3-12）计算。

设备运杂费=设备原价×采购与保管费率 （3-12）

2）工具、器具及生产家具购置费的构成及计算

工具、器具及生产家具购置费，是指按照有关规定，为保证新建或扩建项目初期正常生产必须购置的没有达到固定资产标准的设备、仪器、工卡模具、器具、生产家具和备品备件等的购置费用。一般以设备购置费为计算基数，按照部门或行业规定的工具、器具及生产家具购置费率计算，即按式（3-13）计算。

工具、器具及生产家具购置费=设备购置费×工具、器具及生产家具购置费率 （3-13）

3. 安装工程费估算

需要安装的设备应估算安装工程费，安装工程费的内容一般包括：①生产、动力、起重、运输、传动、医疗和实验等各种需要安装的机械设备的装配费用，与设备相连的工作台、梯子、栏杆等装设工程费用，附属于被安装设备的管线铺设工程费用，以及被安装设备的边缘、防腐、保温、油漆等工作的材料费和安装费。②为测定安装工程质量，对单台设备进行单机试运转、对系统设备进行系统联动无负荷试运转工作的调试费。

投资估算中安装工程费通常是根据行业或专门机构发布的安装工程定额、取费标准所综述的大指标估算。具体计算可按安装费率、每吨设备安装费或者每单位安装实物工程量的费用分类估算。附属管道量大的行业，有的要求单独估算管道工程费用，并单独列出主材费用。项目决策分析与评价阶段，根据投资估算的深度要求，也允许安装费用

按单项工程分别估算。

4. 工程建设预备费

1）基本预备费

基本预备费是指项目实施中可能发生的难以预料的支出，又称工程建设不可预见费，主要是指设计变更及施工过程中可能增加工程量的费用。费用内容包括：在批准的初步设计范围内，技术设计、施工图设计及施工过程中所增加的工程和费用；设计变更、局部地基处理等所增加的费用；一般自然灾害所造成的损失和预防自然灾害所采取措施的费用；竣工验收时为鉴定工程质量对隐蔽工程进行必要的挖掘和修复的费用。基本预备费按式（3-14）计算。

基本预备费=（建筑工程费+安装工程费+ 设备及工器具购置费+工程建设其他费用）× 基本预备费率　（3-14）

2）涨价预备费

涨价预备费是对建设工期较长的项目，由于在建设期内可能发生材料、设备、人工等价格上涨引起的投资增加，工程建设其他费用调整，利率、汇率调整等，需要事先预留的费用，又称价格变动不可预见费。

涨价预备费以建筑工程费、设备及工器具购置费、安装工程费之和为计算基数。涨价预备费按式（3-15）计算。

$$\mathrm{PC}=\sum_{t=1}^{n} I_t\left[(1+f)^t-1\right] \qquad (3\text{-}15)$$

式中，PC 为涨价预备费；I_t 为第 t 年的工程费用之和；f 为建设期价格上涨指数；n 为建设期。

5. 工程建设期贷款利息

1）建设期贷款利息的构成

建设期贷款利息是指项目在建设期内因使用债务资金而支付的利息。在偿还债务资金时，这部分利息一般也作为本金，计算项目投入使用后各期的利息。建设投资贷款的资金来源渠道不同，其建设贷款利息的计算方法也不同。国内贷款利息的计算比较简单，国外贷款利息中还包括承诺费、管理费等。为简化计算，承诺费等一般不单独计算，采用适当提高利息率的方法处理。

2）建设期贷款利息的计算

在项目经济分析中，无论各种债务资金是按年计息，还是按季、月计息，均可简化为按年计息，即将名义利率折算为实际年利率，其计算公式如式（3-16）所示。在项目的经济分析中，假定各种债务资金均在年中支用，即当年贷款支用额按半年计息，上年贷款按全年计息。建设期每年利息的计算公式为

每年应计利息=（年初贷款本息累计+本年贷款支用额/2）×年利率　（3-16）

$$I_j=\left(P_{j-1}+\frac{A_j}{2}\right)\cdot i$$

式中，I_j 为第 j 年应计利息；P_{j-1} 为第 j 年年初贷款本息累计；A_j 为第 j 年贷款支用额；i 为年利率。

【例 3-1】 某新建项目，建设期为 3 年，在建设期第一年贷款 300 万元，第二年 400 万元，第三年 300 万元，每年贷款平均支用，年利率 5.6%。用复利法计算建设期贷款利息。

解：建设期内各年利息计息为

$P_0=0$，$A_1=300$（万元），$I_1=0.5\times300\times5.6\%=8.4$（万元）

$P_1=308.4$（万元），$A_2=400$（万元）

$I_2=(308.4+0.5\times400)\times5.6\%=28.47$（万元）

$P_2=736.87$（万元），$A_3=300$（万元）

$I_3=(736.87+0.5\times300)\times5.6\%=49.66$（万元）

到期末累计贷款本利为 $A_1+A_2+A_3+I_1+I_2+I_3=1\,086.53$（万元）

6. 流动资金估算

流动资金是指项目投产后，为进行正常运营，用于购买原材料、燃料，支付工资及其他经营费用等所必不可少的周转资金。它是伴随着固定资产投资而发生的永久流动资产投资，等于项目投产运营后所需全部流动资产扣除流动负债后的余额。项目决策分析与评价中，流动资产主要考虑应收账款、现金和存货；流动负债主要考虑应付账款。由此看出，这里所解释的流动资金的概念实际上是投资项目必须准备的最基本的运营资金。流动资金估算一般采用分项详细估算法，项目决策分析与评价的初期阶段，小型项目可采用扩大指标法。

1）扩大指标法

该方法是根据同类企业中，流动资金与销售收入、经营成本、固定资产的比率，以及单位产量占用流动资金的比率来估算流动资金。例如，国外的化工企业的流动资金就有按固定资产投资的 15%~20%估算的。具体方法包括产值资金率法、固定资产投资比率法和成本计算法。

2）定额天数法

根据流动资金的概念，有

$$\text{流动资金}=\text{流动资产}-\text{流动负债（应付账款）} \tag{3-17}$$

这种方法是根据企业运转的需要，人为地确定流动资产和流动负债中各项目应储备的定额天数。当流动资产和流动负债中各项目定额天数确定后，就可以估算流动资金。

例如，流动资产=当地原料库存（1 个月）+当地辅助材料库存（15 天）+进口原材料库存（100 天）+备用零件库存（180 天）+生产过程周转（1 个月的生产成本）+产品库存（1 个月）+应收账目（1 个月），则

流动资金=流动资产−应付账款（1 个月）

3）分项详细估算法

这是国际上通行的流动资金估算方法。按照下列公式，分项详细估算，即

流动资金=流动资产−流动负债

流动资产和流动负债各项的计算公式为

流动资产=应收账款+存货+现金　（3-18）

应收账款=年经营成本/周转次数　（3-19）

式中，周转次数=360/最低周转天数（还要考虑风险）。

存货=外购原材料、燃料和动力+在产品+产成品　（3-20）

式中，

外购原材料、燃料和动力=年外购原材料、燃料和动力费用/年周转次数

=价格×（年消耗量/360）×储存天数　（3-21）

储存天数=在途天数+平均供应天数×供应间隔系数

+验收天数+整理准备天数+保险天数　（3-22）

式中，供应间隔系数一般取 50%~60%。

在产品=（年外购原材料、燃料和动力费用+年工资福利费用+年修理费用

+年其他制造费用）/周转次数　（3-23）

产成品=年经营成本/周转次数　（3-24）

现金=（年工资福利费用+年其他费用）/周转次数　（3-25）

式中，

年其他费用=制造费用+管理费用+财务费用以及销售费用中的有关项目

应付账款=年外购原材料、动力费用/年周转次数　（3-26）

3.2　工程项目的总成本费用

总成本费用是指在运营期内为生产产品或提供服务发生的全部费用，等丁经营成本、折旧费、摊销费和财务费用之和。

3.2.1 总成本费用的估算方法

1. 生产成本加期间费用估算法

从总成本费用的形成过程来看，总成本由生产成本和期间费用构成，即

总成本费用=生产成本+期间费用　（3-27）

生产成本=直接材料费+直接燃料和动力费+直接工资及福利费

+其他直接支出+制造费用　（3-28）

生产成本=直接费用+制造费用　（3-29）

$$期间费用=管理费用+财务费用+营业费用 \tag{3-30}$$

制造费用是指企业各生产车间为组织和管理生产所发生的各项费用。制造费用包括生产单位管理人员工资和福利费、折旧费、修理费（生产单位和管理用房屋、建筑物、设备）、办公费、水电费、机物料消耗、劳动保护费、季节性和修理期间的停工损失等。但不包括企业行政管理部门为组织和管理生产经营活动而发生的管理费用。为了简化计算，常将制造费用归类为生产单位管理人员工资及福利费、折旧费、修理费和其他制造费用等几部分。

期间费用是指一定会计期间内发生的与生产经营没有直接关系和关系不密切的管理费用、财务费用、营业费用等。

管理费用是指企业行政管理部门为管理和组织经营活动发生的各项费用。管理费用包括公司经费、工会经费、劳动保险费、待业保险费、董事会费、咨询费、聘请中介机构费、诉讼费、业务招待费、排污费、房产税、车船使用税、土地使用税、印花税、矿产资源补偿费、技术转让费、研究与开发费、无形资产与其他资产摊销、职工教育经费、计提的坏账准备和存货跌价准备等。为了简化计算，项目评价中可将管理费用归类为管理人员工资及福利费、折旧费、无形资产和其他资产摊销、修理费和其他管理费用等几部分。

财务费用是指企业为筹集资金而发生的各项费用。财务费用包括生产经营期间的利息净支出、汇兑净损失、调剂外汇手续费、金融机构手续费以及筹资过程中发生的其他财务费用。

营业费用是企业在销售产品和提供服务过程中发生的费用。营业费用包括应由企业负担的运输费、装卸费、包装费、保险费、广告费、展览费以及专设销售机构人员工资及福利费、类似工程性质的费用、业务费等经营费用。为了简化计算，项目评价中将营业费用归为销售人员工资及福利费、折旧费、修理费和其他营业费用等几部分。

其他费用包括其他制造费用、其他管理费用和其他营业费用三部分。

2. 生产要素估算法

$$\begin{aligned}总成本费用=&外购原材料、燃料及动力费+人工工资及福利费+折旧费\\&+摊销费+修理费+利息支出+其他费用\end{aligned} \tag{3-31}$$

两种方法下总成本费用的构成如图 3-2 所示。

（1）折旧。固定资产由于使用，不断磨损，逐渐丧失使用价值，企业为了将来更新固定资产，逐年从总成本费用中提取磨损部分的价值，补偿固定资产价值的损耗。这种补偿固定资产价值损耗的方法被称为折旧。这不是一个简单的企业行为，企业应遵循国家的折旧制度。

（2）摊销。无形资产和其他资产的原始价值需要在规定的年限内，转移到产品成本中，这种从成本费用中逐年提取部分资金补偿无形资产（专利权、商标权等）和其他资产（生产准备费、开办费等）价值损失的做法，即摊销。企业通过逐年计取摊销费，回收无形资产和其他资产的原始价值。

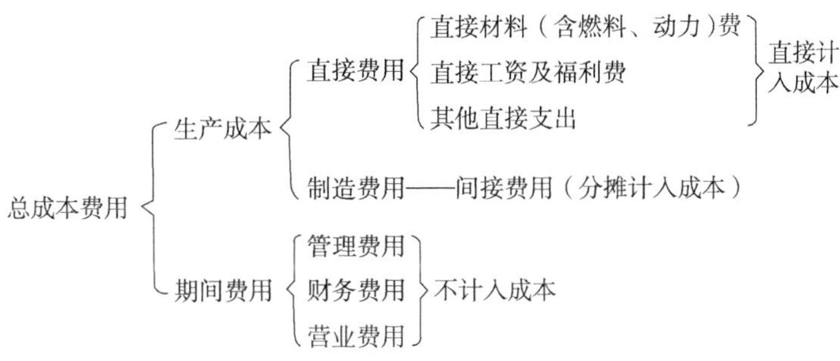

（a）按生产成本加期间费用法总成本费用的构成

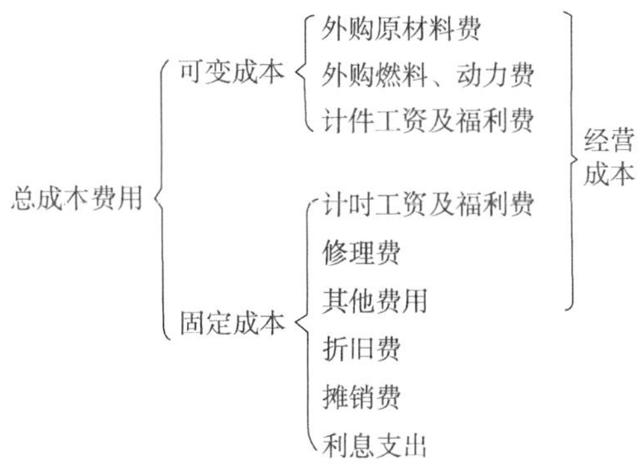

（b）按生产要素估算法总成本费用的构成

图 3-2　两种方法下总成本费用的构成

（3）其他费用。其他费用包括其他制造费用、其他管理费用和其他营业费用三大部分。其他制造费用是指从制造费用中扣除生产单位管理人员工资及福利费、折旧费、修理费后的其余部分；其他管理费用是指从管理费用中扣除工资及福利费、折旧费、修理费后的其余部分；其他营业费用是指从营业费用中扣除工资及福利费、折旧费、修理费后的其余部分。

3. 总成本费用构成

固定成本一般包括折旧费、摊销费、修理费、工资及福利费（计件工资除外）和其他费用等，通常把运营期发生的全部利息也作为固定成本。可变成本主要包括外购原材料、燃料及动力费和计件工资等。有些成本费用属于半可变成本，必要时可进一步分解为固定成本和可变成本。产品成本按其与产量变化的关系可分为固定成本、可变成本和混合成本。

（1）固定成本。固定成本是指在一定期间和一定生产规模限度内，不随产品产量变化而变化的费用，如固定资产折旧费、管理人员工资、办公费、差旅费等。

（2）可变成本。可变成本是指产品成本中随着产品产量的增减而变化的费用，如直接材料、直接燃料和动力费等。

（3）混合成本。混合成本是指介于固定成本和可变成本之间，其费用总额随产量增减而变化，但非成比例变化的费用，又称半固定半可变成本，同时具有固定成本和可变成本的特征。在不确定性分析的线性盈亏平衡分析时，要求对混合成本进行分解，以分出其中的固定成本和可变成本，并分别计入固定成本和可变成本总额之中。在工程项目的经济分析中，为便于计算和分析，也可将总成本费用中的原材料费用及燃料和动力费用视为可变成本，其余各项均视为固定成本。

3.2.2 折旧

1. 折旧的概念

固定资产在使用过程中会不断发生磨损，产生价值损耗，这种损耗的价值随着工程项目的营运而逐渐转移到成本中去，并通过产品销售，以货币资金的形式加以回收，从而达到对固定资产损耗的补偿和更新的目的。固定资产这种因损耗而转移到产品成本中去的价值就叫做折旧。将折旧费用计入成本费用是企业回收固定资产投资的一种手段。按照国家规定的折旧制度，企业把已发生的资本性支出转移到产品成本费用中去，然后通过产品的销售，逐步回收初始的投资费用。

2. 影响固定资产折旧的因素

企业计算各期折旧额的依据或者说影响折旧的因素主要有以下三个方面。

（1）折旧的基数。计算固定资产折旧的基数一般为取得固定资产的原始成本，即固定资产的账面原值。企业已经入账的固定资产，除发生下列情况外，不得任意变动：根据国家规定对固定资产进行重新估价；增加补充设备或改良设备；将固定资产的一部分拆除；根据实际价值调整原来的暂估价值；发现原记固定资产价值有错误。

（2）固定资产的净残值。固定资产的净残值是指预计的固定资产报废时可以收回的残余价值扣除预计清理费用后的数额。由于在计算折旧时，对固定资产的残余价值和清理费只能人为估计，这样就不可避免地存在主观性。为了避免人为调整净残值的数额，从而人为地调整计提折旧额，国家有关所得税暂行条例及其细则规定：净残值比例在原价5%以内，由企业自行确定；如果情况特殊，需调整残值比例的，应报主管税务机关备案。固定资产的净残值计算公式为

$$固定资产的净残值=估价残值-估价清理费用 \tag{3-32}$$

（3）固定资产估计使用年限。固定资产使用年限的长短直接影响各期应提的折旧额。在确定固定资产使用年限时，不仅要考虑固定资产的有形损耗，还要考虑固定资产的无形损耗。由于固定资产的有形损耗和无形损耗也很难估计准确，因此，固定资产的使用年限也只能预计，同样具有主观随意性。企业应根据国家的有关规定，结合本企业的具体情况，合理地确定固定资产的折旧年限。现行财务制度将企业的固定资产分为三大部分、22类，对各类固定资产折旧年限规定了一个最高限和最低限。

3. 计提折旧的范围

企业在用的固定资产（包括经营用固定资产、非经营用固定资产、出租固定资产等）一般均应计提折旧。具体范围包括：房屋和建筑物；在用的机器设备、仪器仪表、运输工具；季节性停用、大修理停用的设备；融资租入和以经营租赁方式出租的固定资产。已达到预定可使用状态，尚未办理竣工决算的固定资产也应计提折旧。

对已达到预定可使用状态的固定资产，如果尚未办理竣工决算的应当按照估计价值暂估入账，并计提折旧；待办理了竣工决算手续后，再按照实际成本调整原来的暂估价值，同时调整原已计提的折旧额。

不提折旧的固定资产包括：未使用、不需用的机械设备；以经营租赁方式租入的固定资产；租赁租出的固定资产；已提足折旧继续使用的固定资产；未提足折旧提前报废的固定资产；国家规定不提折旧的其他固定资产（如土地等）。

4. 计提折旧的方法

会计上计算折旧的方法很多，有直线法、工作量法、加速折旧法等。由于固定资产折旧方法的选用直接影响到企业成本、费用的计算，也影响到企业的收入和纳税，从而影响到国家的财政收入，因此，对固定资产折旧方法的选用，国家历来都有比较严格的规定，原则上应该根据固定资产所含经济利益预期实现方式选择折旧方法。随着经济的发展，为了鼓励企业采用新技术，加快科学技术向生产力的转化，增强企业的后劲，现在允许某些行业的企业经国家批准后采用加速折旧的方法。折旧方法一经选定，不得随意变更。如需变更，应当按照一定的程序审批。经批准后报送有关各方备案，并在会计报表中说明。在进行工程项目的经济分析时，可分类计算折旧，也可综合计算折旧，要视项目的具体情况而定。中国现行的固定资产折旧方法包括平均年限法、工作量法、加速折旧法等。

（1）平均年限法。平均年限法又称直线法，是将固定资产的折旧均衡地分摊到各期的一种方法。采用这种方法计算的每期折旧额均是等额的。计算公式如下，净残值率一般取 3%~5%，即

$$\text{年折旧率}=\frac{1-\text{预计残值率}}{\text{规定的折旧年限}}\times 100\% \tag{3-33}$$

$$\text{月折旧率}=\text{年折旧率}/12 \tag{3-34}$$

$$\text{年折旧额}=\text{年折旧率}\times\text{固定资产原值} \tag{3-35}$$

【例 3-2】　某企业有一设备，原值为 500 000 元，预计可使用 20 年，按照有关规定，该设备报废时净残值率为 2%，该设备的月折旧率和月折旧额计算如下，即

解：

$$\begin{aligned}\text{年折旧率}&=\frac{1-\text{预计残值率}}{\text{规定的折旧年限}}\times 100\%\\&=\frac{1-2\%}{20}\times 100\%=4.9\%\end{aligned}$$

$$\text{月折旧率}=4.9\%/12=0.41\%$$

$$\text{月折旧额}=500\ 000\times 0.41\%=2\ 050\text{（元）}$$

由于平均年限法易于理解和简单易行，因而得到广泛的应用，但它也存在着一些明显的局限性。首先，固定资产在不同年限提供的经济效益是不同的。一般来讲，固定资产在使用前期工作效率相对较高，所以带来的经济效益也较多；而在使用后期，工作效率一般呈下降趋势，因而所带来的经济利益也就逐渐减少。平均年限法不考虑这一事实，明显是不合理的。其次，固定资产在不同的使用年限发生的维修费也不一样。固定资产的维修费将随着其使用年限的延长而不断增大，而平均年限法也没有考虑这一因素。最后，当固定资产各期的负荷程度相同时，各期应分摊相同的折旧费，这时采用平均年限法计算折旧是合理的。但是，若固定资产各期的负荷程度不相同，采用平均年限法则不能反映固定资产的实际使用情况，提取的折旧额与固定资产的实际损耗程度也不相符。

（2）工作量法。工作量法是根据工作量计提折旧额的一种方法。其基本计算公式为

$$单位工作量折旧率=\frac{固定资产原值\times(1-残值率)}{预计总工作量}\times 100\% \tag{3-36}$$

$$某项固定资产月折旧额=该项固定资产当月工作量\times 单位工作量折旧 \tag{3-37}$$

结合实际工作，工作量又可分为工作实际数法和行驶里程法等。工作实际数法是指按固定资产总工作时数平均计算折旧额的方法，它适用于机器设备，其公式为

$$单位工作小时应计提折旧额=\frac{固定资产原值\times(1-残值率)}{预计的工作总时} \tag{3-38}$$

$$每期应提的折旧额=单位工作小时应提折旧额\times 实际工作时数 \tag{3-39}$$

行驶里程法是按固定资产行驶里程平均计算折旧额的方法，它适用于机动车辆，其公式为

$$单位里程应计提折旧额=\frac{固定资产原值\times(1-残值率)}{总行使里程} \tag{3-40}$$

$$某期应提折旧额=单位里程应提折旧额\times 实际行驶里程 \tag{3-41}$$

【例 3-3】 某企业一载重汽车的原价为 60 000 元，预计总行驶里程为 50 万千米，该汽车的残值率为 5%，本月行驶 4 000 千米。该汽车的月折旧额计算如下，即

解：

$$单位里程应计提折旧额=\frac{60\ 000\times(1-5\%)}{500\ 000}=0.114(元/千米)$$

$$本月折旧额=4\ 000\times 0.114=456（元）$$

工作量法把固定资产的服务效能与固定资产的使用程度联系起来，弥补了平均年限法只重使用年限，不考虑使用程度的缺点。但这种方法也具有一定的局限性，即预计的总工作量难以估计，而且没有考虑无形损耗对固定资产服务潜力的影响。这种方法适合各期完成工作量不均衡的固定资产折旧。

（3）加速折旧法。加速折旧法又称递减折旧法，是指在固定资产使用年限前期多提折旧，在后期少提折旧，从而相对加快折旧的速度，以使固定资产价值在使用年限内尽早得到补偿的折旧计算方法。它是一种国家鼓励投资的措施，即国家先让利给企业，加速回收投资，增强还贷能力，促进科技进步，因此只对某些有特殊原因的工程项目，才准许采用加速折旧法计提折旧。加速折旧的方法很多，主要有双倍余额递减法和年数总和法。

双倍余额递减法是在不考虑固定资产残值的情况下，根据每期期初固定资产账面余额和双倍的直线折旧率计算固定资产折旧的一种方法。其计算公式为

$$年折旧率=\frac{2}{预期的折旧年限}\times 100\% \tag{3-42}$$

$$年折旧额=年初固定资产账面净值\times 年折旧率 \tag{3-43}$$

由于双倍余额递减法不考虑固定资产的残值收入，因此在应用这种方法时应当在其规定一个资产折旧年限到期以前两年内，将固定资产净值扣除预计残值后的余额平均摊销，即最后两年内改为直线折旧法计算折旧。

年数总和法又称合计年限法，是以固定资产原值扣除预计净残值后的余额乘以一个逐年递减的折旧率计提折旧的一种方法。采用年数总和法的关键是每年都要确定一个不同的折旧率。其计算公式为

$$年折旧率=\frac{尚可使用年限}{预期使用年限的年数总和}\times 100\% \tag{3-44}$$

或

$$年折旧率=\frac{预计使用年限-已使用年限}{\left[预期使用年限\times\left(预期使用年限+1\right)\right]/2}\times 100\% \tag{3-45}$$

$$年折旧额=（固定资产原值-预计净残值）\times 年折旧率 \tag{3-46}$$

【例 3-4】 某项固定资产原价为 10 000 元，预计净残值 400 元，使用年限 5 年。分别采用双倍余额递减法和年数总和法计算各年折旧额。

解：第一，双倍余额递减法。

年折旧率=2/5=40%

则：

第一年折旧额=10 000 × 40%=4 000（元）

第二年折旧额=（10 000−4 000）×40%=2 400（元）

第三年折旧额=（10 000−6 400）×40%=1 440（元）

第四年折旧额=（10 000−7 840 −400）/2=880（元）

第五年折旧额=（10 000−7 840−400）/2=880（元）

第二，年数总和法。

计算折旧的基数=10 000−400=9 600（元）

年数总和=1+2+3+4+5=15（年）

则：

第一年折旧额=9 600×（5−0）/15=3 200（元）

第二年折旧额=9 600×（5−1）/15=2 560（元）

第三年折旧额=9 600×（5−2）/15=1 920（元）

第四年折旧额=9 600×（5−3）/15=1 280（元）

第五年折旧额=9 600×（5−4）/15=640（元）

加速折旧法具有以下几个方面的优点：①随着固定资产使用年限的推移，它的服务

潜力下降了，它所能提供的收益也随之降低，所以根据配比的原则，在固定资产的使用早期多提折旧，而在晚期少提折旧。②固定资产所能提供的未来收益是难以预计的，早期收益要比晚期收益有把握一些。从谨慎原则出发，早期多提、后期少提折旧的方法是合理的。③随着固定资产的使用，后期修理维护费要比前期多，采用加速折旧法，早期折旧费比后期多，可以使固定资产的成本费用在整个使用期内比较平均。④企业采用加速折旧法并没有改变固定资产的有效使用年限和折旧总额，变化的只是投入使用的前期提的折旧多，后期提的折旧少。这一变化的结果推迟了企业所得税的缴纳，实际上等于企业从政府获得了一笔长期无息贷款。

3.2.3 摊销费的计算

摊销费是指无形资产和递延资产在一定期限内分期摊销的费用。

无形资产是指企业拥有或控制的没有实物形态的可辨认的非货币性资产。无形资产包括专利权、非专利技术、商标权、著作权、土地使用权、特许权等。商誉的存在与企业自身无法分离，具有不可辨认的性质，因此商誉在会计准则中不予考虑。

递延资产是指应当在生产经营期内的前几年逐年摊销的各项费用。递延资产包括开办费和以经营租赁方式租入的固定资产支出等。按照有关规定，除购置和建造固定资产以外，所有筹建期间发生的费用，先在长期待摊费用中归集，待企业开始生产经营起计入当期的损益。在工程项目的经济分析中，将工程建设其他费用中的生产职工培训费、样品样机购置费等计入其他资产价值。开办费是指企业在筹建期间所发生的各种费用，主要包括注册登记和筹建期间人员工资、办公费、培训费、差旅费、印刷费、律师费、注册登记费以及不计入固定资产和无形资产构建成本的汇兑损益和利息支出等。

无形资产和其他资产的原始价值要在规定的年限内，按年度或产量转移到产品的成本中，这一部分被转移的无形资产和其他资产的原始价值被称为摊销。企业通过计提摊销费，回收无形资产及递延资产的资本支出。

计算摊销费采用直线法，且无残值，常用式（3-47）进行计算。

$$\text{年摊销额}=\text{无形资产或递延资产}\div\text{摊销年限} \tag{3-47}$$

计算无形资产摊销费要确定摊销期限，无形资产应按规定期限分期摊销。法律、合同或协议规定有法定有效期和受益年限的，摊销期按照法定有效期或合同、协议规定的受益年限最短的原则确定，没有规定期限的，按不少于10年的期限分期摊销。

若各项无形资产摊销年限相同，可根据全部无形资产的原值和摊销年限计算出各年的摊销费；若各项无形资产摊销年限不同，则要计算各项无形资产的摊销费，然后将其相加，即得到生产经营期各年的无形资产摊销费。

3.2.4 生产经营期利息的计算

利息支出是指筹集资金而发生的各项费用，包括生产经营期间发生的利息净支出，

即在生产经营期所发生的建设投资借款利息和流动资金借款利息之和。建设投资借款在生产期发生的利息的计算公式为

$$每年支付利息=年初本金累计额\times年利率 \tag{3-48}$$

为简化计算，还款当年按年末偿还，全年计息。流动资金的借款属于短期借款，利率较长期贷款利率低，且利率一般为季利率，三个月计息一次。在工程经济分析中，为简化计算，一般采用年利率，每年计息一次。

流动资金借款利息计算公式为

$$流动资金借款利息=流动资金借款累计金额\times年利率 \tag{3-49}$$

需要注意的是，在生产经营期，利息是可以计入成本的，因而每年计算的利息不再参与以后各年利息的计算。

3.2.5　维简费的计算

维简费是指采掘、采伐工业按生产产品数量（采矿按每吨原矿产量，林区按每米^{3}原木产量）提取的固定资产更新和技术改造资金，即维持简单再生产的资金，简称“维简费”。企业发生的维简费直接计入成本，其计算方法和折旧费相同。采掘、采伐企业不再计提固定资产折旧。

3.2.6　其他费用的计算

如上所述，其他费用是指在制造费用、管理费用、财务费用和销售费用中扣除工资及福利费、折旧费、修理费、摊销费和利息支出后的费用。

在工程项目经济分析中，其他费用一般可根据成本中的原材料成本、燃料及流动成本、工资及福利费、折旧费、修理费、维简费及摊销费之和的一定百分比计算，并按照同类企业的经营数据加以确定。

将上述各项合计，即得出生产经营期各年的成本。

3.2.7　经营成本的计算

经营成本是指项目从总成本中扣除折旧费、维简费、摊销费和利息支出以后的成本，即

$$经营成本=总成本费用-折旧费-维简费-摊销费-利息支出 \tag{3-50}$$

经营成本是工程经济学特有的概念。它涉及产品生产及销售、企业管理过程中的物料、人力和能源的投入费用，反映企业的生产和管理水平。在工程项目的经济分析中，经营成本被应用于现金流量的分析。

计算经营成本之所以要从总成本中剔除折旧费、维简费、摊销费和利息支出，主要有以下两点原因。

（1）现金流量表反映项目在计算期内逐年发生的现金流入和流出。与常规会计方法不同，现金收支何时发生，就在何时计算，不作分摊。由于投资已按其发生的时间作为一次性支出被计入现金流出，所以不能再以折旧费、维简费和摊销费的方式计为现金流出，否则会发生重复计算。因此，作为经常性支出的经营成本中不包括折旧费和摊销费，同理也不包括维简费。

（2）全部投资现金流量表以全部投资作为计算基础，不分投资资金来源，利息支出不作为现金流出，而自有资金现金流量表中已将利息支出单列，因此经营成本中也不包括利息支出。

3.2.8 相关的成本概念

1）机会成本

机会成本是指将一种具有多种用途的有限资源置于特定用途时所放弃的最大收益。当一种有限资源具有多种用途时，可能有许多获取相应收益的机会，如果将其置于某种特定用途，必然放弃其他投入机会，从而放弃了相应的收益，所放弃的最大收益就是这种资源利用的机会成本。

2）沉没成本

沉没成本是指以往发生的与当前决策无关的费用。因为决策管理的制定是针对未来的，不是针对过去，以往发生的费用只是造成当前状态的一个原因，当前状态是决策的出发点，当前决策所要考虑的是未来可能发生的费用及所带来的收益。例如，考虑某台旧设备是否需要更新这一问题时，该设备几年前的购置费用就是一项沉没成本。设备更新与否只能在新设备的投资与旧设备继续使用所需要费用之间比较得出。

3）环境成本

大多数产品对环境都有副作用，如汽车尾气的排放、机器开动时的噪声、电视机和电冰箱对人体的辐射等。工程项目也会对环境造成轻重不同的污染，如建筑施工工地机械的噪声、建筑废料等。某一研究对象对环境的副作用被称为它的环境成本。

4）边际成本

边际成本是指多生产一单位产品所产生的总成本增加额。例如，当产量为 1 500 吨时，总成本为 450 000 元；当产量为 1 501 吨时，总成本为 450 310 元，则第 1 501 吨量的边际成本等于 310 元。因为边际成本考虑的是单位产量变动所增加的成本，故固定成本可以视为不变，边际成本实际上是生产一单位产品时所增加的变动成本的数额。

3.2.9 工程经济分析中成本费用与财务会计中成本费用的不同

工程经济分析中对成本费用的理解与财务会计中对成本费用的理解不完全相同，主要区别在以下三个方面。

（1）财务会计中的成本费用是对企业经营活动和生产过程中实际发生的各种耗费的真实记录，数据是唯一的；工程经济分析中使用的费用和成本数据是在一定的假定前提下对拟定实施投资方案的未来情况预测的结果，带有不确定性。

（2）财务会计中对成本费用的计量分别针对特定会计期间的企业生产经营活动，工程经济分析中对成本费用的计量一般针对某一投资项目的实施结果。

（3）在工程经济分析中，引用了一些财务会计中没有的成本概念，如经营成本、机会成本等。

3.3　工程项目的收入、销售税金及附加

3.3.1　工程项目的收入

1. 销售收入

产品销售（营业）收入是指项目建成投产后各年销售产品（或提供劳务）取得的收入，即

产品销售（营业）收入=产品销售量（或劳务量）×产品单价（或劳务单价）　（3-51）

对生产多种产品和提供多项服务的，应分别计算各种产品及服务的销售（营业）收入。对不便按详细的品种分类计算销售收入的，可采取折算为标准产品的方法计算销售收入。

销售收入与总产值是有区别的。总产值是企业生产的成品、半成品和处于加工过程中的在制品价值总和，可按当前市场价格或不变价格计算；而销售收入是指出售商品的货币收入，是按出售时的市场价格计算的。企业生产的产品只有在市场上出售，才能成为给企业带来收益的有用的劳动成果，因此销售收入才是反映工业项目真实收益的经济参数。

2. 销售价格的选择

估算销售收入，产品销售价格是一个很重要的因素，一般来讲，工程项目的经济效益对其变化是最敏感的，一定要谨慎选择。一般可在以下三种价格中进行选择。

（1）口岸价格。如果项目产品是出口产品，或者是替代进口产品，或者是间接出口产品，可以口岸价格为基础确定销售价格。出口产品和间接出口产品可选择离岸价格，替代进口产品可选择到岸价格，或者直接以口岸价格定价，或者以口岸价格为基础，参考其他有关因素确定销售价格。

（2）市场价格。如果同类产品或类似产品已在市场上销售，并且这种产品不进行对外贸易也不是计划控制的范围，则可选择现行市场价格作为项目产品的销售价格。当然，也可以现行市场价格为基础，根据市场供求关系上下浮动作为项目产品销售价格。

（3）根据预计成本、利润和税金确定价格。如果拟建项目的产品属于新产品，则可根据下列公式估算其出厂价格：

$$出厂价格=产品成本+产品利润+产品税金 \tag{3-52}$$

式中，

$$产品利润=产品成本\times产品成本利润率 \tag{3-53}$$

$$产品税金=\frac{产品成本+产品利润}{1-税率}\times税率 \tag{3-54}$$

以上几种情况，当难以确定采用哪一种价格时，可考虑选择可供选择方案中价格最低的一种作为项目产品的销售价格。

3. 年销售量的确定

在工程经济分析中，应首先根据市场需求预测确定项目产品的市场份额，进而合理确定企业的生产规模，再根据企业的设计生产能力确定年产量。在现实经济生活中，产品年销售量不一定等于年产量，这主要是因市场波动而存在库存变化引起的产量与销售量的差别。但在工程项目经济分析中，难以准确地估算出由于市场波动引起的库存量的变化。因此在估算销售收入时，不考虑项目的库存情况，假设当年生产出来的产品当年全部售出。这样，就可以根据项目投产后各年的生产负荷确定各年的销售量。如果项目的产品种类比较单一，用产品单价乘以产量即可得到每年的销售收入；如果项目的产品种类比较多，要根据销售收入和销售税金及附加估算表进行估算，即应首先计算每一种产品的年销售收入，然后汇总在一起，求出项目生产经营期各年的销售收入；如果产品部分销往国外，还应计算外汇收入，并按外汇牌价折算成人民币，然后再计入项目的年销售收入总额中。

3.3.2 销售税金及附加

销售税金是根据商品或劳务的流转额征收的税金，属于流转税的范畴。销售税金包括增值税、消费税、营业税、城市维护建设税和资源税。附加是指教育费附加，其征收的环节和计费的依据类似于城乡建设维护税。所以，在工程项目的经济分析中，一般将教育费附加并入销售税金项内，视同销售税金处理。

在工程经济分析中合理计算各种税费，是正确计算项目效益与费用的重要基础。在工程经济财务评价中，涉及的税费主要有：从销售收入中扣除的增值税、营业税、消费税、城市维护建设税、教育费附加和资源税；计入总成本费用的房产税、土地使用税、车船使用税和印花税等；计入建设投资的固定资产投资方向调节税（目前国家暂停征收），以及从利润中扣除的所得税等。税金一般属于财务现金流出。

进行评价时应说明税种、税基、税率、计税额等。例如，增值税，财务评价的销售收入和成本估算均含增值税；营业税，在财务评价中，营业税按营业收入额乘以营业税税率计算；消费税是针对特定消费品征收的税金，在财务评价中，一般按特定消费品的销售额乘以消费税税率计算；城市维护建设税和教育费附加，以增值税、营业税和消费税为税基乘以相应的税率计算；资源税是对开采自然资源的纳税人征税的税种，通常按应课税矿产的产量乘以单位税额计算；所得税，按应纳税所得额乘以所得税税率计算。

3.4　利润、所得税及利润分配

3.4.1　利润

利润是企业在一定时期内全部生产经营活动的最终成果。利润的实现表明企业生产消耗得到了补偿，并取得了盈利。企业利润既是国家财政收入的基本来源，又是企业扩大再生产的重要资金来源。

在计算所得税时，对销售利润为负的年度（即企业发生亏损的年度），可用下一年度的税前利润弥补，下一年度的税前利润不足弥补的，可以在五年内延续弥补，按弥补后的应纳税所得额计算所得税。五年内不足弥补的，用税后利润等弥补。

项目投产后所获得的利润可分为利润总额、销售利润和税后利润三个层次。

利润总额=销售利润+投资净收益+营业外收入−营业外支出　（3-55）

销售利润=主营业务利润+其他业务利润−营业费用−管理费用−财务费用（3-56）

税后利润=利润总额−所得税　（3-57）

主营业务利润=主营业务收入−主营业务成本−主营业务税金及附加　（3-58）

其他业务利润=其他业务收入−其他业务支出　（3-59）

补贴收入是指企业收到的各种补贴收入，包括国家拨入的亏损补贴、退换的增值税等。

投资净收益是指投资收益扣除投资损失后的数额。投资收益包括对外投资分得的利润、股利和债券利息等。投资损失包括投资作价损失、投资到期回收或者中途转让取得款项低于账面净值的差额等。

工业企业的营业外收入和营业外支出是指与企业生产经营无直接关系的各项收入和支出。营业外收入包括固定资产盘盈、处理固定资产净收益、罚没收入、罚款收入、确实无法支付的应付款项、以前年度的收入等。营业外支出包括固定资产盘亏、报废毁损、研究与开发失败损失、非常损失、公益救济性捐赠、罚息、赔偿金、违约金、以前年度损失等。

企业实现利润，一部分以税金形式上交国家，另一部分按规定进行分配，企业的净利润为利润总额减去所得税后的余额，即投资净收益是指企业对外投资所取得的投资收益扣除投资损失后的净额。营业外收支净额是指营业外收入减去营业外支出后的数额。

税后利润=利润总额−所得税　（3-60）

3.4.2　所得税类

所得税类包括企业所得税、外商投资企业和外国企业所得税、个人所得税。征收所得税主要是为在国民收入形成后，对生产经营者的利润和个人的纯收入发挥调节作用。本小节主要介绍企业所得税。

1. 企业所得税的概念

根据税法的规定，企业取得利润后，先向国家缴纳所得税，即凡在中国境内实行独立经营核算的各类企业或组织者，来源于中国境内、境外的生产、经营所得和其他所得，均应依法缴纳企业所得税。企业所得税实行 25% 的比例税率。同时，国家又规定了两档照顾性税率：符合条件的小型微创企业，减按 20% 的税率征收企业所得税；国家需要重点扶持的高新技术企业，减按 15% 的税率征收企业所得税。

如果企业上一年度发生亏损，可用当年应纳税所得额予以弥补（下一纳税年度的所得不足弥补的，可以逐年延续弥补，但是延续弥补期最长不得超过 5 年），按弥补亏损后的应纳税所得额来确定使用的税率。

2. 应纳税所得额的计算

要计算应纳税所得额必须先确定收入总额和准予扣除的项目。

收入总额是指企业在生产经营活动中以及其他行为取得各项收入的总和。具体包括以下几点。

（1）生产、经营收入。生产、经营收入是指纳税人从事主营业务活动取得的收入，包括商品（产品）销售收入、劳动服务收入、营运收入、工程造价结算收入、工业性作业收入以及其他业务收入。

（2）财产转让收入。财产转让收入是指纳税人有偿转让各类财产取得的收入，包括转让固定资产、有价证券、股权以及其他财产收入。

（3）利息收入。利息收入是指纳税人购买各种债券等证券的利息、外单位欠款付给的利息以及其他利息收入。

（4）租赁收入。租赁收入是指纳税人出租固定资产、包装物以及其他财产取得的租金收入。租赁企业主营租赁业务取得的收入应当在生产、经营收入中有所反映。

（5）特许权使用费收入。特许权使用费收入是指纳税人提供或者转让专利权、非专利技术、商标权、著作权以及其他特许权的使用权而取得的收入。

（6）股息收入。股息收入是指纳税人对外投资股份所得的股利、红利收入。股利是指资本计算的利息，红利是指企业分给股东的利润。

（7）其他收入。其他收入是指除上述各项收入外的一切收入，包括固定资产盘盈收入、罚款收入、因债权人缘故确实无法支付的应付款项、教育费附加返还、企业减免或返还的流转税（含即征即退、先征后退）、计入企业“补贴收入”的包装物押金收入以及其他收入。

3. 准予扣除的项目

在计算应纳税所得额时准予从总额中扣除的项目，是指纳税人每一纳税年度发生的与取得应税收入有关的所有必要和正常的成本、费用、税金和损失。

（1）成本是指纳税人每一年度生产、经营商品或提供劳务所发生的直接材料、直接工资、其他直接支出和制造费用。

（2）费用是指纳税人每一纳税年度生产、经营商品和提供劳务所发生的可扣除的经营费用、管理费用和财务费用。

（3）税金是指纳税人按规定缴纳的消费税、营业税、资源税、关税、城市维护建设税、教育费附加等主营业务税金及附加。需要说明的是纳税人缴纳的房地产税、车船使用税、土地使用税和印花税等已计入管理费用中扣除，这里不再作为销售税金单独扣除。企业缴纳的增值税因其属于价外税，在财务核算上不在扣除之列。但在工程经济学中可以灵活处理，即收入总额包括，扣除项目金额也包括；收入总额不包括，扣除项目金额也不包括，两者计算结果是一样的。

（4）损失是指纳税人生产、经营过程中的各项营业外支出、投资损失以及其他损失。

应纳税所得额是指纳税人每一纳税年度的收入总额减去准予扣除项目金额后的余额，其计算公式为

$$\text{应纳税所得额}=\text{收入总额}-\text{准予扣除项目金额} \tag{3-61}$$

应纳税所得额与会计利润是两个不同的概念，两者既有联系又有区别。应纳税所得额是一个税收概念，是根据企业所得税法按照一定的标准确定的，纳税人在一个时期内的计税所得，即企业所得税的计税依据，它包括企业来源于中国境内、境外的全部生产经营所得和其他所得。而会计利润则是一个会计核算概念，反映的是企业一定时期内生产经营的财务成果，它关系到企业的经营成果、投资者的权益与职工的利益。会计利润是确定应纳税所得额的基础，但是不能等同于应纳税所得额。应纳税所得额是对会计利润调整后得到的。在工程项目经济分析中，一般认为准予扣除项目金额等同于总成本费用，利润总额作为企业应纳税所得额。

4. 所得税应纳税额计算

所得税应纳税额是根据纳税人纳税所得额和适用的税率计算得到的，其计算公式为

$$\text{应纳税额}=\text{应纳税所得额}\times\text{适用税率} \tag{3-62}$$

【例 3-5】　某公司 2010 年实现收入 250 万元，发生成本费用总额为 150 万元，计算公司 2010 年度应缴纳的企业所得税。

解：

$$\text{利润总额}=250-150=100\text{（万元）}$$

$$\text{企业所得税}=\text{应纳税所得额}\times\text{适用税率}=100\times25\%=25\text{（万元）}$$

5. 个人所得税

中国个人所得税的纳税义务人是在中国境内居住有所得的人，以及不在中国境内居住而从中国境内取得所得的个人，包括中国国内公民和在华取得所得的外籍人员。

个人所得税分为境内所得和境外所得。其主要包括工资、薪金所得，个体工商户的生产经营所得，对企事业单位的承包经营及承租经营所得，劳务报酬所得，稿酬所得，特许权使用费所得，利息、股息、红利所得，财产租赁所得，财产转让所得，偶然所得以及其

他所得。

个人所得税根据不同的征税项目，分别规定了以下三种不同的税率。

（1）工资、薪金所得适用7级超额累进税率，按月应纳税所得额计算征税，如表3-1所示。该税率按个人月工资、薪金应纳税所得额划分级距，最高一级为45%，最低一级为3%，共7级。

表3-1 2011年9月1日起调整后的7级超额累进税率

全月应纳税所得额	税率/%	速算扣除数/元
全月应纳税额不超过1 500元	3	0
全月应纳税额为1 500~4 500元	10	105
全月应纳税额为4 500~9 000元	20	555
全月应纳税额为9 000~35 000元	25	1 005
全月应纳税额为35 000~55 000元	30	2 755
全月应纳税额为55 000~80 000元	35	5 505
全月应纳税额超过80 000元	45	13 505

（2）个体工商户的生产、经营所得和对企事业单位适用5级超额累进税率。适用按年计算、分月预缴税款的个体工商户的生产、经营所得和对企事业单位的承包经营以及承租经营的全年应纳税所得额划分级距，最低一级为5%，最高一级为35%，共5级。

（3）比例税率。对个人的稿酬所得，劳务报酬所得，特许权使用费所得，利息、股息、红利所得，财产租赁所得，财产转让所得，偶然所得和其他所得，按次计算征收个人所得税，适用20%的比例税率。其中，对稿酬所得适用20%的比例税率，并按应纳税额减征30%；对劳务报酬所得一次性收入特高的，除按20%征税外，还可以实行加成征收，以保护合理的收入和限制不合理的收入。

3.4.3 利润分配

1. 利润分配的概念

利润分配是将企业实现的净利润，按照国家财务制度规定的分配形式和分配顺序，在国家、企业和投资者之间进行的分配。利润分配的过程与结果，是关系到所有者的合法权益能否得到保护，企业能否长期、稳定发展的重要问题，为此，企业必须加强利润分配的管理和核算。企业利润分配的主体一般有国家、投资者、企业和企业内部职工；利润分配的对象主要是企业实现的净利润；利润分配的时间，即确认利润分配的时间，是利润分配义务发生的时间和企业做出决定向内向外分配利润的时间。

2. 利润分配的原则

1）依法分配原则

企业利润分配的对象是企业缴纳所得税后的净利润，这些利润是企业的权益，企业有权自主分配。国家有关法律、法规对企业利润分配的基本原则、一般次序和重大比例也做了较为明确的规定，其目的是保障企业利润分配的有序进行，维护企业和所有者、债权人以及职工的合法权益，促使企业增加积累，增强风险防范能力。国家有关利润分配的法律和法规主要有《中华人民共和国公司法》（简称《公司法》）、《中华人民共和国外资企业法》（简称《外资企业法》）等，企业在利润分配中必须切实执行上述法律、法规。利润分配在企业内部属于重大事项，企业的章程必须在不违背国家有关规定的前提下，对本企业利润分配的原则、方法、决策程序等内容做出具体而又明确的规定，企业在利润分配中也必须按规定办事。

2）资本保全原则

资本保全是责任有限的现代企业制度的基础性原则之一，企业在分配中不能侵蚀资本。利润的分配是对经营中资本增值额的分配，不是对资本金的返还。按照这一原则，一般情况下，企业如果存在尚未弥补的亏损，应首先弥补亏损，再进行其他分配。

3）充分保护债权人利益原则

债权人的利益按照风险承担的顺序及其合同契约的规定，企业必须在利润分配之前偿清所有债权人到期的债务，否则不能进行利润分配。同时，在利润分配之后，企业还应保持一定的偿债能力，以免产生财务危机，危及企业生存。此外，企业在与债权人签订某些长期债务契约的情况下，其利润分配政策还应征得债权人的同意或审核方能执行。

4）多方及长短期利益兼顾原则

利益机制是制约机制的核心，而利润分配的合理与否是利益机制最终能否持续发挥作用的关键。利润分配涉及投资者、经营者、职工等多方面的利益，企业必须兼顾，并尽可能地保持稳定的利润分配。在企业获得稳定增长的利润后，应增加利润分配的数额或百分比。同时，由于发展及优化资本结构的需要，除依法必须留用的利润外，企业仍可以出于长远发展的考虑，合理留用利润。在积累与消费关系的处理上，企业应贯彻积累优先的原则，合理确定提取盈余公积金和分配给投资者利润的比例，使利润分配真正成为促进企业发展的有效手段。

按照《公司法》的规定，公司利润分配的项目包括以下部分。

（1）法定公积金。法定公积金从净利润中提取形成，用于弥补公司亏损、扩大公司生产经营或者转为增加公司资本。公司分配当年税后利润时应当按照10%的比例提取法定公积金；当法定公积金累计额达到公司注册资本的50%时，可不再继续提取。任意公积金的提取由股东会根据需要决定。

（2）股利（向投资者分配的利润）。公司向股东（投资者）支付股利（分配利润），要在提取公积金之后。股利（利润）的分配应以各股东（投资者）持有股份（投资额）的数额为依据，每一股东（投资者）取得的股利（分得的利润）与其持有的股份数（投资额）成正比。股份有限公司原则上应从累计盈利中分派股利，无盈利不得支付股利，即所谓“无利不分”的原则。但若公司用公积金抵补亏损以后，为维护其股票信誉，经股东大会特别决议，也可用公积金支付股利。中国证券监督管理委员会于 2008 年 10 月 9 日颁布实施的《关于修改上市公司现金分红若干规定的决定》强调了股利分配中现金分红的重要性，要求上市公司应当在章程中明确现金分红政策，利润分配政策应当保持连续性和稳定性。此外，作为上市公司申请公开增发或配股的重要前提条件，还强调公司最近三年以现金方式累计分配的利润不少于最近三年实现的年均可分配利润的 30%。

利润分配的顺序根据《公司法》等有关法规的规定，企业当年实现的净利润，一般应按照下列内容、顺序和金额进行分配。

（1）计算可供分配的利润。将本年净利润（或亏损）与年初未分配利润（或亏损）合并，计算出可供分配的利润。如果可供分配的利润为负数（即亏损），则不能进行后续分配；如果可供分配利润为正数（即盈利），则进行后续分配。

（2）提取法定盈余公积金。在不存在年初累计亏损的前提下，法定盈余公积金按照税后净利润的 10%提取。法定盈余公积金已达注册资本的 50%时可不再提取。提取的法定盈余公积金用于弥补以前年度亏损或转增资本金。但转增资本金后留存的法定盈余公积金不得低于注册资本的 25%。

（3）提取任意盈余公积金。任意盈余公积金计提标准由股东大会确定，如确因需要，经股东大会同意后，也可用于分配。

（4）向股东（投资者）支付股利（分配利润）。企业以前年度未分配的利润，可以并入本年度分配。

对企业来说，税后利润一般按下列优先顺序进行分配：①被没收的财务损失，支付各项税收的滞纳金和罚款；②弥补以前年度亏损；③提取法定盈余公积金，按照税后利润扣除前两项后的 10%提取，达到注册资金 50%时不再提取；④提取公益金，主要用于职工集体福利设施支出，提取率为 5%；⑤向投资者分配，企业以前年度未分配的利润可以并入本年度投资者分配。企业销售收入、总成本费用、税金和利润的关系如图 3-3 所示。

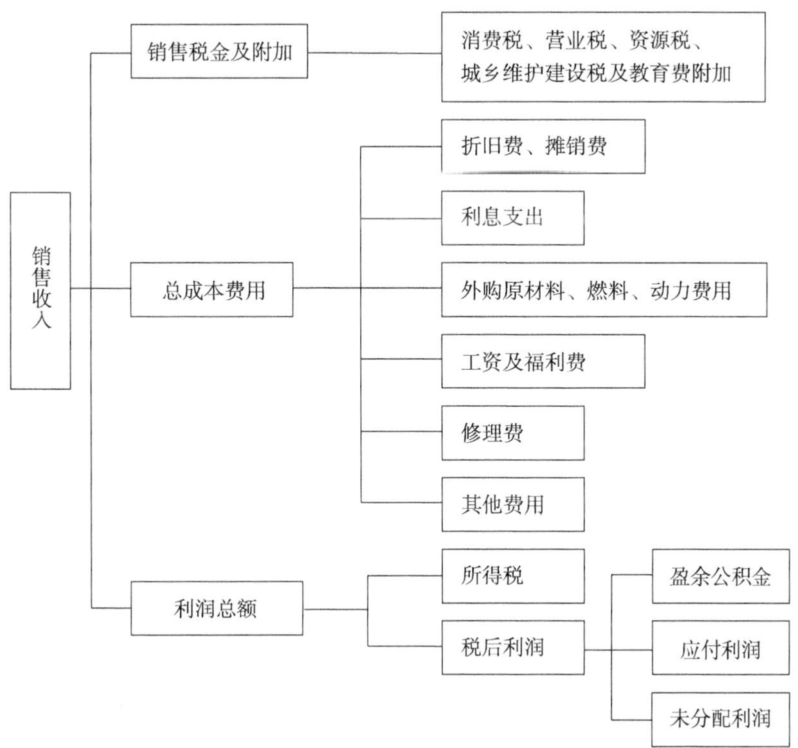

图 3-3　销售收入、总成本费用、税金和利润的关系示意图

➤复习思考题

1. 建设投资由哪些部分构成?
2. 建设投资估算方法有哪些?
3. 折旧与摊销的计算方法有哪些?
4. 工程项目的收入和销售税金及附加如何计算?
5. 利润总额、所得税的计算及净利润的分配顺序是什么?

➤本章重点及难点解析

第4章

工程经济评价的指标与方案比选

4.1 概　　述

经济效果评价是投资项目评价的核心内容。为了确保投资决策的正确性和科学性，研究经济效果评价的指标和方法是十分必要的。

评价工程项目技术方案的指标多种多样，这些指标从不同角度反映项目的经济性。从形态上看，主要分为两类：一类是以货币单位计量的价值型指标，如净现值、净年值、费用现值、费用年值等；另一类是以百分比或比例表示的、反映资金利用效率的效率型指标，如投资收益率、内部收益率、外部收益率、净现值指数等。按照是否考虑资金的时间价值，经济效果评价指标分为静态评价指标和动态评价指标。不考虑资金时间价值的评价指标被称为静态评价指标，静态评价指标主要用于技术经济数据不完备和不精确的项目初选阶段。考虑资金时间价值的评价指标被称为动态评价指标，动态评价指标用于项目最后决策前的可行性研究阶段。工程经济项目评价指标如图4-1所示。

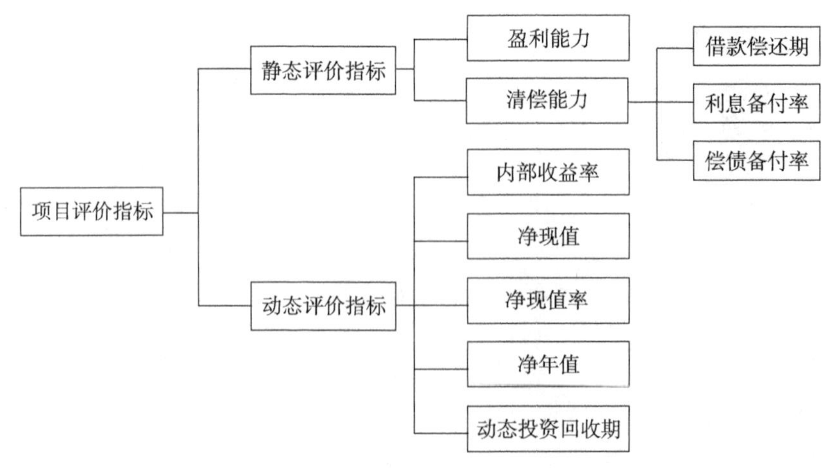

图4-1　项目评价指标

各种指标是从不同的角度考察项目的经济性，在对项目进行经济效益分析时，应尽量选用不同类型的指标同时分析，以保证评价的合理性和全面性。

4.2　静态评价指标

不考虑资金时间价值时的评价指标是静态评价指标。用静态评价指标分析方案的经济性简洁易行、方便灵活、节省时间，能够快速得出结论。一般在项目的投资决策初期，技术经济数据不完备和不精确的项目初选时使用静态评价指标分析。

4.2.1　盈利能力指标

1. 投资收益率

投资收益率（investment rate of return）是指项目在正常年份的净收益与期初的投资总额的比值。其表达式为

$$R=\frac{\mathrm{NB}}{K} \tag{4-1}$$

式中，K 为投资总额，$K=\sum_{t=0}^{m}K_t$；K_t 为第 t 年的投资额；m 为完成投资额的年份；R 为投资收益率；NB 为正常年份的净收益；根据不同的分析目的，NB 可以是税前利润也可以是税后利润。

根据 K 和 NB 的具体含义，R 可以表现为各种不同的具体形态。投资收益率常见的具体形态有

$$\text{全部投资收益率}=\frac{\text{年利润}+\text{折旧与摊销}+\text{利息支出}}{\text{全部投资额}} \tag{4-2}$$

$$\text{自有资金投资收益率}=\frac{\text{年利润}+\text{折旧与摊销}}{\text{自有资金投资额}} \tag{4-3}$$

$$\text{投资利税率}=\frac{\text{年利润}+\text{税金}}{\text{全部投资额}} \tag{4-4}$$

$$\text{投资利润率}=\frac{\text{年利润}}{\text{全部投资额}} \tag{4-5}$$

投资收益率指标未考虑资金的时间价值，而且舍弃了项目建设期、寿命期等众多经济数据，故一般仅用于技术经济数据尚不完整的项目初步研究阶段。用投资收益率判断方案的优劣需要用方案的投资收益率与国家或行业确定的基准收益率相比较。而基准收益率是国家或行业根据历史数据确定的。设基准投资收益率为 R_b，判断准则为：当 $R\geqslant R_b$ 时，项目可行，可以考虑接受；当 $R<R_b$ 时，项目不可行，应予以拒绝。若多个方案比较，则在各个方案满足 $R\geqslant R_b$ 时，投资收益率越大的方案越好。

2. 静态投资回收期

静态投资回收期（static payback period）又称投资回收期，是指投资回收的期限，就是投资方案所产生的净现金流量回收初始全部投资所需的时间。对投资者来说，投资回收期越短越好。静态投资回收期（P_t）的表达式如下：

$$P_t = T - 1 + \frac{|\text{第}T-1\text{年的累计净现金流量}|}{\text{第}T\text{年的净现金流量}} \quad (4\text{-}6)$$

式中，T 为项目各年累计净现金流量首次出现正值或零的年份。

利用静态投资回收期进行评价时，一般是将计算出的投资回收期与基准投资回收期对比，然后做出判断。设基准投资回收期为 T_0，那么当 $P_t \leqslant T_0$ 时，说明方案的经济效益好，方案可行；当 $P_t > T_0$ 时，说明方案的经济效益不好，方案不可行。多个方案进行比较的情况下，在每个方案自身满足 $P_t \leqslant T_0$ 时，投资回收期越短的方案越好。

基准投资回收期 T_0 可以是国家或部门制定的标准，也可以是企业自己的标准，其确定的主要依据是全社会或全行业投资回收期的平均水平，或者是企业根据自己的目标期望的投资回收期水平。投资回收期经济意义明确，具有直观、简单的特点，在一定程度上反映了方案经济效果的优劣和项目风险的大小。但是静态投资回收期指标的最大缺陷就是没有反映出静态投资回收期后方案的经营状况，因而不能全面反映项目在整个寿命期内真实的经济效果。

该方法通常用表格形式计算，是根据方案的净现金流量，从投资开始时刻（即零时点）依次求出以后各年的净现金流量之和（即累计净现金流量），直至累计净现金流量等于零的时刻为止，对应于累计净现金流量等于零的时刻，即为该方案从投资开始年算起的静态投资回收期。

【例 4-1】 依据表 4-1 所示数据计算静态投资回收期。

表 4-1 各年净现金流量 单位：万元

项目	第 0 年	第 1 年	第 2 年	第 3 年	第 4 年	第 5 年	第 6 年
现金收入			500	600	800	800	750
现金支出	600	400	200	250	300	350	350
净现金流量	−600	−400	300	350	500	450	400
累计净现金流量	−600	−1 000	−700	−350	150	600	1 000

由表 4-1 可知，静态投资回收期在第 3 年和第 4 年之间，按照式（4-6），该项目的静态投资回收期为 $P_t = 4 - 1 + \frac{|-350|}{500} = 3.7(\text{年})$。

4.2.2 清偿能力指标

1. 借款偿还期

借款偿还期是指可用于偿还借款的项目收益（税后利润、折旧、摊销及其他收益等）来偿还项目投资借款本金和利息所需要的时间，是反映项目借款偿债能力的重要指标。计算公式为

$$P_d=\left(\text{借款偿还后出现盈余的年份}-\text{开始借款年份}\right)+\frac{\text{当年应偿还借款额}}{\text{当年可用于还款的收益额}} \tag{4-7}$$

借款偿还期满足贷款机构要求的期限时，即可认为项目具备借款偿还能力。

2. 资产负债率

资产负债率是项目负债总额与资产总额之比，表明在整个项目资金构成中，债权人提供资金所占的比率。资产负债率揭示了项目投资者对债权人债务的保障程度，是分析项目长期债务清偿能力的重要指标。计算公式为

资产负债率=负债总额/资产总额×100%　　（4-8）

资产负债率多少算是合理，没有统一的规定。它取决于项目（企业）的盈利率、银行贷款的利率、通货膨胀率、国民经济的积累率和国民经济发展水平。一般地，项目盈利率较高，其可承受负债率也可以高一些；贷款利率提高，会使企业负债减少；国民经济景气时，企业会有高负债率。另外，规模较大、期限较长、投资额较大的项目，其资产负债率也较高。

3. 流动比率

流动比率是项目流动资产与流动负债之比。其计算公式为

流动比率=流动资产/流动负债×100%　　（4-9）

流动比率描述的是项目流动资产变现为现金以偿还流动负债的能力，流动比率的高低反映了项目承受流动资产贬值的能力和偿还中、短期债务能力的强弱。流动比率越高，说明该项目偿还能力越强。

4. 速动比率

速动比率是企业一定时点的速动资产同流动负债之比。其计算公式为

速动比率=速动资产/流动负债×100%

式中，速动资产=流动资产−存货。速动比率描述企业实际短期债务偿还能力，较流动比率更为准确。该指标越高，说明偿还流动负债的能力越强。与流动比率一样，该指标过高，说明企业资金利用效率低，对企业的运营也不利。国际公认的标准比率为 100%。同样，行业间该指标也有较大差异，实践中应结合行业特点分析判断。

4.3 动态评价指标

考虑了资金时间价值的评价方法被称为动态评价方法。与静态评价方法相比，动态评价方法更加注重考察方案在其计算期内各年现金流量的具体情况，因此更加科学和全面，其应用较静态评价方法更广泛。

4.3.1 动态投资回收期

动态投资回收期（dynamic payback period）是指在给定的基准收益率下，用项目或方案各年净收益的现值来回收全部投资的现值所需的时间，计算公式为

$$\sum_{t=0}^{P_t'}(\mathrm{CI}-\mathrm{CO})_t(1+i_c)^{-t}=0 \qquad (4\text{-}10)$$

式中，P_t'为动态投资回收期；CI为第t年的现金流入量；CO为第t年的现金流出量；i_c为基准收益率。

实际计算时，通常是根据方案的现金流量采用表格计算的方法，并用下列公式：

$$P_t'=\text{累计净现金流量折现值开始出现正值的年份}-1+\frac{|\text{上年累计净现金流量折现值}|}{\text{当年的净现金流量折现值}} \qquad (4\text{-}11)$$

利用动态投资回收期评价方案或项目时，也是与基准投资回收期T_0进行比较来判断。判断准则是：$P_t'\leqslant T_0$时，说明方案的经济效益好，方案可行；$P_t'>T_0$时，说明方案的经济效益不好，方案不可行。当多个方案进行比较时，在每个方案自身满足$P_t'\leqslant T_0$时，动态投资回收期越短的方案越好。

【例4-2】 资料同【例4-1】，若年折旧率为8%，试计算该项目的动态投资回收期，并判断方案是否可行。

解：由于各年的净现金流量不等，因此用类表法计算项目的动态投资回收期。

计算见表4-2，由于在计算的过程中，到第6年累计净现金流量现值就出现正值了，因此表4-2只计算到第7年。表4-2中，某年（如第t年）净现金流量的现值等于当年现金流量的值按照给定的折现率计算到期初的值。即

$$\text{第}t\text{年净现金流量的现值}=(\mathrm{CI}_t-\mathrm{CO}_t)(1+i)^{-t}$$

$$\text{第}t\text{年累计现金流量现值}=\sum_{t=0}^{T}(\mathrm{CI}_t-\mathrm{CO}_t)(1+i)^{-t}$$

动态投资回收期为

$$P_t'=6-1+\frac{|-53.8|}{220.6}=5.24(\text{年})$$

表 4-2　项目累计净现金流量现值　　单位：万元

项目	第 0 年	第 1 年	第 2 年	第 3 年	第 4 年	第 5 年	第 6 年	第 7 年
投资额	−1 000							
年收入		400	500	500	530	550	550	550
年经营成本		300	300	200	250	200	200	200
净现金流量	−1 000	100	200	300	280	350	350	350
净现金流量现值	−1 000	92.6	171.5	238.1	205.8	238.2	220.6	204.2
累计净现金流量现值	−1 000	−907.4	−735.9	−497.8	−292	−53.8	166.8	371

从计算结果看，动态投资回收期长于静态投资回收期。这是因为，计算动态投资回收期考虑了资金的时间价值，先投资的资金比未来资金价值更大。此外，本项目计算出的投资回收期短于基准投资回收期，因此项目可行。动态投资回收期具有静态投资回收期的优点和缺点。但由于资金具有时间价值的事实，动态投资回收期比静态投资回收期应用更广，在经济效果评价中应用非常普遍。

4.3.2　净现值

净现值（net present value，NPV）是对投资项目经济效益评价的最常用的指标。它是按照一定的利率将各年的净现金流量折现到同一时刻（通常是期初）的现值之和。其表达式为

$$\text{NPV}=\sum_{t=0}^{n}\left(\text{CI}_t-\text{CO}_t\right)\left(1+i_c\right)^{-t} \tag{4-12}$$

式中，NPV 为项目或方案的净现值；CI_t 为第 t 年的现金流入额；CO_t 为第 t 年的现金流出额（包括投资）；n 为项目寿命周期；i_c 为基准折现率（净现值是采用基准收益率作为折现率的）。

利用净现值判断方案时，对单一方案而言，若 NPV≥0，则方案可行，可以接受；若 NPV<0，则方案不可行，应予以拒绝。净现值表示在设定的折现率 i_0 的情况下，方案在不同时点发生的净现金流量折现到期初时，整个寿命期内所能得到的净收益。如果方案的净现值等于零，表示方案正好达到了基准收益率水平；如果方案的净现值大于零，则表示方案除能达到基准收益率外，还能得到超过期望的收益；如果净现值小于零，则表示方案达不到基准收益率水平。

【例 4-3】　某项目总投资为 4 500 万元，投产后每年的运营收入为 1 300 万元，年运营支出为 400 万元，该项目寿命期为 10 年，10 年后能回收净残值 300 万元。若基准收益率 i_c=15%，问此项目是否值得投资？

解：NPV=−4 500+（1 300−400）（P/A，15%，10）+300（P/F，15%，10）

=−4 500+900 × 5.019+300 × 0.247 2=91.26（万元）

由于 NPV>0，故方案可行。

【例 4-4】　在【例 4-3】中，若其他情况相同，但基准收益率 i_c=20%，问此项目是否可行？

解：$NPV=-4\,500+(1\,300-400)(P/A,\ 20\%,\ 10)+300(P/F,\ 20\%,\ 10)$

$=-4\,500+900\times4.192+300\times0.161\,5=-678.75$（万元）

由于NPV<0，这意味着在基准收益率i_0=20%的情况下，此投资在经济上是不合理的。

显然，净现值的大小与折现率i有很大的关系，但i变化时，净现值也随之变化，对于具有常规现金流量（即在计算期内，开始时有支出而后才有收益，且方案的净现金流量序列的符号只改变一次的现金量）的投资方案，其净现值的大小随折现率的增大而单调减小，二者的关系如图4-2所示。

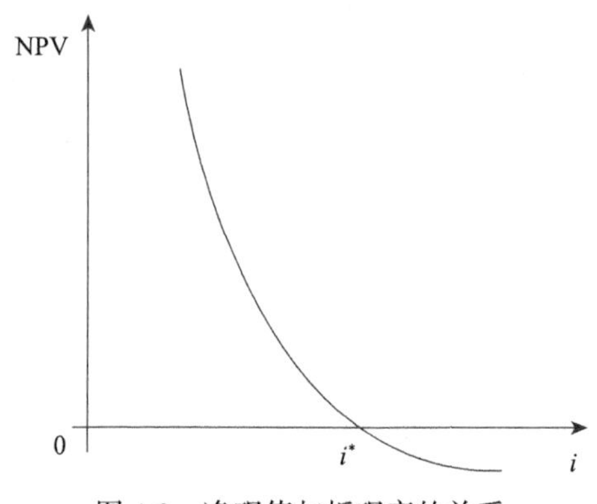

图4-2 净现值与折现率的关系

按照净现值的评价准则，只要是NPV（i）≥0，方案就可以被接受，但由于NPV（i）是i的递减函数，故基准收益率定得越高，方案被接受的可能性也就越小。【例4-3】和【例4-4】可以清楚地表明这一点。图4-2中，在某一个i^*值上，净现值曲线和横坐标相交，表示该折现率下的净现值NPV（i^*）=0，且当$i<i^*$时，NPV（i）>0；当$i>i^*$时，NPV（i）<0。i^*是一个具有重要经济意义的折现率临界值，被称为内部收益率。

净现值指标可以反映项目投资的盈亏情况，可以衡量出投资者对项目在经济上的满意程度，是反映方案投资盈利能力的一个重要动态指标。净现值指标的优点是：在给定现金流量、寿命期（或计算期）和折现率的情况下，都能算出一个唯一的净现值；考虑了资金的时间价值，并全面考虑了项目在整个计算期内的经济状况；克服了投资回收期的缺点，在理论上比投资回收期更完善；经济意义明确，可直接用货币表示项目的盈利水平，评价指标简单易行，在实践中被广泛应用。

但是利用净现值指标进行投资方案的经济效果分析也存在缺点：必须首先确定一个符合经济现实的基准收益率，而基准收益率的确定往往比较复杂；事先确定年收益，由于项目的资金来源渠道很多，各种资金来源渠道其资金成本不同，这使得资金成本仅具有理论上的意义，因而实际应用上会受到很大的限制；净现值不能说明项目运营期间各年的经营效果；净现值指标也不能直接反映项目投资中单位投资的使用效率。

4.3.3 内部收益率

内部收益率（internal rate of return，IRR）就是净现值为零时对应的折现率。也就是说，在这个折现率时，项目的现金流入的现值之和等于现金流出的现值之和。随着折现率的不断增加，净现值逐渐减少。当折现率增加到i^*时，项目的净现值为零，这个i^*就是内部收益率。换句话说，内部收益率就是净现值曲线与横坐标交点处对应的折现率。那么，内部收益率就可以通过 NPV 的表达式来求解。满足下式的折现率为内部收益率：

$$\mathrm{NPV}(\mathrm{IRR})=\sum_{t=0}^{n}(\mathrm{CI}-\mathrm{CO})_t(1+\mathrm{IRR})^{-t} \tag{4-13}$$

式（4-13）是一个高次方程，难以直接求出解。为了求解，通常采用“试算内插法”来求内部收益率的近似解。如图 4-3 所示，给出 i_1 和 i_2 两个折现率，计算出它们对应的净现值 NPV（i_1）、NPV（i_2），可以得出 NPV（i_1）>0，NPV（i_2）<0，然后用线性内插法计算内部收益率的近似值。

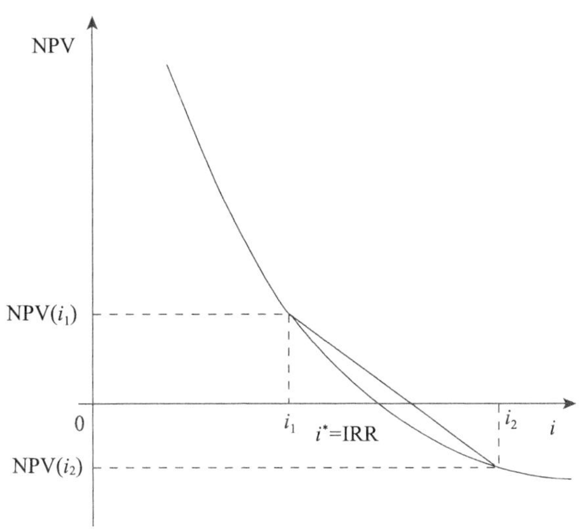

图 4-3　内插法求解内部收益率

根据相似形的原理，图 4-3 中有如下关系

$$\frac{i^*-i_1}{i_2-i^*}=\frac{\mathrm{NPV}(i_1)}{|\mathrm{NPV}(i_2)|}$$

等比例变换可得

$$\mathrm{IRR}=i_1+\frac{\mathrm{NPV}(i_1)\cdot(i_2-i_1)}{\mathrm{NPV}(i_1)+|\mathrm{NPV}(i_2)|} \tag{4-14}$$

具体计算步骤如下：

（1）先列出 NPV 的表达式。

（2）给出一个折现率 i_1，计算对应的 NPV（i_1），并不断试算，使得 NPV（i_1）>0，且接近于 0。

（3）再给出一个折现率 i_2，计算对应的 NPV（i_2），不断试算，使得 NPV（i_2）<0，且接近于 0。

（4）计算 $\Delta i=i_2-i_1$。但选取的 i_2 和 i_1 的差别不能太大，要求 $i_2-i_1<5\%$，目的是减少

内插的误差。

（5）将上述数据代入式（4-14）计算内部收益率。

内部收益率的判断准则是：设基准折现率为 i_c，若 IRR≥i_c，则项目可行；若 IRR<i_c，则项目不可行。

实际上，在净现值–内部收益率的图形（图 4-3）中，内部收益率相当于项目的盈亏平衡点。当利率低于盈亏平衡点 IRR 时，项目的净现值大于零，项目盈利；当利率高于盈亏平衡点 IRR 时，项目的净现值小于零，项目亏损。内部收益率被普遍认为是项目投资的盈利率，反映了投资的使用效率，概念清晰明确，比起净现值与将来值，各行各业的实际工作者更喜欢采用内部收益率。

【例 4-5】 某项目现金流量见表 4-3，设基准折现率为 10%，试求其内部收益率，并判断项目的可行性。

表 4-3 项目的净现金流量 单位：万元

年份（年末）	第 0 年年末	第 1 年年末	第 2 年年末	第 3 年年末	第 4 年年末	第 5 年年末
净现金流量	−2 000	300	500	500	500	1 200

解：

$$\text{NPV}=-2\,000+300\times(P/F, i, 1)+500(P/A, i, 3)(P/F, i, 1)+1\,200(P/F, i, 5)$$

取 i_1=12%代入上式计算得

$$\text{NPV}(i_1)=19>0$$

取 i_2=14%代入上式计算得

$$\text{NPV}(i_2)=-84<0$$

根据式（4-14）得

$$\text{IRR}=12\%+(14\%-12\%)\times\frac{19}{19+84}\approx 12.4\%$$

该项目的 IRR=12.4%>10%，所以项目在经济上是可行的。

内部收益率的经济含义是，在项目的寿命期内，项目投资将不断通过项目的净收益加以回收，其尚未回收的资金将以内部收益率的收益率获得收益，直到项目计算期结束时才回收全部投资。从这个角度来看，内部收益率反映了项目“偿付”未被回收的投资的能力。它不仅受项目初始投资规模的影响，而且受项目寿命期内各年净收益大小的影响，取决于项目内部的状况。

【例 4-6】 在【例 4-5】中，已经计算出其内部收益率为 12.4%，并且是唯一的，按此收益率计算收回全部投资的过程见表 4-4。

解：由表 4-4 可以看出，从第 0 年年末到第 5 年年末的整个寿命期内，每年均有尚未回收的投资，直到第 5 年年末即寿命期结束时，才接近收回全部投资（由于内部收益率是近似值，因此计算有误差）。

表 4-4　收回全部投资计算过程表　　单位：万元

项目	净现金流量（年末）①	年初未回收的投资②	年初未回收的投资到年末的金额③=②（1+IRR）	年末尚未回收的投资④=③-①
第 0 年年末	-2 000			
第 1 年年末	300	2 000	2 248	1 948
第 2 年年末	500	1 948	2 189	1 689
第 3 年年末	500	1 689	1 898	1 398
第 4 年年末	500	1 398	1 571	1 071
第 5 年年末	1 200	1 071	1 203	3

内部收益率计算通常适用于常规投资项目，否则会出现内部收益率的多个解，造成评价指标失效。所谓常规投资项目，是指在项目寿命期内除了建设期或投产初期的净现金流量为负值外，其余年份的净现金流量均为正值，寿命期内净现金流量的正负号只从负到正变化一次，并且所有负现金流量都出现在正现金流量之前。

4.4　互斥方案比选

前面介绍的经济效益评价指标用于评价独立项目或方案本身是否达到标准要求、是否可行，效果显著。但在实际项目的经济评价中，往往需要在多个备选方案中进行比较和选择。对于多方案的比选，除了可以应用上文介绍的独立方案的经济效益评价指标外，还可以运用多方案的评价指标，如相对投资回收期、计算费用、差额净现值、差额内部收益率等。事实上，多方案的评价指标是独立方案的经济效益评价指标的进一步回应。此外，多方案比选的方法与备选方案之间关系的类型有关。不同类型的备选方案，其使用的评价方法不同。本节在分析备选方案及其类型的基础上，讨论如何正确运用各种评价指标进行备选方案的评价与选择。

互斥方案是指方案之间存在互不相容、互相排斥的关系，且在多个比选方案中只能选择一个方案，这种择此就不能择彼的多方案组合就叫做互斥方案。例如，同一建筑的结构类型选择就是互斥方案，使用砖混结构、框架结构还是钢结构，只能选一个；还有厂址的选择，一个地点就是一个方案，不同地点的方案选择就是互斥型。由于互斥方案只能从中选择一个方案，因此选择互斥型方案时，它们的现金流量之间不存在相关关系。

方案的互斥关系决定了人们只能在若干方案中选择一个方案作为最佳方案实施。由于每一个方案都具有相同的被选择的可能性，为了使资金发挥最大的效益，这就需要进行比选，以确定一个最优方案。该类型方案的经济效果评价包括以下两点。

（1）绝对效果检验。考察备选方案中各方案自身的经济效果是否满足评价准则的要求。

（2）相对效果检验。考察备选方案中哪个方案相对最优。

绝对效果检验实际上和单一方案经济效果评价方法相同，而相对效果检验是在绝对效果检验的基础上选择最优。两种检验的目的和作用不同，通常情况下缺一不可，以确保所选方案不仅可行而且最优。

4.4.1 互斥方案静态评价方法

1. 增量投资回收期法

增量投资回收期又称追加投资回收期，或差额投资回收期，是指用两个互斥方案相比较而出现的成本的节约额来回收增加的投资的期限。增量投资回收期是一个静态评价指标。该方法是通过计算增加的投资是否能在期望的时间内回收，来判断投资额不等的两个方案的优劣。

甲、乙两个投资额不等的互斥方案，不妨假定甲方案的投资额 I_1 小于乙方案的投资额 I_2，如果甲方案相比乙方案成本少或净收益高，显然甲方案就是最理想的方案。但常见的情况是，投资少的方案往往经营成本较高或净收益较少，而投资大的方案，经营成本较低或者净收益较多。针对这种情况，设甲方案的经营成本为 C_1，乙方案为 C_2，此时有 $C_1>C_2$；或者设甲方案的年净收益为 A_1，乙方案为 A_2，此时有 $A_1<A_2$。

乙方案在甲方案基础上增量的投资为（I_2-I_1），所带来的效果为经营成本的节约（C_1-C_2），或者年净收益的增加（A_2-A_1）。增量的投资什么时候能够收回来，这是投资者关心的问题，当各年经营成本的节约基本相同，或者各年净收益基本相同时，计算增量投资回收期的表达式为

$$\Delta P_t=\frac{I_2-I_1}{C_1-C_2}=\frac{I_2-I_1}{A_2-A_1} \tag{4-15}$$

式中，ΔP_t 为增量投资回收期。

计算出来的增量投资回收期，若小于标准投资回收期，则投资大的方案为优；反之，则投资小的方案为优。

【例 4-7】 某项目建设有两个设计方案，第一方案采用比较先进的技术设备，投资额为 2 000 万元，年成本为 300 万元；第二方案投资额为 1 500 万元，年成本为 400 万元，两个方案的年销售收入均为 600 万元。如果标准投资回收期为 10 年，试用增量投资回收期指标比较两个方案。

解：首先进行绝对效果检验，分别计算两个方案的投资回收期。

第一方案：

$$P_{t1}=\frac{I_1}{A_1}=\frac{2\,000}{600-300}=6.67(\text{年})<10(\text{年})$$

第二方案：

$$P_{t2}=\frac{I_2}{A_2}=\frac{1\,500}{600-400}=7.5(\text{年})<10(\text{年})$$

两个方案的投资回收期均小于标准投资回收期 10 年，就单方案而言，均可行。进行

相对效果检验，计算增量投资回收期。

$$\Delta P_t=\frac{I_1-I_2}{C_2-C_1}=\frac{2\,000-1\,500}{400-300}=5(\text{年})<10(\text{年})$$

$$\Delta P_t=\frac{I_1-I_2}{A_1-A_2}=\frac{2\,000-1\,500}{300-200}=5(\text{年})<10(\text{年})$$

即第一方案较第二方案增加的投资 500 万元，在 5 年内就能回收，低于标准投资回收期 10 年，故增加投资可行，所以第一方案优于第二方案。

2. 增量投资收益率法

增量投资收益率是指增量投资所带来的经营成本上的节约与增量投资之比。假定甲方案的投资额 I_1 小于乙方案的投资额 I_2，甲方案的经营成本为 C_1，乙方案为 C_2，此时有 $C_1>C_2$；或者设甲方案的年净收益为 A_1，乙方案为 A_2，此时有 $A_1<A_2$。增量投资收益率 R 的表达式为

$$\Delta R=\frac{C_1-C_2}{I_2-I_1}=\frac{A_2-A_1}{I_2-I_1} \tag{4-16}$$

式中，ΔR 为增量投资收益率。

不难看出，增量投资收益率和增量投资回收期两个指标互为倒数，即 $\Delta R=1/\Delta P_t$。若计算出来的增量投资收益率大于基准投资收益率，则投资大的方案可行，它表示投资的增量（I_2-I_1）完全可以由经营费用的节约（C_1-C_2）或增量收益（A_2-A_1）来得到补偿。反之，则投资小的方案为优。

4.4.2　互斥方案动态评价方法

1. 寿命期相同的方案比选

1）净现值法

净现值法的基本步骤如下：

（1）首先计算各个备选方案的净现值、净年值、内部收益率等，检验各个方案的绝对经济效果，淘汰净现值 NPV＜0、净年值 NAV＜0 以及 IRR＜i_c 等的方案。

（2）对绝对经济效果合格的方案，比较其净现值，以及净现值最大的方案为最优方案。上述方法、步骤同样适用于净现值的等效指标——净年值和净终值，即计算净年值和净终值指标也会得出一致的结论。

【例 4-8】　有 3 个互斥投资方案 A、B、C，各自的初期投资额、每年年末的收益及费用如表 4-5 所示。各投资方案的寿命期皆为 10 年，10 年后残值额为 0，基准收益率 i_c=15%，试进行方案比较。

表 4-5 A、B、C 投资方案收益和费用表 单位：万元

投资方案	初期投资	销售收益	作业费用	净现金流量
A	5 000	2 400	1 000	1 400
B	8 000	3 100	1 200	1 900
C	1 000	4 000	1 500	2 500

解：为了准确地选择方案，首先画出 3 个方案的现金流量图，如图 4-4 所示。当各方案的寿命期相同时，可用下述方法求解。

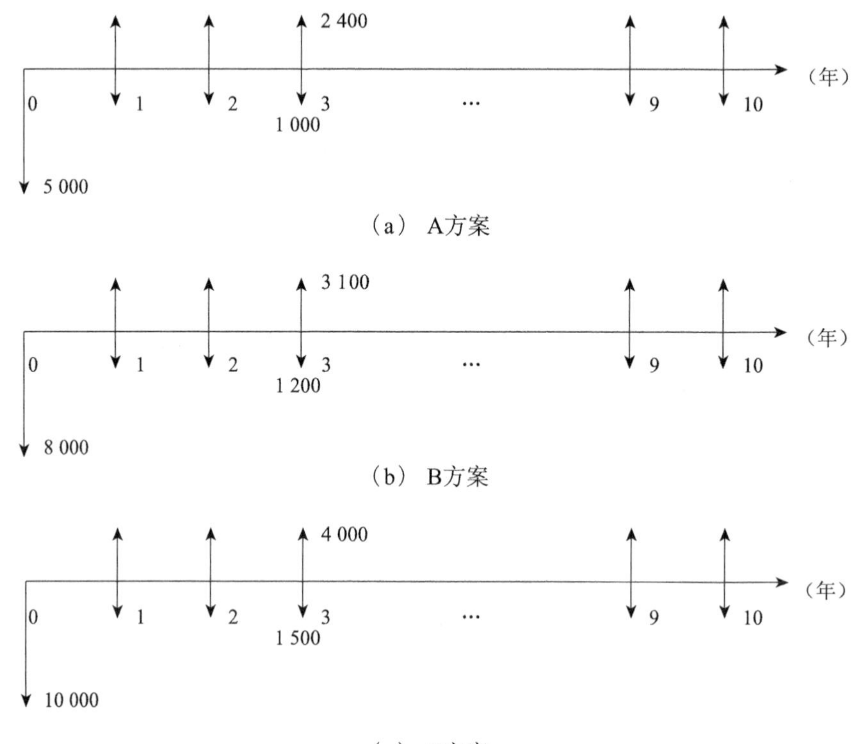

(c) C方案

图 4-4 现金流量图

第一步：绝对效果评价。

各方案的净现值 NPV_A、NPV_B、NPV_C 计算如下。

$$NPV_A=-5\,000+(2\,400-1\,000)(P/A,\ 15\%,\ 10)=2\,026.32\text{（万元）}$$

$$NPV_B=-8\,000+(3\,100-1\,200)(P/A,\ 15\%,\ 10)=1\,535.72\text{（万元）}$$

$$NPV_C=-10\,000+(4\,000-1\,500)(P/A,\ 15\%,\ 10)=2\,547.00\text{（万元）}$$

由于 $NPV_A>0$，$NPV_B>0$，$NPV_C>0$，故 3 个方案均通过绝对效果检验。

第二步：相对效果检验。

由于 C 方案的净现值较 A 方案多 320 万元，较 B 方案多 1 011 万元，即 $NPV_B<NPV_A<NPV_C$，所以应采用 C 方案而拒绝 A 方案和 B 方案。

2）增量净现值法

增量净现值法的比选原理是：以基准折现率为基准，判定投资多的方案比投资少的方案所增加的投资是否值得，即增量部分与寿命期内增加的收益的净现值之和是否大于或等于零。当然，除了增量部分应满足基准折现率的收益水平外，两方案的相同部分（基础方案）必须首先满足这一基准水平。在具体比选上，分为以下几个步骤进行。

（1）先将寿命期相同的互斥方案按投资量递升顺序排列。零投资的方案 A_0 也被排入，以判定基础方案是否满足基准折现率要求的收益水平。

（2）将投资额小的方案 A_i 作为临时最优方案，投资额大的方案 A_j 作为竞争方案（$j>i$）。按方案投资的递升顺序逐步计算两方案增量部分 A_j-A_i 的净现值 $\Delta NPV_{A_j-A_i}$。若 $\Delta NPV_{A_j-A_i}\geqslant 0$，则表明增量部分是值得的，即 A_j 方案优于 A_i 方案，故竞争方案取代原临时最优方案作为新的临时最优方案；若 $\Delta NPV_{A_j-A_i}<0$，则竞争方案不如临时最优方案而被淘汰。

（3）按顺序用新的竞争方案与临时最优方案比较，不断重复步骤（2），直至所有方案比较完毕，找出最后的最优方案。

【例 4-9】　以【例 4-8】的数据为例，采用增量净现值法选择最优方案。

解：（1）按初始投资额递增顺序排列方案，见表 4-6，其中 0 表示零投资方案。

表 4-6　方案现金流量情况表　　单位：万元

方案	0	A	B	C
初始投资额	0	5 000	8 000	10 000
年净现金流量	0	1 400	1 900	2 500

（2）将零投资方案 0 作为临时最优方案，计算 A−0 方案净现值。

$$\Delta NPV_{A-0}=-5\,000+(1\,400-0)(P/A,\ 15\%,\ 10)=2\,026.32\ (\text{万元})$$

因 $\Delta NPV_{A-0}>0$，A 方案为合格方案，作为临时最优方案。

（3）B 方案与 A 方案差额的比较。B 方案较 A 方案初期投资多 3 000 万元，每年的净收益多 500 万元。用 ΔNPV_{B-A} 表示 B 方案较 A 方案增加现金流量部分的净现值，其增量的现值为

$$\begin{aligned}\Delta NPV_{B-A}&=NPV_B-NPV_A=-8\,000+5\,000+(1\,900-1\,400)(P/A,\ 15\%,\ 10)\\&=-490.6\ (\text{万元})\end{aligned}$$

因 $\Delta NPV_{B-A}<0$，因此可以判定 A 方案较 B 方案有利。

（4）同样，C 方案与 A 方案差额的比较，其差额的现值为

$$\begin{aligned}\Delta NPV_{C-A}&=NPV_C-NPV_A=-10\,000+5\,000+(2\,500-1\,400)(P/A,\ 15\%,\ 10)\\&=520.7\ (\text{万元})\end{aligned}$$

因 $\Delta NPV_{C-A}>0$，由此判定 A 方案不如 C 方案有利，因而最优的方案为 C 方案，这与前面求解的结果一致。在采用增量净现值法进行方案的比选时，首先应对比选方案进行单方案检验，只有可行的方案才能参加方案的评选。

3）增量内部收益率法

在进行多方案比选时，应使用内部收益率法中的增量分析法，即用增量内部收益率法来比选。如果直接按各个方案内部收益率的高低来评选方案，有时会得出错误的结论。增量内部收益率法的表达式为

$$\sum_{t=0}^{n}(\Delta CI-\Delta CO)_t\cdot(1+\Delta IRR)^{-t}=0 \tag{4-17}$$

式中，ΔIRR 为方案的差额内部收益率。

增量内部收益率评选方案的方法是：若 $\Delta IRR \geqslant i_c$，则说明投资额大的方案优于投资额小的方案，保留投资大的方案；若 $\Delta IRR < i_c$，则保留投资额小的方案。增量内部收益率只能说明增量投资部分的经济合理性，即 $\Delta IRR \geqslant i_c$，并不能说明全部投资的经济效果，所以在采用增量内部收益率进行方案比选时，首先应对比选方案进行单方案检验，只有可行的方案才能参加方案的评选。

在互斥方案进行比选时，净现值最大准则是正确的判断准则，而内部收益率最大准则不能保证比选结论的正确性。净现值最大准则的正确性是由基准收益率——最低希望收益率的经济意义决定的。一般来说，最低希望收益率应该等于被拒绝的投资机会中最佳投资机会的盈利率，因此净现值就是拟采纳方案较之被拒绝的最佳投资机会多得的净收益，其值越大越好。这符合盈利最大化的决策目标的要求。

2. 寿命期无限和寿命期不等的互斥方案评价

1）寿命期无限的互斥方案评价

有一些公用事业项目，如大坝、铁路、运河等，可以通过反复维修更新使其寿命延长至很长的时间，甚至可以将其看做永久项目。其现金流量大致呈周期性规律的变化，不难发现寿命期无限方案的现金流量的现值和年值之间存在着一定的关系。

按资金等值原理，可知

$$P=A(P/A,\ i,n\ )=A\frac{(1+i)^n-1}{i(1+i)^n}$$

对于寿命期无限的项目来说，意味着 $n\to\infty$，这时

$$P=\lim_{n\to\infty}\left[A\frac{(1+i)^n-1}{i(1+i)^n}\right]=\frac{A}{i}\lim_{n\to\infty}\left[1-\frac{1}{(1+i)^n}\right]=\frac{A}{i} \tag{4-18}$$

应用上式可以方便地解决无限寿命期互斥方案的比较问题。方案的初始投资费用再加上假设永久运营所需要的成本支出和维护费用支出的现值，构成了方案的费用现值，此过程被称为资本化成本。比较互斥方案的费用现值，较小者为优。

【例 4-10】 为修建某河的大桥，经研究有两处可以选点建造，在 A 点建桥投资为 3 000 万元，年维护费用为 10 万元，每 10 年大修一次费用为 150 万元；在 B 点建桥投资为 2 800 万元，年维护费用为 15 万元，每 5 年大修一次费用为 100 万元；若利率为 8%，哪个方案更经济？

解：A 方案的费用现值为

$$PC_A=P_0+P_A=P_0+A/i$$

$$PC_A=3\,000+\frac{10}{8\%}+\frac{150\times(A/F,8\%,10)}{8\%}=3\,254.38(万元)$$

B 方案的费用现值为

$$PC_B=P_0+P_B=P_0+B/i$$

$$PC_B=2\,800+\frac{15}{8\%}+\frac{100\times(A/F,8\%,5)}{8\%}=3\,200.63(万元)$$

由于 $PC_A > PC_B$，所以 B 方案比较经济。

2）寿命期不等的互斥方案评价

前面讨论的各种方案的比选，在没有特别说明的情况下，实际上都假设了各个参与比选的方案寿命期是相等的。严格地说，如果两个方案的寿命期不等，是不能直接用上述的净现值等方法进行经济性比较的，因为不具备时间可比性。但是，实际工作中往往又常遇到这类寿命期不等项目之间的比选问题，这时必须对方案的服务期做出某种假设，使备选方案在相同的寿命期基础上进行比较，以保证得到合理的结论。常用的方法有以下两种。

（1）最小公倍数法。最小公倍数法又称方案重复性假设法，是以各备选方案计算期的最小公倍数作为方案比选的共同计算期，并假设各个方案均在这一共同的计算期内重复进行，即各备选方案在其原计算期结束后，均按照方案原计算期内的现金流量系列重复出现在第 2 个、第 3 个、……重复的计算期内，直到共同的计算期结束。在此基础上计算各个方案的净现值，以净现值最大且大于零的方案为最优方案。

如果根据备选方案的寿命期算得的最小公倍数很大，则可以取无穷大计算期法计算净现值，按照前述关于无穷大寿命期方案的评价方法来计算各个方案的净现值，以净现值最大且大于零的方案为最优方案。

（2）研究期法。针对寿命期不等的互斥方案比选，可以采用另一种方法来确定各备选方案共同的计算期——研究期法。这种方法是根据对方案产品市场前景的预测，直接选取一个适当的分析期作为各个备选方案共同的计算期，这样各个方案就具备时间可比性了。

研究期的选择要视具体情况而定，主要有以下三类。

（1）以寿命期最短方案的寿命为各方案共同的寿命期，令寿命较长的方案在共同寿命期末保留一定的残值。

（2）以寿命期最长方案的寿命为各方案共同的寿命期，令寿命较短的方案在寿命终止时，以同种固定资产或其他新型固定资产进行更替，直至达到共同寿命期为止，期末可能尚存一定的残值。

（3）规定各个方案统一的计划服务年限，计划服务年限不一定等同于各个方案的寿命。在达到计划服务年限前，有的方案可能需要进行固定资产更替；而在服务期满时，有的方案可能存在残值。

4.5 独立方案比选

独立方案的采用与否，只取决于方案自身的经济性，且不影响其他方案的采用与否。独立方案的这一特点，决定了独立方案的现金流量及其效果具有可加性。一般独立方案的选择分为以下两种情况：一种情况是没有资源限制，如果独立方案之间共享的资源（通常为资金）足够多，则任何一个方案只要是经济上可行的，都可以采纳并实施；另一种情况是有资源限制，如果独立方案之间共享的资源是有限的，不能满足所有方案的需要，则在不超出资源限制的条件下，在可行方案中选择其中的某一些方案作为最终实施的方案，那么这些被选中的方案组合应该是能够产生最佳经济效果的方案组合。

4.5.1 不受资金约束的独立型方案的比选

如果没有资金约束，独立型方案又称完全独立方案。完全独立方案的现金流相互独立，不具有相关性，且任一完全独立方案的采用与否都不影响其他方案的决策。如果决策的对象是单一方案，则可以认为是独立方案的特例。

不受资金约束的独立型方案投资决策时比较容易，只需进行绝对效果检验，独立方案经济评价常用的评价指标有净现值、内部收益率、净年值等。分别计算各方案的净现值、净年值或内部收益率中的任一指标，只要指标达到评价标准，通过绝对效果检验的方案，就认为它在经济效果上是可以接受的，否则就应予以拒绝。

【例 4-11】 两个独立方案 A 和 B，其现金流见表 4-7，不具有相关性，资金不受约束。试判断其经济可行性（i_c=15%）。

表 4-7 独立方案 A 和 B 的净现金流 单位：万元

方案	初始投资额	1~10 年
A	2 000	450
B	2 000	300

解：

$$NPV_A=-2\,000+450\,(P/A,\ 15\%,\ 10)=258.46\text{（万元）}$$

$$NPV_B=-2000+300\,(P/A,\ 15\%,\ 10)=-494.36\text{（万元）}$$

$NPV_A>0$，A 方案可接受；$NPV_B<0$，B 方案应予拒绝。

4.5.2 有资金约束的独立方案的比选

一般情况下，由于项目的经济条件有限，能够采用的方案数目多少会受到项目财力、物力和人力的限制，这样就使独立方案的比选成为有约束条件的选择。在资金总额约束的条件下，项目方案比选的实质是排列各方案的优先次序，使净收益大的方案优先采纳，在不超过有限资金总额的条件下，选取能够带来总收益最多的一组方案。常用的资金有限独立方案的比选有两种方法，即独立方案互斥化法和效率指标排序法。

1. 独立方案互斥化法

独立方案互斥化的原理是将独立方案的所有组合列出来，每个组合形成一个组合方案（其现金流量为被组合方案现金流量的叠加），这些组合方案之间是互斥关系，被称为组合互斥方案，由于是所有可能的组合，则最终的选择只可能是其中一种方案组合，因此所有可能的组合方案形成互斥关系，可按互斥方案的比选方法确定最优的方案组合，最优的方案组合即是独立方案的最佳方案选择。

用净现值指标评价的基本步骤如下：

（1）分别对各独立方案进行绝对效果检验，即剔除 NPV<0，或 IRR<i_c的方案。

（2）对通过绝对效果检验的独立方案，列出所有可能的方案组合，将所有的组合按初始投资额从小到大的顺序排列。

（3）排除初始投资额超过投资资金限制的方案组合。

（4）对所剩的方案组合按互斥方案的比选方法确定最优的方案组合，可用净现值法判定，即分别计算各方案组合的净现值，以净现值最大者为最佳组合，也可用增量内部收益率法选择最佳方案组合，不过结论和净现值法是一致的。

【例 4-12】　有三个独立方案 A、B 和 C，寿命皆为 10 年，现金流量见表 4-8。基准收益率 i_c=10%，投资资金限制为 7 000 万元。要求选择最佳方案组合。

表 4-8　独立方案现金流量　　单位：万元

方案	初始投资	年净收益
A	2 500	520
B	3 200	640
C	3 800	760

解：首先分别计算各独立方案的净现值，剔除单一方案不可行者。按照所有可能方案的投资额的大小排序（包括 0 方案），如表 4-9 所示。

表 4-9　组合互斥方案现金流量计算　　单位：万元

序号	方案组合	初始投资	年净收益	净现值
1	0	0	0	0
2	A	2 500	580	1 064.1
3	B	3 200	640	732.8
4	C	3 800	760	870.2
5	A+B	5 700	1 220	1 796.9
6	A+C	6 300	1 340	1 934.3
7	B+C	7 000	1 400	1 603.0
8	A+B+C	9 500		

由于方案组合 A+B+C 的投资额为 9 500 万元>7 000 万元，故可不计算此组合。观察对比表 4-9 中各组合的净现值，A+C 的净现值最大且大于 0，所以 A+C 为最优方案组

合，A 方案和 C 方案是最优的选择。

2. 效率指标排序法

效率指标排序法包括内部收益率排序法和净现值率排序法。内部收益率排序法是根据资源效率指标的大小确定独立项目的优先顺序，然后根据资源约束条件确定最优项目组合。

【例 4-13】 有 6 个独立方案的现金流量见表 4-10，寿命期均为 6 年，基准收益率 i_c=10%：①若资金限制为 520 万元，选择哪些项目最有利？②若资金限制为 500 万元，选择哪些项目更有利？

表 4-10 独立方案现金流 单位：万元

项目	初始投资（I）	年净收益（R）
A	120	36.0
B	110	23.8
C	90	30.4
D	160	42.4
E	150	56.6
F	140	34.0

解：首先求出各个项目的内部收益率，内部收益率可按照下式计算：

$$-I+R\left(P/A,\ \mathrm{IRR},\ 6\right)=0$$

因此有：IRR_A=20%，IRR_B=8%，IRR_C=25%，IRR_D=16%，IRR_E=30%，IRR_F=12%。

图 4-5 表示各个项目按照内部收益率高低的排序，纵坐标表示内部收益率，横坐标表示投资额 I 的累计值，虚线表示基准收益率水平 i_c。

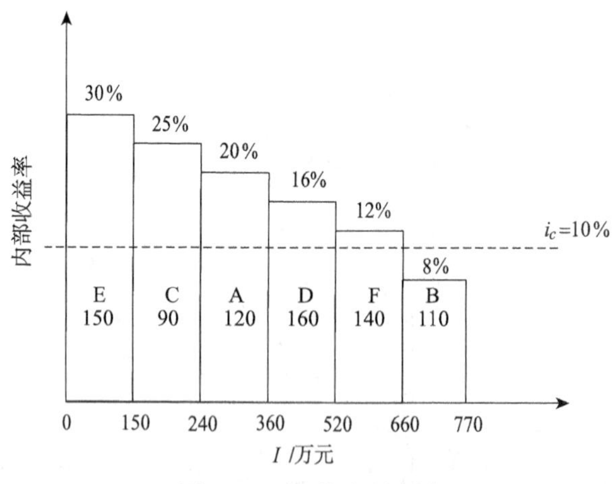

图 4-5 项目优劣顺序图

（1）若资金限制为 520 万元，由图 4-5 可知，按照内部收益率的高低优先选择（E、C、A、D），且（E、C、A、D）4 个项目的投资额刚好等于 520 万元。B 项目 $\mathrm{IRR}_B=8\%<i_c$，故无论有没有剩余资金都应该被淘汰，F 项目虽然 $\mathrm{IRR}_F=12\%>i_c$，但是由于资金有限，不得不放弃。故最终的选择为（A、C、D、E）4 个项目。

（2）若资金限制为 500 万元，则（E、C、A）项目可以首先选择，投资为 360 万元，剩余了 140 万元资金，由于项目的不可分割性，D 项目不能被选中，但是下一个项目 F 的内部收益率 IRR_F=12%>i_c，且资金刚好为 140 万元，故最优的项目组合为（A、C、E、F）4 个项目。

净现值率排序法和内部收益率排序法具有相同的原理：计算各方案的净现值，排除净现值小于零的方案，然后计算各个方案的净现值率（净现值率=净现值/投资额的限制），按净现值率从小到大的顺序，一次选取方案，直至所选取方案的投资额之和达到或最大限度地接近投资限制。

4.6　混合方案比选

4.6.1　独立方案中有若干个互斥方案

这种形式的混合方案也是采用方案组合法进行比较选择。其基本方法与独立方案互斥化法类似，先排除单一方案不可行者，然后列出可能的方案组合，这些方案组合之间的关系是互斥的，然后用评价互斥方案的方法比选择优。不同的是在方案组合的构成上，其组合的方案数目比独立方案的组合方案数少。如果用 m 代表相互独立的方案数目，n_j 代表第 j 个独立方案下互斥方案的数目（j=1，2，…，m），则该混合方案可以组合成的互斥的组合方案数目为（包括 0 方案）

$$N=\prod_{j=1}^{m}\left(n_j+1\right)=\left(n_1+1\right)\left(n_2+1\right)\cdots\left(n_m+1\right) \tag{4-19}$$

例如，A、B 两方案是相互独立的，A 方案下有 2 个互斥方案 A_1、A_2，B 方案下有 3 个互斥方案 B_1、B_2、B_3，若上述方案都经济上可行，则可以组合成的互斥组合方案数目为 N=3×4=12（个），见表 4-11。

表 4-11　混合方案组合成的互斥组合方案

序号	方案组合					组合方案
	A		B			
	A_1	A_2	B_1	B_2	B_3	
1	0	0	0	0	0	0
2	1	0	0	0	0	A_1
3	0	1	0	0	0	A_2
4	0	0	1	0	0	B_1
5	0	0	0	1	0	B_2
6	0	0	0	0	1	B_3
7	1	0	1	0	0	A_1+B_1
8	1	0	0	1	0	A_1+B_2
9	1	0	0	0	1	A_1+B_3
10	0	1	1	0	0	A_2+B_1
11	0	1	0	1	0	A_2+B_2
12	0	1	0	0	1	A_2+B_3

4.6.2 互斥方案中有若干个独立方案

先将互斥方案下的独立方案互斥化，找出最佳的方案组合；然后将选出来的最佳方案组合比较其优劣，最终选出混合方案的最优组合。例如，仍然是上述A、B两方案，但是其关系是互斥的。A方案下有两个独立方案A_1、A_2，B方案下有三个独立方案B_1、B_2、B_3，若上述单方案均经济上可行，则可分别对A方案下的独立方案互斥化，选择一组最佳的方案组合设为A′；然后对B方案下的独立方案互斥化，选择一组最佳的方案组合设为B′，A′和B′两个方案组合之间的关系是互斥的，在它们之间选择一个最佳方案，即为混合方案的最佳方案选择。

【例4-14】 某公司有A、B、C 3个下属部门，各部门提出了若干项目投资方案，见表4-12。3个部门之间是项目独立的，每个部门内的投资方案之间是互斥的，项目寿命期均为10年，基准收益率为10%。试问在下列情况下如何选择最优方案？

（1）资金供应没有限制。

（2）资金供应限制在500万元内。

表4-12 方案现金流量 单位：万元

部门	方案	0年	1~10年
A	A_1	−100	27.2
	A_2	−200	51.1
B	B_1	−100	12.0
	B_2	−200	35.4
	B_3	−300	45.6
C	C_1	−100	50.9
	C_2	−200	63.9
	C_3	−300	87.8

解：对上述问题采用内部收益率指标来分析。

（1）因为资金供应没有限制，A、B、C部门之间相互独立，此时选择最优方案实际上是各部门内部互斥方案的比选，分别计算ΔIRR。

A部门，由方程：

$$-100+27.2(P/A,\mathrm{IRR}_{A_1},10)=0$$

$$-100+(51.1-27.2)(P/A,\Delta\mathrm{IRR}_{A_2-A_1},10)=0$$

解得：$\mathrm{IRR}_{A_1}=24.2\%>i_c$（10%），$\Delta\mathrm{IRR}_{A_2-A_1}=20.0\%>i_c$（10%），故$A_2$优于$A_1$，应选$A_2$方案。

B部门，同理可求得：$\mathrm{IRR}_{B_1}=3.5\%<i_c$，故$B_1$应舍去，$\mathrm{IRR}_{B_2}=12\%>i_c$，$\Delta\mathrm{IRR}_{B_3-B_2}=0.35\%<i_c$，故$B_2$优于$B_3$，应选$B_2$方案。

C部门，同理可求得$\mathrm{IRR}_{C_1}=50.0\%>i_c$，$\Delta\mathrm{IRR}_{C_2-C_1}=5.0\%<i_c$，故$C_1$方案优于$C_2$方案。

$\Delta IRR_{C_3-C_1}$=13.1%>i_c，所以 C_3 方案优于 C_1 方案，应选 C_3 方案。

因此，资金没有限制时，应选择 $A_2+B_2+C_3$，即 A 部门与 B 部门分别投资 200 万元，C 部门投资 300 万元。

（2）由于存在资金限制，3 个部门投资方案的选择过程如图 4-6 所示。从图 4-6 中可以看出，当资金限制在 500 万元之内时，可接受的方案包括 C_1-0、A_1-0、A_2-A_1、C_3-C_1，因为这 4 个增量投资方案的 ΔIRR 均大于 i_c=10%，且投资额在 500 万元之内。因此，3 个部门应选择的方案为 A 部门的 A_2 和 C 部门的 C_3，即 A 部门投资 200 万元，C 部门投资 300 万元，B 部门不投资。

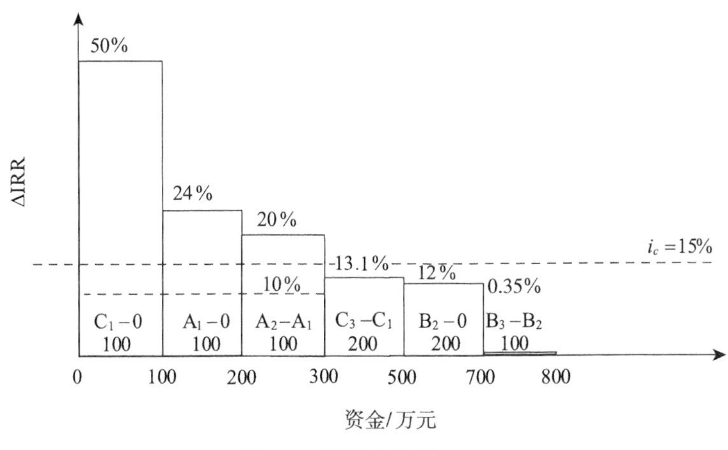

图 4-6　混合方案的 ΔIRR

4.7　其他方案比选

4.7.1　相关型方案的比选

1. 相互依存型和完全互补型

如果两个或多个方案之间，某一方案的实施要求以另一方案（或另几个方案）的实施为条件，则这两个（或若干个）方案具有相互依存性，或者说具有完全互补性。例如，在某地建汽车制造厂和汽车零部件厂。建汽车制造厂将增加对汽车零部件的需求，使汽车零部件厂的效益增加；建汽车零部件厂又将使汽车制造厂的零部件供应充足，减少外运费，减少汽车制造的成本，从而增加收益。这样，两个方案就属于相互依存型和完全互补类型的相关方案。一般情况下，对这种类型的方案在评价时放在一起进行。

2. 现金流量相关型

如果若干方案中，任一方案的取舍会导致其他方案的现金流量的变化，这些方案之间就具有相关性，属于现金流量相关型。例如，为了改善两地之间的交通状况，在两地之间既可以建铁路，也可以建公路，还可以同时建铁路和公路。即使这两个方案不存在互不相容的关系，但任何一个方案的实施或放弃都会影响另一个方案的收入，从而影响方案经济效果评价的结论。

3. 资金约束型

在对投资方案进行评价时，如果没有资金总额的约束，各方案具有独立性。但在资金有限的情况下，接受某些方案则意味着不得不放弃另外一些方案，这也是方案相关的一种类型，即资金约束型。

4. 混合相关型

方案之间存在多种类型就称为混合相关型。例如，在有限的资金约束条件下，有几个现金流量相关型方案，在这些方案中，又包括一些互斥方案。

对一般相关型方案进行比选的方法很多，这里只介绍一种常用的方法——组合互斥法，其基本步骤如下：

（1）确定方案之间的相关性，对其现金流量之间的相互影响做出准确的估计。

（2）对现金流量之间具有正影响的方案，等同于独立型方案看待；对相互之间具有负影响的方案，等同于互斥型方案看待。

（3）根据方案之间的关系，把方案组合成互斥的组合方案，然后按照互斥方案的比选方法对组合方案进行比较。

【例 4-15】 为了满足运输要求，有关部门分别提出要在某两地之间上一个铁路项目和（或）一个公路项目。只上一个项目时的净现金流量见表 4-13。若两个项目都上，由于货运分流的影响，两项目都将减少净收益，其净现金流量见表 4-14。当 i_c=10%时，应如何决策？

表 4-13 一个项目的净现金流量 单位：万元

方案	第 0 年	第 1 年	第 2 年	第 3~32 年
铁路（A）	−200	−200	−200	100
公路（B）	−100	−100	−100	60

表 4-14 两个项目的净现金流量 单位：万元

方案	第 0 年	第 1 年	第 2 年	第 3~32 年
铁路（A）	−200	−200	−200	80
公路（B）	−100	−100	−100	35
两个项目合计（A+B）	−300	−300	−300	115

解：先将两个相关方案组合成三个互斥方案，再分别计算其净现值，结果见表 4-15。

表 4-15 组合方案及其净现值表 单位：万元

方案	第 0 年	第 1 年	第 2 年	第 3~32 年	净现值
铁路（A）	−200	−200	−200	100	281.65
公路（B）	−100	−100	−100	60	218.73
两个项目合计（A+B）	−300	−300	−300	115	149.80

根据净现值评价的标准，在三个互斥方案中，$NPV_A > NPV_B > NPV_{A+B} > 0$，故方案 A 为最优方案，即接受铁路建设项目，拒绝公路建设项目。

4.7.2　互补型方案的评价

经济上互补的方案评价一般可以将多个方案作为一个综合体来考虑，当方案之间的互补性不是太强时，根据具体的情况，可将方案转化为独立方案或互斥方案评价，应用前面介绍的评价准则即可选出最优方案的组合。

➢复习思考题

1. 静态评价指标主要分为哪两个方面？分别都有哪些主要指标？
2. 动态评价中有哪些主要指标？
3. 工程经济学中的方案比选有什么意义？
4. 怎样运用增量内部收益率法进行方案的比选？
5. 在方案的比选中怎样选择指标？

➢本章重点及难点解析

第5章

工程项目财务评价

5.1　工程项目财务评价概述

工程项目经济评价是工程项目可行性研究的有机组成部分和重要内容，是工程建设项目决策科学化的重要手段和依据，是一项十分重要的技术经济分析、论证工作。它常常是根据国民经济长期规划和地区、行业规划的要求，在做好拟建项目产品市场需求预测、厂址选择、工艺技术选择等工程技术研究的基础上，来计算项目投入的费用和产出的效益，通过评价指标的计算，多方案的比较，从经济的盈利性、合理性的分析、论述，来做出全面的评价，为项目的科学决策提供可靠的依据。

5.1.1　财务评价的概念

工程项目的财务评价又称财务分析，是从企业角度，根据国家现行财税制度和价格体系，分析、计算项目直接发生的财务效益和费用，编制财务报表，计算评价指标，考察项目的盈利能力、清偿能力以及外汇平衡能力等财务状况，据此判别项目在财务上的可行性。

工程项目的财务评价，主要是通过对各个技术方案的财务活动分析，凭借一系列评价指标的测算和分析来论证工程项目财务上的可行性，并以此来判别工程项目在财务上是否有利可图。

当然，从财务上分析工程项目经济效益时，不仅要测算、分析正常经营条件下的项目经济效益，同时还应测算、分析在不利条件下、不利因素下工程项目经济效益的影响，进行工程项目经济效益的不确定性分析，以估计项目可能承担的风险，确定项目在经济上的可靠性。

理解这一概念要注意以下几点。

（1）财务评价与国民经济评价的目的不同。财务评价是从项目本身角度考察项目在财务上的可行性。而国民经济评价是在合理配置资源的前提下，从国家整体角度分析计算项目对国民经济的净贡献，以考察项目的经济合理性。对于大中型和限额以上的工程项目原则上应按规定的方法和参数进行财务评价和国民经济评价，对于小型项目可只进行财务评价。

（2）财务评价依据国家现行财税制度和价格体系，只计算项目范围内的效益和费用。

（3）财务评价的主要内容有：财务效益和费用的预测、分析与计算；制定资金规划；编制财务报表；计算财务评价指标；进行财务盈利能力分析、清偿能力分析、外汇平衡能力分析和不确定性分析等。

（4）财务评价的根本目的是判别拟建项目的财务可行性，为投资决策提供科学依据。

5.1.2　财务评价的任务与原则

1. 财务评价的任务

对拟建项目进行财务评价的任务主要有以下几点。

（1）考察和论证拟建项目的获利能力。通过对工程项目的财务评价来判别拟建项目是否值得开工兴建，考察该项目各个技术方案的盈利性，考察拟建项目建设投产后各年盈亏状况，论证拟建项目建成投产后财务上能否自负盈亏、以收抵支有余，能否具有自我发展和自我完善的能力等。

（2）考察和论证拟建项目对贷款的偿还能力。也就是对用贷款进行建设的项目必须从财务上分析其有无偿还贷款的能力，要测算贷款偿还期限。尤其是利用外资贷款的项目或技术引进的项目更要注意建成投产后的创汇能力、外汇效果、外汇贷款利率高低、偿还方式以及偿还能力等。

（3）判断项目的风险性。准确反映对项目经济效益有很大影响的各种因素。一些项目的实施和投入使用受很多因素影响，如产品的市场需求状况、主要投入物的价格及保证程度、产出物的价格和生产成本等。这些因素发生变化时，项目的经济效果也将发生变化。哪些因素对项目经济效果影响大，或可能带来风险，只有通过财务分析和评价以及不确定性分析才能得以确定。

（4）为协调企业利益和国家利益提供依据。当项目的财务效果无法满足相关标准，但国民经济效果却很好，又是国家急需项目时，国家要用经济手段予以调节使项目在财务上可行。财务评价可以通过考察有关经济因素（如价格、税收、利率等）的变动对分析结果的影响，寻找经济调节方式和幅度，使企业利益和国家利益趋于一致。

2. 财务评价的原则

财务评价应遵循以下原则：①坚持效益与费用计算口径一致的原则。②坚持以动态分析为主、静态分析为辅的原则。③坚持采用预测价格的原则。④坚持以定量分析为主、定性分析为辅的原则。

5.1.3 财务评价的内容

由于工程项目财务评价是凭借一套基本报表和辅助报表的编制，采用一系列评价指标来具体进行的，故其内容主要由基本报表和评价指标两部分组成。

1. 财务评价的基本报表

在进行工程项目财务评价时所采用的基本报表有现金流量表、利润与利润分配表、资金来源与运用表、资产负债表及外汇平衡表。

1）现金流量表

该表是反映项目计算期内各年的现金收支（现金流入和现金流出），用以计算各项动态和静态评价指标，进行项目财务盈利能力分析。按投资计算基础不同，现金流量表可分为以下几种。

（1）现金流量表（全部投资）。该表不分投资资金来源，以全部投资作为计算基础，用以计算全部投资所得税前及所得税后财务内部收益率、财务净现值及投资回收期等评价指标，以考察全部投资的盈利能力，为各个投资方案（无论其资金来源及利息是多少）进行比较建立共同基础。

（2）项目资本金现金流量表（自有资金）。该表从投资者角度出发，以该投资者的出资额作为计算基础，把借款本金偿还和利息支付作为现金流出，用以计算自有资金财务内部收益率、财务净现值等评价指标来考察项目自有资金的盈利能力。

（3）投资各方现金流量表。该表用以计算投资各方内部收益率。

2）利润与利润分配表

该表反映项目生产期内各年的利润总额、所得税及税后利润的分配情况，用以计算投资利润率、投资利税率和资本金利润率等指标。

3）资金来源与运用表

该表反映项目计算期内各年的资金来源、资金运用、盈余资金和累计盈余资金等方面，并表明资金盈余或短缺情况，用于选择资金筹措方案，制定适宜的借款及偿还计划，为编制资产负债表提供依据。

4）资产负债表

该表综合反映项目计算期内各年末资产、负债和所有者权益的增减变化及对应关系，以考察项目资产、负债、所有者权益的结构是否合理，并计算资产负债率、流动比率及速动比率等，进行项目的清偿能力分析。

5）外汇平衡表

该表适用于有外汇收支的项目，用以反映项目的外汇来源与外汇运用，表明计算期内各年的外汇余缺程度，进行外汇平衡分析。

2. 财务评价指标

财务评价可分为融资前评价和融资后评价。融资前评价只进行盈利能力分析，此时不考虑具体债务融资条件，从项目投资总获利能力的角度，考察项目方案设计的合理性。融资前评价计算的相关指标可作为初步投资决策与融资方案研究的依据和基础。融资后评价考察项目在拟定融资条件下的盈利能力、偿债能力和财务生存能力，判断项目方案在融资条件下的可行性。融资后评价用于比选融资方案，帮助投资者做出融资决策。财务评价指标如表 5-1 所示。

表 5-1　财务评价指标

<table>
<tr><th colspan="2">财务评价内容</th><th>基本报表</th><th>静态指标</th><th>动态指标</th></tr>
<tr><td>融资前评价</td><td>盈利能力分析</td><td>项目投资现金流量表</td><td>静态投资回收期</td><td>财务内部收益率；
财务净现值；
动态投资回收期</td></tr>
<tr><td rowspan="7">融资后评价</td><td rowspan="3">盈利能力分析</td><td>项目资本金现金流量表</td><td>资本金静态投资回收期</td><td>资本金财务内部收益率；
资本金财务净现值；
资本金动态投资回收期</td></tr>
<tr><td>投资各方现金流量表</td><td></td><td>投资各方财务内部收益率</td></tr>
<tr><td>利润与利润分配表</td><td>资本金净利润率；
总投资收益率</td><td></td></tr>
<tr><td rowspan="2">偿债能力分析</td><td>借款还本付息估算表</td><td>利息备付率；
偿债备付率</td><td></td></tr>
<tr><td>资产负债表</td><td>资产负债率；
借款偿还期</td><td></td></tr>
<tr><td>财务生存能力分析</td><td>财务计划现金流量表；
利润与利润分配表</td><td>各年净现金流量；
各年累计盈余资金</td><td></td></tr>
</table>

5.1.4　财务评价的步骤

工程项目的财务评价一般包括以下几个步骤。

（1）做好准备工作。这一步骤包括两个方面的工作，一是收集整理与项目有关的各种基本资料；二是根据中国现行的财税政策和一些行业部门的规定，合理选用财务评价所需的各种参数。

（2）进行财务预测。

（3）制定资金规划。

（4）编制财务报表。这一步骤的工作有些要与财务预测、资金规划两个步骤交叉进行。

（5）财务评价指标的计算与分析。

（6）进行不确定性分析。

（7）做出评价结论。

5.2 财务效益与费用识别

财务效益与费用识别是财务评价的重要基础，其准确性与可靠程度直接影响财务评价结论，应引起高度重视。

5.2.1 财务效益与费用识别的原则

（1）财务效益与费用总体上与会计准则和会计以及税收制度相适应。由于财务效益与费用的识别和估算是对未来情况的预测，经济评价中允许做有别于财会制度的处理，但要求在总体上与会计准则和会计以及税收制度相适应。

（2）财务效益与费用识别应遵守有无对比原则。所谓“有项目”，是指实施项目后的将来状况，“无项目”是指不实施项目后的将来状况。在识别项目的效益和费用时，需注意只有“有无对比”的差额部分才是由于项目建设增加的效益和费用。采用有无对比法，意在识别增量效益，排除那些由于其他原因产生的效益；同时找出与增量效益相对应的增量费用，只有这样才能真正体现项目投资的净效益。

（3）财务效益与费用估算范围应体现效益和费用对应一致的原则。在合理确定的项目范围内，对等地估算财务主体的直接效益以及相应的直接费用，避免高估或低估项目的净收益。

（4）财务效益与费用估算应依据明确、价格合理、方法适宜、表述清晰。估算应根据项目性质、类别和行业特点，明确相关政策和其他依据，选取适宜的方法，编制相关表格，辅以必要的文字说明。

5.2.2 财务效益的识别

项目财务效益是指项目投产以后，由于销售产品或提供劳务等所获得的营业收入。

市场化运作的经营性项目，项目目标是通过销售产品或提供服务实现盈利，其财务效益主要是指所获得的营业收入。如果是国家鼓励发展的经营性项目，可以获得增值税的优惠，按照会计及税收制度，先征后返的增值税应记作补贴收入，作为财务效益核算，不考虑“征”和“返”的时间差。

对于提供公共产品或以保护环境等为目标的非经营性项目，需要政府提供补贴才能维持正常运转，应将补贴列入项目财务收益。

对于为社会提供准公共产品或服务且运营维护采用经营方式的项目，如市政公用、交通、电力项目等，其产出价格往往受到政府管制，营业收入不能满足成本补偿要求，需要政府提供补贴才具有财务生存能力。因此，这类项目财务效益应包括营业收入和补贴收入。

5.2.3　财务费用的识别

项目财务费用是指项目建设中及投产以后，为生产、销售产品或提供劳务等支付的费用，主要包括投资、成本费用和税金。

估算财务费用应与财务分析的步骤相协调。融资前分析时，应先估算建设投资，再估算流动资金和经营成本；融资后分析时，应先确定初步融资方案，根据债务资金计划估算建设期利息，确定总投资，进而完成固定资产原值的估算；通过借款还本付息计算求取项目经营期各年利息支出，最后估算项目总成本费用。

5.3　工程项目盈利能力分析

工程项目盈利能力分析是指分析和测算工程项目计算期的盈利能力和盈利水平。其主要分析指标包括项目投资财务内部收益率和财务净现值、项目资本金财务内部收益率、投资回收期、总投资收益率、项目资本金净利润率等，可根据项目的特点及财务分析的目的、要求等选用。

5.3.1　工程项目盈利能力分析概述

根据项目财务分析的内容，项目盈利能力分析分为融资前盈利能力分析和融资后盈利能力分析两种。

1. 融资前盈利能力分析

融资前盈利能力分析是在不考虑债务融资的情况下，从项目投资总获利能力角度，考察项目方案设计的合理性。融资前分析计算的相关指标，应作为初步投资决策与融资方案研究的依据和基础。在项目建议书阶段，可只进行融资前分析。

融资前盈利能力分析应以动态分析为主，静态分析为辅。动态分析是以营业收入、建设投资、经营成本和流动资金的估算为基础，考察整个计算期内现金流入和现金流出，编制项目投资现金流量表，计算项目投资财务内部收益率和财务净现值，以及动态投资回收期。静态分析是指计算静态投资回收期指标，用以反映收回项目投资所需要的时间。

根据分析角度的不同，融资前分析可选择计算所得税前指标和所得税后指标。所得税前指标是投资盈利能力的完整体现，用以考察由项目方案设计本身所决定的财务盈利能力，它不受融资方案和所得税政策变化的影响，仅仅体现项目方案本身的合理性，可以作为初步投资决策的主要指标，用于考察项目是否基本可行，并值得去为之融资。这里的“初步”是相对而言的，意指根据该指标投资者可以做出项目实施后能否实现投资目标的判断，此后再经过融资方案的比选分析，有了较为满意的融资方案后，投资者才能决定最终出资。所得税前指标还特别适用于建设方案设计中的方案比选。因此，所得税前指标受到项目有关各方（项目发起人、项目业主、项目投资人、银行和政府管理部门）的广泛关注。所得税后分析是所得税前分析的延伸，由于所得税作为现金流出，可用于判断项目投资对企业价值的贡献，是企业投资决策依据的主要指标。

2. 融资后盈利能力分析

融资后盈利能力分析是指以设定的融资方案为基础，考察项目在具体融资条件下，资本金和投资各方的盈利能力。盈利能力分析应先进行融资前分析，在融资前分析结论满足要求的情况下，初步设定融资方案，再进行融资后分析。融资后分析用于比选融资方案，帮助投资者做出融资决策。

融资后盈利能力分析包括动态分析和静态分析两种。动态分析包括以下两个层次。

（1）项目资本金现金流量分析。应在拟定的融资方案下，从项目资本金出资者的角度，确定其现金流入和现金流出，编制项目资本金现金流量表，计算项目资本金财务内部收益率指标，考察项目资本金可获得的收益水平。

（2）投资各方现金流量分析。应从投资各方实际收入和支出的角度，确定其现金流入和现金流出，分别编制投资各方现金流量表，计算投资各方的财务内部收益率指标，考察投资各方可能获得的收益水平。当投资各方不按股本比例进行分配或有其他不对等的收益时，可选择进行投资各方现金流量分析。

静态分析是指不采取折现方式处理数据，依据利润与利润分配表计算项目资本金净利润率（rate of return on common stock holders' equity，ROE）和总投资收益率（return on investment，ROI）指标。静态盈利能力分析可根据项目的具体情况选做。

5.3.2 盈利能力分析报表的编制

财务盈利能力分析涉及利润与利润分配表、项目投资现金流量表、项目资本金现金流量表和投资各方财务现金流量表。通过盈利能力分析报表，计算项目盈利能力分析评价指标。

1. 利润与利润分配表

利润与利润分配表如表 5-2 所示，反映项目计算期内各年营业收入、营业税金及附加、总成本费用、利润总额、所得税及税后利润的分配情况。

表 5-2 利润与利润分配表（一） 单位：万元

序号	项目	合计	计算期					
			1	2	3	4	…	n
1	营业收入							
2	营业税金及附加							
3	总成本费用							
4	补贴收入							
5	利润总额（1-2-3+4）							
6	弥补以前年度亏损							
7	应纳税所得额（5-6）							

续表

序号	项目	合计	计算期					
			1	2	3	4	…	n
8	所得税							
9	净利润（5−8）							
10	期初未分配利润							
11	可供分配的利润（9+10）							
12	提取法定盈余公积金							
13	可供投资者分配的利润（11−12）							
14	应付优先股股利							
15	提取任意盈余公积金							
16	应付普通股股利（13−14−15）							
17	各投资方利润分配：							
	其中：××方							
	××方							
18	未分配利润（13−14−15−17）							
19	息税前利润（利润总额+利息支出）							
20	息税折旧摊销前利润（息税前利润+折旧+摊销）							

注：①对于外商出资项目由第 11 项减去储备基金、职工奖励与福利基金和企业发展基金后，得出可供投资者分配的利润。②第 14~16 项根据企业性质和具体情况选择填列。③法定盈余公积金按净利润计提

依据利润与利润分配表，并借助现金流量表可计算项目资本金净利润率、总投资收益率等指标。

2. 项目投资现金流量表

项目投资现金流量表如表 5-3 所示，该表不分资金来源，以全部投资为基础，用以计算财务内部收益率、财务净现值及投资回收期等评价指标，考察项目全部投资的盈利能力。

表 5-3 项目投资现金流量表（一） 单位：万元

序号	项目	合计	计算期					
			1	2	3	4	…	n
1	现金流入							
1.1	营业收入							
1.2	补贴收入							
1.3	回收固定资产余值							
1.4	回收流动资金							
2	现金流出							
2.1	建设投资							
2.2	流动资金							

续表

序号	项目	合计	计算期					
			1	2	3	4	…	n
2.3	经营成本							
2.4	营业税金及附加							
2.5	维持运营投资							
3	所得税前净现金流量（1-2）							
4	累计所得税前净现金流量							
5	调整所得税							
6	所得税后净现金流量（3-5）							
7	累计所得税后净现金流量							

计算指标：

项目投资财务内部收益率（所得税前）(%)

项目投资财务内部收益率（所得税后）(%)

项目投资财务净现值（所得税前）(i_c=%)

项目投资财务净现值（所得税后）(i_c=%)

项目投资回收期（所得税前）(年)

项目投资回收期（所得税后）(年)

注：1. 本表适用于新设法人项目与既有法人项目的增量和“有项目”的现金流量分析。

2. 调整所得税为以息税前利润为基数计算的所得税，区别于“利润与利润分配表”、“项目资本金现金流量表”和“财务计划现金流量表”中的所得税。

（1）现金流入主要包括营业收入、补贴收入、回收固定资产余值和回收流动资金。其中，营业收入来自“营业收入、营业税金及附加和增值税估算表”；固定资产余值为“固定资产折旧费估算表”中计算期末固定资产净值；流动资金回收额为项目全部流动资金。回收固定资产余值和流动资金均在计算期最后一年。

（2）现金流出主要包括建设投资、流动资金、经营成本、营业税金及附加，如果运营期内需要发生设备或设施的更新费用以及矿山、石油开采项目的拓展费用等（记作维持运营投资），也应作为现金流出。其中，建设投资来源于“建设投资估算表”，包含固定资产投资方向调节税，但不含建设期利息；流动资金取自“流动资金估算表”中各年流动资金当期增加额；营业税金及附加来自“营业收入、营业税金及附加和增值税估算表”，包括营业税、消费税、城乡维护建设税和教育费附加。

为了体现与融资方案无关的要求，各项现金流量的估算中都需要剔除利息的影响。例如，采用不含利息的经营成本作为现金流出，而不是总成本费用；在流动资金估算、经营成本中的修理费和其他费用估算过程中应注意避免利息的影响等。

（3）项目计算期各年的净现金流量为各年现金流入量与现金流出量之差，各年累计净现金流量为本年及以前各年净现金流量之和。

（4）表中“调整所得税”应根据息税前利润（earnings before interest and tax，EBIT）乘以所得税率计算。原则上，息税前利润的计算应完全不受融资方案变动的影响，即不受利息多少的影响，包括建设期利息对折旧的影响（因为折旧的变化会对利润总额产生影响，进而影响息税前利润）。但如此将会出现两个折旧和两个息税前利润（用于计算融资前所得税的息税前利润和利润表中的息税前利润）。为简化起见，当建设期利息占总投资比例不是很大时，也可按利润表中的息税前利润计算调整所得税。

所得税前和所得税后分析的现金流入完全相同，但现金流出略有不同，所得税前分析不将所得税作为现金流出，所得税后分析视所得税为现金流出。

融资前分析编制的项目投资现金流量与融资条件无关，依赖数据少，报表编制简单，但其分析结论可满足方案比选和初步投资决策的需要。如果分析结果表明项目效益符合要求，再考虑融资方案，继续进行融资后分析；如果分析结果不能满足要求，可以通过修改方案设计完善项目方案，必要时甚至可据此做出放弃项目的建议

3. 项目资本金现金流量表

项目资本金现金流量表如表 5-4 所示，该表以投资者的出资额作为计算基础，从项目权益投资者整体的角度，考察项目自有资金的盈利能力。

表 5-4　项目资本金现金流量表　　单位：万元

序号	项目	合计	计算期					
			1	2	3	4	…	n
1	现金流入							
1.1	营业收入							
1.2	补贴收入							
1.3	回收固定资产余值							
1.4	回收流动资金							
2	现金流出							
2.1	项目资本金							
2.2	借款本金偿还							
2.3	借款利息支付							
2.4	经营成本							
2.5	营业税金及附加							
2.6	所得税							
2.7	维持运营投资							
3	净现金流量（1-2）							

计算指标：

资本金财务内部收益率（%）

注：1. 项目资本金包括用于建设投资、建设期利息和流动资金的资金。

2. 对外商投资项目，现金流出中应增加职工奖励及福利基金科目。

3. 本表适用于新设法人项目与既有法人项目“有项目”的现金流量分析。

（1）本表中现金流入各项与“项目投资现金流量表”完全相同。

（2）从项目投资主体的角度看，投资借款是现金流入，但同时借款用于项目投资，二者相抵，对净现金流量无影响，故表中投资只有项目资本金。由于现金流入是项目全部投资所得，所以需将借款本金偿还及借款利息支付计入现金流出。

该表将各年投入项目的项目资本金作为现金流出，各年缴付的所得税和还本付息也作为现金流出，因此其净现金流量表示缴税和还本付息后的剩余。因此，计算得出的项目资本金内部收益率反映投资者整体权益的盈利能力，体现了一定融资方案下，投资者整体所能获得的权益性收益水平。该指标可用来对融资方案进行比较和取舍，是投资者整体做出最终融资决策的依据，也可进一步帮助投资者最终决策出资

4. 投资各方财务现金流量表

投资各方财务现金流量表如表 5-5 所示，该表分别以投资各方的出资额作为计算基础，编制各方的财务现金流量表，分别反映投资各方投资的盈利能力。

表 5-5　投资各方财务现金流量表　　单位：万元

序号	项目	合计	计算期					
			1	2	3	4	…	n
1	现金流入							
1.1	实分利润							
1.2	资产处置收益分配							
1.3	租赁费收入							
1.4	技术转让或使用收入							
1.5	其他现金流入							
2	现金流出							
2.1	实缴资本							

续表

序号	项目	合计	计算期					
			1	2	3	4	…	n
2.2	租赁资产支出							
2.3	其他现金流出							
3	净现金流量（1–2）							

计算指标：

投资各方财务内部收益率（%）

注：本表可按不同投资方分别编制。

1. 投资各方财务现金流量表既适用于内资企业也适用于外商投资企业，既适用于合资企业也适用于合作企业。

2. 投资各方财务现金流量表中现金流入是指出资方因该项目的实施将实际获得的各种收入，现金流出是指出资方因该项目的实施将实际投入的各种支出。表中科目应根据项目具体情况调整。

（1）实分利润是指投资者由项目获取的利润。

（2）资产处置收益分配是指对有明确合营期限或合资期限的项目，在期满时对资产余值按股比或约定比例的分配。

（3）租赁费收入是指出资方将自己的资产租赁给项目使用所获得的收入，此时应将资产价值作为现金流出，列为租赁资产支出科目。

（4）技术转让或使用收入是指出资方将专利或专有技术转让或允许该项目使用所获得的收入

投资各方的内部收益率表示了投资各方的收益水平。一般情况下，投资各方按股本比例分配利润和分担亏损及风险，因此投资各方的利益一般是均等的，没有必要计算投资各方的内部收益率。只有投资者中的各方有股权之外的不对等的利益分配时（契约式的合作企业常常会有这种情况），投资各方的收益率才会有差异，此时常常需要计算投资各方的内部收益率。计算投资各方的内部收益率可以看出各方收益是否均衡，或者其非均衡性是否在一个合理的水平上，有助于促成投资各方在合作谈判中达成平等互利的协议。

5.3.3 项目财务盈利能力评价

项目财务盈利能力评价主要分析指标包括财务内部收益率（financial internal rate of return，FIRR）、财务净现值（financial net present value，FNPV）、项目资本金财务内部收益率、投资回收期、投资利润率、投资利税率、项目资本金净利润率等，可根据项目的特点及财务分析的目的、要求等选用。

1. 财务内部收益率

财务内部收益率是指能使项目计算期内净现金流量现值累计等于零的折现率，即财务内部收益率作为折现率使式（5-1）成立：

$$\sum_{t=1}^{n}(\mathrm{CI}-\mathrm{CO})_t(1+\mathrm{FIRR})^{-t}=0 \tag{5-1}$$

式中，CI 为现金流入量；CO 为现金流出量；$(\mathrm{CI}-\mathrm{CO})_t$ 为第 t 期的净现金流量；n 为项目计算期。

用内插值试算法，按式（5-2）计算：

$$FIRR=i_1+\frac{NPV_1}{NPV_1+\left|NPV_2\right|}\left(i_2-i_1\right) \tag{5-2}$$

项目投资财务内部收益率、项目资本金财务内部收益率和投资各方财务内部收益率都依据式（5-2）计算，但所用的现金流入和现金流出不同。

当财务内部收益率大于或等于所设定的判别基准 i_c（通常称为基准收益率）时，项目方案在财务上可考虑接受。项目投资财务内部收益率、项目资本金财务内部收益率和投资各方财务内部收益率可有不同的判别基准。

2. 财务净现值

财务净现值是指按设定的折现率（一般采用基准收益率 i_c）计算的项目计算期内净现金流量的现值之和，按式（5-3）计算：

$$FNPV=\sum_{t=1}^{n}\left(CI-CO\right)\left(1+i_c\right)^{-t} \tag{5-3}$$

式中，i_c 为设定的折现率（同基准收益率）。

一般情况下，财务盈利能力分析只计算项目投资财务净现值，可根据需要选择计算所得税前净现值或所得税后净现值。按照设定的折现率计算的财务净现值大于或等于零时，项目方案在财务上可考虑接受。

3. 投资回收期

投资回收期（P_t）是指以项目的净收益回收项目投资所需要的时间，一般以年为单位。投资回收期宜从项目建设开始年算起，若从项目投产开始年计算，应予以特别注明。静态投资回收期和动态投资回收期见式（5-4）~式（5-8）。

（1）静态投资回收期。

$$\sum_{t=1}^{P_t}\left(CI-CO\right)_t=0 \tag{5-4}$$

判别准则：$P_t \leqslant P_c$ 项目可以考虑接受；$P_t > P_c$ 不可行（P_c 为部门或行业的基准投资回收期）。

$$不包括建设期的投资回收期=\frac{原始总投资}{年内每年相等的净现金流量} \tag{5-5}$$

$$P_t=\left(累计净现金流量出现正值或零的年份数-1\right)+\frac{上一年累计净现金流量的绝对值}{出现正值或零年份的净现金流量} \tag{5-6}$$

（2）动态投资回收期。

$$\sum_{t=0}^{P_t'}\left(CI-CO\right)_t\left(1+i_c\right)^{-t}=0 \tag{5-7}$$

判别准则：$P_t' \leqslant P_c'$ 方案可以考虑接受；$P_t' > P_c'$ 方案不可行（P_c' 为部门或行业的基准投资回收期）。

$$P_t'=\left(\text{累计折现净现金流量开始出现正值或零的年份数}-1\right)+\frac{\text{上一年累计折现净现金流量的绝对值}}{\text{当年折现净现金流量}} \tag{5-8}$$

4. 投资利润率

投资利润率表示总投资的盈利水平，是指项目达到设计能力后正常年份的年利润总额与项目总投资额的比率。投资利润率应按式（5-9）计算：

$$\text{投资利润率}=\frac{\text{项目达产正常年份的年利润总额}}{\text{项目总投资额}}\times 100\% \tag{5-9}$$

投资利润率高于同行业的收益率参考值，表明用投资利润率表示的盈利能力满足要求。

5. 投资利税率

投资利税率是指项目达到设计生产能力后的某一正常生产年份的年利润、税金总额或项目生产期内的年平均利润、税金总额与总投资额的比率。投资利税率按式（5-10）计算：

$$\text{投资利税率}=\frac{\text{项目达产正常年份的年利税总额或年平均利税总额}}{\text{项目总投资额}}\times 100\% \tag{5-10}$$

投资利税率越高表明项目财务效益越好。

6. 项目资本金净利润率

项目资本金净利润率表示项目资本金的盈利水平，是指项目达到设计能力后正常年份的年净利润或运营期内年平均净利润与项目资本金的比率。项目资本金净利润率应按式（5-11）计算：

$$\text{资本金净利润率}=\frac{\text{项目达产正常年份的年净利润或运营期内年平均净利润}}{\text{项目资本金}}\times 100\% \tag{5-11}$$

项目资本金净利润率高于同行业的净利润率参考值，表明用项目资本金净利润率表示的盈利能力满足要求。

5.4 工程项目偿债能力分析

5.4.1 偿债能力分析概述

对筹措了债务资金的项目（即借款项目），偿债能力考察项目能否按期偿还借款的能力。应通过计算利息备付率（interest coverage ratio，ICR）、偿债备付率（debt service coverage ratio，DSCR）和资产负债率（LOAR）等指标，分析判断财务主体的偿债能力。

5.4.2　偿债能力分析报表的编制

1. 借款还本付息计划表

借款还本付息计划表如表 5-6 所示。

表 5-6　借款还本付息计划表　　　　单位：万元

序号	项目	合计	计算期					
			1	2	3	4	…	n
1	借款 1							
1.1	期初借款余额							
1.2	当期还本付息							
	其中：还本							
	付息							
1.3	期末借款余额							
2	借款 2							
2.1	期初借款余额							
2.2	当期还本付息							
	其中：还本							
	付息							
2.3	期末借款余额							
3	债券							
3.1	期初债务余额							
3.2	当期还本付息							
	其中：还本							
	付息							
3.3	期末债务余额							
4	借款和债券合计							
4.1	期初余额							
4.2	当期还本付息							
	其中：还本							
	付息							
4.3	期末余额							
计算指标	利息备付率 / %							
	偿债备付率 / %							

注：1. 本表与“建设期利息估算表”可合二为一。

2. 本表直接适用于新设法人项目，如有多种借款和债券，必要时应分别列出。

3. 对于既有法人项目，在按有范围项目进行计算时，可根据需要增加项目范围内原有借款的还本付息计算；在计算企业层次的还本付息时，可根据需要增加项目范围外借款的还本付息计算；当简化直接进行项目层次新增借款还本付息计算时，可直接按新增数据进行计算。

4. 本表可另加流动资金借款的还本付息计算

2. 资产负债表

资产负债表如表 5-7 所示，反映项目计算期内各年年末资产、负债和所有者权益的增减变化及对应关系，以考察项目资产、负债、所有者权益的结构是否合理，用以计算资产负债率、流动比率及速动比率，进行偿债能力分析。

表 5-7 资产负债表（一） 单位：万元

序号	项目	合计	计算期					
			1	2	3	4	…	n
1	资产							
1.1	流动资产							
1.1.1	货币资金							
1.1.2	应收账款							
1.1.3	预付账款							
1.1.4	存货							
1.1.5	其他							
1.2	在建工程							
1.3	固定资产净值							
1.4	无形及其他资产净值							
2	负债及所有者权益（2.4+2.5）							
2.1	流动负债							
2.1.1	短期借款							
2.1.2	应付账款							
2.1.3	预收账款							
2.1.4	其他							
2.2	建设投资借款							
2.3	流动资金借款							
2.4	负债小计（2.1+2.2+2.3）							
2.5	所有者权益							
2.5.1	资本金							
2.5.2	资本公积金							
2.5.3	累计盈余公积金							
2.5.4	累计未分配利润							
计算指标：资产负债率 / %								

注：1. 对外商投资项目，第 2.5.3 项改为累计储备基金和企业发展基金。

2. 对既有法人项目，一般只针对法人编制，可按需要增加科目，此时表中资本金是指企业全部实收资本，包括原有和新增实收资本。必要时，也可针对“有项目”范围编制。此时，表中资本金仅指“有项目”范围的对应数值。

3. 货币资金包括现金和累计盈余资金。

（1）资产由流动资产、在建工程、固定资产净值、无形及其他资产净值四项组成。流动资产来自“流动资金估算表”；固定资产净值和无形及其他资产净值取自“固定资产折旧费估算表”和“无形及其他资产摊销估算表”。

（2）负债包括流动负债和长期负债。流动负债中的应付账款数据可由“流动资金估算表”直接取得。流动资金借款和其他短期借款两项流动负债及长期借款均指借款余额，需根据“资金来源与运用表”中的对应项及相应的本金偿还项进行计算。

（3）所有者权益包括资本金、资本公积金、累计盈余公积金及累计未分配利润。其中，累计未分配利润可直接得自“利润及利润分配表”；累计盈余公积金也可由“利润及利润分配表”中盈余公积金项计算各年份的累计值，但应根据有无用盈余公积金弥补亏损或转增资本金的情况进行相应调整。资本金为项目投资中累计自有资金（扣除资本溢价），当存在有资本公积金或盈余公积金转增资本金的情况时应进行相应调整。资本公积金为累计资本溢价及赠款，转增资本金时进行相应调整。

（4）资产负债表应满足等式：资产=负债+所有者权益

5.4.3　项目偿债能力评价

工程项目偿债能力是分析和判断财务主体的偿债能力，其主要指标包括利息备付率、偿债备付率、资产负债率、流动比率和速动比率等。

1. 利息备付率

利息备付率是指在借款偿还期内的息税前利润与应付利息的比值，它从付息资金来源的充裕性角度反映项目偿付债务利息的保障程度，应按式（5-12）计算：

$$利息备付率=\frac{息税前利润}{计入总成本费用的应付利息}\times 100\% \tag{5-12}$$

利息备付率应分年计算。利息备付率高，表明利息偿付的保障程度高。利息备付率应当大于 1，并结合债权人的要求确定。

2. 偿债备付率

偿债备付率是指在借款偿还期内，用于计算还本付息的资金与应还本付息金额的比值，它表示可用于计算还本付息的资金偿还借款本息的保障程度，应按式（5-13）计算：

$$偿债备付率=\frac{息税前利润+折旧+摊销-企业所得税}{应还本付息金额}\times 100\% \tag{5-13}$$

式中，应还本付息金额包括还本金额和计入总成本费用的全部利息，融资租赁费用可视同借款偿还，运营期内的短期借款本息也应纳入计算。如果项目在运行期内有维持运营的投资，可用于还本付息的资金应扣除维持运营的投资。偿债备付率应分年计算。偿债备付率高，表明可用于还本付息的资金保障程度高。偿债备付率应当大于 1，并结合债权人的要求确定。

3. 资产负债率

资产负债率是指各期末负债总额同资产总额的比率，应按式（5-14）计算：

$$资产负债率=\frac{期末负债总额}{期末资产总额}\times 100\% \tag{5-14}$$

适度的资产负债率，表明企业经营安全、稳健，具有较强的筹资能力，也表明企业和债权人的风险较小。对该指标的分析，应结合国家宏观经济状况、行业发展趋势、企业所处竞争环境等具体条件判定。项目财务分析中，在长期债务还清后，可不再计算资产负债率。

4. 流动比率

流动比率是指流动资产与流动负债之比，反映法人偿还流动负债的能力，应按式（5-15）计算：

$$流动比率=\frac{流动资产总额}{流动负债总额}\times 100\% \tag{5-15}$$

计算出的流动比率，一般应大于 2，即 1 元的流动负债至少有 2 元的流动资产做后盾，保证项目按期偿还短期债务，这是提供贷款的机构可以接受的。

5. 速动比率

速动比率是指速动资产（流动资产与存货之差）与流动负债之比，反映法人在短时间内偿还流动负债的能力，应按式（5-16）计算：

$$\text{速动比率}=\frac{\text{速动资产}}{\text{流动负债}}\times 100\%=\frac{\text{流动资产}-\text{存货}}{\text{流动负债}}\times 100\% \tag{5-16}$$

计算出的速动比率，一般应接近于 1，即 1 元的流动负债有 1 元的速动资产以资抵偿，这是提供贷款的机构可以接受的。

5.5 财务生存能力分析

5.5.1 财务生存能力分析概述

财务生存能力分析又称资金平衡分析。财务生存能力分析应结合偿债能力分析进行，如果拟安排的还款期过短，致使还本付息负担过重，导致为维持资金平衡必须筹借的短期借款过多，可以调整还款期，减轻各年还款负担。

项目的财务生存能力通过经营净现金流量和各年累计盈余资金来具体判断。

（1）拥有足够的经营净现金流量。这是财务可持续的基本条件。一个项目具有较大的经营净现金流量，说明项目方案比较合理，实现自身资金平衡的可能性大，不会过分依赖短期融资来维持运营；反之，一个项目不能产生足够的经营净现金流量，或经营净现金流量为负值，说明维持项目正常运行会遇到财务上的困难，项目方案缺乏合理性，有可能要靠短期融资来维持运营；而非经营项目如本身无能力实现自身资金平衡，则需要政府给予补贴来维持运营。

（2）各年累计盈余资金不出现负值。这是财务生存的必要条件。在整个运营期间，允许个别年份的净现金流量出现负值，但不能容许任一年份的累计盈余资金出现负值。一旦出现负值时应适时进行短期融资。较大的或较频繁的短期融资，有可能导致以后的累计盈余资金无法实现正值，致使项目难以持续运营。

5.5.2 财务生存能力分析报表的编制

财务计划现金流量表是财务生存能力分析的基本报表，其编制基础是财务分析辅助报表和利润与利润分配表。

财务计划现金流量表如表 5-8 所示。

表 5-8　财务计划现金流量表　　单位：万元

序号	项目	合计	计算期					
			1	2	3	4	…	n
1	经营活动净现金流量（1.1−1.2）							
1.1	现金流入							
1.1.1	营业收入							
1.1.2	增值税销项税额							
1.1.3	补贴收入							
1.1.4	其他流入							
1.2	现金流出							
1.2.1	经营成本							
1.2.2	增值税进项税额							
1.2.3	营业税金及附加							
1.2.4	增值税							
1.2.5	所得税							
1.2.6	其他流出							
2	投资活动净现金流量（2.1−2.2）							
2.1	现金流入							
2.2	现金流出							
2.2.1	建设投资							
2.2.2	维持运营投资							
2.2.3	流动资金							
2.2.4	其他流出							
3	筹资活动净现金流量（3.1−3.2）							
3.1	现金流入							
3.1.1	项目资本金流入							
3.1.2	建设投资借款							
3.1.3	流动资金借款							
3.1.4	债券							
3.1.5	短期借款							
3.1.6	其他流入							
3.2	现金流出							
3.2.1	各种利息支出							
3.2.2	偿还债务本金							
3.2.3	应付利润（股利分配）							
3.2.4	其他流出							
4	净现金流量（1+2+3）							
5	累计盈余资金							

注：1. 对于新设法人项目，本表投资活动的现金流入为零。

2. 对于既有法人项目，可适当增加项目。

3. 必要时，现金流出中可增加应付优先股股利项目。

4. 对外商投资项目应将职工奖励与福利基金经营活动现金流出

5.6 财务分析案例

某项目计算期为15年，其中建设期为3年，第4年开始投产，第5年达到设计生产能力，建设总投资额为10 000万元，分3年投入，如表5-9所示。

表5-9 建设投资估算及使用计划表 单位：万元

项目	第1年	第2年	第3年	合计
投资额	3 125	4 375	2 500	10 000

流动资金总额为3 000万元，在第3年年末投入。自有资金总额为5 000万元，资本成本为12%，分年投资情况如表5-10所示。

表5-10 自有资金使用计划表 单位：万元

项目	第1年	第2年	第3年	合计
权益投资	1 875	1 875	1 250	5 000

自有资金与建设投资总额之间的差额向中国建设银行借贷，年利率为8%，银行给予3年的宽限期（只计利息，不付息），第4年投产后开始还贷，每年付清当年利息，并分10年等额偿还建设期的全部借款本金与利息。整个计算期内流动资金从银行借贷，年利率为8%。

销售收入、销售税金及附加和经营成本的预测值如表5-11所示，其他支出忽略不计。

表5-11 销售收入、销售税金及附加和经营成本预测表 单位：万元

项目	第4年	第5年	第6年	…	第15年
销售收入	6 300	9 000	9 000	…	9 000
销售税金	360	540	540	…	540
经营成本	4 200	6 000	6 000	…	6 000

公司所得税率为25%，按当年税后利润的10%提取盈余公积金，按税后利润的5%提取公益金，余下部分全部作为应付利润分配。借款本金还款来源为折旧和摊销，不够再用税后利润补还。进行该项目的财务分析如下。

问题：①假设所有投资均形成固定资产，固定资产平均折旧年限为15年，残值率为5%，计算年固定资产折旧额及回收固定资产余值。②计算利润和所得税。③编制借款还本付息表。④编制项目投资现金流量表。⑤编制项目财务计划现金流量表。⑥编制资产负债表。

解：（1）固定资产折旧计算。根据固定资产的定义，将建设期利息计入固定资产原值内，第15年回收固定资产余值为2 550万元，如表5-12所示。

表 5-12　折旧与摊销计算表　　单位：万元

项目	年初固定资产	当年折旧额	年末净资产额
第 4 年	10 624	673	9 951
第 5 年	9 951	673	9 279
第 6 年	9 279	673	8 606
第 7 年	8 606	673	7 933
第 8 年	7 933	673	7 260
第 9 年	7 260	673	6 587
第 10 年	6 587	673	5 914
第 11 年	5 914	673	5 241
第 12 年	5 241	673	4 568
第 13 年	4 568	673	3 896
第 14 年	3 896	673	3 223
第 15 年	3 223	673	2 550

$$每年折旧=10\,624\times(1-5\%)\div15\approx673(万元)$$

（2）利润计算与利润分配。根据销售收入和所有成本之差计算利润，所得税率为25%。利润的分配：按当年税后利润的 10%提取盈余公积金，按当年税后利润的 5%提取公益金，余下部分全部作为应付利润分配，如果年折旧费不足归还借款的本金部分，则先归还借款本金再分配利润，如表 5-13 所示。

表 5-13　利润与利润分配表（二）　　单位：万元

序号	项目	计算期											
		4	5	6	7	8	9	10	11	12	13	14	15
1	营业收入	6 300	9 000	9 000	9 000	9 000	9 000	9 000	9 000	9 000	9 000	9 000	9 000
2	营业税金及附加	360	540	540	540	540	540	540	540	540	540	540	540
3	总成本费用	5 563	7 318	7 273	7 228	7 183	7 138	7 093	7 048	7 003	6 958	6 913	6 913
4	补贴收入												
5	利润总额（1−2−3+4）	377	1 142	1 187	1 232	1 277	1 322	1 367	1 412	1 457	1 502	1 547	1 547
6	弥补以前年度亏损												
7	应纳税所得额（5−6）	377	1 142	1 187	1 232	1 277	1 322	1 367	1 412	1 457	1 502	1 547	1 547
8	所得税	94	286	297	308	319	331	342	353	364	376	387	387
9	净利润（5−8）	283	856	890	924	958	991	1 025	1 059	1 093	1 126	1 160	1 160
10	期初未分配利润												
11	可供分配的利润（9+10）	283	856	890	924	958	991	1 025	1 059	1 093	1 126	1 160	1 160
12	提取法定盈余公积金	28	86	89	92	96	99	103	106	109	113	116	116
13	可供投资者分配的利润（11−12）	255	770	801	832	862	892	922	953	984	1 013	1 044	1 044
14	应付优先股股利												
15	提取公益金	14	43	45	46	48	50	51	53	55	56	58	58
16	应付普通股股利（13−14−15）	241	727	756	786	814	842	871	900	929	957	986	986
17	各投资方利润分配：												
	其中：××方												
	××方												

续表

序号	项目	计算期											
		4	5	6	7	8	9	10	11	12	13	14	15
18	未分配利润（13−14−15−17）	241	727	756	786	814	842	871	900	929	957	986	986
19	息税前利润（利润总额+利息支出）	827	1 547	1 547	1 547	1 547	1 547	1 547	1 547	1 547	1547	1 547	1 547
20	息税折旧摊销前利润（息税前利润+折旧+摊销）	1 500	2 220	2 220	2 220	2 220	2 220	2 220	2 220	2 220	2 220	2 220	2 220

流动资金为企业周转资金，借入后只是在使用期的各年中付给银行利息，等到项目使用期结束后再归还本金。因此，本项目流动资金的利息在项目使用期期间，每年的利息均相等，即 3 000×8%=240（万元）。

（3）借款还本付息计划表编制。根据与银行商定的条件，第 4 年开始支付每年的利息并偿还本金的 1/10，10 年内还清，建设投资借款还本付息计划表如表 5-14 所示。

表 5-14 借款还本付息计划表 单位：万元

序号	项目	计算期												
		1	2	3	4	5	6	7	8	9	10	11	12	13
1	借款 1	1 300	2 704	1 620										
1.1	期初借款余额	1 250	2 500	1 250	5 624	5 062	4 500	3 938	3 376	2 814	2 252	1 690	1 128	562
1.2	当期还本付息				1 012	967	922	877	832	787	742	697	652	607
	其中：还本				562	562	562	562	562	562	562	562	562	562
	付息	50	204	370	450	405	360	315	270	225	180	135	90	45
1.3	期末借款余额	1 300	4 004	5 624	5 062	4 500	3 938	3 376	2 814	2 252	1 690	1 128	562	0
2	借款 2													
2.1	期初借款余额													
2.2	当期还本付息													
	其中：还本													
	付息													
2.3	期末借款余额													
3	债券													
3.1	期初债务余额													
3.2	当期还本付息													
	其中：还本													
	付息													
3.3	期末债务余额													
4	借款和债券合计													
4.1	期初余额													
4.2	当期还本付息													
	其中：还本													
	付息													
4.3	期末余额													
计算指标	利息备付率 / %				1.84	3.82	4.30	4.91	5.73	6.88	8.59	11.46	17.19	34.38
	偿债备付率 / %				1.39	2.00	2.09	2.18	2.28	2.40	2.53	2.68	2.84	3.04

（4）项目投资现金流量表编制。项目投资现金流量表如表 5-15 所示。根据表 5-15 中的最后一行数据，计算得到全部投资的内部收益率为 14%，以综合资本成本为折现率，计算净现值为 1 209.92 万元。

（5）项目财务计划现金流量表编制。项目财务计划现金流量表如表 5-16 所示。从表 5-16 中数据可知，各年盈余资金均大于等于零，该项目资金平衡不存在问题。

（6）资产负债表编制。资产负债表如表 5-17 所示。表 5-17 中，在建工程=建设投资+建设投资贷款利息，从指标计算可知，该项目资产负债率最高为 61.5%，资本结构较为合理，负债比率在建设末期和生产初期比较高，而此时的流动比率比较低，应注意此时的资金平衡。

表5-15　项目投资现金流量表(二)

单位：万元

序号	项目	合计	计算期														
			1	2	3	4	5	6	7	8	9	10	11	12	13	14	15
1	现金流入	110 850	0	0	0	6 300	9 000	9 000	9 000	9 000	9 000	9 000	9 000	9 000	9 000	9 000	14 550
1.1	营业收入	105 300				6 300	9 000	9 000	9 000	9 000	9 000	9 000	9 000	9 000	9 000	9 000	9 000
1.2	补贴收入																
1.3	回收固定资产余值	2 550															2 550
1.4	回收流动资金	3 000															3 000
2	现金流出	89 500	3 125	4 375	5 500	4 560	6 540	6 540	6 540	6 540	6 540	6 540	6 540	6 540	6 540	6 540	6 540
2.1	建设投资	10 000	3 125	4 375	2 500												
2.2	流动资金	3 000			3 000												
2.3	经营成本	70 200				4 200	6 000	6 000	6 000	6 000	6 000	6 000	6 000	6 000	6 000	6 000	6 000
2.4	营业税金及附加	6 300				360	540	540	540	540	540	540	540	540	540	540	540
2.5	维持运营投资																
3	所得税前净现金流量（1－2）	21 350	−3 125	−4 375	−5 500	1 740	2 460	2 460	2 460	2 460	2 460	2 460	2 460	2 460	2 460	2 460	8 010
4	累计所得税前净现金流量	9 165	−3 125	−7 500	−13 000	−11 260	−8 800	−6 340	−3 880	−1 420	1 040	3 500	5 960	8 420	10 880	13 340	21 350
5	调整所得税	4 464	0	0	0	207	387	387	387	387	387	387	387	387	387	387	387
6	所得税后净现金流量（3－5）	16 886	−3 125	−4 375	−5 500	1 533	2 073	2 073	2 073	2 073	2 073	2 073	2 073	2 073	2 073	2 073	7 623
7	累计所得税后净现金流量	−18 842	−3 125	−7 500	−13 000	−1 1467	−9 394	−7 320	−5 247	−3 174	−1 101	973	3 046	5 119	7 193	9 266	16 889

计算指标：

项目投资财务内部收益率（所得税前）：14%

项目投资财务内部收益率（所得税后）：11%

项目投资财务净现值（所得税前）（i_c=12%）：1 209.92 万元

项目投资财务净现值（所得税后）（i_c=12%）：−380.88 万元

项目投资回收期（所得税前）：8.6 年

项目投资回收期（所得税后）：9.6 年

表5-16 财务计划新进流量表

单位：万元

序号	项目	合计	计算期														
			1	2	3	4	5	6	7	8	9	10	11	12	13	14	15
1	经营活动净现金流量（1.1－1.2）	24 956				1 646	2 174	2 163	2 152	2 141	2 129	2 118	2 107	2 096	2 084	2 073	2 073
1.1	现金流入	105 300				6 300	9 000	9 000	9 000	9 000	9 000	9 000	9 000	9 000	9 000	9 000	9 000
1.1.1	营业收入					6 300	9 000	9 000	9 000	9 000	9 000	9 000	9 000	9 000	9 000	9 000	9 000
1..1.2	增值税销项税额																
1.1.3	补贴收入																
1.1.4	其他流入																
1.2	现金流出	80 344				4 654	6 826	6 837	6 848	6 859	6 871	6 882	6 893	6 904	6 916	6 927	6 927
1.2.1	经营成本	70 200				4 200	6 000	6 000	6 000	6 000	6 000	6 000	6 000	6 000	6 000	6 000	6 000
1.2.2	增值税进项税额																
1.2.3	营业税金及附加	6 300				360	540	540	540	540	540	540	540	540	540	540	540
1.2.4	增值税																
1.2.5	所得税	3 844				94	286	297	308	319	331	342	353	364	376	387	387
1.2.6	其他流出																
2	投资活动净现金流量（2.1－2.2）		0	0	0	0	0	0	0	0	0	0	0	0	0	0	0
2.1	现金流入																
2.2	现金流出																
2.2.1	建设投资																
2.2.2	维持运营投资																
2.2.3	流动资金																
2.2.4	其他流出																

续表

序号	项目	合计	计算期														
			1	2	3	4	5	6	7	8	9	10	11	12	13	14	15
3	筹资活动净现金流量（3.1－3.2）	－6 753	3 125	4 375	5 500	－1 492	－1 857	－1 838	－1 819	－1 799	－1 780	－1 761	－1 741	－1 722	－1 702	－1 121	－1 121
3.1	现金流入	13 000	3 125	4 375	5 500	0	0	0	0	0	0	0	0	0	0	0	0
3.1.1	项目资本金流入	5 000	1 875	1 875	1 250												
3..1.2	建设投资借款	5 000	1 250	2 500	1 250												
3.1.3	流动资金借款	3 000			3 000												
3.1.4	债券																
3.1.5	短期借款																
3.1.6	其他流入																
3.2	现金流出	19 753				1 492	1 857	1 838	1 819	1 799	1 780	1 761	1 741	1 722	1 702	1 121	1 121
3.2.1	各种利息支出	5 355				690	645	600	555	510	465	420	375	330	285	240	240
3.2.2	偿还债务本金	5 620				562	562	562	562	562	562	562	562	562	562	0	0
3.2.3	应付利润（股利分配）	9 799				240	728	759	785	814	843	871	900	929	958	986	986
3.2.4	其他流出																
4	净现金流量（1+2+3）	5 202				153	317	325	333	342	349	357	366	374	382	952	952
5	累计盈余资金	26 235	0	0	0	153	471	796	1 129	1 471	1 820	2 178	2 544	2 917	3 300	4 252	5 204

表5-17　资产负债表

单位：万元

序号	项目	合计	计算期														
			1	2	3	4	5	6	7	8	9	10	11	12	13	14	15
1	资产	161 783	3 175	7 754	13 624	13 104	12 749	12 401	12 061	11 730	11 406	11 091	10 784	10 484	10 194	10 473	10 752
1.1	流动资产总额	65 236			3 000	3 153	3 471	3 796	4 129	4 471	4 820	5 178	5 544	5 917	6 300	7 252	8 204
1.1.1	货币资金	65 236			3 000	3 153	3 471	3 796	4 129	4 471	4 820	5 178	5 544	5 917	6 300	7 252	8 204
1..1.2	应付账款																
1.1.3	预付账款																
1.1.4	存货																
1.1.5	其他																
1.2	在建工程	21 553	3 175	7 754	10 624												
1.3	固定资产净净值	74 994				9 951	9 278	8 605	7 932	7 259	6 586	5 913	5 240	4 567	3 894	3 221	2 548
1.4	无形及其他资产净值																
2	负债及所有者权益（2.4＋2.5）	155 958	3 175	7 754	13 624	13 104	12 670	12 241	11 817	11 399	10 985	10 576	10 173	9 774	9 381	9 555	9 729
2.1	流动负债总额																
2.1.1	短期借款																
2.1.2	应付账款																
2.1.3	预收账款																
2.1.4	其他																
2.2	建设投资借款	36 237	1 300	4 004	5 624	5 062	4 499	3 937	3 375	2 812	2 250	1 687	1 125	562	0	0	0
2.3	流动资金借款	39 000			3 000	3 000	3 000	3 000	3 000	3 000	3 000	3 000	3 000	3 000	3 000	3 000	3 000
2.4	负债小计（2.1＋2.2＋2.3）	75 237	1 300	4 004	8 624	8 062	7 499	6 937	6 375	5 812	5 250	4 687	4 125	3 562	3 000	3 000	3 000
2.5	所有者权益	80 722	1 875	3 750	5 000	5 042	5 171	5 304	5 443	5 587	5 735	5 889	6 048	6 212	6 381	6 555	6 729
2.5.1	资本金	70 625	1 875	3 750	5 000	5 000	5 000	5 000	5 000	5 000	5 000	5 000	5 000	5 000	5 000	5 000	5 000
2.5.2	资本公积	6 732				28	114	203	295	391	490	593	699	808	921	1 037	1 153
2.5.3	累计盈余公积金	3 366				14	57	101	148	196	245	296	349	404	460	518	576
2.5.4	累计未分配利润	0				0	0	0	0	0	0	0	0	0	0	0	0
计算指标：资产负债率/%						0.615	0.588	0.599	0.529	0.495	0.450	0.423	0.383	0.340	0.294	0.286	0.279

➤复习思考题

1. 什么是财务评价？
2. 工程项目财务评价的主要任务有哪些？
3. 工程项目财务评价的主要内容是什么？
4. 在工程项目盈利能力分析中，融资前分析和融资后分析有何区别？
5. 企业偿还贷款的资金来源有哪些？
6. 财务评价中盈利能力、偿债能力、生存能力的指标分别包括哪些？

➤本章重点及难点解析

第6章

工程项目国民经济评价

6.1 工程项目国民经济评价概述

对工程项目进行国民经济评价（national economic evaluation）是工程经济学中的一个重要分支，在工程经济评价方法中，对工程项目进行国民经济评价的方法也占有十分重要的位置。

6.1.1 国民经济评价的含义和作用

1. 国民经济评价的含义

国民经济评价是对投资项目进行评价的一种方法，这种方法是站在国家整体角度上考核项目的总费用和总效益的同时，使用宏观评价的影子价格体系、影子汇率、影子工资、贸易费用率和社会折现率等通用参数，分析计算投资项目为国民经济带来的效益，从而评价投资项目在经济上的合理性，为投资决策提供宏观上的决策依据。

2. 国民经济评价的作用

按照中国目前制定的对工程项目进行经济评价的标准，既要做财务评价，又要做国民经济评价。在某些工程项目中，国民经济评价的结论作为主要的决策依据，而财务评价只起辅助作用，这说明国民经济评价是十分重要的。概括地说，对投资项目进行国民经济评价有如下三个方面的作用。

（1）综合作用。国民经济评价能够客观地估算出投资项目为社会做出的贡献和社会（即国民经济）为其付出的代价。这是因为，在国民经济评价中，其效益、费用无论最终归谁支配，也无论由谁负担，只要发生了，就按其项目真正的投入产出值加以计算。不仅仅计算其盈利大小，资金回收多少，各类财政收入的增加、充分就业、环境保护与生态平衡、资源充分利用与合理分配都作为考虑的因素和内容。上述考核的方法和内容，相对财务评价而言，无疑更客观，层次更高。

（2）导向作用。运用国民经济评价方法对投资项目进行评价能够对资源和投资的合理流动起到导向的作用。在国民经济评价中采用了影子价格和社会折现率。影子价格不仅能起到市场信号反馈作用，而且是在资源最优分配状态下的边际变化对国民收入增长的贡献值，因此能够对资源合理分配加以引导，达到宏观调控的目的。不管哪一行业，都采用统一的社会折现率，可以使投资最终流向投资效率高、资金回收比率大的行业或生产部门，无疑也会促进资源高效利用，使社会整体效益提高。

（3）标准作用。国民经济评价可以达到统一标准的目的。由于国民经济评价不仅统一采用评价价格体系——影子价格，而且采用统一的评价参数——通用参数（社会折现率、影子汇率、影子工资、贸易费用率等），这样就使不同地区、不同行业的投资项目在经济评价中都站在同一“起跑线”上，达到相互之间从效益上、费用上具有可比性。这种横向可比对于宏观上选择最优投资方向是十分有益的。

6.1.2 国民经济评价与财务评价的联系和区别

国民经济评价与财务评价统称项目的经济评价。国民经济评价是站在国家的立场上，以国民收入增长为目标的分析和评价。财务评价则是从企业的角度，对项目的盈利性进行评价。进行国民经济评价和财务评价前都要做好相应的基本报表和辅助报表的编制，然后根据评价指标进行评价。国民经济评价指标包括经济内部收益率、经济净现值、经济净现值率、经济外汇净现值、经济换汇成本和经济节汇成本等；财务评价指标包括财务内部收益率、财务净现值、财务净现值率、财务外汇净现值、财务换汇成本和财务节汇成本等。

1. 国民经济评价与财务评价的相同点

（1）国民经济评价和财务评价都是分析项目或方案实施的经济效果，提高工程经济方案经济性的一种方法，目的均在于确定技术方案的经济合理性和可行性。

（2）国民经济评价和财务评价所采用的主要分析计算方法大致相同，它们用以判断项目或方案经济合理性的主要指标名称也大致相同。

2. 国民经济评价与财务评价的主要区别

（1）分析的角度或者说出发点不同。国民经济评价是从国民经济利益的角度（国家的角度）考察项目或方案的经济效果，目的在于确定项目或方案的经济合理性，并从各种可能的方案中选出经济上最优的方案；财务评价是从实施方案的部门或企业的经济利益角度考察项目或方案的经济效果，目的在于了解项目或方案的财务生存能力。

（2）费用与效益的计算范围不同。国民经济评价的费用与效益，不仅包括项目或方案实施过程中的直接费用和直接效益，还包括与项目或方案实施有关的间接费用或间接效益，即外部费用和外部效益；财务评价只对项目或方案所引起的部门或企业内部的实际费用与效益加以计算分析，也就是说只计算直接费用与直接效益。

（3）采用的价格指标不同。国民经济评价采用影子价格，考虑价格与价值背离的现象，反映项目或方案投入物和产出物的真实价值；财务评价采用现行的市场价格或预测的市场价格，而不问这些价格指标是否真正合理。

（4）贷款、利息和偿还的处理方法不同。国民经济评价对内资部分既不计算利息，也不计算偿还期限，虽然要计算投资回收期，但投资回收期不同于贷款偿还期。在国民经济评价中，应计算外资部分的利息和偿还期，因为外资的利息支付对国家来说是一种资源的外流，是支出；财务评价中，除自有资金外，均应按贷款利率计算利息，同时还应计算贷款本金和利息的偿还能力及偿还年限。

（5）折旧、税金和补贴的处理不同。折旧是投资回收的手段之一，是维持简单再生产的资金积累方式。税金与补贴是国民与企业或部门之间的资金转移。因此，从国民的角度看，折旧、税金和补贴不影响项目方案的经济性，所以在国民经济评价中均不考虑；财务评价却不同，在财务评价中，折旧中的一部分可用来偿还贷款；税金是经营方案的部门或企业上缴给国家的一部分税前收入，是方案的支出；补贴是国家对经营方案的部门或企业所给予的财政支持，对部门或企业来说，补贴是收益或减少支出，因此在财务评价中应考虑折旧、税金及补贴的影响。

（6）评价标准不同。国民经济评价中的评价标准是社会折现率等指标；财务评价中的评价标准是基准折现率等指标。

3. 国民经济评价与财务评价的联系

国民经济评价与财务评价尽管有以上的若干异同，但它们之间的联系却是十分紧密的。总的来说，财务评价是国民经济评价的基础。在市场经济条件下，这一基础地位更加稳定。而国民经济评价是财务评价的前提，是投资决策的主要依据。只有当两种评价的结论均为可行时，该项目或项目方案才能顺利通过。当两种评价结论出现矛盾时，应本着既要保证微观投资主体的财务效益，又要使国家和社会得益的原则行事，努力使微观效益和宏观效益有机结合。

（1）当国民经济评价可行而财务评价不可行时，国家应采取优惠政策和措施（如减免税、政策性补贴、低息或贴息贷款等），使企业能获得合理的收益，充分发挥企业的积极性，提高管理水平，使项目或方案能达到预期的效益。

（2）当国民经济评价不可行而财务评价可行时，国家就要付出较大的代价。当项目总体上不能使国民收入和社会收益增加，反而造成较大损失时，这类项目一般是不能接受的。有时采取修改总体方案进行项目投资的再设计，也可能使项目通过，但应进行更详细和严格的审核和控制。

6.2 费用与效益的确定

6.2.1 国民经济评价的费用和效益构成

国民经济评价的费用和效益，不仅包括项目或方案实施过程中的直接费用和直接效益，还包括与项目或方案实施有关的间接费用和间接效益，即外部费用和外部效益。在工程经济分析中必须进行特殊的分析和处理。

国民经济评价中的效益包括直接效益和间接效益两大类。

（1）直接效益是指可以明确识别并且能够直接或间接用货币计量的效益。

（2）间接效益又称外部效益，是难以明确识别并且能够直接或间接用货币计量的效益。

国民经济评价中的费用包括直接费用和间接费用两大类。

（1）直接费用是指用影子价格计算的项目投入物（固定资产投资和流动资金等一次性投入和经常性投资）的经济价值。它一般表现为：其他部门为供应本项目投入物扩大生产规模所耗用的资源费用；减少对其他项目（或最终消耗费）投入物的供应而放弃的效益；增加进口（或减少出口）所耗用（或减收）的外汇等。

（2）间接费用（含相关费用）又称外部费用，是指社会为项目付出的代价，而项目本身并不需要支付的那部分费用。例如，为新建项目服务的配套和附属工程等相关项目所需要的投资支出和其他费用，还包括商业、教育、文化、卫生、住宅和公共建筑等生活福利设施，以及邮政、水、电、气、道路、港口码头等公用基础设施的费用。如果这类设施专门和全部为此项目服务，则应作为该项目的组成部分，所有费用都应包括在项目总投资之内而不必另行计算；如果这类设施不全部为该项目提供服务，则应估算其项目外部效益或根据服务量大小，与其他接受服务的有关项目分摊建设投资和经营费用。在国民经济评价时，不得从项目费用中扣除为本项目服务的这类设施的投资和经营费用。

6.2.2 国民经济评价的转移支付处理

凡属国民经济内部转移支付的款项（如税金、工资、利息、土地等）均不列为费用，而只有国民经济为项目所付出的代价（如投资、经营费用、自然资源占用的机会成本、外汇、补贴等）才列为项目费用。

1. 转移支付的处理原则

某些在财务评价的支出流中出现的费用，并不反映对国家的直接要求，它只是反映对资源分配的控制权力从社会的一个成员或部门转移到另一个成员或部门。例如，由项目经营单位支付给国内贷款机构的利息，只是说明将项目经营单位的这一部门权利转移到了贷款人手里，利息所具有的购买权力确实反映了对资源的支配，但是这种权力的转移并没有消耗实际的资源。从这种意义上来说，利息不是一种经济费用。同理，借款和还款均属财务上的转移。然而由贷款者提供的投资资金或其他费用却意味着实际上的经济费用。借款的财务支出是在贷款被偿还时发生的；而其经济支出则是在贷款被花费时发生的。一般来说，国民经济评价不必关心项目所需投资是如何筹措的，也不必关心资金的归还问题。此外，提取折旧费用也未必对应于投资的真正使用。可将折旧费用从财务支出流中去掉。使用一种资产的经济费用，已经被充分地反映在其最初投资减去其被贴现的残值之差中。最后，税收和利息等转移支付，也不构成项目的经济费用。

上述原则有一个重要的例外。诸如税收和利息等转移支付虽不是资源费用，但它们对于收入再分配，或许还对于储蓄，却有重要的影响。如果政府希望把项目选择作为改进收入分配和增加储蓄的手段，那么在确定项目的费用和效益时，就应该把这些转移支付也考虑在内，并把它们反映在生产要素投入的影子价格和项目所产生的收入之中。

2. 几类转移支付的具体处理方法

在中国，对税金、补贴、工资、利息、土地费用、自然资源费用的具体处理如下。

（1）税金。项目为获得某种投入物，需缴纳一定的税金（如进口关税），企业要销售某项产品和提供劳务也应纳税（如增值税、营业税等）。税金是财务上的一种转移支付，在国民经济评价时，它不是国家的经济代价，应从国家经济费用中剔除。

（2）补贴。补贴与税金相反，它是政府给企业的转移支付，不计为项目的效益。但由于补贴而造成了国家的实际经济代价增加。因此，在国民经济评价时，应按资源消耗的真实代价计算，故这部分补贴应计入项目经济费用。

（3）工资。工资也是项目在财务上的转移支出，即雇佣劳动力所支付的实际工资和工资性支出，由企业转移给工人，作为国家国民收入的一部分。正因为如此，计算国民收入净增值的指标包括工资，但工资不计为费用，应该列为费用的是劳动力的机会成本，以及为安排劳动力而使国家付出的其他代价。

（4）利息。项目在国内贷款所需支付的利息不计入费用，国外贷款利息不是国内转移支付，应作国民经济代价，计入费用。

（5）土地费用。为项目建设征购土地的实际支付是该项目转移给地方的，故在国民经济评价中不计入费用。应列为费用的是被占用土地的机会成本，如果使用未被开垦的荒地和人工造地，则除了考虑机会成本外，还应加上实际的开发费用。

（6）自然资源费用。在国民经济评价中，自然资源费用和其他税金一样属于转移支付，不计入项目费用。应列入费用的是自然资源本身的潜在价值及开采资源所花费的勘探成本等。

6.2.3　国民经济评价的外部效果计算

项目的间接效益和间接费用统称为外部效果，对明显的外部效果能定量分析的要做定量分析，计入项目的效益和费用；不能定量分析的，应做定性描述。要防止外部效果重复计算或漏算。项目的某些效果，在项目本身范围内不会引起费用或效益的增加，但是如果这种外部效果影响国家基本目标的实现，那么在项目的国民经济评价中就应该予以考虑。遗憾的是，这些外部效果有时很难识别，即使能够识别，其大小也总是难以衡量。

例如，对于上述示范效应和人员培训等间接效益，对于由项目产生的各种形式的环境污染、交通拥挤等间接费用，如果它们是重要的和可以衡量的，就应该把它们作为经济费用来考虑。不管外部效果是否能够定量化，至少应该对它们进行定性的讨论。目前，对项目的各种外部效果还没有令人满意的统一的处理方法，但笼统地忽略也是没有道理的。我们应首先设法识别它们，如果确实重要，就要尽力衡量其大小。为了减少计量上的困难，应力求明确项目范围的"边界"，一般情况下是扩大项目范围，把一些相互关联的项目捆绑在一起作为"联合体"进行评价。在中国现行的项目经济评价方法中，对财务价格做了较大的调整，用影子价格计算的项目效益和费用在很大程度上使本项目的外部效果在项目内得到了体现。因此，通过扩大计算范围和调整价格这两步工作，实际上已将很多外部效果内部化了。经过这样处理后，可能还有某些外部效果需单独考虑，举例如下。

（1）"上、下游"企业的生产效果。所谓"上、下游"企业生产效果，是指由于拟建项目的投产使其"上、下游"企业原来闲置的生产能力得以发挥或达到经济规模所产生的效果。为防止外部效果扩大化，计算时需注意，随着时间的推移，如果没有该拟建项目，"上、下游"企业生产能力的利益也可能会发生变化，要按照有无对比的原则计算增量效果；注意其他拟建项目是否也有类似的效果，如果有，就不应把"上、下游"企业闲置生产能力的利用都归属于该拟建项目，以免引起外部效果的重复计算。

（2）技术扩散的效果。建设技术先进的项目，由于技术培训、人才培训、技术推广和扩散，整个社会都将受益，不过常常由于计量的困难，只能作定性的描述。

（3）拟建项目的产出增加国内市场供应量，导致产品价格下降，可以视为原用户或消费者从中得到产品降价的好处。但这种好处一般不计作项目的间接效益，因为产品价格的下降将使原生产厂家收益减少。但是如果拟建项目的产出能增加出口量，导致原出口产品价格下降，减少创汇的效益，则应计为该项目的费用。

（4）工业项目造成的环境污染和对生态的破坏，虽然是一种间接费用，但可参考现有同类项目所造成的损失来计算，至少也应作定性的描述。

6.3 费用与效益的调整

6.3.1 国民经济评价费用与效益的调整原则

国民经济评价费用与效益的估算是在财务评价数据的基础上逐项进行调整而得的。调整的原则有以下几点。

（1）调整不属于国民经济效益和费用的内容。

（2）剔除国民经济的内部转移支付。

（3）计算和分析项目的间接费用和效益。

（4）按投入物和产出物的影子价格与国民经济参数对有关经济数据进行调整。

6.3.2 国民经济评价的主要报表

国民经济评价应在经济费用和效益估算的基础上编制报表，主要包括以下七种报表。

（1）国民经济效益费用流量表（全部投资）。该表以全部投资作为计算的基础，用以计算项目经济内部收益率、项目经济净现值等指标，考查项目全部投资对国民经济的净贡献，并据此判别项目的经济合理性，进行国民经济效益分析与评价，如表 6-1 所示。

表 6-1　国民经济效益费用流量表（全部投资）　单位：万元

序号	项目	合计	计算期					
			1	2	3	4	…	n
1	效益流量							
1.1	产品销售（营业）收入							
1.2	固定资产余值回收							
1.3	流动资金回收							
1.4	项目间接效益							
2	费用流量							
2.1	建设投资（不含建设期利息）							
2.2	流动资金							
2.3	经营费用							
2.4	项目间接费用							
3	净效益流量（1−2）							

计算指标：

经济内部收益率（%）

经济净现值（i_s=%）

（2）国民经济效益费用流量表（国内投资）。对于利用外资项目，除需编制全部投资的“国民经济效益费用流量表”外，还需编制国内投资的“国民经济效益费用流量表”。这是以国内投资为基础，将国外借款利息和本金的偿付作为费用流出，反映国外贷款利息和本金的偿还、国外资金的股息和红利的支付以及外籍人员工资等财务条件，用以计算国内投资经济内部收益率、国内投资经济净现值等指标，作为给外资项目做经济评价和方案比较取舍的依据，如表 6-2 所示。

表 6-2　国民经济效益费用流量表（国内投资）　单位：万元

序号	项目	合计	计算期					
			1	2	3	4	…	n
1	效益流量							
1.1	产品销售（营业）收入							
1.2	固定资产余值回收							
1.3	流动资金回收							
1.4	项目间接效益							
2	费用流量							
2.1	建设投资中国内资金（不含建设期利息）							

续表

序号	项目	合计	计算期					
			1	2	3	4	…	n
2.2	流动资金中国内资金							
2.3	经营费用							
2.4	流至国外的资金							
2.5	国外借款本金偿还							
2.6	其他							
2.7	国外借款利息支付							
2.8	项目间接费用							
3	净效益流量（1–2）							

计算指标：

经济内部收益率（%）

经济净现值（i_s=%）

（3）经济外汇流量表。该表是针对涉及产品出口创汇及代替进口节汇的项目所编制的报表，计算国民经济外汇效果指标，如表6-3所示。

表6-3 经济外汇流量表 单位：万元

序号	项目	合计	计算期					
			1	2	3	4	…	n
	生产负荷/%							
1	外汇流入							
1.1	产品销售外汇流入							
1.2	外汇借款							
1.3	其他外汇收入							
2	外汇支出							
2.1	固定资产投资中外汇支出							
2.2	进口原材料							
2.3	进口零部件							
2.4	技术转让费							
2.5	偿付外汇借款本息							
2.6	其他外汇支出							
3	净外汇流量（1–2）							
4	产品替代进口收入							
5	净外汇效果（3+4）							

计算指标：

经济外汇净现值（i_s=%）

经济换汇成本或经济节汇成本：

（4）出口（替代进口）产品国内资源流量表。这也是针对涉及产品出口创汇及代替进口节汇的项目所编制的报表，计算出口（替代进口）产品国内资源的现值，如表6-4所示。

表 6-4　出口（替代进口）产品国内资源流量表　　单位：万元

序号	项目	合计	计算期					
			1	2	3	4	…	*n*
	生产负荷/%							
1	固定资产投资中国内投资							
2	流动资金投资中国内资金							
3	经营费用中国内费用							
4	其他国内投入							
5	国内资源流量合计（1+2+3+4）							

计算指标：

国内资源流量现值（i_s=%）

出口产品中国内投入现值：

（5）国民经济评价投资调整计算表。该表是在财务评价的基础上，采用影子价格、影子汇率等参数对项目投入总资金进行调整，以计算出国民经济评价项目投入的总资金，如表 6-5 所示。

表 6-5　国民经济评价投资调整计算表　　单位：万元

序号	项目	财务分析			经济费用效益分析			经济费用效益分析比财务分析增减（±）
		外汇	人民币	合计	外汇	人民币	合计	
1	建设投资（不含建设期利息）							
1.1	建设工程费							
1.2	设备及器具购置费							
1.3	进口设备							
1.4	国产设备							
1.5	安装工程费							
1.6	进口材料及费用							
1.7	国产部分材料及费用							
1.8	工程建设其他费用							
	其中：土地费用							
	专利及专有技术费							
1.9	基本预备费							
1.10	涨价预备费							
2	建设期利息							
3	流动资金							
合计（1+2）								

注：若投资费用是通过直接估算得到的，本表应略去财务分析的相关项目

（6）国民经济评价销售收入调整计算表。该表是在财务评价的基础上，采用影子价格、影子汇率等参数对销售收入进行调整，以计算出国民经济不同负荷下项目的销售收入，如表 6-6 所示。

表 6-6 国民经济评价销售收入调整计算表

<table>
<tr><th colspan="3" rowspan="2">产出物名称</th><th colspan="4">投产期负荷/%</th><th colspan="4">正常生产年份/%</th></tr>
<tr><th>A 产品</th><th>B 产品</th><th>…</th><th>小计</th><th>A 产品</th><th>B 产品</th><th>…</th><th>小计</th></tr>
<tr><td rowspan="4">年产出量</td><td colspan="2">计量单位</td><td></td><td></td><td></td><td></td><td></td><td></td><td></td><td></td></tr>
<tr><td colspan="2">国内</td><td></td><td></td><td></td><td></td><td></td><td></td><td></td><td></td></tr>
<tr><td colspan="2">国际</td><td></td><td></td><td></td><td></td><td></td><td></td><td></td><td></td></tr>
<tr><td colspan="2">合计</td><td></td><td></td><td></td><td></td><td></td><td></td><td></td><td></td></tr>
<tr><td rowspan="4">财务分析</td><td rowspan="2">国内市场</td><td>单价/元</td><td></td><td></td><td></td><td></td><td></td><td></td><td></td><td></td></tr>
<tr><td>现金收入</td><td></td><td></td><td></td><td></td><td></td><td></td><td></td><td></td></tr>
<tr><td rowspan="2">国际市场</td><td>单价/美元</td><td></td><td></td><td></td><td></td><td></td><td></td><td></td><td></td></tr>
<tr><td>现金收入</td><td></td><td></td><td></td><td></td><td></td><td></td><td></td><td></td></tr>
<tr><td rowspan="4">费用效益分析</td><td rowspan="2">国内市场</td><td>单价/元</td><td></td><td></td><td></td><td></td><td></td><td></td><td></td><td></td></tr>
<tr><td>直接效益</td><td></td><td></td><td></td><td></td><td></td><td></td><td></td><td></td></tr>
<tr><td rowspan="2">国际市场</td><td>单价/美元</td><td></td><td></td><td></td><td></td><td></td><td></td><td></td><td></td></tr>
<tr><td>直接效益</td><td></td><td></td><td></td><td></td><td></td><td></td><td></td><td></td></tr>
<tr><td colspan="3">合计 / 万元</td><td></td><td></td><td></td><td></td><td></td><td></td><td></td><td></td></tr>
</table>

注：若直接效益是通过直接估算得到的，本表应略去财务分析的相关项目

（7）国民经济评价经营费用调整计算表。该表是财务评价的基础上，采用影子价格等参数对经营费用进行调整，以计算出国民经济评价不同负荷下项目的经营费用，如表 6-7 所示。

表 6-7 国民经济评价经营费用调整计算表

序号	项目	单位	投入量	财务分析		经济费用效益分析	
				单价/元	成本/万元	单价/元	费用/万元
1	外购原材料						
1.1	原材料 A						
1.2	原材料 B						
1.3	原材料 C						
1.4	…						
	小计						
2	外购燃料和动力						
2.1	煤						
2.2	水						
2.3	电						
2.4	重油						
	小计						
3	工资及福利费						
4	修理费						
5	财务费用						
6	其他费用						
	其中：土地使用税						
	合计						

注：若经营费用是通过直接估算得到的，本表应略去财务分析的相关项目

6.3.3　国民经济评价的调整计算

国民经济评价报表可以单独直接进行编制，也可以在财务评价的基础上进行调整编制，即将财务评价的投资、经营费用和销售收入等按照国民经济评价的要求进行调整计算，包括费用、效益的范围和数值调整两个方面。

费用与效益范围的调整主要包括：识别属于国民经济内部转移支付的内容，并逐项从费用和效益流量中剔除，如销售税金及附加、增值税、国内借款利息等；据实确定项目的间接费用和间接效益。

费用与效益数值的调整主要是采用影子价格重新计算投资、经营费用和销售收入等。

1）建设投资调整

用影子价格、影子汇率逐项调整构成投资的各项目费用，剔除涨价预备费、税金、国内借款建设期利息等转移支付项目。

进口设备价格调整要剔除进口关税、增值税等转移支付。建筑工程费和安装工程费按材料费、劳动力的影子价格进行调整，土地费用按土地影子价格进行调整。

2）流动资金调整

构成流动资金总额的现金、应收账款与应付账款并不造成国家资源的实际耗费，因此在国民经济评价中不做费用，将其从流动资金总额中剔除。一般的处理方法是，如果财务评价中的流动资金是采用扩大指标法估算的，国民经济评价仍按扩大指标法，以调整后的销售收入、经营费用等乘以相应的流动资金指标系数进行估算；如果财务评价中流动资金是采用分项详细估算法估算的，则影子价格重新分项估算。

3）经营费用调整

对原材料、燃料及动力费用用影子价格进行调整，对工资及福利费用影子工资进行调整。

4）销售收入调整

首先确定项目产品所属的货物价格，然后用影子价格调整计算项目产出物的销售收入。

5）外汇价值调整

国民经济评价各项销售收入和费用支出中的外汇部分，应用影子汇率进行调整，计算外汇价值。从国外引入的资金和向国外支付的投资收益、贷款本息等也用影子汇率进行调整。

6.4　国民经济评价的参数

国民经济评价的经济参数是在项目国民经济评价时，计算和衡量项目投入费用和产出效益，以及判断项目宏观经济合理性的一系列指标。使用这些参数的目的是保证各类项目评价标准的统一性和评价结论的可比性。国民经济评价参数应取值合理，符合客观实际。国民经济评价参数是根据国家的经济条件、资源供应状况、宏观经济调控意图、各行业投资收益以及项目评价的实际情况测算调整的。由原国家计委、原建设部组织测定颁布的经济评价参数仅供项目评价及决策使用，不能作为国家分配投资、财政核算以及部门间、企业间商品交换和结算的依据。由于经济情况总是在发展变化，各类参数均有一定的时效性。从理论上来讲，参数应随着时间调整，但参数调整测算工作十分繁重，实践中只能作阶段性调整。

6.4.1 国民经济评价的价格体系——影子价格

1. 影子价格的含义

在现实经济生活中，由于生活环境、经济管理体制、经济政策、历史因素等原因，各种产品和服务的现行市场价格并不是都能反映它们的实际价值，为了消除市场价格的扭曲对投资项目决策的影响，合理度量资源、货物与服务的经济价值，在国民经济评价中，应在现行市场价格以外寻找一种更适合评价和分析的价格。这种经过调整的价格就被称为影子价格，它的概念最早源于线性规划。

影子价格的经济含义是在最优规划条件下，单位资源所产生的效益增量，即资源利用的边际经济效益，它是为实现一定的经济发展目标而确定的，比市场交换价格更能合理利用资源的效率价格。因此，影子价格是合理利用有限资源的价格尺度。如果某种投入或产出物的现行价格能较真实地反映其经济价值，则其现行价格就是影子价格。

2. 影子价格的确定

这里介绍比较实用的影子价格确定办法，该办法首先要将货物分类。

项目的投入物和产出物可以分为外贸货物、非外贸货物和特殊投入物三种类型。一种货物的投入或产出，如果主要影响国家的进出口水平，则该货物为外贸货物；如果主要影响国内的供求关系，则该货物为非外贸货物；特殊投入物一般是指劳务和土地。

在区分外贸货物和非外贸货物时，应防止两个极端：一是把外贸货物划得过宽，凡是国家有进口的都列为外贸货物；二是划得过严，认为只有本项目进出口的货物才定为外贸货物。根据中国的情况，区分外贸货物和非外贸货物应遵循的原则是：①直接进出口的货物为外贸货物。②国内生产的货物，原来有出口机会，由于拟建项目的使用，减少了出口，则该货物为外贸货物。③拟建项目的产出或投入物，引起进出口货物增加或减少的为外贸货物。④国内运输项目、大部分电力项目、国内电信项目等基础设施所提供的产品或服务为非外贸货物。⑤由于国内运费过高，不能进行对外贸易的货物为非外贸货物。⑥受国内国际贸易政策的限制，不能进行对外贸易的货物为非外贸货物。

1）外贸货物的影子价格

外贸货物的影子价格是以实际将要发生的口岸价格为基础来确定的，可以从投入物和产出物两方面考虑。

（1）投入物。

直接进口产品，其影子价格按式（6-1）计算：

影子价格=到岸价格×影子汇率+项目到口岸的国内运费和贸易费用　（6-1）

间接进口产品，其影子价格按式（6-2）计算：

影子价格=到岸价格×影子汇率+口岸到原用户的运输费用和贸易费用
−供应厂到用户的运输费用和贸易费用　（6-2）
+供应厂到项目的运输费用和贸易费用

减少出口产品，其影子价格按式（6-3）计算：

影子价格=离岸价格×影子汇率−供应厂到口岸的运输费用和贸易费用
+供应厂到项目的运输费用和贸易费用　（6-3）

（2）产出物。

直接出口产品，其影子价格按式（6-4）计算：

影子价格=离岸价格×影子汇率−项目到口岸的运输费用和贸易费用　（6-4）

间接出口产品，其影子价格按式（6-5）计算：

影子价格=离岸价格×影子汇率−原供应厂到口岸的运输费用和贸易费用
+原供应厂到用户的运输费用和贸易费用　（6-5）
−项目到用户的运输费用和贸易费用

替代进口产品，其影子价格按式（6-6）计算：

影子价格=到岸价格×影子汇率+口岸到用户的运输费用和贸易费用
−项目到用户的运输费用和贸易费用　（6-6）

2）非外贸货物的影子价格

非外贸货物是指生产和使用不影响国家进出口水平的货物。非外贸货物的影子价格可以从投入物和产出物两方面考虑。

（1）投入物。能通过企业挖潜（不增加投资）增加供应的投入物，可按照该企业的可变成本分解定价。企业其他项目能够提供的投入物，可按全部成本分解定价；当难以获得分解成本资料时，可参照国内市场价格定价。

（2）产出物。增加供应数量满足国内消费的产出物。对于供求均衡的产出物，按照财务价格定价。对于供不应求的产出物，参照国内市场价格并考虑价格变化的趋势定价，但不应高于相同质量产品的进口价格；对于无法判断供求情况的产出物，按照取上述价格中较低者定价。不增加国内供应数量，只替代类似企业的产品的产出物。对于质量与被替代产品相同的项目运营产出物，应按被替代企业相应的产品可变成本的分解结果定价；对于已经提高了质量的产出物，原则上应按替代产品的可变成本加提高产品质量而带来的国民经济效益定价。

3）特殊投入物的影子价格

（1）劳动力的影子工资。

影子工资是国家和社会为项目使用劳动力而付出的代价。其主要内容是劳动力的机会成本，即由于在项目中使用了劳动力而在别处被迫放弃的劳动力的边际产出。在一个项目中使用了某个劳动力，在别的地方就不能再使用这个劳动力。这个劳动力在最好的替代用途中放弃的产出，就是项目使用这一劳动力的机会成本。除此以外，劳动力就业转移和使用的社会费用也是影子价格的组成部分。所以，计算劳动力的影子工资，必须包括以下两方面的内容：①由于项目使用劳动力而导致别处被迫放弃的原有净效益。②因劳动力的就业或转移所增加的社会资源消耗，如交通运输费用、城市管理费用等。按式（6-7）计算：

$$影子工资=名义工资\times影子工资换算系数 \tag{6-7}$$

式中，名义工资为财务评价中的工资及职工福利费之和。影子工资换算系数对于非技术性工种，换算系数为0.8，对于技术性工种，换算系数为1。

（2）土地的影子价格。

项目占用土地，国民经济要付出代价，该代价就是土地的影子价格。土地影子价格是国民经济为土地被工程项目占用所付出的代价。它包括两方面的内容：一是土地用于拟建项目改变原有用途放弃的净效益（如土地的种植收入）；二是社会为此增加的资源消耗（如居民搬迁费等）。从国民经济角度看，土地属于重要的稀缺资源，所以无论土地的征用形式如何，都应参照具有同等收益的土地价格计算土地的经济代价，按土地的机会成本来计算土地的影子价格。若项目占用的土地是没有什么用处的荒山野岭，其机会成本可视为零；若项目占用农业土地，其机会成本为原来的农业净效益；若项目占用城市土地，其机会成本则以原来的商业利润来计算。总之，应按项目所占用土地的具体情况，来计算土地的影子价格。

在中国，由于基本数据缺乏，计算土地的机会成本有一定的困难。所以，通常是采用土地租金的办法来计算其影子价格。土地优劣和级差地租是客观存在的，用租金的办法来确定土地的影子价格是可行的。通常的办法是用土地的净收益，来反映土地的租金，然后用一个适当的利率（即经济收益率）使其资本化；对于土地这一非贸易的特殊投入物，再将其资本化的价值乘以标准换算系数，就可求得土地的影子价格。按式（6-8）计算：

$$土地影子价格=土地净收益/利率\times换算系数 \tag{6-8}$$

在确定土地影子价格时，对土地净收益的计算应分为两种情况：①农用地。农用地的净收益应根据农业劳动生产率来确定，也就是农用地总产值减去农用地总成本后的净产值。需要注意的是农用地的总成本只包括种子、肥料、农药、机械使用等，不包括人工费。②城市土地。城市土地的净收益的确定与农用地有一定的区别，农用地按土地实际净产值计算，城市土地则必须按地段的商业利润计算。一般来说，城市土地的影子价格要比农用地高得多，所以应区别土地所处区域来计算土地的净效益。

土地影子价格的计算也可以采取净效益现值法，按项目占用土地的整个期间逐年净效益的现值之和来计算。由于这种方法充分地估计了土地产出的增长因素，并以口岸价格为基础对土地的产出进行了调整，所以净效益的估算比前面所描述的土地租金法的估算值要准确，是种更为可取的方法。净效益现值法的计算原则与方法如下。

（1）按贸易货物影子价格确定土地产出物在产地的影子价格。

（2）按收购价的一定比例计算土地产出物的生产成本。

（3）用产地的影子价格减去生产成本求出每单位土地产出物的净效益。

（4）在充分考虑土地产出增长因素的情况下，按规定的社会折现率计算出项目占用土地期间的每单位土地的净效益现值。

（5）求出项目占用土地的整个时期逐年净效益现值的总和。

在实际的项目评价中，农用土地的影子价格可以从财务评价中土地的征地费用出发进行调整计算。一般情况下，可以做如下调整：属于机会成本性质的费用，如土地补偿费、青苗补偿费等，按照机会成本计算方法调整计算；属于新增资源消耗的费用，如拆迁费、剩余劳动力安置费、养老保险费等，按影子价格调整计算；属于转移支付的费用，如粮食开发基金、耕地占用税等，应予以剔除。

国民经济评价对土地费用有两种具体处理方式：一是计算项目占用土地在整个占用期间土地可能最佳用途的逐年净效益的现值之和，作为土地费用计入项目建设投资中；二是将逐年净收益的现值换算成等值效益，作为项目每年的投入。一般采用前一种方式。

【例 6-1】 某建设单位准备以有偿方式取得某城区一宗土地的使用权。该宗土地占地面积为 15 000 米^2，土地使用权出让金标准为 4 000 元/米^2。根据调整，目前该区域尚有平房住房 60 户，建筑面积总计 3 500 米^2，试对该土地费用进行估价。

解：土地使用权出让金=4 000×15 000=6 000（万元）

以同类地区征地拆迁补偿费作为参照，估计单价为 1 200 元/米^2，则

土地拆迁补偿费=1 200×3 500=420（万元）

所以，

该土地费用=6 000+420=6 420（万元）

【例 6-2】 某工业项目建设期为 3 年，生产期为 17 年，占用水稻耕地 2 000 亩（1 亩≈666.67 米^2），占用前 3 年平均亩产为 0.5 吨，每吨收购价 400 元，出口口岸价预计 180 美元/吨。设该地区的水稻年产量以 4%的速度递增，社会折现率为 12%，水稻生产成本按收购价的 50%计算，影子汇率换算系数为 1.08，外汇牌价按 6.286 5 美元计（当年中国人民银行公布），贸易费率为 6%，产地至口岸为 500 千米，试求土地费用。

解：（1）稻谷按出口口岸价格计算影子价格：

出口口岸价格 180 美元/吨，折算成人民币为 6.286 5×1.08×180=1 222.09（元/吨）。

贸易费用=400×6%=24（元/吨）

产地至口岸的运输费用平均影子价格为 0.035 元/（吨·千米）。

则

运输费=0.035×500=17.5（元/吨）

产地影子价格=1 222.09−24−17.5=1 180.59（元/吨）

（2）每吨稻谷的生产成本=400×50%=200（元/吨）。

（3）该土地生产每吨稻谷的净收益=1 180.59−200=980.59（元/吨）。

（4）20 年内每亩土地的净效益现值：

$$效益净现值P=\sum_{t=1}^{20} 980.59\times 0.5\times \left(\frac{1+4\%}{1+12\%}\right)^{t}=4\,927.27(元)$$

（5）2 000 亩土地 20 年内的净效益现值=4 927.27×2 000=9 854 540（元）。

在国民经济评价中，以 985.454 万元作为土地费用计入建设投资。

6.4.2 国民经济评价的通用参数

1. 社会折现率

社会折现率是国家制定的参数，表示社会对资金机会成本和资金时间价值的估量，它从社会的角度反映出最佳的资源分配，表示社会可接受的最低投资收益率的限度，可作为衡量项目国民经济效益的尺度。在国民经济评价中，它被用做计算经济净现值的折现率，并作为经济内部收益率的基准值，是工程项目或方案经济可行性的主要判别依据。

社会折现率表征社会对资金时间价值的估量，适当的社会折现率有助于合理分配建设资金，引导资金投向对国民经济贡献大的项目，调节资金供需关系，促进资金在短期和长期项目间的合理配置。社会折现率的确定应体现国家的经济发展目标和宏观调控意图，是一项政策性很强的工作。社会折现率有助于合理分配建设资金，引导资金投向对国民经济贡献大的项目，优化产业结构，调节资金供需关系，促进资金在短期和长期项目间的合理配置。社会折现率取值是否合理，对国民经济的顺利发展具有重要作用。其确定依据为一定时期的投资收益率、资金机会成本、资金供求状况、合理的投资规模等。

社会折现率是社会对资金时间价值的估算，是从整个国民经济角度所要求的资金投资收益率标准，代表占用社会资金所应获得的最低收益率。资金的机会成本，又称资金的影子价格，单位资金的影子价格就叫影子利率。因此，国民经济评价中所用的社会折现率就是资金的影子利率。在投资项目的国民经济评价中，社会折现率主要用来作为计算净现值时的折现率，或者用做评价项目国民经济内部收益率高低的基准（即用做基准内部收益率）。

2. 影子汇率

影子汇率是工程项目经济评价的通用参数，它代表外汇的影子价格，体现从国家角度对外汇真实价值的估算。影子汇率是在国民经济评价中区别于官方汇率的外币与本币的真实价格。而官方汇率是由国家规定的单位外币的国内价格。由于实施进口关税、出口补贴及其他贸易保护主义措施，官方汇率不能反映外币的真实价值。影子汇率是单位外币用国内货币表示的影子价格，反映外币的真实价值，即一国货币真正能够换取的外汇的汇率。

在项目的国民经济分析中，为了进行收益和费用的比较，需要外币全部折算为本国货币，这种折算不能使用官方汇率而只能使用影子汇率。影子汇率实际上也是外汇的机会成本，是指项目投入或产出所导致的外汇的减少或增加给国民经济带来的损失或收益。

在经济分析中，影子汇率通过影子汇率换算系数计算。影子汇率换算系数是影子汇率与国家外汇牌价的比值，由国家统一测定和发布。根据中国外汇收支情况、进出口结构、进出口环节税费及出口退税补贴等情况，目前中国的影子汇率换算系数取值为 1.08，可用式（6-9）求得

$$影子汇率=外汇牌价\times影子汇率换算系数 \tag{6-9}$$

影子汇率换算系数是影子汇率与国家外汇牌价的比值。

影子汇率也可用官方汇率加上外汇贴水求得。外汇贴水是外贸货物的实际价值超出按官方汇率计算价值的比例数，也就是外汇溢价。

影子汇率取值的高低，会影响项目评价中的进出口抉择，影响采用进口设备还是国产设备的选择，影响产品进口替代型项目和产品出口型项目的决策。在完全自由外汇的情况下，市场上的汇率即为影子汇率，在非自由外汇条件下，影子汇率与实际汇率之间存在偏差。

3. 影子工资

影子工资是指工程项目使用劳动力，国家和社会为此付出的代价。它由劳动力的机会成本和劳动力就业或转移而引起的社会资源消耗两部分构成。劳动力的机会成本是指由于项目使用劳动力而使社会为此放弃的其他使用机会中可能创造的最大净效益。影子工资的大小与国家的社会经济状况、劳动力充裕程度及采用的评价方法等因素密切相关。国民经济评价中，影子工资作为劳务费用计入经营成本。影子工资有以下两种计算方法。

1）机会成本法

影子工资与名义工资之比被称为影子工资率。在计算影子工资率时，一般把人工分为熟练劳动力和非熟练劳动力两种。非熟练劳动力的影子工资率一般取低于“1”的值；在市场是绝对自由的情况下，熟练劳动力的影子工资率一般取“1”或大于“1”的值；如果吸收的劳动力是从农村或其他产业转移过来的，其影子工资应该是劳动力对原有产出所做的边际贡献。

2）净劳工国民经济费用法

人工成本可以包括三项内容：①人工的社会耗费，用 C_1 表示。②人工个人消费水平，用 C 表示。③人工的边际生产力，用 m 表示。

根据以上三项内容，净劳工国民经济费用的计算公式为

$$\begin{aligned}净劳工国民经济费用&=C_1-(C-m)=成本（因人工增加，社会建设成本增加）\\&\quad-收益（因人工增加，人工消费增加）\end{aligned} \tag{6-10}$$

4. 贸易费用率

贸易费用是指物价部门、各级批发站、外贸公司等商贸部门，花费在物质流通过程中的除长途运输费用以外的费用，包括货物的经手、存储、再包装、短距离倒运、装卸、保险、检验等所有流通环节上的费用支出，还包括流通过程中的损耗，以及按照社会折现率计算的资金回收费用。在项目的国民经济评价中，它用来衡量货物在商贸部门的流通费用。

6.5 国民经济评价的指标

国民经济评价主要是进行经济盈利能力分析，其主要指标是经济内部收益率和经济净现值。此外，还可以根据需要和可能计算间接费用和间接效益，纳入费用效益流量中，对难以量化的间接费用、间接效益应进行定性分析。国民经济评价指标包括经济内部收益率（economic internal rate of return，EIRR）、经济净现值（economic net present value，ENPV）、经济净现值率（rate of economic net present value，ENPVR）、经济外汇净现值（economic net present value of foreign exchange，ENPVF）、经济换汇成本以及经济节汇成本。

6.5.1 经济内部收益率

经济内部收益率是指项目在计算期内各年经济净效益流量的现值累计等于零时的折现率。它是反映项目对国民经济所做净贡献的相对指标，也表示项目占用资金所获得的动态收益率。其表达式见式（6-11）。

$$\sum_{t=1}^{n}\frac{(B-C)_t}{(1+\text{EIRR})^t}=0 \qquad (6\text{-}11)$$

式中，B 为国民经济效益流量；C 为国民经济费用流量；$(B-C)_t$ 为第 t 年的国民经济净效益流量；n 为计算期。

经济内部收益率大于或等于社会折现率，表明项目对国民经济的净贡献超过或达到要求的水平，应认为项目可以接受。

6.5.2 经济净现值和经济净现值率

经济净现值是反映项目对国民经济所做贡献的绝对指标，它是用社会折现率将项目计算期内各年的净收益折算到建设起点（建设初期）的现值之和。当经济净现值大于零时，表示国家为拟建项目付出代价后，除得到符合社会折现率的社会盈余外，还可以得到以现值计算的超额社会盈余。经济净现值率是反映项目单位投资为国民经济所做贡献的相对指标，它是经济净现值与投资现值之比。其表达式见式（6-12）和式（6-13）。

$$\text{ENPV}=\sum_{t=1}^{n}(\text{CO}-\text{CI})_t(1+i_s)^{-t} \qquad (6\text{-}12)$$

$$\text{ENPVR}=\frac{\text{ENVP}}{I_p} \qquad (6\text{-}13)$$

式中，i_s 为社会折现率；I_p 为投资（包括固定资产和流动资金）的现值；n 为计算期。

外汇效果涉及产品创汇及替代进口节汇的项目，包括计算经济外汇净现值、经济换汇成本、经济节汇成本等指标，以进行外汇效果分析。

6.5.3　经济外汇净现值

经济外汇净现值是按国民经济评价中效益、费用的划分原则，采用影子价格、影子工资和社会折现率计算、分析、评价项目实施后对国家外汇收支影响的重要指标。通过经济外汇流量表可以直接求得经济外汇净现值，用以衡量项目对国家外汇真正的净贡献（创汇）或净消耗（用汇）。

经济外汇净现值的表达式见式（6-14）。

$$\mathrm{ENPV}_F=\sum_{t=1}^{n}\left(\mathrm{FI}-\mathrm{FO}\right)_t\left(1+i_s\right)^{-t} \tag{6-14}$$

式中，FI 为外汇流入量；FO 为外汇流出量；$\left(\mathrm{FI}-\mathrm{FO}\right)_t$ 为第 t 年的净外汇流量；n 为计算期。当有产品替代进口节汇时，可按净外汇计算经济外汇净现值。

6.5.4　经济换汇成本

经济换汇成本是分析、评价项目实施后在国际上的竞争力，进而判断其产品应否出口的指标。它是指用影子价格、影子工资和社会折现率计算的为生产出口产品而投入的国内资源现值（人民币，单位为元）与生产出口产品的经济外汇净现值（外币单位，如美元）之比，亦即换取 1 美元外汇所需要的人民币金额。其表达式见式（6-15）。

$$\text{经济换汇成本}=\frac{\sum_{t=1}^{n}\mathrm{DR}_t\left(1+i_s\right)^{-t}}{\sum_{t=1}^{n}\left(\mathrm{FI}-\mathrm{FO}\right)_t\left(1+i_s\right)^{-t}} \tag{6-15}$$

式中，DR_t 为项目在第 t 年为生产出口产品投入的国内资源（包括投资、原材料、工资及其他收入）。

6.5.5　经济节汇成本

当有产品替代进口节汇时，应计算经济节汇成本，即节约 1 美元外汇所需的人民币金额，它等于项目计算期内生产替代进口产品所投入的国内资源的现值与生产替代进口产品的经济外汇净现值之比。经济换汇成本或经济节汇成本（元/美元）小于或等于影子汇率，表明该项目国际竞争力强。

外部效果与无形效果一个项目，除了由其投入和产出所产生的直接费用和直接效益外，还会对社会其他部门产生间接费用和间接效益，即外部效果。外部效果的识别和计算只适用于从全社会利益出发的经济分析，而不在项目的财务账目中反映，可以作为辅助指标，如劳动就业、分配效果等，要另行计算。

经济节汇成本是指项目生产出口产品或替代进口产品时，用影子价格、影子工资和社会折现率计算的为生产而投入的国内资源现值（以人民币表示）与产出品的经济外汇净现值（通常以美元表示）的比值，即获取 1 美元净外汇收入或节省 1 美元耗费所需消耗的国内资源价格（人民币，单位为元）。经济节汇成本若小于影子汇率，表明项目生产出口产品或替代进口产品的经济效益好。经济节汇成本用于分析评价项目实施后其产品在国际上的竞争力，进而判断其产品是否应出口或进口。

➤复习思考题

1. 什么是项目国民经济评价，它与财务评价有何异同？
2. 在国民经济评价中，识别效益费用的原则是什么？与财务评价的原则有何不同？
3. 在国民经济评价中进行价格调整的主要原因是什么？
4. 外贸物品、非外贸物品和特殊投入物的调价原则分别是什么？
5. 国民经济评价的经济参数包括哪些？
6. 国民经济评价的指标包括哪些？

➤本章重点及难点解析

第7章

工程项目的资金筹措与融资分析

7.1 资金筹措概述

7.1.1 资金筹措的概念和分类

1. 资金筹措的基本概念

资金筹措又称融资，是以一定的渠道为某种特定活动筹集所需资金的各种活动的总称。在工程项目的经济分析中，资金筹措主要讨论为项目投资而进行的资金筹措行为或资金来源方式。

2. 资金筹措的分类

资金筹措可以概括地分为两大类，即内部资金筹措与外部资金筹措。内部资金筹措是指动用企业积累的财力，把企业的公积金（留存收益）作为筹措资金的来源。外部资金筹措是指向企业外的经济主体（包括企业现有股东和企业职员及雇员）筹措资金。

此外关于资金筹措还可以根据其他视角进行分类，如按照融资的期限长短、融资性质、融资主体和风险承担程度等进行分类。

1）按照融资的期限可分为长期融资和短期融资

（1）长期融资。长期融资是指企业为购置和建设固定资产、无形资产或进行长期投资等资金需求而进行的资金筹集行为，一般资金使用期限在一年以上。长期融资通常采用吸收直接投资、发行股票、发行长期债券或进行长期借款等方式进行融资。

（2）短期融资。短期融资是指企业因季节性或临时性资金需求而进行的资金筹集行为，资金使用期限在一年以内。短期融资一般通过商业信用、短期借款和商业票据等方式进行融资。

2）按照融资的性质可分为权益融资和负债融资

（1）权益融资。权益融资是指以所有者身份投入非负债性资金的方式进行的融资。权益融资形成企业的“所有者权益”和项目的“资本金”。权益融资在中国项目资金筹措中具有强制性，其特点如下：①权益融资筹措的资金具有永久性特点，无到期日，无须归还。项目资本金是保证项目法人对资本的最低需求，是维持项目法人长期稳定发展的基本前提。②没有固定的按期还本付息压力。股利的支付与否和支付多少，视项目投产运营后的实际经营效果而定，因此项目法人的财务负担相对较小，融资风险较小。③权益融资是负债融资的基础。权益融资是项目法人最基本的资金来源。它体现项目法人的实力，是其他融资方式的基础，尤其可为债权人提供保障，增强公司的举债能力。

（2）负债融资。负债融资是指通过借款、商业信用、租赁和发行债券等负债方式筹集各种债务资金的融资形式。负债融资是工程项目资金筹措的重要形式。其特点如下：①债务有规定的偿还期限，企业必须按规定的期限履行偿还债务的义务。②债权人对于企业仅仅是债权债务关系，无权参与企业的经营管理。③资金成本一般比权益融资低，且不会分散对项目未来权益的控制权。④无论项目运营好坏，项目法人均需要固定支付债务利息，从而形成固定的财务负担。

3）按照项目融资的主体可分为既有法人融资和新设法人融资

（1）既有法人融资。既有法人融资是指建设项目所需的资金，来源于既有法人内部融资、新增资本金和新增债务资金。新增债务资金依靠既有法人整体的盈利能力来偿还，并以既有法人整体的资产和信用承担债务担保责任。

（2）新设法人融资。新设法人融资特指由项目发起人（企业或政府）发起组建新的具有独立法人资格的项目公司，由新组建的项目公司承担融资责任和风险，依靠项目自身的盈利能力来偿还债务，以项目投资形成的资产，未来收益作为融资担保的基础。建设项目所需要的资金来源，可包括项目公司股东投资的资本金和项目公司承担的债务资金。

4）按照风险承担的程度可分为冒险型、适中型、保守型筹资

（1）冒险型筹资。在冒险型筹资类型中，一部分长期资产由短期资金融通。

（2）适中型筹资。在适中型筹资类型中，固定资产及长期流动资产所需的资金均由长期资金安排，短期资金只投入短期流动资产。

（3）保守型筹资。在保守型筹资类型中，长期资产和短期流动资产的一部分采用长期资金来融通。

7.1.2 资金筹措的基本原则

1. 合理性原则

无论通过何种渠道、采取何种方法筹集资金，都应首先确定资金的需要量，即筹资要有一个“度”的问题。资金不足会影响项目的生产经营和发展，资金过剩则损失其投资其他项目带来的机会收益，同时也会影响资金的使用效果，增加筹资成本。在实际工作中，

必须采取科学的方法预测与确定未来资金的需要量，以便选择合适的渠道与方式，筹集所需资金。这样，可以防止筹资不足或筹资过剩，提高资金的使用效果。

2. 效益性原则

项目筹集资金可以采用的渠道和方式多种多样，不同渠道和方式筹资的难易程度、资金成本和风险各不一样。但任何渠道和方式的筹资都要付出一定的代价，包括资金占用费（利息等）和资金筹集费（发行费等）。因此在筹资中，通常选择较经济方便的渠道和方式，以降低综合的资本成本。例如，采取举债经营的方式，所谓举债经营，是指项目通过借债开展生产经营活动。举债经营可以给项目带来一定的好处，因为借款利息可在所得税前列入成本费用，对项目净利润影响较小，能够提高自有资金的使用效果。但负债的多少必须与自有资金和偿债能力的要求相适应。例如，负债过多，会产生较大的财务风险，甚至会由于丧失偿债能力而面临破产。因此，项目法人既要利用举债经营的积极作用，又要避免可能产生的债务风险。

3. 及时性原则

筹集资金也有时间上的安排，这取决于投资的时间和资金的需求计划。对于工程项目而言，工程进度要求、建设标准、工程变更等因素都会影响资金的需求时间。合理安排筹资与投资以及资金的供应，使其在时间上互相衔接，避免取得资金过早而造成投放前的闲置或取得资金滞后而耽误投资的有利时机。

4. 合法性原则

项目的资金筹划活动，影响着社会资本及资源的流向和流量，涉及相关主体的经济权益。为此，必须遵守国家有关法律法规，依法履行约定的责任，维护有关各方的合法权益，避免非法筹资行为给企业本身及相关主体造成损失。对于不同类型的工程建设项目，关于其筹资方式国家一般会有明确的规定，合法筹集工程项目建设资金是保证项目成功建设的大前提。

7.1.3　工程项目的资金来源构成和项目资本金制度

1. 工程项目的资金来源构成

在资金筹措阶段，工程项目所需资金的来源构成主要可分为两大类，一是项目的资本金筹措，二是项目债务资本筹措，具体分类如图 7-1 所示。

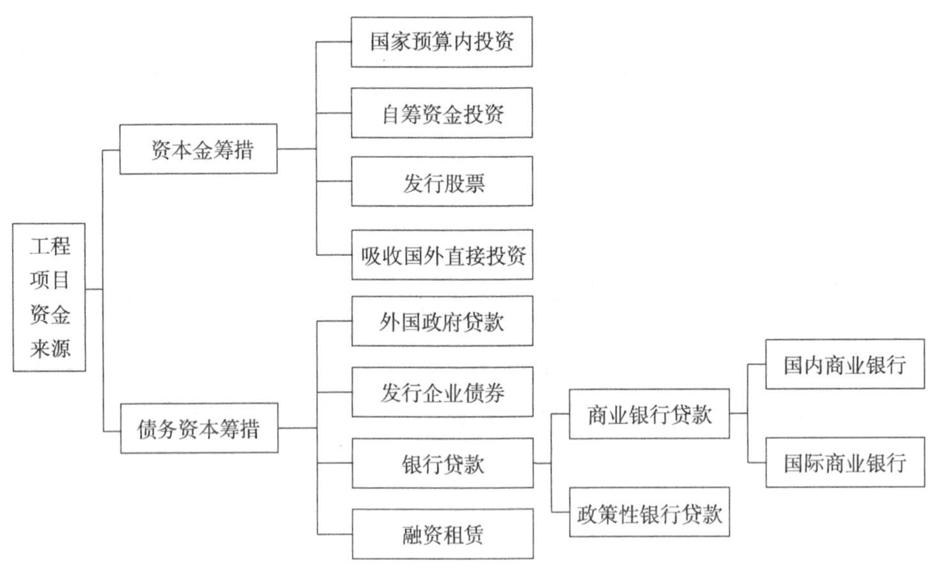

图 7-1 工程项目资金的来源构成

2. 项目资本金制度

工程项目建设是固定资产投资的重要形式，为规范中国的固定资产投资，《国务院关于固定资产投资项目试行资本金制度的通知》(1996 年)中明确规定，各种经营性固定资产投资项目必须实行资本金制度。所谓投资项目资本金，是指在投资项目总投资中，由投资者认缴的出资额，对投资项目来说属于非债务性资金，项目法人不承担这部分资金的任何利息和债务，投资者可按其出资的比例依法享有所有者权益，也可转让其出资，但不得以任何方式抽回。《国务院关于固定资产投资项目试行资本金制度的通知》(1996 年)中还规定，主要用财政预算内资金投资建设的公益性项目可以不实行资本金制度；而各种经营性固定资产投资项目，包括国有单位的基本建设、技术改造、房地产项目和集体投资项目，都必须首先落实资本金才能进行建设。

固定资产投资项目资本金制度既是宏观调控手段，也是风险约束机制。为应对国际金融危机，扩大国内需求，有保有压，促进结构调整，有效防范金融风险，保持国民经济平稳较快增长，国务院在 2009 年对固定资产投资项目资本金比例进行适当调整。在《国务院关于调整固定资产投资项目资本金比例的通知》(2009 年)中规定，新的固定资产投资项目资本金比例情况如表 7-1 所示。

表 7-1 各行业固定资产投资项目的最低资本金比例

序号	行业	最低资本金比例/%
1	钢铁、电解铝项目	40
2	水泥项目	35
3	煤炭、电石、铁合金、烧碱、焦炭、黄磷、玉米深加工、机场、港口、沿海及内河航运项目	30
4	铁路、公路、城市轨道交通、化肥（钾肥除外）项目	25

续表

序号	行业	最低资本金比例/%
5	保障性住房和普通商品住房项目	20
	其他房地产开发项目	30
6	其他项目	20

此外，《国务院关于调整固定资产投资项目资本金比例的通知》（2009 年）还明确规定，经国务院批准，对个别情况特殊的国家重大建设项目，可以适当降低最低资本金比例要求。属于国家支持的中小企业自主创新、高新技术投资项目，最低资本金比例可以适当降低。外商投资项目按现行有关法规执行。《国务院关于调整固定资产项目资本金比例的通知》（2009 年）还明确规定，金融机构在提供信贷支持和服务时，要坚持独立审贷，切实防范金融风险。要根据借款主体和项目实际情况，参照国家规定的资本金比例要求，对资本金的真实性、投资收益和贷款风险进行全面审查和评估，自主决定是否发放贷款以及具体的贷款数量和比例。

一般实行资本金制度的投资项目，在可行性研究报告中要就资本金筹措情况做出详细说明，包括出资方、出资方式、资本金来源及数额、资本金认缴进度等有关内容。上报可行性研究报告时需附有各出资方承诺出资的文件，以实物、工业产权、非专利技术、土地使用权作价出资的，还需附有资产评估证明等有关材料。

7.2　筹资渠道与筹资方式

工程项目大多建设周期比较长，这决定了项目的筹资具有阶段性的特点，所以在资金筹集的过程中要综合考虑项目的资金筹资总额和各阶段资金需要合理筹资，降低筹资成本。在市场经济条件下，如何广开资金来源渠道，并且使筹措的资金、币种及投入时序与项目建设进度和投资使用计划相匹配，确保项目建设和运营顺利进行，是工程项目决策时必须专门考虑的问题。

7.2.1　项目筹资渠道

工程项目的筹资渠道是指项目投资人筹集资本来源的方向与通道，体现着资本的源泉和流量。筹资渠道主要由社会资本的提供者及数量分布所决定。目前，中国社会资本的提供者较多，数量分布广泛，为企业和工程项目建设的筹集提供了广泛的资金来源。认识各种筹资渠道的种类及其特点和适用性，有利于投资者充分开拓和利用筹资渠道，实现各种筹资渠道的合理组合，有效地筹集资本。工程项目筹资渠道一般可分为如下几种。

1. 政府财政资本

工程项目筹资可以利用政府财政资本，政府财政资本通常来源于国家预算内投资。所谓国家预算内投资，是指以国家预算资金为来源并列入国家计划的固定资产投资。中国的投资体制主要包括国家预算、地方财政、主管部门和国家专业投资拨给或委托银行贷给建设单位的基本建设拨款及中央基本建设基金、拨给企业单位的更新改造拨款、中央财政安排的专项拨款中用于基本建设的资金等。国家预算内投资的资金一般来源于国家税收，也有一部分来自于国债。

国家预算内投资主要集中在能源、交通、原材料以及国防、科研、文教卫生、行政事业等基础设施行业的建设项目，对于整体投资结构的调整起着主导性作用。国家预算内投资也是宏观调控的重要手段。例如，为应对 2008 年的国际金融危机，中央政府制定了 4 万亿元的庞大投资计划主要用于上述领域的工程项目建设。

2. 银行信贷资本

银行信贷资本是各类工程项目筹资的主要来源，尤其是民营企业进行的工程项目投资。银行一般分为商业性银行和政策性银行。在中国，商业性银行主要有中国工商银行、中国农业银行、中国银行、中国建设银行和交通银行等；政策性银行有国家开发银行、中国农业发展银行和中国进出口银行等。商业银行贷款的特点是筹资手续简单、速度较快，贷款主要取得银行同意即可，不必经过国家金融管理机构审批。政策性银行贷款的特点是贷款周期长、利率低，但对申请贷款的企业和项目有比较严格的要求。

3. 非银行金融机构资本

非银行金融机构在中国工程项目建设领域的融资作用日益提高，非银行金融机构主要有信托投资公司、财务公司和保险公司等。

1）信托投资公司

信托贷款是信托投资公司运用吸收的信托存款、自有资金和筹集的其他资金对审定的贷款对象和工程项目发放的贷款，信托贷款主要有技术改造信托贷款、补偿贸易信托贷款、联营投资信托贷款和专项信托贷款等。与银行贷款相比，信托贷款具有如下特点。

（1）银行贷款由于现行信贷制度的限制，无法对一些企业特殊但合理的资金需求予以满足，信托贷款恰好可以满足企业特殊的资金需求。

（2）银行贷款按贷款的对象、期限、用途不同，有不同的利率，但不能浮动。信托贷款的利率则相对比较灵活，可在一定范围内浮动。

2）财务公司

财务公司又称金融公司，是为企业技术改造、新产品开发及产品销售提供金融服务，以中长期金融业务为主的非银行机构。各国的名称不同，业务内容也有差异。但多数是商业银行的附属机构，主要吸收存款。中国的财务公司不是商业银行的附属机构，是隶属于大型集团的非银行金融机构。财务公司贷款以中长期贷款为主，也有短期贷款。短期贷款一般为 1 年、6 个月、3 个月及 3 个月以下不定期限的临时贷款；中长期贷款一般为 1~3 年、3~5 年以及 5 年以下的贷款。

3）保险公司

虽然中国目前无论是法律法规的规定，还是现实的操作，保险公司尚不能对工程项目提供贷款，但从西方经济发达国家的实践来看，保险公司的资金不但可以进入证券市场，用于购买各种股票和债券，而且可向工程项目提供贷款，特别是向有稳定市场和收益的基础设施项目提供贷款。随着中国保险公司业务领域的不断扩大，保险公司为工程项目提供贷款指日可待。

4. 其他法人资本

在中国，法人可分为企业法人、事业法人和团体法人等。他们在日常的资本运营周转中，有时闲置大量的资金，为了让其发挥一定的效益，需要相互融通，这也是一种筹资渠道。

5. 企业内部资本

企业内部资本即自有资金，是指投资者投入企业的资本金及经营中形成的积累，如盈余公积金、资本公积金和未分配利润等，企业内部自有资金是企业最为稳妥也最有保障的筹资来源。

6. 国外资本

国外资本主要是指国外贷款，资金来源渠道主要有外国政府贷款、外国银行贷款、出口信贷和国际金融机构贷款等。

1）外国政府贷款

外国政府贷款是指一国政府利用财政资金向另一国政府提供的援助性贷款。外国政府贷款具有期限长（如德国政府贷款的期限最长达 50 年，其中宽限期为 10 年）、指定用途（如日本政府贷款主要用于教育、能源、交通、邮电、工矿、农业、渔业等方面的建设项目及基础设施建设）等特点。

外国政府贷款的期限一般较长，利率也比较低。但是在利用外国政府贷款的同时也应当注意到，投资国的政府贷款也是其实现对外政治经济目标的重要工具，政府贷款有时还要附加一些非贷款利息之外的其他条件。

2）外国银行贷款

外国银行贷款又称商业信贷，是指从国际金融市场上的外国银行借入的资金。外国政府贷款和国际金融机构贷款的条件优惠，但不易争取，且数量有限。因此，吸收外国银行贷款已成为各国利用国外间接投资的主要形式。目前，中国接受的国外贷款以银行贷款为主。国与国之间银行贷款可以划分为短期贷款（1 年以内）、中期贷款（一般 1~5 年）和长期贷款（5 年以上）。银行贷款的偿还方法主要有到期一次偿还、分期等额偿还、分次等本偿还和提前偿还 4 种方式。

3）出口信贷

出口信贷又称长期贸易信贷，是指商品出口国的官方金融机构或商业银行以优惠利率向本国出口商、进口方银行或进口商提供的一种贴补性贷款，是争夺国际市场的一种筹资手段。出口信贷主要有卖方信贷和买方信贷。卖方信贷是指在大型设备出口时，为便于出口商以延期付款的方式出口设备，由出口商本国的银行向出口商提供的信贷。买方信贷是由出口方银行直接向进口商或进口方银行所提供的信贷。

4）国际金融机构贷款

国际金融机构包括世界性开发金融机构、区域性国际开发金融机构以及国际货币基金组织等覆盖全球的机构。其中，世界性开发金融机构一般是指世界银行集团五个成员机构中的三个金融机构，包括国际复兴开发银行（International Bank for Reconstruction and Development，IBRD）、国际开发协会（International Development Association，IDA）和国际金融公司（International Finance Corporation，IFC）。区域性国际开发金融机构是指亚洲开发银行、欧洲开发银行、泛美开发银行等。在这些国际金融机构中，可以为中国提供项目贷款的包括世界银行集团的三个国际金融机构和亚洲开发银行。虽然国际金融机构筹资的数量有限，程序也较复杂，但这些机构所提供的项目贷款一般利率较低、期限较长。所以项目如果符合国际金融机构的贷款条件，应尽量争取从这些机构筹资。

需要指出的是，除了上述资本之外，中国香港、澳门、台湾地区的资本正在成为中国工程建设领域项目投资的重要力量。

7.2.2 项目筹资方式

工程项目的筹资方式是指项目主体筹集资本所采用的具体形式和工具，体现着资本的属性和期限。这里，资本属性是指资本的股权或债权性质。筹资方式取决于项目主体的组织形式和金融工具的开发利用程度。目前，中国企业资本的组织形式多种多样，金融工具得到比较广泛的开发和利用，为项目主体的筹资提供了良好的条件。一般而言，常见筹资方式有如下几种。

1）投入资本筹资

投入资本筹资是企业以协议形式筹集政府、法人、自然人等直接投入的资本，形成企业投入资本的一种筹资方式。投入资本不以股票为媒介，适用于非股份制企业，是非股份制企业取得股权资本的基本方式。

2）发行股票筹资

发行股票筹资是股份公司按照公司章程依法发行股票直接筹资，形成公司股本的一种筹资方式。股票筹资要以股票为媒介，仅适用于股份有限公司，是股份公司取得股权资本的基本方式。

3）发行债券筹资

发行债券筹资是企业按照债券发行协议通过发售债券直接筹资，形成企业债务资本的一种方式。债券的划分标准与种类如表 7-2 所示。

表 7-2 债券的划分标准与种类

划分标准	种类
按发行方式分类	记名债券、不记名债券
按还本期限分类	短期债券、长期债券、中期债券
按发行条件分类	抵押债券、信用债券
按偿还方式分类	到期一次还本付息、分期付息到期还本、贴现发行
按发行主体分类	国债、地方政府债券、公司债券
按是否可转换分类	可转换债券、不可转换债券

4）银行借款筹资

银行借款筹资是各类企业按照借款合同从银行等金融机构借入各种款项的筹资方式，被广泛用于企业中。这种筹资方式比较灵活，为筹资主体获得短期或长期资本。

5）商业信用筹资

商业信用是指企业通过赊购商品、预收货款等商品交易行为筹集短期债权资本的一种筹资方式，商业信用是企业经常使用的一种主要的流动负债筹资方式。

6）融资租赁

融资租赁又称金融租赁或资本租赁，《中华人民共和国合同法》（简称《合同法》）、中国银行业监督管理委员会、商务部都给出过相应的定义。通常对于工程项目而言，融资租赁是指不带维修条件的设备、设施租赁业务。融资租赁与分期付款购入设备、设施相类似，实质上是承租者通过设备、设施租赁，公司筹集设备、设施投资的一种方式。

在融资租赁方式下，租赁物是由出租人完全按照承租人的要求选定的，所以出租人对租赁物的性能、物理性质、老化风险以及维修保养不负任何责任。在大多数情况下，出租人在租期内分期回收全部成本、利息和利润，租赁期满后，出租人通过收取名义货价的形式，将租赁物件的所有权转移给承租人。融资租赁一般有自营租赁、回租租赁和转租赁三种方式。

7.2.3 筹资渠道与筹资方式的关系

筹资渠道和筹资方式有着密切的联系。不仅同一筹资渠道的资本往往可以采取不同的筹资方式取得，而且同一种筹资方式也可以适用于不同的筹资渠道。因此，在筹集资金时，应事先合理搭配筹资渠道和筹资方式，筹资渠道和筹资方式的对应关系如表 7-3 所示。

表 7-3 筹资渠道与筹资方式的配合表

筹资渠道	投入资本筹资	发行股票筹资	发行债券筹资	银行贷款筹资	商业信用筹资	融资租赁
政府财政资本	√	√	√			
银行信贷资本		√	√	√		
非银行金融机构资本	√	√	√	√		√
其他法人资本	√	√	√		√	√
企业内部资本	√	√				
国外和中国港澳台资本	√	√	√	√		√

7.3 项目融资

7.3.1 项目融资概述

1. 项目融资的定义

项目融资作为一个金融术语到目前为止还没有一个准确公认的定义。在北美洲，金融界习惯上只将具有无追索权或有限追索权形式的融资活动称为项目融资；而在欧洲，则是把一切针对具体项目所安排的融资都划归为项目融资的范围。在中国，原国家计划委员会与国家外汇管理局共同发布的《境外进行项目融资管理暂行办法》(计外资〔1997〕612 号）中的定义是：“项目融资是指以境内建设项目的名义在境外筹措外汇资金，并仅以项目自身预期收入和资产对外承担债务偿还责任的融资方式。它应具有以下性质：(一）债权人对于建设项目以外的资产和收入没有追索权；(二）境内机构不以建设项目以外的资产、权益和收入进行抵押、质押或偿债；(三）境内机构不提供任何形式的融资担保。”

由以上几种定义可以看出，不同国家地区对项目融资具有不同的定义表述，但都着重强调了两方面内容，一是项目，二是有限追索权和无追索权。可以将项目融资定义为以项目自身的经济强度为担保（项目的资产、收益作抵押）而进行的融资活动，并不依赖于项目公司的资信能力。

2. 项目融资的特点

项目融资是解决项目建设资金的主要途径，具有如下两大特点。

1）筹资功能强

凡是大型工程项目，就投资而言，少则几亿元，多则上百亿元资金。一般投资者仅凭自己的筹资能力，几乎很难筹集到工程项目的全部资金；同时，由于大型工程项目需要巨额投资，随之而来的投资风险也很大，这两点原因就决定了采用传统的融资方式是行不通的。而采用项目融资则可有效地解决这个问题，因为项目融资通常是无追索或有限追索形式的贷款，项目融资的能力大大超过投资者自身筹资能力，并将投资风险分摊到与项目有关的各方，从而解决了大型工程项目的资金问题。

2）融资方式灵活多样

一国政府财政预算支出的规模和政府举债的数量受综合国力、财政支出体制的制约，包括发达国家在内的各国政府出资建设的项目都是有限的，很难满足经济发展的需要，但在经济发展过程中，各相关产业的发展却要求基础设施、能源、交通项目先行。那么在解决繁重的建设任务与资金供给矛盾之间，项目融资则是一个有效的途径。例如，为建设大型机场，政府不以直接投资者和借款人的身份参与该项目，而是为该项目提供专营特许权、市场保障等优惠条件的方式融资。由于项目融资方式是多种多样的，且融资方式灵活，因此可以解决许多应由政府出资建设的项目资金问题，为政府财政支出减轻负担。

3. 项目融资的组织结构

1）项目融资的主要参与主体

由于项目融资结构比较复杂，因而参与融资结构的利益主体也比传统的融资方式多，概括起来主要有项目发起人、项目公司、借款方、项目贷款银行、项目的信用保证实体、项目融资顾问以及有关的政府机构。明确不同项目融资中的参与者有助于项目融资相关结构的分析。

（1）项目发起人。项目发起人又称项目主办方，是项目的实际投资者或主办人。他们提出项目并取得经营项目所必要的许可协议，并将各当事人联系在一起，在组织上负有督导该项目计划落实的责任。项目发起人通过项目的投资活动和经营活动，获得投资利益，通过组织项目融资，实现投资项目的综合目标要求。由于项目融资多用于基础设施建设和公共项目这类投资大、收益大和风险大的项目，所以项目发起人一般是项目所在国的最高资信者和受益者，有时也可以是许多与项目有关的公司组成的投资集团，或者政府机构和私人公司的混合体。

（2）项目公司。项目公司又称项目的直接主办者，是为了项目的建设和生产经营而建立的独立经营并自负盈亏的经营实体。通过建立项目公司把项目资产的所有权集中在项目公司上，将项目融资的债务风险和经营风险大部分限制在项目公司中，项目公司根据其资产负债表承担有限责任，同时建立项目公司便于吸收其他投资者的投资。项目公司可以是一个实体，即实际拥有项目管理所必须具备的生产技术、管理条件和人员条件，也可以只是一个法律上拥有项目资产的公司，实际的项目运作则委托给富有生产管理经验的管理公司负责。项目公司的组成形式主要有契约式合营和股权式合资经营两种。

（3）借款方。通常情况下，借款方就是项目公司。项目的借款方可能不止一个，项目的承建公司、经营公司、原材料供应商以及商品的买主都可能成为独立的借款方，它们各自独立借款以便参与到项目中来。国际上一些金融机构在对国有部门贷款和提供担保时会非常谨慎，为此设立了专门的机构，如受托借款公司（trust borrow vehicle，TBV）来进行项目融资。曾经在印度尼西亚的石油项目中，在国有企业的借款和担保能力受到限制的情况下，发展了一种“受托借款公司”。某国石油项目受托借款机构的具体操作过程如图 7-2 所示。

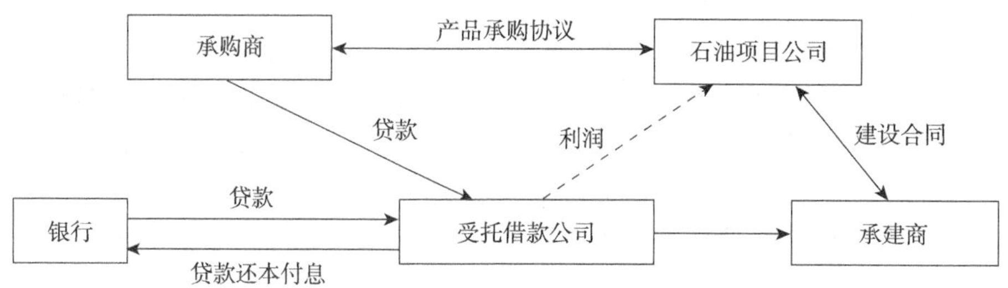

图 7-2 某石油项目受托借款机构的融资操作过程

（4）项目贷款银行。项目贷款银行是指项目融资中为项目提供资金的商业银行、非银行金融机构和一些国家政府的出口信贷机构，其中商业银行是主要的资金供给者。承担贷款责任的银行可以是一两家银行，也可以是由几十家银行组成的国际银团。银行的参与数目主要由贷款的规模和项目的风险等因素决定。

（5）保险与担保提供人。项目的巨大资金规模以及未来遭受各种损失的可能性要求项目各参与方准确认定自己面临的主要风险，并及时为它们投保，这是由项目融资的有限追索性质决定的。因此，保险机构也是项目融资的主要参与者，尤其是一些国家官方保险机构，如加拿大的出口发展公司、美国的进出口银行、英国的出口信贷担保局、德国的赫尔墨斯信贷保险公司等。

（6）其他参与方。在某些特定项目融资中还会出现上述没有提及的参与方，如政府、项目融资顾问、资源供应商、包销商和第三方运营商等。

2）参与者之间的关系

项目融资的众多参与者之间的关系主要依靠合同来维持各自的利益并承担相应的责任。项目融资的各参与者彼此各有需求和优势，各自承担的风险也不尽相同。项目融资应充分发挥各个参与者的优势，将风险分配给能承担并管理这类风险的参与者。融资各参与主体之间的合同框架如图 7-3 所示。

7.3.2 项目融资与公司融资

1. 项目融资与公司融资的区别

公司融资是指依赖一家现有企业的资产负债及总体信用状况（通常企业涉及多种业务及资产），为企业（包括项目）筹措资金，属于完全追索权融资，主要包括发行公司股票、公司债券、获得银行贷款等形式。公司融资相较于项目融资方式有很大的差别，二者的主要区别有以下几点。

（1）融资主体不同。在项目融资中，贷款人融资的对象是项目单位（项目发起人为营建某一工程项目而组成的承办单位），即融资主体为项目单位（项目公司），在传统的公司融资中，贷款人的融资对象是项目发起人，或者说，融资主体为项目发起人。

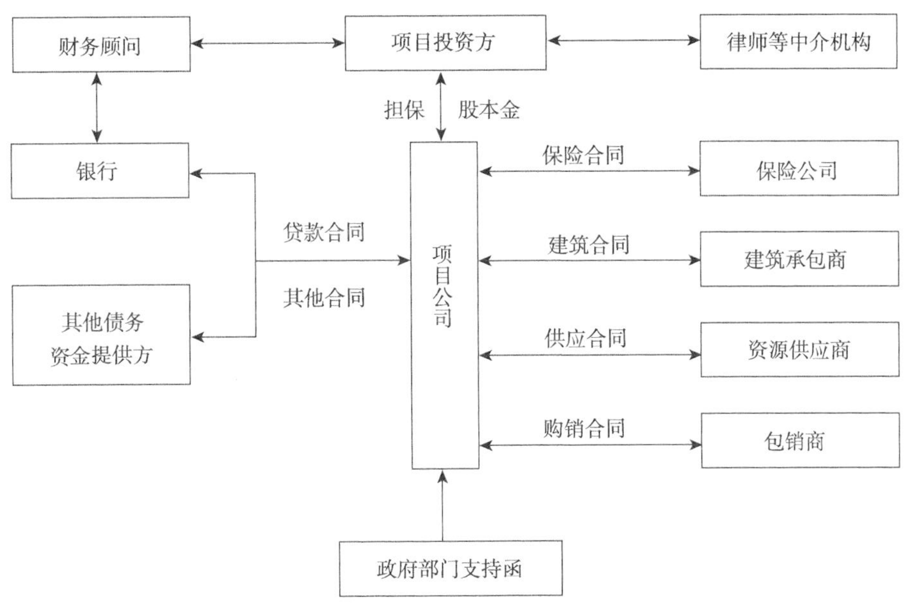

图 7-3　融资各参与主体之间的合同框架

（2）贷款人融资动机不同。项目融资中，贷款人是根据项目单位的资产状况及该项目完工后所创造出来的经济收益作为发放贷款的依据，项目融资成功与否与项目的运营能力密切相关。常规的公司融资中，贷款人融资的对象是项目发起人，贷款人在决定是否对该公司投资或者为该公司提供贷款时，主要依据的是该公司现在的信誉和资产状况及有关单位提供的担保。所以，工程项目融资比较看重借款人的“未来”，而公司融资比较看重借款人的“过去”。

（3）融资渠道不同。在项目融资中，工程项目所需要的建设资金具有规模大、期限长的特点，因而需要多元化的资金融资渠道，如有限追索性的项目贷款、发行项目债券、外国政府贷款、国际金融机构贷款等。而在公司融资中，工程项目一般规模小、期限短，所以一般是较为单一的融资渠道，如商业银行贷款等。

（4）追索程度不同。追索程度不同是项目融资与传统融资的最主要区别。项目融资属于有限追索或无追索，有限追索或无追索的实现使投资者的其他资产得到有效的保证，这就调动了大批具有资金实力的投资者参与开发与建设的积极性。而传统的企业融资方式属于完全追索，借款人必须以本身的资产作抵押，如果违约时不足以还本付息，贷款方则有权把借款方的其他资产也作为抵押品收走或拍卖，直到贷款本金及利息偿清为止。

（5）风险分担不同。任何项目的开发与建设都必然存在着各种风险。传统的企业融资模式进行项目建设，项目风险往往集中于投资者、贷款者或担保者，风险相对集中，难以分组；而项目融资的参与方有项目发起人、项目公司、贷款银行、工程承包商、项目设备和原材料供应商、项目产品的购买者和使用者、保险公司、政府机构等，通过严格的法律合同可以依据各方的利益，把责任和风险合理分担，从而保证项目融资的顺利实施。

（6）债务比例不同。企业融资模式下一般要求项目的投资者出资比例要达到 40%以上才能融资，其余不足的部分由债务资金解决，负债率控制在 40%~60%。而项目融资是有限追索或无追索融资，通过这种融资形式可以筹集到高于投资者本身资产几十倍甚至上百倍的资金，而对投资者的股权出资所占的比例要求不高，一般而言，股权出资占项目总投资的30%即可，其余由贷款、租赁、出口信贷等方式解决。项目融资是一种负债比率较高的融资。

（7）会计处理不同。项目融资又称非公司负债型融资，是资产负债表外的融资，项目的债务不出现在项目投资者的资产负债表上的融资，可以使投资者以有限的财力从事更多的投资，同时将投资的风险分散和限制在更多的项目之中。而在企业融资方式下运作项目，项目债务是投资者债务的一部分，其负债出现在投资者的资产负债表上，投资者的项目投资和其他投资之间会产生相互制约的现象。

（8）融资成本不同。由于项目融资的前期工作量非常大，又是有限追索或无追索的性质，所以项目融资成本较高。项目融资的成本包括融资的前期费用和利息成本两个部分，融资的前期费用包括融资顾问费、成本费、贷款的建立费、承诺费，以及法律费用等，一般占贷款总额的0.5%~2.0%；项目融资的利息成本一般要高出同等条件公司贷款的0.3%~1.5%，其增加幅度与贷款银行在融资结构中承担的风险以及对项目的投资者的追索程度密切相关。

综上所述，项目融资与传统的企业融资进行项目运作的差别如表7-4所示。

表 7-4 项目融资与公司融资的主要区别

项目	项目融资	公司融资
融资主体	项目公司	项目发起人
融资动机	项目的经济强度即其本身经济效益	发起人与担保人的资信
融资渠道	多元化融资渠道	一般为单一融资渠道
追索程度	有限追索或无追索	完全追索
风险分担	由项目的参与方多方分担	由项目发起人集中承担
负债比例	股权出资占项目总投资的30%，负债率较高	负债率控制在40%~60%
会计处理	资产负债表外融资	资产负债表内融资
融资成本	较高	较低

2. 项目融资的适用范围

从项目融资发展的历程来看，尽管项目融资比公司融资更具有优势，但由于其具有风险较大、融资成本较高等缺点，无论是发达国家还是发展中国家在采用项目融资方式上仍非常谨慎。项目融资主要集中在以下三大类项目，即资源开发项目、基础设施建设项目和大型工业项目。

（1）资源开发项目。资源开发项目包括石油、天然气、煤炭、铁、铜等开采业。项目融资最早就是源于资源开发项目。一般地说，资源开发项目具有两大特点：一是开发投资数额巨大；二是一旦项目运作成功，投资收益丰厚。运用项目融资方式开发资源的典型是英国北海油田项目，还有被誉为“开创了澳大利亚铁矿史上的新时代”的澳大利亚恰那铁矿开采项目等。

（2）基础设施建设项目。基础设施建设项目主要包括以下三类：第一类是公共设施项目，如电力、电信、自来水、排污等；第二类是公共工程，包括铁路、公路、海底隧道、大坝等；第三类是其他交通工程，包括港口、机场、城市地铁等。基础设施建设项目主要通过项目融资来实现，主要有两方面原因：一方面，这类项目投资规模巨大，完全由政府出资有困难；另一方面，商业化经营趋势的需要，只有商业化经营，才能产生收益，提高收益。因此，项目融资被广泛应用于基础设施建设。在发达国家中，许多基础设施建设项目因采用项目融资而取得成功，中国也逐渐引入这种融资方式。

（3）大型工业项目。随着项目融资运用范围的扩大，近年来，项目融资在工业领域也有运用。但与运用到资源开发项目、基础设施项目的数量相比，工业项目显然很少。不过，在这方面也有成功的典型，如澳大利亚波特兰铝厂项目、加拿大塞尔加纸浆厂项目和中国四川水泥厂项目等。

以上是从世界范围看项目融资应用的领域，具体到每个国家如何确定项目融资的范围，要视本国的具体国情而定，如国家的经济发展计划、政府的财力、利用外资政策等，并且随着时间的推移，项目融资应用的范围也会不断调整、不断变化。

7.3.3　项目融资的方式

1. BOT 项目融资模式

1）BOT 的概念

BOT 的概念是由土耳其原总理厄扎尔于 1984 年正式提出的。BOT 是英文 build-operate-transfer 的缩写，即建设—经营—转让方式，BOT 融资模式在中国被称为“特许权融资模式”，是指国家或者地方政府部门通过特许权协议，授予签约方的外商投资企业（包括中外合资、中外合作、外商独资）承担公共性基础设施（基础产业）项目的融资、建造、经营和维护。BOT 项目中特许权协议的主要内容包括：特许权协议签约各方的法定名称、住所；项目特许权内容、方式及期限；项目工程设计、建造施工、经营和维护的标准；项目的组织实施计划与安排；项目成本计划与收费方案；签约双方各自的权利、义务与责任；项目转让、抵押、征收、中止条款；特许权期满项目移交内容、标准及程序；罚责与仲裁。中国首先使用 BOT 融资概念兴建的基础设施项目是深圳沙头角 B 电厂和广西来宾电厂，近年来中国采用 BOT 融资模式进行投资建设的项目逐渐增多，如唐山赛德燃煤电厂、广东沙壁电厂、北京京通公路、上海延安东路隧道复线工程、中山中番公路等项目。

2）BOT 模式的特点

BOT 模式的特点主要体现在以下几个方面。

（1）项目集中在基础设施领域。采用 BOT 模式进行的基础设施建设通常有道路、桥梁、隧道、铁路、地铁、水利、发电厂和水厂等。

（2）减少政府财政负担。BOT 项目能减少政府的直接财政负担，减轻政府的借款负债义务，所有的项目融资负债责任都被转移给项目发起人，政府无须保证或承诺支付项目的借款，从而也不会影响东道国和发起人为其他项目融资的信用，避免政府的债务风险。

（3）运作效率高。BOT 项目一般会由经验丰富的大型建设公司或者投资集团负责建造与运营，有利于提高项目的运作效率。

（4）有利于引进先进技术。BOT 项目通常都由外国的公司来承包，这会给项目所在国带来先进的技术和管理经验，既给本国的承包商带来较多的发展机会，也促进了国际经济的融合。

3）BOT 模式的结构

BOT 模式的主要参与者包括政府、项目承办人、投资者、贷款人、保险和担保人等，此外项目的用户也因投资、贷款或保证而成为 BOT 项目的参与者。BOT 项目的全过程涉及项目的发起与确立阶段、项目的招投标阶段、项目的开发与建设阶段、项目的运营阶段以及项目的移交阶段。BOT 模式的结构如图 7-4 所示。

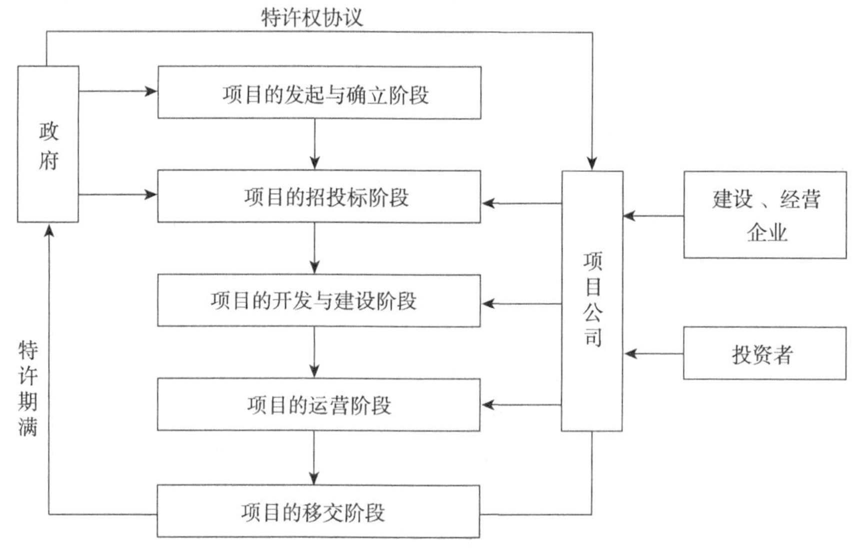

图 7-4 BOT 模式的结构

4）BOT 模式的其他形式

传统的 BOT 模式是私人财团或国外财团自己融资来设计、建设基础设施项目，项目开发商根据事先约定经营一段时间以收回投资，运营期满后项目所有权和经营权将被转让给东道国政府。BOT 融资模式开启了项目的一种新的融资模式，通过 BOT 模式的变形，在实际的项目融资过程中又可发展出其他多种形式。

（1）BOOT（build-own-operate-transfer，即建设—拥有—经营—转让）。私人合伙人或某国际财团融资建设基础产业项目，项目建成后，在规定的期限内拥有所有权并进行经营，期满后将项目移交给政府。BOOT 与 BOT 的区别主要有两点：一是所有权的区别，BOT 方式项目建成后，私人只拥有所建成项目的经营权，而 BOOT 方式项目建成后，在规定的期限内既有经营权，也有所有权；二是当采取 BOT 方式，从项目建成到移交给政府这一段时间一般比采取 BOOT 方式短一些。

（2）BOO（build-own-operate，即建设—拥有—经营）。这种方式是承包商根据政府赋予的特许权，建设并经营某项基础产业项目，但是并不将此基础产业项目移交给公共部门。

（3）BTO（build-transfer-operate，即建设—转让—经营）。对于关系到国家安全的产业，如通信业，为了保证国家信息的安全性，项目建成后，并不全由外国投资者经营，而是将所有权转让给东道国政府，由东道国经营通信的垄断公司经营或与项目开发商共同经营项目。

（4）BLT（build-lease-transfer，即建设—租赁—移交）。这种方式是指政府出让项目建设权，在项目运营期内政府成为项目的租赁人，私营部门成为项目的承租人，租赁期满结束后，所有资产再移交给政府公共部门的一种融资方式。

（5）TOT（transfer-operate-transfer，即移交—运营—移交）。这种方式是指东道国与外商签订特许权经营协议后，把已经投产运行的基础设施项目移交给外商经营，凭借该设施项目在未来若干年内的收益，一次性地从外商手中融得一笔资金，用于建设新的基础设施项目。特许经营期满后，外商再把该设施无偿移交给东道国。

2. ABS 项目融资模式

1）ABS 的概念

ABS 是英文 asset-backed securitization 的缩写，即资产支持的证券化融资，是以目标项目未来预期收益为保证，通过国际资本市场上发行高档债券来筹集资金的一种项目融资方式。ABS 方式的本质在于，通过其特有的提高信用等级方式，使原本信用等级较低的项目照样可以进入国际高档证券市场，利用该市场信用等级高、债券安全性和流动性高、债券利率低的特点，大幅度降低发行债券筹集资金的成本。

按照规范化的证券市场的运作方式，在证券市场发行债券，必须对发行主体进行信用评级，以揭示证券的投资风险及信用水平，如根据标准普尔公司的信用等级划分方法，信用等级 AAA、AA、A、BBB 为授资级，即债券的信用等级只有达到 BBB 以上级别时，才具有投资价值，而 AAA 级和 AA 级属于高档投资债券，信用风险小，融资成本低。对于不能获得权威性资信评估机构较高级别信用等级的企业或其他机构，无法进入高档投资级证券市场。ABS 运作的独到之处就在于，通过信用增级计划，使得没有获得信用等级或信用等级较低的机构，照样可以进入高档投资级证券市场，通过资产的证券化来筹集资金。

2）ABS 模式的特点

（1）降低投资者风险。ABS 通过在国际高档债券市场发行证券，其高信用等级使其具有较好的二级市场，投资者数量较多，每个投资者所承担的风险较低。

（2）有效实现项目经营权与所有权分离。在债券发行期，特殊目的公司（special purpose vehicle，SPV）拥有项目的所有权，经营决策权仍归原始权益人所有，因此凡具有可预见的稳定的未来现金收入的基础设施资产，经过一定的结构重组后均可以采用 ABS 模式。

（3）降低了融资成本。ABS 证券通过信用增级，使得原先一些流动性较差的资产组合后可以进入国际高档证券市场发行，降低融资成本。同时，ABS 方式的运行只涉及原始投资人、SPV、投资者、证券承销商等几个主体，其运行完全按照市场规则进行，无须政府的许可、授权以及外汇担保，减少了很多中间环节，从而降低了融资成本。

3）ABS 模式的结构

ABS 模式的基本构成要素主要包括标准化的合约、资产价值的正确评估、具有历史统计资料的数据库、适用法律的标准化、确定服务人地位的标准、可靠的信用增级措施以及用以跟踪现金流和交易数据的计算机模型。ABS 模式的主要当事人包括发起人或原始权益人、服务人、发行人、证券商、信用强化机构、信用评级机构和受托管理人。

4）ABS 模式的一般程序

ABS 融资在实际操作中要涉及很多的技术性问题，但是证券化过程的基础是比较简单的。发起人将要证券化的资产进行组合后，以之为担保或出售给一个特定的交易机构，由其向投资者进行证券融资。ABS 模式的一般程序如图 7-5 所示。

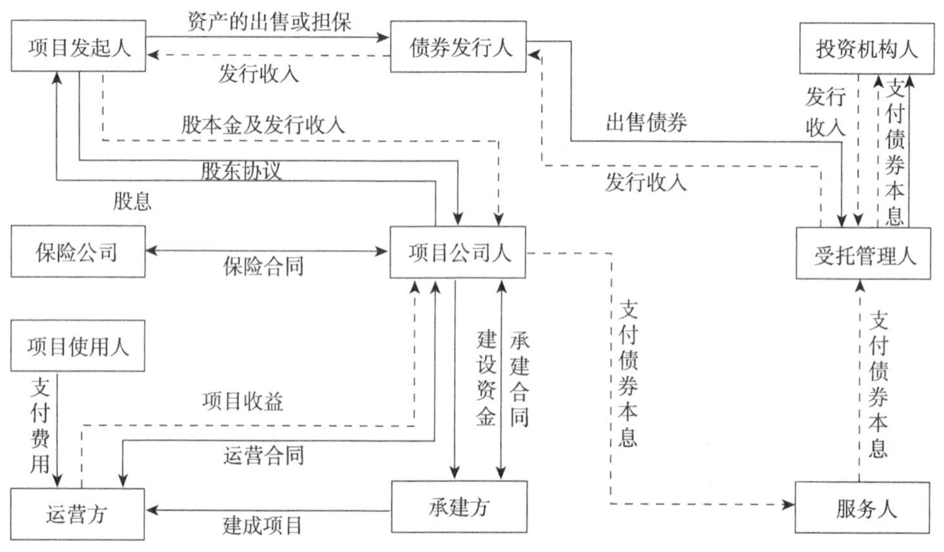

图 7-5 ABS 模式的一般程序

3. PPP 项目融资模式

1）PPP 的概念

PPP 是 public-private partnership 的缩写，意为“公私伙伴关系”，即公共（政府）部门与民营企业合作模式，又称公共民营制模式，是指政府、营利性企业和非营利性企业基于某个项目而形成的互相合作关系的形式。合作各方参与某个项目时，政府并不是把项目的责任全部转移给私人企业，而是由参与合作的各方共同承担责任和融资风险。

2）PPP 模式的特点

PPP 模式使政府部门和民营企业能够充分利用各自的优势，即把政府部门的社会责任、远景规划、协调能力与民营企业的创业精神、民间资金和管理效率结合到一起。它的主要特点包括以下几点。

（1）消除费用的超支。

（2）有利于转换政府职能，减轻财政负担。

（3）促进了投资主体的多元化。

（4）政府部门和民间部门可以取长补短，发挥政府公共机构和民营机构各自的优势，弥补对方身上的不足。

（5）使项目参与各方整合组成战略联盟，对协调各方不同的利益目标起到了关键的作用。

（6）风险分配合理。PPP 在项目初期就可以实现风险分配，同时由于政府分担一部分风险，使风险分配更合理，减少了承建商与投资商的风险，从而降低了融资难度。

（7）应用范围广泛。该模式突破了目前的引入私人企业参与公共基础设施项目组织机构的多种限制，可适用于城市供热等各类市政公用事业及道路、铁路、机场、医院、学校等。

3）PPP 模式的结构

PPP 模式的组织形式非常复杂，既可能包括私人营利性企业、私人非营利性组织，同时还可能包括公共非营利性组织（如政府）。PPP 模式的典型结构为：政府部门或地方政府通过政府采购形式与中标单位组成的特殊目的公司签订特许合同（特殊目的公司一般是由中标的建筑公司、服务经营公司或对项目进行投资的第三方组成的股份有限公司），由特殊目的公司负责筹资、建设及经营，政府通常与提供贷款的金融机构达成一个直接协议，这个协议不是对项目进行担保的协议，而是一个向借贷机构承诺将按与特殊目的公司签订的合同支付有关费用的协定，这个协议使特殊目的公司能比较顺利地获得金融机构的贷款。PPP 模式本质上是公共部门和私人部门之间一种长期的伙伴关系，是一系列介于传统政府采购方式和完全私企化之间的具体融资方式的统称，PPP 模式的机构设置如图 7-6 所示。

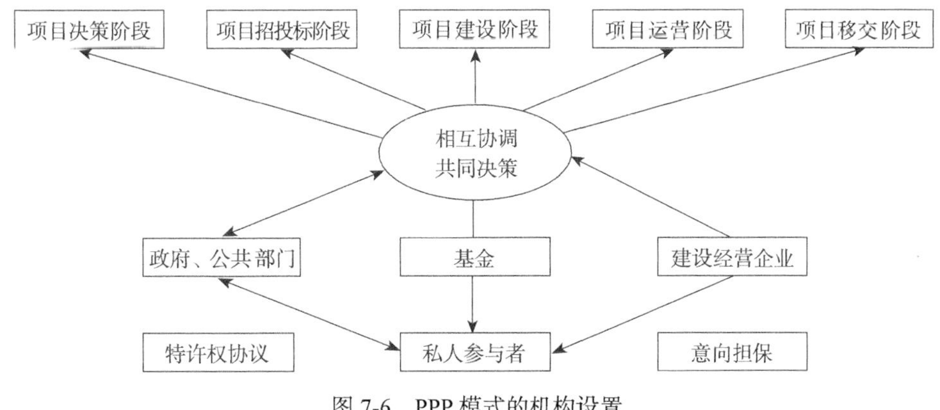

图 7-6　PPP 模式的机构设置

4）PPP 模式的一般程序

虽然在某些具体步骤上会存在细小的差异，但对于大多数的 PPP 项目的基本步骤大致如图 7-7 所示。

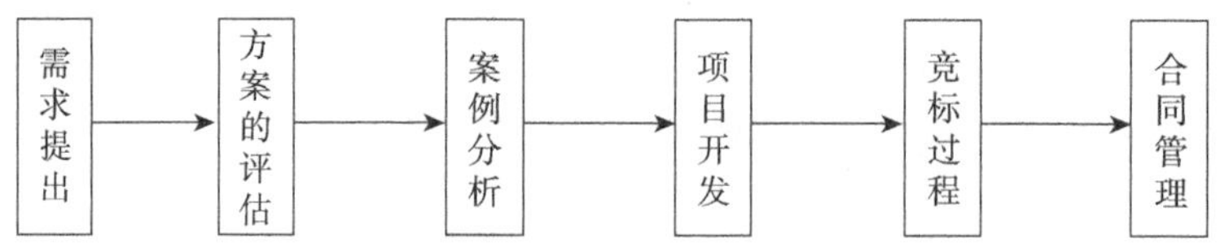

图 7-7 PPP 项目的基本步骤

（1）需求提出。基础设施项目开发的第一步是由政府的相关负责机构对某地区的公共服务设施现状进行评估，并由此决定是否需要进行调整。

（2）方案的评估。一旦确定了某个特定设施的调整需求，政府相关机构就应根据相关的基础设施投资政策，确定几种可行的方案并对其进行评估。对于 PPP 模式的评估主要包括两个步骤，即确定满足需求的可能方案和对可行方案进行初步评估。

（3）案例分析。在评估了各种可行方案并初步断定 PPP 的模式可行之后，相关政府负责机构应该为该项目设立案例分析档案。项目案例分析是对 PPP 如何提高资金使用效率的完整和详细的分析，特别是针对或对比政府的传统采购方式所做的完整评估，也是为日后向政府提出申请的关键资料。

（4）项目开发。在经过政府审批之后，相关负责机构可以开始竞标之前的准备工作，包括建立团队、编制项目计划、参与方咨询与磋商等过程。

（5）竞标过程。竞标过程对于国有和民营资本参与者而言，是整个 PPP 模式建设项目的采购环节，要求透明公开。一般根据国家法律法规和当地的规章制度进行公开招标或者邀请招标，其最终结果是签署项目建设相关的合同。

（6）合同管理。在合同签署之后，项目进入建设和实施阶段。私营企业将投入主要资本，进行基础设施的运营操作。特许经营期限一般都是 20 年以上，所以政府有责任对私营投资者的日常运作及其产品进行监督，以确保服务按合同所要求的水平完成。

7.4 资金成本与融资风险

7.4.1 资金成本的概念与计算方法

1. 资金成本的概念

资金成本是项目公司筹集和使用资本而承付的代价。具体来讲，资金成本就是项目公司取得和使用资金而支付的各种费用。资金成本从构成来看，包括资金使用成本和资金筹集成本费用两部分。

（1）资金使用成本。资金使用成本又称用资费用，是指项目公司在投资及经营过程中因使用资金而承付的费用，如股票的股息、银行借款、发行债券的利息等。资金使用成本是资金成本的主要内容。长期资金的用资费用是经常性的，并随使用资金数量的多少和时期的长短而变动。资金的用资费用包含三个部分：一是所使用资金的无风险报酬（又称时间价值），即资金经历生产周期后的投资和再投资所增加的价值；二是通货膨胀贴水，是指由于通货膨胀而造成需要弥补货币贬值的部分；三是风险补偿，是所有者的资金在具有一定风险的项目中使用而获取的额外报酬。

（2）资金筹集成本。资金筹集成本又称融资费用，是指项目公司在筹集资金的过程中为融资而付出的费用，如发行股票、债券支付的印刷费、发行手续费、律师费、资信评估费、公证费、担保费、广告费等。筹集成本与使用成本不同，它通常是在筹措资金时一次支付的，在用资过程中不再发生，可视为固定性的资金成本。因此，筹集成本可视作融资金额的一项扣除。

2. 个别资金成本

个别资金成本是指各种资金来源的成本。对于不同的融资方式和不同的融资渠道所筹集的资金来讲，个别资金成本是不同的。根据资金来源的不同，个别资金成本也就相应地分类为长期借款资本、长期债权资本、优先股成本、普通股成本、留用利润成本等，前两者统称债务成本，后三者统称股权成本。

1）股权资金成本率的测算

股权成本主要有优先股成本、普通股成本、留用利润成本等，根据所得税法规定，公司向股东分派的股利必须是税后利润，所以不会减少企业应缴的所得税额。

（1）优先股资金成本率的测算。项目公司发行优先股融资时，需要支付发行费用和支付优先股股利，而优先股资金股利通常是固定的。测算优先股资金成本率时，优先股融资额应按优先股的发行价格确定。优先股资金成本率可按下列公式计算：

$$K_p=\frac{D_p}{P_p\left(1-F_p\right)} \tag{7-1}$$

式中，K_p 为优先股资金成本率；D_p 为优先股年股利；P_p 为优先股融资额；F_p 为优先股融资费用率。

【例 7-1】 A 项目公司准备发行一批优先股，总面额 1 000 万元，总发行价 1 200 万元，融资费率 5%，规定年股利率为 10%，则优先股资金成本率计算如下：

$$K_p=\frac{10\%\times 1\,000}{1\,200\times\left(1-5\%\right)}\approx 8.8\%$$

所以，A 项目公司的优先股资金成本率为 8.8%。

（2）普通股资金成本率的测算。普通股的资金成本率就是普通股投资的必要报酬率。其测算方法一般可分为三种模型，即股利折现模型、资本资产定价模型和债券投资报酬率加股票投资风险报酬率模型。

第一，股利折现模型。其基本形式为

$$P_c\left(1-F_c\right)=\sum_{t=1}^{n}\frac{D_t}{\left(1+K_c\right)^t} \tag{7-2}$$

式中，K_c为普通股投资必要报酬率，即普通股成本；D_t为普通股第 t 年的股利；P_c为普通股融资额；F_c为普通股融资费用率。

运用以上模型测算的普通股资金成本率，因项目公司具体的股利政策而不同，所以K_c的计算有两种不同的形式。

如果项目公司采用固定股利政策，即每年分派现金 D_c 元，则资金成本率 K_c 按式（7-3）测算。

$$K_c=\frac{D_c}{P_c\left(1-F_c\right)} \tag{7-3}$$

如果项目公司采用固定增长股利的政策，股利固定增长率为 G，则资金成本率 K_c 按式（7-4）测算。

$$K_c=\frac{D_1}{P_c\left(1-F_c\right)}+G \tag{7-4}$$

式（7-3）和式（7-4）中，D_1为第一年分派股利；其他字母含义同上。

【例 7-2】 A 项目公司拟发行一批普通股，每股发行价 15 元，融资费用率为 5%，预定第一年分派现金股利为每股 1.5 元，以后每年增长 4%，则其普通股资金成本率为

$$K_c=\frac{1.5}{15\times\left(1-5\%\right)}+4\%\approx 14.5\%$$

所以，A 项目公司的普通股资金成本率为 14.5%。

第二，资本资产定价模型。此模型可以阐述为：普通股投资的必要报酬率等于无风险报酬率加上风险报酬率，即

$$K_c=R_f+\beta\left(R_m-R_f\right) \tag{7-5}$$

式中，R_f 为无风险报酬率；R_m为市场报酬率；β为第 i 种股票的贝塔系数；其他字母含义同上。

【例 7-3】 已知某股票的β值为 2.5，市场报酬率为 10%，无风险报酬率为 6%，则该股票的资金成本率测算为

$$K_c=6\%+2.5\times\left(10\%-6\%\right)=16\%$$

所以，该股票的资金成本率为 16%。

第三，债券投资报酬率加股票投资风险报酬率模型。对投资者而言股票投资的风险大于债券，因此股票投资的必要报酬率可以在债券利率的基础上再加上股票投资高于债券投资的风险报酬率。

（3）留用利润资本成本率的测算。公司的留用利润是公司税后利润形成，属于股权资本。企业将留用利润用于再投资，虽然不必支付利息和股息，但若将利润分给股东，则股东可以得到利息，因此还是会产生融资成本。留用利润用于投资的资金成本是再投资造成股东损失的投资收益。因此，留用利润资本成本率的测算方法与普通股基本相同，但不考虑融资费用，计算公式为

$$K_r=\frac{D_1}{P_c}+G \tag{7-6}$$

式中，K_r为留用利润成本；其他字母含义同上。

2）债权资金成本率的测算

债权资金成本率一般有长期借款资金成本率和债券资金成本率两种。根据企业所得税法的规定，企业债务的利息允许从税前利润中扣除，从而可以抵免企业所得税。因此，企业实际负担的实际利息可表示为

$$K_d = R_d\left(1-T\right) \tag{7-7}$$

式中，K_d 为债权资本成本率，即税后债权资本成本率；R_d 为企业债务利息率；T 为企业所得税税率。

（1）长期借款资金成本率的测算。企业长期借款资金成本率可按式（7-8）测算：

$$K_l = \frac{I_l\left(1-T\right)}{L\left(1-F_l\right)} = \frac{R_l\left(1-T\right)}{1-F_l} \tag{7-8}$$

式中，K_l 为长期借款资金成本率；I_l 为长期借款年利息额；L 为长期借款本金；F_l 为长期借款筹资费用率；R_l 为长期借款年利率。

【例 7-4】　A 公司取得长期借款 1 500 万元，年利率 10%，期限 5 年，每年结息一次，到期一次还本。企业所得税税率为 33%，手续费为 0.1%，这笔借款的资金成本率测算如下：

$$K_l = \frac{1\,500\times10\%\times\left(1-33\%\right)}{1\,500\times\left(1-0.1\%\right)} = 6.71\%$$

所以，A 公司这笔借款的资金成本率为 6.71%。

（2）债券资金成本率的测算。债券资金中的利息费用也在所得税前列支，但发行债券的融资费率一般较高，一般包括申请费、注册费、印刷费、上市费和推销费等。此外，债券在发行时有等价、溢价、折价等情况，因此发行价格和面值可能不一致，故在测算资金成本率时与借款有所不同。

在不考虑货币的时间价值时，债券资金成本率可按式（7-9）测算：

$$K_b = \frac{I_b\left(1-T\right)}{B_0\left(1-F_b\right)} = \frac{M\times i\left(1-T\right)}{B_0\left(1-F_b\right)} \tag{7-9}$$

若考虑货币的时间价值，债券资金成本率可按式（7-10）测算：

$$B_0\left(1-f\right) = \sum_{t-1}^{n}\frac{I_b\left(1-T\right)}{\left(1+K_b\right)^t} + \frac{M}{\left(1+K_b\right)^n} \tag{7-10}$$

式（7-9）和式（7-10）中，I_b 为债券年利息额；B_0 为债券筹资额，按实际发行价格确定；F_b 为债券融资费用率；i 为债券的利息率；M 为债券的面值，到期偿还的本金；其他字母含义同上。

【例 7-5】　A 公司等价发行面值 2 000 元，期限 5 年，票面利率 12%的债券 4 000 张，发行费用为发行价格的 5%，公司所得税税率为 33%。

在不考虑货币时间价值的情况下，该债券的资金成本率测算为

$$K_b = \frac{2\,000\times12\%\times\left(1-33\%\right)}{2\,000\times\left(1-5\%\right)} = 8.46\%$$

若按溢价 100 元发行，则其资金成本率为

$$K_b=\frac{2\,000\times12\%\times(1-33\%)}{2\,100\times(1-5\%)}=8.06\%$$

若按折价 100 元发行，则其资金成本率为

$$K_b=\frac{2\,000\times12\%\times(1-33\%)}{1\,900\times(1-5\%)}=8.91\%$$

3. 加权平均资金成本

项目公司为投资项目所筹集的资金往往有多种来源，一个项目的总资金成本应按个别资金成本的加权平均计算，用公式表示为

$$\mathrm{WACC}=\sum_{j=1}^{n}K_jW_j \tag{7-11}$$

式中，WACC 为加权平均资金成本；K_j 为第 j 种资金成本率；W_j 为第 j 种资金占总资金比例。

【例 7-6】 A 公司共有长期资金总额为 10 000 万元，其中长期借款 2 500 万元、长期债券 2 000 万元、优先股 1 000 万元、普通股 3 000 万元、留用利润 1 500 万元，其成本分别为 4%、6%、10%、14%、13%。该公司的加权平均资金成本如表 7-5 所示。

表 7-5 A 公司的加权平均资金成本

资本种类	资本价值/万元	资本比例/%	个别资金成本率/%	加权平均资金成本率/%
长期借款	2 500	25.00	4.00	1.00
长期债券	2 000	20.00	6.00	1.20
优先股	1 000	10.00	10.00	1.00
普通股	3 000	30.00	14.00	4.20
留用利润	1 500	15.00	13.00	1.95
合计	10 000	100.00	—	9.35

4. 边际资本成本率的测算

边际资金成本是指资金每增加一个单位而增加的成本。在公司理财实务中，若采用单一筹资方式进行筹资，则简单地把新增筹资额的资金成本作为边际资金成本；若采用多种筹资方式进行筹资，则其边际资本成本率应该按加权平均法测算，而且其资本比例须以市场价值确定。

【例 7-7】 A 公司目前拥有 100 万元，其中长期债务 20 万元，优先股 5 万元，普通股 75 万元。现在公司为满足投资需求，准备筹集更多的资金，试计算确定资金的边际成本。

解：计算过程如下所示。

（1）确定 A 公司最优的资金结构。A 公司财务人员经过认真分析，认为目前的资金结构即为最优的资金结构，因此在今后筹资时，继续保持长期债务占 20%，优先股占 5%，

普通股占 75%的资金结构。

（2）确定各种筹资方式的资金成本。A 公司的财务人员认真分析了目前金融市场状况和企业筹资能力，认为随着公司筹资规模的不断增加，各种筹资成本也会增加，详细情况如表 7-6 所示。

表 7-6　A 公司筹资资料

筹资方式	目标资金比例/%	新筹资的数量范围/元	个别资金成本率/%
长期债务	20	0~10 000	6.00
		10 000~40 000	7.00
		大于 40 000	8.00
优先股	5	0~2 500	10.00
		大于 2 500	12.00
普通股	75	0~22 500	14.00
		22 500~75 000	15.00
		大于 75 000	16.00

（3）计算筹资总额分界点。根据目标资金结构和各种筹资方式资金成本变化的分界点，计算筹资总额的分界点，其具体计算公式为

$$BP_i = \frac{TF_i}{W_i} \tag{7-12}$$

式中，BP_i 为筹资总额分界点；TF_i 为第 i 种筹资方式的成本分界点；W_i 为目标资金结构中第 i 种筹资方式所占的比例。

A 公司的筹资总额分界点如表 7-7 所示。

表 7-7　筹资总额分界点计算表

筹资方式	个别资金成本率/%	筹资的数量范围/元	筹资总额分界点/元	筹资总额范围/元
长期债务	6.00	0~10 000	10 000/0.2=50 000	0~50 000
	7.00	10 000~40 000	40 000/0.2=200 000	50 000~200 000
	8.00	大于 40 000	—	大于 200 000
优先股	10.00	0~2 500	2 500/0.05=50 000	0~50 000
	12.00	大于 2 500	—	大于 50 000
普通股	14.00	0~22 500	22 500/0.75=30 000	0~30 000
	15.00	22 500~75 000	75 000/0.75=100 000	30 000~100 000
	16.00	大于 75 000	—	大于 100 000

在表 7-7 中，分界点是指特定筹资方式成本变化的分界点。例如，对长期债务而言，在 10 000 元以内，其成本为 6%，而在目标资金结构中，债务的比重为 20%，这表明在债务成本由 6%上升到 7%之前，企业可筹资 50 000 元的资金。当筹资总额为 50 000~20 000 元时，债务成本上升到 7%。

（4）计算资金的边际成本。根据上述计算的分界点，可得出如下五组新的筹资范围：①0~30 000 元；②30 000~50 000 元；③50 000~100 000 元；④100 000~200 000 元；⑤200 000 元以上。对以上五组筹资范围计算加权平均资金成本，便可得到各种筹资范

围的资金边际成本。这一计算过程如表 7-8 所示。

表 7-8 资金边际成本计算表

<table>
<tr><th>序号</th><th>筹资总额范围/元</th><th>筹资方式</th><th>资金结构比例</th><th>资金成本/%</th><th>资金的边际成本/%</th><th>加权资金边际成本/%</th></tr>
<tr><td rowspan="3">1</td><td rowspan="3">0~30 000</td><td>长期债务</td><td>0.20</td><td>6</td><td>1.20</td><td rowspan="3">12.20</td></tr>
<tr><td>优先股</td><td>0.05</td><td>10</td><td>0.50</td></tr>
<tr><td>普通股</td><td>0.75</td><td>14</td><td>10.50</td></tr>
<tr><td rowspan="3">2</td><td rowspan="3">30 000~50 000</td><td>长期债务</td><td>0.20</td><td>6</td><td>1.20</td><td rowspan="3">12.95</td></tr>
<tr><td>优先股</td><td>0.05</td><td>10</td><td>0.50</td></tr>
<tr><td>普通股</td><td>0.75</td><td>15</td><td>11.25</td></tr>
<tr><td rowspan="3">3</td><td rowspan="3">50 000~100 000</td><td>长期债务</td><td>0.20</td><td>7</td><td>1.40</td><td rowspan="3">13.25</td></tr>
<tr><td>优先股</td><td>0.05</td><td>12</td><td>0.60</td></tr>
<tr><td>普通股</td><td>0.75</td><td>15</td><td>11.25</td></tr>
<tr><td rowspan="3">4</td><td rowspan="3">100 000~200 000</td><td>长期债务</td><td>0.20</td><td>7</td><td>1.40</td><td rowspan="3">14.00</td></tr>
<tr><td>优先股</td><td>0.05</td><td>12</td><td>0.60</td></tr>
<tr><td>普通股</td><td>0.75</td><td>16</td><td>12.00</td></tr>
<tr><td rowspan="3">5</td><td rowspan="3">200 000 以上</td><td>长期债务</td><td>0.20</td><td>8</td><td>1.60</td><td rowspan="3">14.20</td></tr>
<tr><td>优先股</td><td>0.05</td><td>12</td><td>0.60</td></tr>
<tr><td>普通股</td><td>0.75</td><td>16</td><td>12.00</td></tr>
</table>

7.4.2 工程项目的资金结构与资金结构优化

1. 资金结构

资金结构是指企业各种资本的构成及其比例关系，又称资本结构。在项目融资活动中，资金结构有广义和狭义之分。广义的资金结构是指项目公司所拥有的全部资金价值的构成及其比例关系。它不仅包括长期资金，还包括短期资金，主要是短期债务资金。狭义的资金结构是指项目公司所拥有的各种长期资金价值的构成及其比例关系，尤其是指长期的股权资金与债权资金的构成及其比例关系。

一般而言，项目公司的总资本价值应该等于其债权资本的市场价值与股权资本的市场价值之和，用公式表示为

$$V=B+S \tag{7-13}$$

式中，V 为公司总资本的市场价值；B 为公司债权资本的市场价值；S 为公司股权资本的市场价值。

2. 资金结构的优化

最优资金结构是在一定条件下企业综合资本成本最低，企业价值最大，普通股每股收益最大的资金结构。对债权人来说，资本金所占总资本比例越高，则项目贷款的风险越低，贷款的利率就越低，反之贷款利率越高。但是资本金比例必须高于银行规定的底线，否则银行会拒绝贷款。而对投资人来说，债务利息在税前支付，可减少缴纳所得税的数

额，在一定的限度内增加债务比例，就可降低综合资金成本。另外，债务的利息通常都是固定不变的，当息税前利润增大时，每 1 元利润所负担的固定利息就相应地减少，从而分配给股权所有者的税后利润会相应增加。因此，在一定限度内合理利用债权资本，可以发挥财务杠杆的作用，带来更多的普通股每股利润；恰当的资本金与债务资金的比例能有效利用负债来提高资本金收益，规避风险。所以，合理的资金结构需要由各个参与方的利益平衡来决定。

3. 资金结构决策方法

不同的资本结构具有不同资金成本和财务风险，资金成本和财务风险的不同组合便决定了资本结构的优劣。最佳资本结构具有最恰当的资金成本与财务风险配合，并且能使公司价值最大。目前，确定项目公司资金最优结构有资本成本比较法、每股利润分析法和公司价值分析法三种方法。

1）资本成本比较法

资本成本比较法是指通过计算不同资金组合的加权平均资金成本，并以其中资金成本最低的组合为最优组合。具体过程参见【例 7-8】。

【例 7-8】　A 项目公司拟融资 1 000 万元，有 3 种融资方案可供选择，具体资料如表 7-9 所示，试分析何种方案的资金结构最优。

表 7-9　A、B、C 融资方案的有关数据

融资方案	方案 A		方案 B		方案 C	
	融资额/万元	个别资金成本率/%	融资额/万元	个别资金成本率/%	融资额/万元	个别资金成本率/%
长期借款	200	8	300	8	350	8
债券	300	10	300	10	350	10
普通股权益	500	14	400	14	300	14
合计	1 000	—	1 000	—	1 000	—

解：A方案加权平均资本成本$=\frac{200}{1\,000}\times 8\%+\frac{300}{1\,000}\times 10\%+\frac{500}{1\,000}\times 14\%=11.6\%$。

B方案加权平均资本成本$=\frac{300}{1\,000}\times 8\%+\frac{300}{1\,000}\times 10\%+\frac{400}{1\,000}\times 14\%=11.0\%$。

C方案加权平均资本成本$=\frac{350}{1\,000}\times 8\%+\frac{350}{1\,000}\times 10\%+\frac{300}{1\,000}\times 14\%=10.5\%$。

比较以上计算结果，C 方案综合资金成本最低，故融资方案 C 为最优方案。

资本成本比较法的测算原理简单易懂，可以作为项目资金来源和组成的重要依据，在资金构成评价中有广泛的应用。但是该方法仅考虑了资本成本率这单一因素，而没有具体测算财务风险、限制条件等其他因素，其决策目标实质上是利润最大化而不是公司价值最大化。一般适用于资本规模较小、资本结构较为简单的非股份制企业。

2）每股利润分析法

每股利润分析法是利用每股利润无差别点进行资本结构决策的方法，又称每股收益无差别点分析法。每股利润无差别点是指不同融资方案下每股利润相等时的息税前利润点（又称息税前利润平衡点）。运用该方法找到每股利润无差别点，可以分析判断在什么情况下可利用债权或股权融资来调整资金结构，以达到每股利润最大。

该方法的缺点是只考虑每股收益最大化，而没有考虑负债的增加会导致公司风险增加，股票价格与公司价值可能下降。

每股收益无差别点分析法（EBIT-EPS 分析），公式如下：

$$\frac{\left(\overline{\mathrm{EBIT}}-I_1\right)(1-T)-D_1}{N_1}=\frac{\left(\overline{\mathrm{EBIT}}-I_2\right)(1-T)-D_2}{N_2} \tag{7-14}$$

式中，$\overline{\mathrm{EBIT}}$为每股收益无差别点；I_1、I_2 为两种融资方式下的年利息；D_1、D_2 为两种融资方式下的优先股股利；N_1、N_2 为两种融资方式下的普通股股数；T 为公司所得税税率。

根据式（7-14）计算出来的每股收益无差别点，如图 7-8 所示。

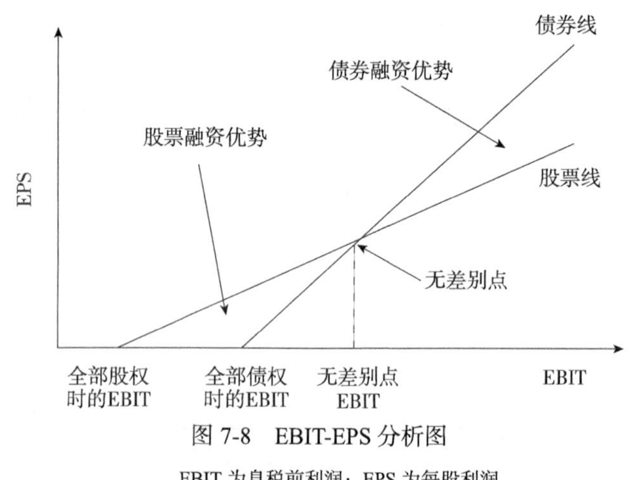

图 7-8 EBIT-EPS 分析图

EBIT 为息税前利润；EPS 为每股利润

【例 7-9】 A 公司目前有长期资本 8 000 万元，资本结构为长期负债 1 500 万元，普通股 6 500 万元。现准备追加筹资 2 000 万元。有两种方案可供选择，即增发普通股、增加长期负债。公司当前息税前收益为 1 000 万元，公司税率 40%。其他数据如表 7-10 所示。

表 7-10 不同融资方案的融资组合

资本种类	目前资本结构		追加资本后的资本结构			
			增发普通股		增加长期负债	
	金额/万元	比例	金额/万元	比例	金额/万元	比例
长期债务	1 500	0.19	1 500	0.15	3 500	0.35
普通股	6 500	0.81	8 500	0.85	6 500	0.65
资本总额	8 000	1.00	10 000	1.00	10 000	1.00
年债务利息额	80		80		240	
普通股数/万股	1 000		1 300		1 000	

解：使用每股收益无差别法：

$$\frac{\left(\overline{\text{EBIT}}-80\right)\times\left(1-40\%\right)}{1\,300}=\frac{\left(\overline{\text{EBIT}}-240\right)\times\left(1-40\%\right)}{1\,000}$$

$$\overline{\text{EBIT}}=773\left(\text{万元}\right)$$

分析如图 7-9 所示，【例 7-9】测算结果是：当息税前利润为无差别点 773 万元时，增发普通股和增加长期负债的每股利润相等，当息税前利润小于 773 万元时发行股票融资较优，而当息税利润大于 773 万元时，发行债券比增发股票有利。

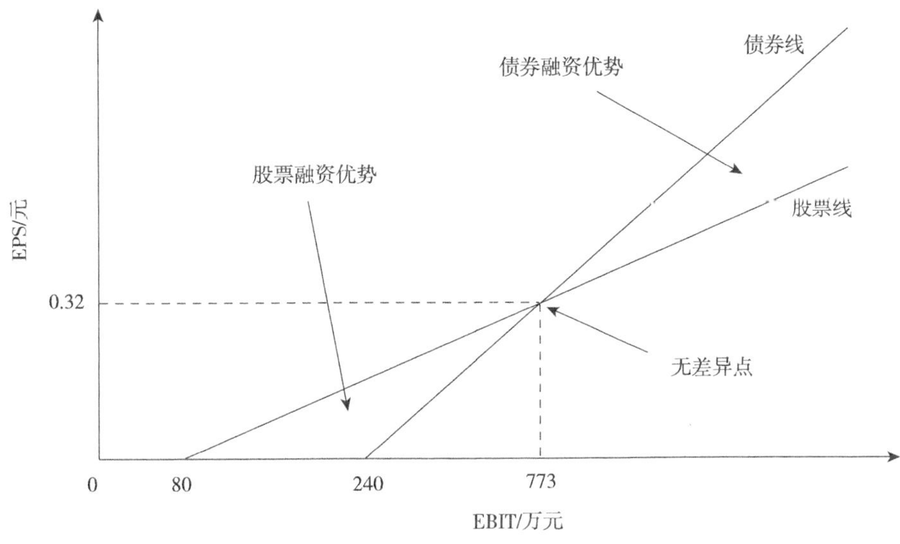

图 7-9　不同融资方案 EBIT-EPS 分析图

3）公司价值分析法

公司价值分析法以公司价值最大化为目标。与资本成本比较法和每股利润分析法相比，公司价值分析法充分考虑了公司的财务风险和资本成本等因素的影响，但其推测原理和测算过程较为复杂，通常适用于资本规模较大的上市公司。计算过程可分为五个步骤：第一步，计算公司股票市场价值；第二步，计算公司债务的市场价值（可以假定负债市场价值不变）；第三步，计算公司综合资本成本；第四步，计算公司市场价值；第五步，以公司价值最大化时的负债比重为最优比重。

具体的计算过程如下。

第一步，计算公司股票市场价值。

$$E=\frac{\left(\text{EBIT}-I\right)\left(1-T\right)-D_p}{r_E} \tag{7-15}$$

$$r_E=r_f+\beta\times\left(r_M-r_f\right) \tag{7-16}$$

式中，E 为股票权益的市场价值；I 为长期债务年利息；EBIT 为息税前利润；T 为公司税率；D_p 为优先股年股利；r_E 为权益资本成本；r_f 为无风险报酬率；r_M 为所有股票的市场报酬率；β 为公司股票的贝塔系数。

第二步，计算公司债务的市场价值。

理论假设：为了计算的简便，可以假定负债市场价值不变，即长期债务的现值等于其面值。

第三步，计算公司综合资本成本。

$$r_{\text{wacc}}=r_D\times\frac{D}{E+D}(1-T)+r_E\times\frac{E}{E+D} \tag{7-17}$$

式中，r_{wacc}为综合资本成本；r_D为债权资本成本；D为债务的市场价值。

第四步，计算公司的市场价值。

公司市场价值等于其长期债务和股票折现价值之和，即

$$V=B+S \tag{7-18}$$

式中，V为公司总资本的市场价值；B为公司债权资本的市场价值；S为公司股权资本的市场价值。

第五步，确定公司最佳资金结构。运用以上原理测算出公司的总价值和综合资金成本率之后，以公司价值最大化为标准比较确定公司的最佳资金结构。

综上，要想确定公司的市场总价值，关键是确定股东权益的市场总价值，即公司股票的价值。

7.4.3 项目融资的风险与风险管理

1. 项目融资风险分类

风险指的是损失的不确定性，对工程项目管理而言，风险是指可能出现影响项目目标实现的不确定因素。而融资风险则是项目所有风险中的重要组成部分。根据风险是否可控，项目融资风险可以分为可控制的风险和不可控制的风险。其中项目的可控制风险又称核心风险，不可控制风险又称环境风险。项目融资风险的分类如图 7-10 所示。

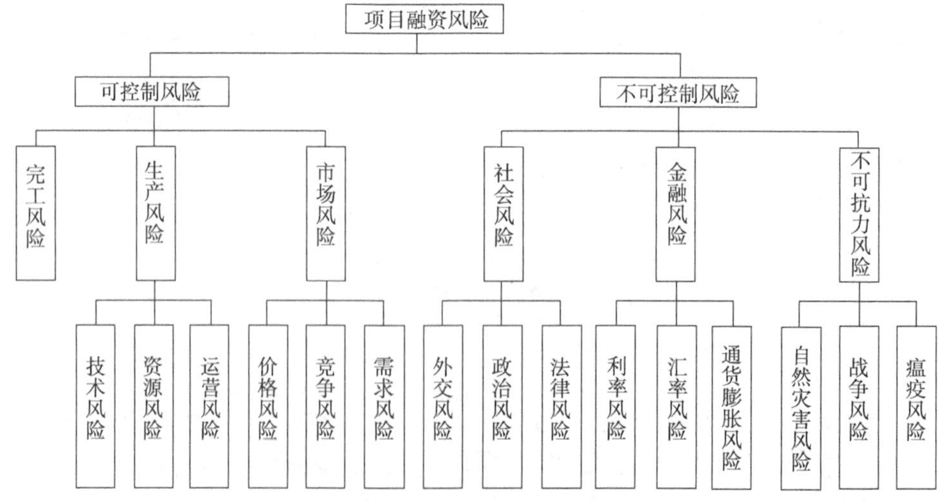

图 7-10 项目融资风险

1）可控制风险

项目融资的可控制风险，是指与项目的建设和运营管理直接有关的风险。它包括完工风险、生产风险和市场风险。该类风险在项目建设或生产运营过程中无法避免，项目公司应该合理地管理和控制风险来保证项目的正常运营。

（1）完工风险。完工风险是项目融资的主要核心风险之一，不论是在发展中国家还是发达国家，均有大量的项目不能按照规定的时间或者预算建成投产，导致项目融资成本大幅上升乃至失败。

项目的完工风险存在于项目建设阶段，主要表现为：项目建设延期；项目建设成本超支；由于种种原因，项目不能达到预计的设计指标；在极端情况下由于技术和其他方面的问题，项目完全停工放弃。完工风险造成的结果主要表现为：项目不能按照预定计划建设投产运营，不能产出足够的现金流量来支付生产费用和偿还债务，贷款偿还延期，贷款利息增加，整个项目的成本增加。

完工风险的形成主要有以下几方面原因：项目的勘察设计未达到要求；承包商的建设能力不足和资金匮乏；承包商所做承诺的法律效力及其履行承诺的能力不足；政府的干预。其中，承包商在管理和控制完工风险中起了主要的作用。因此，选择资信良好、实力雄厚的承包商就成为减少完工风险的关键。选择承包商时要尽量采取公开招标的形式进行，引进竞争机制。在选择好合格的承包商后，项目公司还可以要求承包商提供一份“第三方履约保证”。项目公司也可以向承包商提供竣工奖励以减少完工风险。在完工风险中是不可抗力的因素造成的，就需要投保或和政府共同承担转嫁风险；如果是由于政府的干预或政府的批准而导致完工延迟，则由政府承担。

（2）生产风险。项目的生产风险是在项目的试生产运营阶段和生产运营阶段存在的技术、资源储量、能源和原料供应、生产经营和劳动力状况等风险因素的总称。项目的生产风险直接关系着项目能否按照预定的计划正常运转，是否能产生足够的现金流量来支付生产费用和偿还债务。生产风险一般由项目公司和贷款银行共同承担，因为项目的现金流量是偿还银行贷款的主要来源。项目的生产风险主要表现为技术风险、资源风险和运营风险。

第一，技术风险。由于项目融资不是风险融资，银行贷款的原则是：只为采用经市场证实的成熟生产技术的项目安排有限追索性质的项目融资，任何采用新技术的项目，如果没有项目公司强有力的技术保证和资金支持，是不可能得到融资的。即使采用成熟的技术，完工的项目在运营期间仍有可能出现技术故障，因此项目公司在防范和控制此类风险时，应特别注意下列因素，即成熟的技术、合格的承包商和有经验的运营者。如果技术故障是由承包商造成的，可用承包商的履约保证来限制和转移此类风险。承包商的履约保证一般要延续到完工后的几月或几年。技术维修和更新的风险一般由负责项目运营的公司通过运营应急费、备用贷款和支持贷款来承担。项目公司还可制定一项综合的、定期的、严密的监测检查计划来降低风险。

第二，资源风险。对于依赖于某种能源和原料的项目，在项目的生产和运营阶段如果没有足够的能源和原料（如石油、天然气、煤矿、金属矿等）供应保证，则容易成为一个很大的风险因素。能源和原料的供应主要有两个要素组成，即价格和供应的可靠性。因为能源和原料的成本在整个生产成本中占很大的比重，如果能源和原料的价格发生变化，项目的生产成本和产品价格就会随之发生变化，所以能源和原料的价格波动和可靠性都可能会影响整个项目的正常运营。例如，在火电厂项目中，煤价如果提高，电价成本就会上升，在产品的销售协议中如果没有调价指标，项目公司就会承受巨大的经济损失。减少这种风险的一种有效办法是签订长期的能源和原料的供应协议，这种安排可使项目公司按照一定的价格稳定地获取能源和原料的供应，从而确保项目能持续稳定地生产运营。如果项目公司无法得到长期稳定的能源和原料的供应协议，就采用复杂的、阶段性的供应和储蓄策略。有时项目公司也可建立自己的能源和原料的供应来源，彻底地解决能源和原料的供应问题，以达到风险最小化的目的。

第三，运营风险。运营风险主要用来评价项目投资者对于项目的经营管理能力，而这种能力是决定项目的质量控制、成本控制和生产效率的重要因素。运营风险是指在项目生产经营过程中，由于经营者的疏忽，发生重大的经营问题，最终影响项目的获利能力的风险。其主要表现为：技术风险，即技术工艺是否能够保持先进、会不会被新技术所替代、技术人员的专业水平是否能达到要求等所带来的风险；生产条件风险，即原材料、能源供应是否可靠，交通、通信等公用基础设施是否便利等带来的风险；经营管理风险，即项目投资者是否有能力管理好所开发的项目所带来的风险。

（3）市场风险。市场风险主要包括价格风险、竞争风险和需求风险三个方面。项目的投资效益主要取决于其产品在市场中的销售表现，除非项目公司在项目建成前就能以一个合适的价位卖出它的全部产品，否则它就必须直接面对市场风险。

第一，价格风险。价格风险主要体现在两个阶段：一是生产建设阶段，生产投入要素价格变化引起的项目成本的不确定性，其造成的影响将直接关系到项目的成本控制；二是运营阶段，项目提供的产品或服务价格的不确定性，是影响产品或服务市场竞争力和盈利能力的重要决定因素。产品的价格制定方法有两种，即浮动定价方式和固定定价方式。浮动定价方式主要用于在国际市场上具有公认的定价标准、价格透明度比较高的大宗商品。该种定价方式在项目中较少应用。固定定价方式是指在谈判长期销售协议时确定了一个固定价格，然后在整个销售协议期间按照某一预先规定的价格指数加以调整的定价方式。

第二，竞争风险。竞争风险主要包括三方面：一是现有竞争者风险，同业竞争越激烈，公司获得利润越少，进而加剧了竞争；二是潜在竞争者风险，潜在竞争者的数量与行业门槛有关，行业门槛越低，则有更多的新企业进入，意味着该行业的供应量会增加，一般情况下新企业提供产品的价格会更低、更具竞争力；三是替代品竞争风险，替代品会使企业产品的竞争力减弱甚至消失，因此替代品增多会加剧竞争并加大市场风险。

第三，需求风险。项目的市场需求受各种不确定性因素影响。产品价格变化、服务质量、消费者收入水平、消费者数量、政府消费政策、银行利息等这些不确定性因素都会影响需求的变化。公司应当随着需求的变化而相应地改变提供的产品和服务。

在降低市场风险的谈判中，如何建立一个合理的价格体系对项目公司是十分重要的，项目公司必须对市场的结构和运作方式有一个清楚的认识。在和政府制定的协议中还要有防止竞争风险的条款。例如，政府已经和项目公司达成建设一条公路的协议，则政府就不能在此条公路的近距离内修筑另一条公路。

2）不可控制风险

项目的不可控制风险，是指项目的生产运营由于受到超出项目公司或政府可以控制范围的经济环境的影响而遭受到损失的风险。此类风险一般无法准确地预测，只能采取一定的措施来降低和转移。不可控制风险包括项目的社会风险、金融风险、不可抗力风险。

（1）社会风险。社会风险是指工程项目所处地的政治环境、经济环境和法律环境以及国家外交方面的问题可能带来的风险。社会风险主要发生在不稳定的国家和地区，由于战争、国际关系变化、政权更迭、政策变化而可能使建设项目无法按预期计划进行，使业主和承包商遭受严重损失。社会风险可分为外交风险、政治风险、法律风险等。

第一，外交风险。外交风险是指项目所在国政府由于某种外交原因或外交政策的需要，对项目进行征用、没收，或者对项目产品实行禁运、联合抵制和终止债务的偿还等。

第二，政治风险。政治风险一般是指项目所在国由于政府换届、政权更迭而带来风险。例如，某些工程项目在开发建设过程中需要东道主国政府的特许经营权、特定的税收政策和外汇政策等，但是由于政府换届而发生了政策调整，导致特许经营权、优惠政策的难以落实等。项目公司管理和降低政治风险的主要办法是投保，另外可在项目所在国寻找一个强大的项目合作者参与项目，或促使国际的多边机构（如世界银行的国际金融公司）来参与项目，这种科学合理的产权布局就可能使国家风险降低很多。

第三，法律风险。法律风险是指与项目相关的法律制度发生变化，对项目的建设运营产生重大影响而带来的风险。例如，项目所在国的税收制度、外汇管理、劳资关系、环境保护、资源主权等与项目有关的敏感性问题方面的立法是否健全，管理是否完善，是否经常变动。这在国际性工程项目融资过程中表现得更为敏感。例如，公共基础设施项目高速公路，要得到政府的许可才能在经营中收取过路费；而某些项目对于东道国的经济基础或国计民生非常重要，如公路、电力、航空、铁路、隧道等项目，政府不得不对此加以各种管理和限制，可能会征收高税或者没收。

（2）金融风险。金融风险主要包括利率风险、汇率风险及通货膨胀风险三个方面。

第一，利率风险。利率风险是指在项目的运营过程中，由于利率的波动直接或间接地造成项目价值降低或收益受到损失的风险。如果项目公司采用浮动利率融资，一旦利率上升就会造成融资成本的上升。如果采用固定利率融资，市场利率的下降就会造成机会成本的提高。项目的贷款银行一般是以某种浮动利率作为基数加上一个利差为项目提供贷款的。

第二，汇率风险。涉及东道国通货的自由兑换、经营收益的自由汇出以及汇率波动所造成的货币贬值问题。汇率的波动会影响项目的生产成本，如项目所在国货币疲软，进口原材料的价格就会上升。汇率的变化对项目公司的债务结构也会产生影响，因为项目的收入一般是单一币种，而银行的贷款可能是几种货币，任何汇率的变化就会影响项目的偿债能力和实际收入。项目公司预防汇率波动风险的最好办法是与政府签订远期兑换合同，事先把汇率锁定在一个双方都可以接受的价位上。

第三，通货膨胀风险。通货膨胀风险是指由于国家宏观经济的变化，引起货币贬值，从而使投资者在协议确定的项目收费标准下，无法按期收回投资所带来的风险。通货膨胀可能使项目所在国工资和物价大幅度地上涨，导致运营成本上升。通货膨胀风险由项目公司和贷款人来承担。如果在合同中没有调价条款或调价条款写得太笼统，对于项目公司是一个很大的风险因素。避免通货膨胀带来的损失，不仅要考虑项目所在国的物价水平，而且要全面考虑国际上材料、设备、价格上涨情况和当地货币的贬值幅度，掌握国际市场物价浮动趋势。

（3）不可抗力风险。不可抗力风险是指项目的参与方不能预见且无法克服及避免的事件给项目所造成的损坏或毁灭的风险，如自然灾害、瘟疫、战争行为、工厂和设备遭受意外损坏等风险。项目公司无法控制这些不可抗力风险，只能投保将此类风险转移给保险公司。许多国家的出口信贷机构提供此类保险来担保部分或全部的不可抗力风险。保险费用要计入项目的成本中。在保险市场不能投保的则采取双方共同承担的原则。

2. 项目融资风险管理

项目融资风险管理是指有目的地通过组织、协调和控制等管理活动来防止和减少风险的损失发生。风险管理的过程包括风险识别、风险评估、风险响应和风险控制。

1）风险识别

风险识别的任务是识别影响项目融资成本变化的可能存在的全部风险，其工作包括：①收集与项目融资风险有关的信息。②确定风险因素。③编制风险识别报告。

2）风险评估

风险评估包括以下工作：①利用已有数据资料（主要是类似项目有关风险的历史资料）和相关专业方法分析各种风险因素发生的概率。②分析各种风险的损失量，包括可能发生的项目工期损失、费用损失等。③根据各种风险发生的概率和损失量，确定各种风险的风险量和风险等级。

3）风险响应

风险响应指的是针对项目融资的风险而采取的相应对策。常用的风险对策包括风险规避、减轻、自留、转移及其组合等策略。对难以控制的风险向保险公司投保是风险转移的一种措施。风险对策应形成风险管理计划，它包括：①风险管理目标。②风险管理范围。③可使用的风险管理方法、工具及数据来源。④风险分类和风险排序要求。⑤风险管理的职责和权限。⑥风险跟踪的要求。⑦相应的资源预算。

风险响应的关键是针对具体的风险，根据其特点制定相应的风险对策。例如，针对完工风险，项目公司可以通过签订不同形式的建设承包合同（固定价格、固定工期的交钥匙合同）进行规避和转移；而对于法律风险，可以通过聘请律师、与东道国政府签署相互担保协议等进行规避；而对于金融风险，可以充分利用期货、掉期、期权等风险管理工具。

4）风险控制

在项目进行过程中和融资过程中，应该不断收集和分析与融资风险相关的各种信息，预测可能发生的风险，对其进行监控并提出预警。风险的控制体现的是对于风险的不确定性和动态变化过程中的控制。

复习思考题

1. 什么是工程项目的资金筹措？
2. 企业资金筹措与工程项目资金筹措的区别？
3. 工程项目资金筹措的渠道和方式有哪些？
4. 什么是工程项目融资？项目融资与企业融资的区别有哪些？
5. 工程项目融资的方式有哪些？它们之间的主要区别是什么？
6. 什么是资金成本和资金结构？资金成本和资金结构的关系是什么？
7. 项目融资的风险有哪些？如何针对一个具体的工程项目分析各种风险的大小？

本章重点及难点解析

第 8 章 不确定性与风险分析

8.1 工程项目的不确定性与风险

在进行工程项目投资决策之前，工程经济分析人员在市场调查的基础上，掌握了大量的基础数据和相关资料，对影响投资经济效果的各技术经济变量进行预测、分析和判断，并以此作为投资决策的依据。但是由于外部环境（政治、社会、道德、文化、风俗习惯等）的变化以及预测方法的局限性，方案经济评价中所采用的基础数据与实际值有一定的偏差，从而使工程项目具有不确定性和风险。

工程项目的不确定性分析和风险分析是为了弄清和减少不确定因素对经济效果评价的影响，以预测项目可能承担的风险，确定项目在财务上、经济上的可靠性，有助于制定决策来避免项目投产后不能获得预期的利润和收益，以致使投资不能如期收回或给企业造成亏损。在项目评价中，不确定性就意味着项目带有风险性。风险性大的工程项目，必须具有较大的潜在获利能力。也就是说，风险越大，项目的内部收益率也应越大。

8.1.1 不确定性与风险产生的原因

进行项目的不确定性分析和风险分析有助于加强项目的风险管理和控制，避免在变化面前束手无策，在不确定性分析和风险分析基础上所做的决策，可在一定程度上避免决策失误带来的巨大损失，有助于决策的科学化。项目的不确定性和风险主要来自于以下几个方面。

（1）政府的政策和规定的变化。中国正处于经济改革和政治改革的深化阶段，国内外政策形势和经济形势以及国家经济政策、财务政策的改变，会给项目带来不可预见和不可控制的影响。例如，中国加入世界贸易组织（World Trade Organization，WTO），关税普遍调低和贸易限制放宽，给某些项目带来机遇的同时，也给一些项目带来了严峻的挑战。

（2）资金筹措方式与来源。工程项目的投资由业主负责筹措，筹措的方式与来源多种多样，相应的资金筹措风险也多种多样。为了回避这类风险，往往需要有一定比例的自有资金做基础。

（3）项目组织内部。项目组织内部的风险来自组织结构选择不合理、指挥或沟通渠道不畅等。

（4）设计错误。错误轻则导致变更，重则导致返工甚至项目失败。

（5）项目环境。项目所处的自然环境、政治环境、经济环境、社会环境和技术环境较复杂会带来较大的不确定性和风险，如向海外投资的项目就应重视政治风险因素等。

（6）合同条款的错误与混乱。条款的错误与混乱均会导致双方当事人发生重大争执，是索赔发生的根源，均会导致对项目的损害。

（7）物资采购与供货时间。采购环节中存在许多风险因素，如供货时间的推迟会导致工期的拖延。

（8）工程价款估算或结算错误。这是项目普遍存在的问题，可能由资料的占有不完全、统计预测方法的不当引起，也可以是因时间、资金以及其他未知的因素引起。此外，大量不能定量计算的因素和不确定性的简化和假定，也会给项目带来较大的不确定性和风险。

（9）技术和工艺的变革。由于技术和工艺变革很快，起初拟订的生产工艺和技术路线，有可能在项目建设和实施过程中发生变化，从而改变了原始的数据；此外新的替代品的出现以及大的竞争对象的出现，也会导致产品价格和市场需求的意外变化。

（10）通货膨胀和信贷风险。通货膨胀对工程的影响是巨大的，承包商会因为建设期内的通货膨胀导致巨额损失，业主也因建设期内的贷款利率的提高而蒙受损失。

（11）汇率变动。

（12）不可抗力。

以上只是一般工程项目面临的风险，对具体项目而言，需要辨认具体的风险。

由此可见，项目不确定性和风险的产生有两个来源，即项目本身的不确定性和风险以及项目所处环境的不确定性和风险。因此，为了评估项目能否经受各种风险的冲击。例如，可能出现的投资超支，建设期的延长，折现率的变化，生产能力达不到设计水平，投入物价格和产出物销售价格的变化，市场需求的减少以及项目寿命期缩短，等等，进行项目评价时必须要进行不确定性分析和风险分析。

8.1.2　不确定性与风险的关系

在经济活动中，“风险”是一个被人们广泛运用的概念。说到风险，自然联想到不确定性。不确定性和风险既有紧密的联系，又有区别。两者的关系可归纳为以下几个方面。

1）不确定性是风险的起因

人们对未来事物认识的局限性，可获信息的不完备性以及未来事物本身的不确定性使未来经济活动的实际结果偏离预期目标，这就形成了经济活动结果的不确定性，从而使经济活动的主体可能得到高于或低于预期的效益，甚至遭受一定的损失，导致经济活动“有风险”。

2）不确定性与风险相伴而生

正是由于不确定性是风险的起因，不确定性与风险总是相伴而生。如果不是从定义上去刻意区分，往往会将它们混为一谈。即使从理论上刻意区分，实践中这两个名词也常混合使用。

3）不确定性与风险的区别

不确定性的结果可以优于预期，也可能低于预期，而普遍的认识是将结果可能低于预期，甚至遭受损失称为“有风险”。还可以用是否得知发生的可能性来区分不确定性与风险，即不知发生的可能性时，称为不确定性；而已知发生的可能性，就称为有风险。

4）投资项目的不确定性与风险

在经济活动中，风险是不以人们意志为转移地客观存在着的，投资项目也不例外。

尽管在投资项目的决策分析与评价的全过程中已尽可能对基本方案的方方面面进行了详尽的研究，但由于预测结果的不确定性，项目经营的将来状况会与设想状况发生偏离，项目实施后的实际结果可能与预测的基本方案结果产生偏差，有可能使实际结果低于预期，因而使投资项目面临潜在的风险。

实际上人们对风险的研究由来已久，同时也赋予了风险各式各样的定义。《投资项目可行性研究指南》对投资项目风险的定义是：投资项目风险是指由于不确定性的存在导致实际结果偏离预期结果造成损失的可能性。风险大小既与损失发生的可能性（概率）成正比，也与损失的严重性成正比。

8.1.3 不确定性分析与风险分析

与不确定性和风险的关系一样，不确定性分析与风险分析也是既有联系又有区别的。

不确定性分析与风险分析的主要区别在于两者的分析内容、方法和作用不同。不确定性分析只是对投资项目受各种不确定因素的影响进行分析，并不能准确预见这些不确定因素可能出现的各种状况及其产生影响发生的可能性；而风险分析则要通过预知不确定因素（也可称风险因素）可能出现的各种状况发生的可能性，求得其对投资项目影响发生的可能性，进而对风险程度进行判断。

不确定性分析与风险分析之间也有一定的联系。前已述及，由敏感性分析可以得知影响项目效益的敏感因素和敏感程度，但不知这种影响发生的可能性，如需得知可能性，就必须借助于概率分析。但是通过敏感性分析所找出的敏感因素又可以作为概率分析风险因素的确定依据。

不确定性分析包括盈亏平衡分析（收支平衡分析）、敏感性分析（灵敏度分析）和概率分析（风险分析）。盈亏平衡分析一般只用于财务评价，敏感性分析和概率分析可同时用于财务评价和国民经济评价。三者的选择使用，要看项目的性质、决策者的需要、相应的财力、人力等。

8.2　盈亏平衡分析

盈亏平衡分析侧重研究项目风险管理中的盈亏平衡点（break even point，BEP）的分析，即项目在产量、价格、成本等方面的盈亏界限，据此判断在各种不确定因素作用下项目适应能力和对风险的承受能力。盈亏平衡点越低，表明项目适应变化的能力越强，承受风险的能力越大。

盈亏平衡分析一般是根据项目正常生产年份的产量或销售量、可变成本、固定成本、产品价格和销售税金及附加等资料数据计算盈亏平衡点。其隐含的一个假设是销售收入等于销售成本，认为销售收入和销售成本是产品销售量的函数。盈亏平衡点在盈亏平衡图上表现为销售收入与销售成本函数曲线的交汇点，表示该项目不盈不亏的生产经营水平，从另一个侧面也表示为项目在一定生产水平时收益与支出的平衡关系，所以也称收支平衡点。由于销售收入与销售量、销售成本与销售量之间存在着线性和非线性两种可能的关系，因此盈亏平衡分析也分为线性盈亏平衡分析和非线性盈亏平衡分析。

8.2.1　线性盈亏平衡分析

1. 线性盈亏平衡分析的前提条件

（1）产量等于销量，即当年生产的产品当年销售出去。

（2）产量变化，单位可变成本不变，从而总成本费用是产量的线性函数。

（3）产量变化，产品售价不变，从而销售收入是销售量的线性函数。

（4）单一产品，或者生产多种产品，但可以换算为单一产品计算，即不同产品负荷率的变化是一致的。

2. 线性盈亏平衡分析的基本原理

线性盈亏平衡分析是指项目的销售收入与销售量、销售成本与销售量之间的关系为线性关系情况下的盈亏平衡分析。这种关系可表示为

$$F(x)=px \tag{8-1}$$

$$C(x)=vx+C_F \tag{8-2}$$

$$E(x)=F(x)-C(x)=(p-v)x-C_F \tag{8-3}$$

式中，$F(x)$ 为年销售总收入；$C(x)$ 为年销售总成本；$E(x)$ 为年总利润；x 为年销量；p 为产品价格（单位）；C_F 为年固定成本；v 为单位产品变动成本。

线性盈亏平衡点的确定方法一般有两种：一种是图表法，另一种是解析法。

1）图表法

图表法是将项目销售收入函数和销售成本函数在同一坐标图上描述出来，从而得到盈亏平衡图，图中两条直线的交点就是盈亏平衡点，如图 8-1 所示。

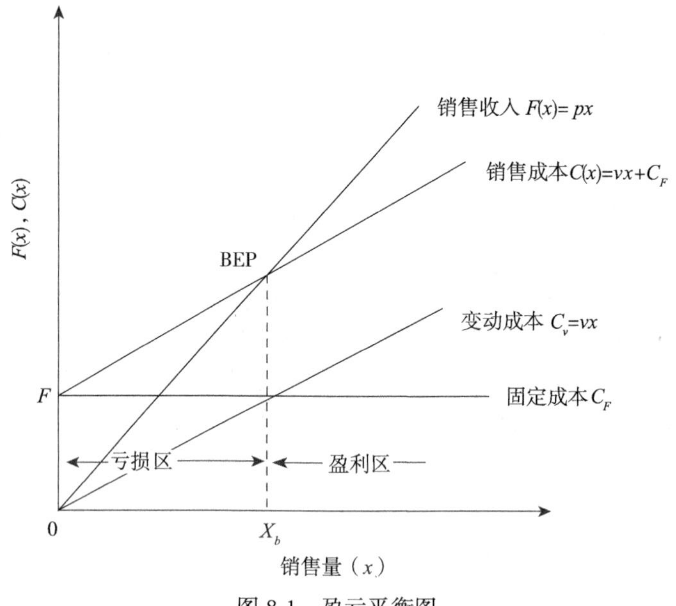

图 8-1　盈亏平衡图

图 8-1 纵坐标表示销售收入和销售成本，横坐标表示销售量，图 8-1 中 X_b 表示盈亏平衡点 BEP 对应的盈亏平衡销量（或称盈亏界限）。在盈亏平衡点 BEP 右边，销售量大于盈亏界限 X_b，销售收入大于销售成本，项目盈利；在盈亏平衡点 BEP 左边，销售量小于盈亏界限 X_b，销售收入小于销售成本，项目亏损；在盈亏平衡点 BEP 上，销售收入等于销售成本，项目不亏不赢。因此，盈亏平衡点 BEP 就构成了项目盈利和亏损的临界点，该临界点越低，项目盈利的机会就越大，项目亏损的机会就越小。从风险管理的角度，应设法确保项目的产出达到甚至超过产量盈亏界限。由于盈亏平衡点是由项目收入和成本共同作用的结果，因此要改善项目盈利机会，还必须尽量降低项目的固定成本和可变成本。

2）解析法

解析法是指通过求解方程来确定盈亏平衡点。根据盈亏平衡原理，在盈亏平衡点上，销售收入与销售成本相等。由式（8-1）和式（8-2）可得

$$px=vx+C_F \tag{8-4}$$

由式（8-4）推导可得

（1）盈亏平衡产量或销售量，即盈亏平衡界限：

$$X_b+\frac{C_F}{p-v} \tag{8-5}$$

（2）盈亏平衡销售收入：

$$F^*=\frac{pC_F}{p-v}=\frac{C_F}{1-\dfrac{v}{p}} \tag{8-6}$$

（3）生产负荷率。

设该项目的年设计生产能力为 X_t，则定义比值：

$$\mathrm{BEP}(X)=\frac{X_b}{X_t}=\frac{C_F}{(p-v)X_t}\times 100\% \tag{8-7}$$

为项目生产负荷率。生产负荷率是衡量项目生产负荷状况的重要指标。在项目的多种方案比较中，生产负荷率越低越好。一般认为，当生产负荷率不超过 0.7 时，项目可承受较大风险。

（4）盈亏平衡点价格：

$$p^*=v+\frac{C_F}{X_b} \tag{8-8}$$

（5）盈亏平衡点单位产品变动成本：

$$v^*=p-\frac{C_F}{X_b} \tag{8-9}$$

以上各式对盈亏平衡点的分析计算都是以假设公式中的其他因素不变为前提条件的，因此有一定的局限性，而且也未考虑税金这个因素。在实际分析中，应对税率加以考虑，则式（8-4）应变为

$$(p-r)x=vx+C_F \tag{8-10}$$

式中，r 为单位产品价格中包含的税金。

其余各式也应作相应的变化：

$$X_b=\frac{C_F}{p-r-v}$$

$$F^*=\frac{pC_F}{p-r-v}=\frac{C_F}{1-\dfrac{r+v}{p}}$$

$$\mathrm{BEP}(X)=\frac{X_b}{X_t}=\frac{C_F}{(p-r-v)X_t}\times 100\%$$

$$p^*=r+v+\frac{C_F}{X_b}$$

$$v^*=p-r-\frac{C_F}{X_b}$$

利用上述各式计算得到的结果与项目的预测值进行比较，即可判断项目各风险的承受能力。同时我们还可以发现，固定成本越高，盈亏平衡产量越高，盈亏平衡单价变动成本越低；高的盈亏平衡产量和低的盈亏平衡变动成本意味着项目的经营风险较大，因此固定成本有扩大项目风险的效用，因而在实际的管理决策以及设备、工艺等的选择中应给予足够的重视。

【例 8-1】　项目设计生产能力为年产 40 万件，每件产品价格为 120 元，单位产品可变成本为 100 元，年固定成本为 420 万元，产品销售税金及附加占销售收入的 5%，求盈亏平衡产量。若想盈利 70 万元，其产量应为多少万件？

解：盈亏平衡点处的产量：

$$X_b=\frac{C_F}{p-r-v}=\frac{420}{120\times\left(1-5\%\right)-100}=30\left(\text{万件}\right)$$

若想盈利 70 万元的产量：

$$X=\frac{C_F+E\left(x\right)}{p-r-v}=\frac{420+70}{120\times\left(1-5\%\right)-100}=35\left(\text{万件}\right)$$

在以上盈亏平衡分析中，项目年总收入和年总成本都是产量 x 的线性函数，所以又叫线性盈亏平衡分析。有些项目年总收入和年总成本可以是产量 x 的非线性函数。这时，盈亏平衡分析可以类似的方式进行。

8.2.2 非线性盈亏平衡分析

在实际的项目管理活动中，经常会受到诸如政策变化、使用需求等环境变化的影响，从而使销售收入、销售成本与销售量不成线性关系。因此，在项目管理活动中利用非线性盈亏平衡分析来确定盈亏平衡点。非线性盈亏平衡分析一般使用解析法进行分析计算。

假设非线性销售收入函数 $F(x)$ 与销售成本函数 $C(x)$ 是关于年销量 x 的一元二次函数，表示为

$$F\left(x\right)=ax+bx^2 \qquad (8\text{-}11)$$

$$C\left(x\right)=C_F+cx+dx^2 \qquad (8\text{-}12)$$

式中，a、b、c、d 为常数。

根据盈亏平衡原理，在盈亏平衡点有 $F(x)=C(x)$，可以得出

$$E\left(x\right)=\left(b-d\right)x^2+\left(a-c\right)x-C_F=0 \qquad (8\text{-}13)$$

解此一元二次方程，得到两个解 x_1 和 x_2，即项目的两个盈亏平衡点。

另外，通过对 $E(x)$ 求导，可求得项目的最大盈利点，即

$$E'\left(x\right)=2\left(b-d\right)x+\left(a-c\right)=0$$

式中，x 为项目的利润达极值时的产量。但是有时盈利区和亏损区是不容易看出来的，所以求出的产量是否对应着利润最大还无法判别，必须通过二次微分加以判定。若

$$E''\left(x\right)=2\left(b-d\right)<0$$

则求得的产量就是利润最大时的产量；反之为亏损最大时的产量。

【例 8-2】 某工程项目计划生产一种新产品，经过市场调研及历年来的历史数据分析，预计生产该产品的销售收入函数和成本函数分别为：$F(x)=55x-0.003\,5x^2$ 和 $C(x)=66\,000+28x-0.001x^2$，试确定该项目产品的盈亏平衡点及最大盈利点。

解：根据盈亏平衡点的定义，可知盈亏平衡时，有 $F(x)=C(x)$，即

$$55x-0.003\,5x^2=66\,000+28x-0.001x^2$$

$$E(x)=-0.002\,5x^2+27x-66\,000=0$$

解上述方程，可得 x_1=3 740，x_2=7 060，即产品的盈利区域介于 3 740~7 060。

根据最大盈利点的含义，当产量水平达到最大盈利点时，应有

$$E'(x) = -0.005x + 27 = 0$$

解得 x=5 400，即当产量水平达到 5 400 时是利润达到极值时的产量。

$E''(x) = -0.005 < 0$，则求得的产量就是利润最大时的产量。

8.2.3　盈亏平衡分析的应用

1. 多方案的经济性比较

多方案的经济性比较问题也可用盈亏平衡分析方法来解决。在具体应用时，先列出每个方案总费用的数学函数式，然后将各方案总费用的函数表达式两两组合，求出它们的交点（即盈亏平衡点），这样就可确定几个总费用最小的区间，最后根据变量的大小找出它所对应的总费用最小的方案作为所选择的最优方案，如图 8-2 所示。

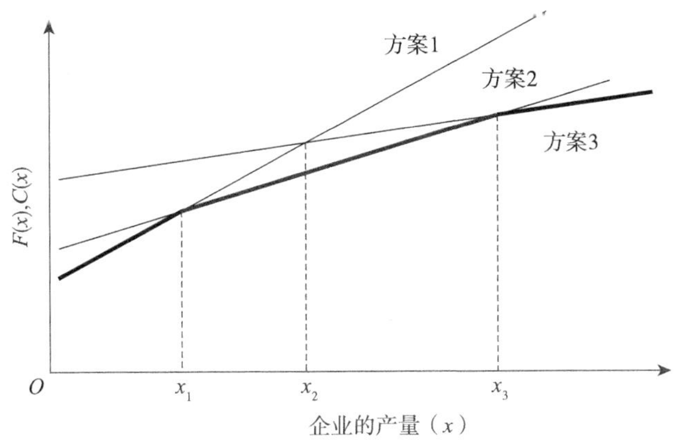

图 8-2　多方案盈亏平衡图

图 8-2 中所描绘的是三个方案的盈亏平衡图，其意义是：当企业的产量（或生产能力）在 0 至 x_1 之间时，应采用方案 1；当其产量在 x_1 至 x_3 之间时，应采用方案 2；当其产量大于 x_3 时，应采用方案 3。粗线条描绘了各方案的最佳部分，而 x_1 和 x_3 分清了各方案的经济范围。x_2 在图 8-2 中没有实用意义。

【例 8-3】　修建面积为 400~1 200 米 ^{2} 的别墅可采用如下三种不同的结构形式（表 8-1），利率 i=8%，试确定方案的经济范围。

表 8-1　不同结构形式费用列表

结构方案	造价/（元/米 ^{2}）	使用寿命/年	年维修费/元	年空调费/元	残值
砖混结构	120	20	5 600	2 400	0
钢砖结构	145	20	5 000	1 500	3.2%造价
砖木结构	175	20	3 000	1 250	1%造价

解：设住宅年度费用 $C(x)$ 是修建面积 x 的函数，现金流量分析如图 8-3 所示。

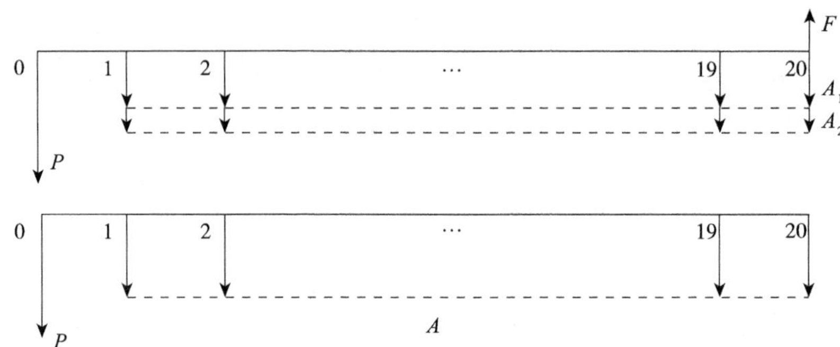

图 8-3 【例 8-3】的现金流量图

$C(x)_1=120x(A/P,8\%,20)+5\,600+2\,400=12.23x+8\,000$

$C(x)_2=145x(A/P,8\%,20)-3.2\%\times145x(A/F,8\%,20)+6\,500=14.67x+6\,500$

$C(x)_3=175x(A/P,8\%,20)-1\%\times175x(A/F,8\%,20)+4\,250=17.79x+4\,250$

令 $C(x)_1=C(x)_2$，得 $x_1=614.75$（米^2）。

令 $C(x)_1=C(x)_3$，得 $x_2=674.46$（米^2）。

令 $C(x)_2=C(x)_3$，得 $x_3=721.75$（米^2）。

盈亏平衡分析图如图 8-4 所示。

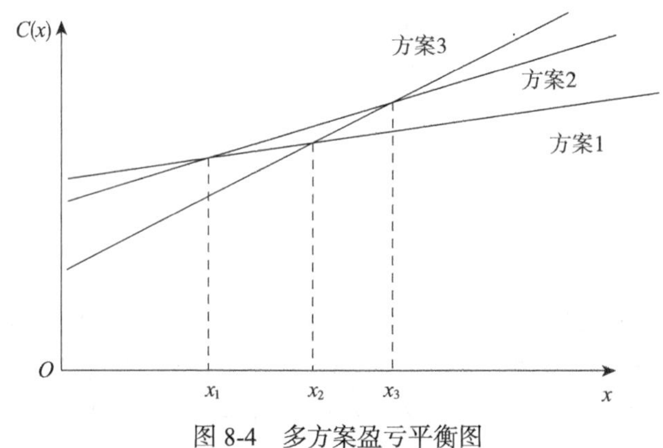

图 8-4 多方案盈亏平衡图

结论：修建面积为 400~674.46 米^{2}时采用砖木结构；修建面积为 674.47~1 200 米^{2}时采用砖混结构。

2. 产品的组合决策

在企业的产品组合决策中，也可用盈亏平衡分析法，下面举例说明。

【例 8-4】 企业生产三种产品，有关数据如表 8-2 所示。企业年固定费用（记为 f）为 50 万元，求盈亏平衡点和销售收入（记为 F）为 400 万元时的利润。

表 8-2　不同产品贡献利润率和占计划销售额百分比表

产品	单位产品贡献利润率 P_v	各类产品占计划销售额/%
A	0.3	50
B	0.2	30
C	0.1	20

解：求加权 P_v。

A 产品：加权 $P_v=0.3\times50\%=0.15$。

B 产品：加权 $P_v=0.2\times30\%=0.06$。

C 产品：加权 $P_v=0.1\times20\%=0.02$。

组合 P_v：$P_v=0.15+0.06+0.02=0.23$。

用销售收入表示的盈亏平衡点：$F_0=f/P_v=50/0.23\approx217.39$（万元）。

利润：$E=F\times P_v-f=400\times0.23-50=42$（万元）。

产品组合决策图如图 8-5 所示。

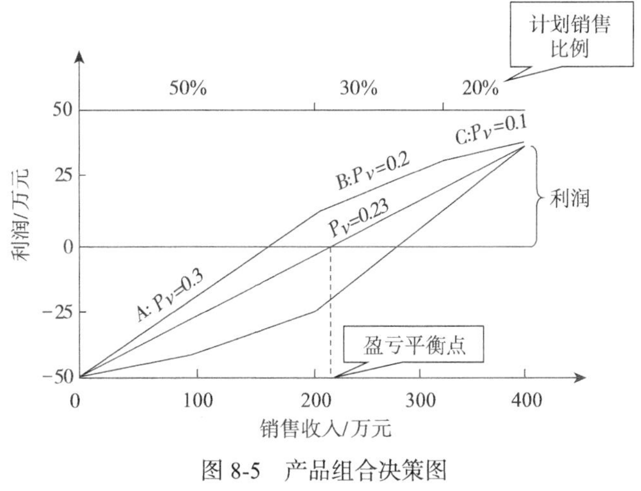

图 8-5　产品组合决策图

8.3　敏感性分析

在项目的整个寿命周期内，存在着各种不确定性因素，而这些因素对项目的影响程度也是不一样的，有些因素很小的变化就会引起项目指标较大的变化，甚至变化超过了临界点（所谓临界点是指在该点处，所分析的因素使某项目备选方案从被接受转向被否决），直接影响到原来的项目管理决策，这些因素被称为敏感性因素；有些因素即使在较大的数值范围内变化，但只引起项目评价指标很小的变化甚至没有变化，这些因素被称为不敏感性因素。敏感性分析的目的就是通过分析及预测影响工程项目经济评价指标的主要因素（投资、成本、价格、折现率、建设工期等）发生变化时，这些经济评价指标（如净现值、内部收益率、偿还期等）的变化趋势和临界值，从中找出敏感性因素，并确定其敏感程度，从而对外部条件发生不利变化时投资方案的承受能力做出判断。

敏感性分析是经济决策中常用的一种不确定分析方法，其目的是了解各种不确定性因素，为项目的正确决策提供依据。具体而言，其作用主要体现在以下几个方面。

（1）求解项目的风险水平。

（2）找出影响项目效果的主导因素。

（3）揭示敏感性因素可承受的变动幅度。

（4）比较分析各备选方案的风险水平，实现方案选优。

（5）预测项目变化的临界条件或临界数值，确定控制措施或寻求可替代方案。

8.3.1 敏感性分析的一般步骤

1. 确定分析指标

由于投资效果可用多种指标来表示，在进行敏感性分析时，必须先确定分析指标。一般而言，我们在前面经济评价指标体系中讨论的一系列评价指标，都可以成为敏感性分析指标。在选择时，应根据经济评价深度和项目的特点来选择一种或两种评价指标进行分析。需要注意的是，选定的分析指标，必须与确定性分析的评价指标相一致，这样便于进行对比说明问题。在技术经济分析评价实践中，最常用的敏感性分析指标主要有投资回收期、方案净现值和内部收益率。

2. 选定不确定性因素

影响技术项目方案经济指标的因素众多，不可能也没有必要对全部不确定性因素逐个进行分析。在选定需要分析的不确定性因素时，可从两个方面考虑：第一，这些因素在可能的变化范围内，对投资效果影响较大；第二，这些因素发生变化的可能性较大。通常设定的不确定性因素有产品价格、产销量、项目总投资、年经营成本、项目寿命期、建设工期及达产期、基准折现率、主要原材料和动力的价格等，然后再设定这些不确定性因素的变化范围。

3. 计算因素变动对分析指标影响的数量结果

假定其他设定的不确定性因素不变，一次仅变动一个不确定性因素，重复计算各种可能的不确定性因素的变化对分析指标影响的具体数值。然后采用敏感性分析计算表或分析图的形式，把不确定性因素的变动与分析指标的对应数量关系反映出来，以便于确定敏感性因素。

4. 确定敏感性因素

敏感性因素是指能引起分析指标产生相应较大变化的因素。测定某特定因素敏感与否，可采用两种方式进行。第一种是相对测定法，即设定要分析的因素均从基准值开始变动，且各因素每次变动幅度相同，比较在同一变动幅度下各因素的变动对经济效果指标的影响，就可以判别出各因素的敏感程度。第二种方式是绝对测定法，即设各因素均向降低投资效果的方向变动，并设该因素达到可能的"最坏"值，然后计算在此条件下的经济效果指标，看其是否已达到使项目在经济上不可取的程度。如果项目已不能接受，则该因素就是敏感性因素。绝对测定法的一个变通方式是先设定有关经济效果指标为其临界值，如令净现值等于零，内部收益率为基准折现率，然后求待分析因素的最大允许变动幅度，并与其可能出现的最大变动幅度相比较。如果某因素可能出现的变动幅度超过最大允许变动幅度，则表明该因素是方案的敏感因素。

5. 结合确定性分析进行综合评价，选择可行的比选方案

根据敏感性因素对技术项目方案评价指标的影响程度，结合确定性分析的结果做进一步的综合评价，寻求对主要不确定性因素变化不敏感的可选方案。

在技术项目方案分析比较中，对主要不确定性因素变化不敏感的方案，其抵抗风险能力比较强，获得满意经济效益的潜力比较大，优于敏感方案，应优先考虑接受。有时，还根据敏感性分析的结果，采取必要的相应对策。

敏感性分析可以是对项目中单一因素进行分析，即假设项目活动其他因素不变，只分析一个敏感性因素的变化对项目活动的影响，这称为单因素敏感性分析；敏感性分析也可以是对项目中多个因素进行分析，即同时分析多个因素变化对项目活动的影响，这称为多因素敏感性分析。由于多因素敏感性分析需要综合考虑多种敏感性因素可能的变化对项目活动的影响，分析起来比较复杂，所以不做过多的介绍。下面举一实例进行单因素的敏感性分析。

8.3.2　敏感性分析的方法

1. 单因素敏感性分析

这种方法是每次只变动某一个不确定性因素而假定其他的因素都不发生变化，分别计算其对确定性分析指标影响的敏感性分析方法。

【例 8-5】　某投资方案预计总投资为 1 200 万元，年产量为 10 万台，产品价格为 35 元/台，年经营成本为 120 万元，寿命期为 10 年，届时设备残值为 80 万元，基准折现率为 10%，试就投资额、产品价格及方案寿命期进行敏感性分析。

解：以净现值作为经济评价指标，基准方案的净现值为

$$NPV_0=-1\,200+(10\times 35-120)(P/A,\ 10\%,\ 10)+80(P/F,\ 10\%,\ 10)$$
$$=244.19\ (万元)$$

下面用净现值指标分别就投资额、产品价格和寿命期三个不确定性因素作敏感性分析。

设投资额变化率为 x，分析投资额变化对方案净现值影响的计算公式为

$$NPV=-1\,200(1+x)+(10\times 35-120)(P/A,\ 10\%,\ 10)+80(P/F,\ 10\%,\ 10)$$

设产品价格变化率为 y，分析产品价格变化对方案净现值影响的计算公式为

$$NPV=-1\,200+[10\times 35(1+y)-120](P/A,\ 10\%,\ 10)+80(P/F,\ 10\%,\ 10)$$

设寿命期变化率为 z，分析寿命期变化对方案净现值影响的计算公式为

$$NPV=-1\,200+(10\times 35-120)[P/A,\ 10\%,\ 10(1+z)]$$
$$+80[P/F,\ 10\%,\ 10(1+z)]$$

对投资额、产品价格及寿命期逐一按在基准基础上变化±10%、±15%、±20%取值，所对应的方案净现值的变化结果如表8-3和图8-6所示。可以看出，在同样的变化率下，产品价格的变化对方案的净现值影响最大，其次是投资额的变化，寿命期的变化对方案的净现值影响最小。

表8-3　单因素的敏感性计算表

变动率 敏感性因素	−20%	−15%	−10%	0	10%	15%	20%
投资额	483.96	423.96	363.96	244.19	123.96	63.96	3.96
产品价格	−186.12	−78.60	28.92	244.19	459.00	566.52	647.00
寿命期	64.37	112.55	158.50	244.19	321.89	358.11	392.71

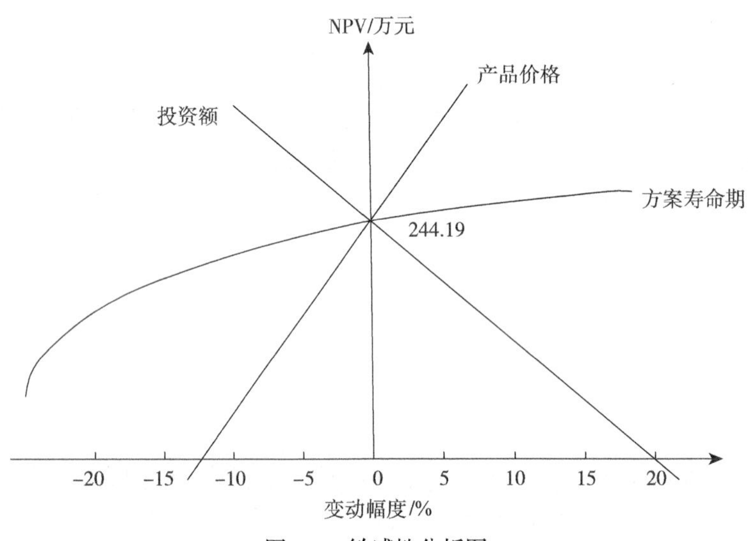

图8-6　敏感性分析图

如果以NPV=0作为方案是否可以接受的临界条件，那么从上面的公式中可以算出，当实际投资额超出预计投资额的20.3%时，或者当产品价格下降到比预计价格低11.3%时，或者方案寿命期比预计寿命期短26.5%时，方案就变得不可接受。

根据上面的分析可知，对于本方案来说，产品价格是敏感性因素，应对未来产品价格进行更准确的测算。如果未来产品价格变化的可能性较大，则意味着这一方案的风险亦较大。

【例8-6】　某项目设计年生产能力为10万吨，计划总投资为1 800万元，投资期初一次性投入，产品销售价格为63元/吨，年经营成本为250万元，项目生产期为10年，期末预计设备残值收入为60万元，折现率为10%，试就投资额、产品价格（销售收入）、经营成本等影响因素对该投资方案进行敏感性分析。

解：选择净现值为敏感性分析对象，根据净现值的计算公式，可计算出项目的净现值为

$$NPV=-1\,800+(63\times 10-250)(P/A,\ 10\%,\ 10)+60(P/F,\ 10\%,\ 10)$$

=558.07（万元）

由于 NPV>0，所以该项目是可行的。

下面来对项目进行敏感性分析。

取定 3 个因素，即投资额、销售收入和经营成本，然后令其逐一在初始值的基础上按 ± 10%和 ± 20%的变化幅度变动。分别计算相应的净现值的变化情况，得出结论如表 8-4 和图 8-7 所示。

表 8-4　敏感性分析表

序号	调整项目			分析结果		
	投资额	销售收入	经营成本	NPV/万元	影响因素平均+1%	影响因素平均−1%
0				558.07		
1	+10%			378.07	−3.23%	+3.23%
2	+20%			198.07		
3	−10%			738.07		
4	−20%			918.08		
5		+10%		945.17	+6.94%	−6.94%
6		+20%		1 332.28		
7		−10%		170.96		
8		−20%		−216.15		
9			+10%	404.45	−2.75%	+2.75%
10			+20%	250.84		
11			−10%	711.98		
12			−20%	968.29		

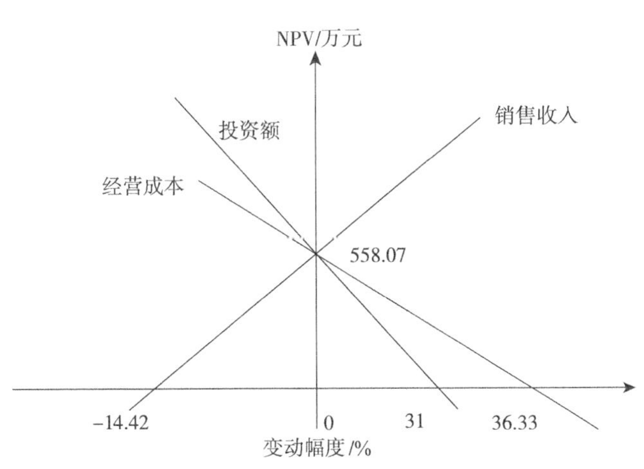

图 8-7　单因素敏感性分析图

由表 8-4 和图 8-7 可以看出，在各个变量因素变化率相同的情况下，首先，产品的销售收入的变化对净现值的影响程度最大，当其他因素均不发生变化时，产品销售收入每下降 1%，净现值下降 6.94%，并且还可以看出，当产品价格下降幅度超 14.42%时，净现值将由正变负，也即项目由可行变为不可行；其次，对净现值影响大的因素是投资额，当其他因素均不发生变化时，投资额每增加 1%，净现值将下降 3.23%，当投资额增加的幅度超过31%时，净现值由正变负，项目变为不可行；最后，对净现值影响最小的因素是经营成本，在其他因素均不发生变化的情况下经营成本每上升 1%，净现值下降 2.75%，当经营成本上升幅度超过 36.33%时，净现值由正变负，项目变为不可行。由此可见，按净现值对各个因素的敏感程度来排序，依次是产品销售收入、投资额和经营成本，最敏感的因素是产品销售收入。因此，从项目决策的角度来讲，应该对产品价格进行进一步的、更准确的测算，因为从项目风险的角度来讲，如果未来产品销售收入发生变化的可能性较大，则意味着这一工程项目的风险性亦较大。

此外，运用敏感性分析图，还可以进行经济指标达到临界点的极限分析。如图 8-7 所示，允许变量因素变动的最大幅度（极限变化）是：产品销售收入的下降不超过−14.42%，投资额的增加不超过 31%，经营成本的增加不超过 36.33%。如果这三个变量的变化超过上述极限，项目就不可行。

2. 多因素敏感性分析

单因素敏感性分析方法适合于分析项目方案的最敏感因素，但它忽略了各个变化因素综合作用的可能性。无论是哪种类型的技术项目方案，各种不确定因素对项目方案经济效益的影响，都是相互交叉综合发生的，而且各个因素的变化率及其发生的概率是随机的。因此，研究分析经济评价指标受多个因素同时变化的综合影响，研究多因素的敏感性分析，更具有实用价值。

多因素敏感性分析要考虑可能发生的各种因素不同变化幅度的多种组合，计算起来要比单因素敏感性分析复杂得多。在这里我们就不做具体介绍了。

3. 敏感性分析的不足

敏感性分析具有分析指标具体、能与项目方案的经济评价指标紧密结合、分析方法容易掌握、便于分析便于决策等优点，有助于找出影响项目方案经济效益的敏感因素及其影响程度，对于提高项目方案经济评价的可靠性具有重大意义。但是，敏感性分析没有考虑各种不确定性因素在未来发生变化的概率，这可能会影响分析结论的准确性。实际上，各种不确定性因素在未来发生某一幅度变化的概率一般是有所不同的。可能有这样的情况，通过敏感性分析找出的某一敏感因素未来发生不利变化的概率很小，因而实际上所带来的风险并不大，以至于可以忽略不计，而另一不太敏感的因素未来发生不利变化的概率很大，实际上带来的风险比那个敏感因素更大。盈亏平衡分析、敏感性分析都没有考虑参数变化的概率。因此，这两种分析方法虽然可以回答哪些参数变化或假设对项目风险影响大，但不能回答哪些参数变化或假设最有可能发生变化以及这种变化的概率，这是它们在风险评估方面的不足。

8.4　风险评估概述

风险评估是通过对项目所有不确定性和风险因素进行全面系统的分析，从而判断风险发生的概率和对项目的影响程度。

8.4.1　风险评估的含义

风险评估又称风险估计、测定、测试、衡量和估算等，因为在一个项目中存在着各种各样的风险，估计可以说明风险的实质，但这种估计是在有效辨识项目风险的基础上，根据项目风险的特点，对已确认的风险，通过定性和定量分析方法测量其发生的可能性和破坏程度的大小。其对风险按潜在危险大小进行优先排序和评价、制定风险对策和选择风险控制方案有重要的作用。项目风险评估较多采用统计、分析和推断法，一般需要一系列可信的历史统计资料和相关数据以及足以说明被评估对象特性和状态的资料作保证；当资料不全时往往依靠主观推断来弥补，此时项目管理人员掌握科学的项目风险评估方法、技巧和工具就显得格外重要。根据项目风险和项目风险评估的含义，风险评估的主要内容包括：①风险事件发生的可能性大小。②风险事件发生可能的结果范围和危害程度。③风险事件发生预期的时间。④风险事件发生的频率等。

8.4.2　风险程度等级分类

为了评估风险的大小，一般都要对风险程度进行分级。风险程度包括风险损失的大小和发生可能性两个方面。可以综合考虑这两个方面的大小对项目风险程度进行分类。不同的偏好会导致不同的分类。《投资项目可行性研究指南》推荐将风险程度分为四类，按照风险因素对项目影响程度和风险发生的可能性大小进行划分，风险程度等级分为一般风险、较大风险、严重风险和灾难性风险。

（1）一般风险。风险发生的可能性不大，或者即使发生，造成的损失较小，一般不影响项目的可行性。

（2）较大风险。风险发生的可能性较大，或者发生后造成的损失较大，但造成的损失程度是项目可以接受的。

（3）严重风险。严重风险有两种情况：一是风险发生的可能性大，风险造成的损失大，使项目由可行变为不可行；二是风险发生后造成的损失严重，但是风险发生的概率很小，采取有效的防范措施，项目仍然可以正常实施。

（4）灾难性风险，风险发生的可能性很大，一旦发生将产生灾难性后果，项目无法承受。

8.4.3 风险评估与概率

风险是指损失发生的不确定性（或可能性），所以风险是不利事件发生的概率及其后果的函数，而风险评估就是评估风险的性质、估算风险事件发生的概率及其后果的严重程度，以降低其不确定性。因此，风险与概率密切相关，概率是风险评估研究的基础。

8.5 风险评估基本方法

风险因素的识别应与风险评估相结合，才能得知风险程度。项目涉及的风险因素有些是可以量化的，可以通过定量分析的方法对它们进行估计和分析；同时客观上也存在着许多不可量化的风险因素，它们有可能给项目带来更大的风险。有必要对不可量化的风险因素进行定性描述，因此风险评估应采取定性描述与定量分析相结合的方法，从而对项目面临的风险做出全面的估计。

应该注意到定性因素与定量因素不是绝对的，在深入研究和分解之后，有些定性因素可以转化为定量因素。

项目风险分析可根据具体情况和要求选用不同的方式和方法。既可以仅针对单个风险因素进行分析，也可以对项目整体进行风险分析，还可以两者兼而有之。

8.5.1 单个风险因素风险程度估计

单个风险因素风险程度估计，可以找出影响项目的关键风险因素。一般可选用相对简单易行的方法，根据需要和可能也可以采用概率分析的方法求得其概率分布，并计算期望值、方差或标准差。

1. 简单估计法

1）专家评估法

专家评估法是以发函、开会或其他形式向专家进行调查，对项目风险因素及其风险程度进行评定，将多位专家的经验集中起来形成分析结论的一种方法。由于它比一般的经验识别法更具客观性，因此应用更为广泛。采用专家评估法时，所聘请的专家应熟悉该行业和所评估的风险因素，并能做到客观公正。为减少主观性，专家个数一般应有 20 位左右，至少不低于 10 位。具体操作上可采取以下方式：请每位专家凭借经验独立对各类风险因素的风险程度打“√”，最后将各位专家的意见归集起来。

2）风险因素取值评定法

风险因素取值评定法是一种专家定量评定方法，是就风险因素的最乐观估计值、最悲观估计值和最可能值向专家进行调查，计算出期望值，再将期望值的平均值与风险评估中所采用的数值（风险评估采用值）相比较，求得两者的偏差值和偏差程度，据以判别风险程度。偏差值和偏差程度越大，风险程度越高。具体方法如表 8-5 所示。

表 8-5　风险因素取值评定表

专家序号	最乐观估计值（1）	最可能值（2）	最悲观估计值（3）	期望值（4）［（1）+4×（2）+（3）］/6
1				
2				
3				
4				
5				
6				
7				
8				
9				
10				
期望值平均值				
偏差值	期望值平均值-风险评估采用值			
偏差程度	偏差值/风险评估采用值			

2. 概率分析法

根据需要可以借助现代计算技术，运用概率论和数理统计原理对风险变量进行概率分析，进一步求得风险因素取值的概率分布，并计算期望值、方差或标准差和离散系数，表明该风险因素的风险程度。

1）期望值

期望值是指变量在一定概率分布下投资效果所能达到的加权平均值。其一般表达式为

$$E(x)=\sum_{i=1}^{n}x_i p_i \tag{8-14}$$

式中，$E(x)$ 为变量 x 的期望值；p_i 为变量 x_i 的概率。

【例 8-7】　已知某方案净现值及概率如表 8-6 所示，试计算该方案净现值的期望值。

表 8-6　方案的净现值及其概率

净现值/万元	23.5	26.2	32.4	38.7	42.0	46.8
概率	0.1	0.2	0.3	0.2	0.1	0.1

解：$E(\text{NPV})=23.5\times0.1+26.2\times0.2+32.4\times0.3+38.7\times0.2+42\times0.1+46.8\times0.1$

$=33.93$（万元）

即这一方案净现值概率平均值为 33.93 万元。

反映了投资方案风险的大小。标准差的一般计算公式为

$$S=\sqrt{\sum_{i=1}^{n} p_i\left[x_i-E(x)\right]^2} \tag{8-15}$$

式中，S 为变量 x 的标准差。

【例 8-8】 利用上例中的数据，试计算投资方案的净现值的标准差。

解：

$$S=\sqrt{\begin{aligned}&0.1\times(23.5-33.93)^2+0.2\times(26.2-33.93)^2+0.3\times(32.4-33.93)^2\\&+0.2\times(38.7-33.93)^2+0.1\times(42-33.93)^2+0.1\times(46.8-33.93)^2\end{aligned}}=7.498(\text{万元})$$

3）离散系数

标准差虽然可以反映随机变量的离散程度，但它是一个绝对量，其大小与变量的数值及期望大小有关。一般而言，变量的期望值越大，其标准差也越大，特别是需要对不同方案的风险程度进行比较时，标准差往往不能够准确反映风险程度的差异。为此，我们引入另一个指标，称作离散系数，它是标准差与期望之比，即

$$\beta=\frac{S(x)}{E(x)} \tag{8-16}$$

由于离散系数是一个相对数，不会受变量和期望值的绝对值大小的影响，因此能更好地反映投资方案的风险程度。

当对两个投资方案进行比较时，如果期望相同，则标准差较小的方案风险更低；如果两个方案的期望值与标准差均不相同，则离散系数较小的方案风险更低。

8.5.2 项目整体风险估计

对于重大投资项目或估计风险很大的项目，应进行投资项目整体风险分析。一般应采用概率分析的方法，求出评价指标的概率分布，计算期望值、方差或标准差和离散系数，也可求得净现值大于或等于零的累计概率或其他项目效益的指标表明项目由可行转为不可行的累计概率。在具体操作中，对于离散型风险变量，可采用概率分析的理论计算法，运用概率树的形式进行；对于连续型风险变量，可采用模拟计算法，常用的是蒙特卡罗法。

1. 概率树法

概率树法是一种用来分析和进行风险估计的有效方法。它能帮助我们探讨问题之间的联系，简化问题并确定各种概率，被用来澄清可供采取的各种可能的行动方案及其后果。一般来说，概率树法将大规模或复杂问题分解成小的子问题，这些小的子问题可以分别解决，然后再重新组织起来，当问题具有某些可以肯定的结果时，这种方法是很有用的。

1）概率树的画法

图 8-8 表示了表 8-7 的概率树的基本结构，可以看到，用概率树法来求解、分析问题

就变得简单了。假定事件起源于 S 点，这里有两种可能的行动方案（A 和 B），如果我们选择 A，那么结果可有畅销、一般和滞销三种市场情况，相应取得 40%、30%、20%三种不同的收益率，对 B 以此类推。图 8-8 中，方案分析的结果从左至右依次展开，好像一棵不断分枝的树，用树形图作为可能状况及结果的完整关系表示图。

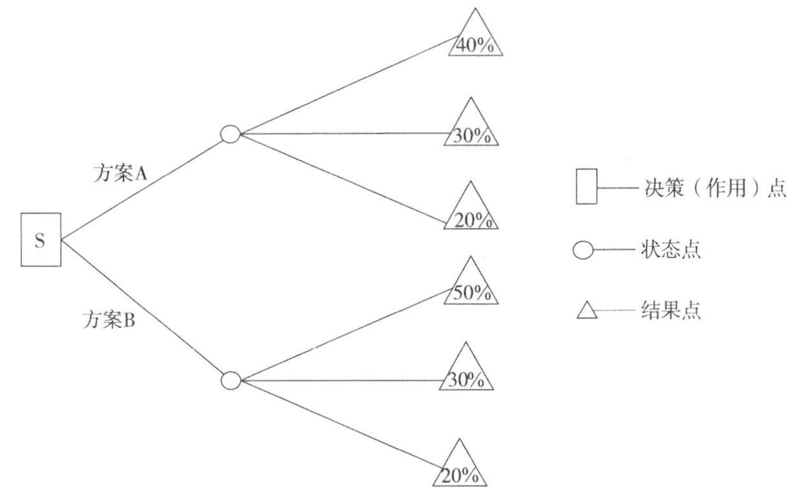

图 8-8　公司投资物业的概率树

表 8-7　投资方案收益率和市场情况表

方案	年净收益率/%			市场情况概率		
	畅销 X_1	一般 X_2	滞销 X_3	畅销 X_1	一般 X_2	滞销 X_3
A	40	30	20	0.10	0.80	0.10
B	50	30	10	0.20	0.60	0.20

【例 8-9】　某房地产公司欲在一繁华地段投资一物业，投资方案 A：投资兴建一高级公寓；投资方案 B：投资兴建一商业大厦。建成后，两方案皆以出租方式经营。这两种方案的年净收益率和市场情况如表 8-7 所示。

概率树是从左至右、从无到有逐步地分析事件的发生和发展。

把决策过程引入概率树就变成了决策树。常用的方法是把概率树折叠，即从右往左的方向进行计算分析。每到一个决策点，具有最大利益或最小损失（期望值）的行动方案就可以选取，再把树转回到前一决策点，依此类推，最终完成决策活动。

概率树与决策树的方法基本是图形法，它的出现为解决决策问题提供了最大限度的近似方法。正因为如此，这个过程既可以认为是一门科学，又可以认为是一门艺术。每一分支的发展，标定行动方案及其结果，对问题可能会怎样发展有了新的见解，对每一枝干都可以进行计算。如果某些枝干明显地比其他的枝干占优势，那么在早期把后者去掉，这些就不会把分析搞乱。

概率树与决策树的最大价值在于，把思路展开，并把它组织在一个合理的、有结构的框架中。只要已经清楚地了解问题的完整脉络，只需要把图形画得畅通并且标定必要的步骤就可以了，并不一定需要包罗一切。

2）概率树分析

（1）假定风险变量之间是相互独立的，可以通过对每个风险变量各种状态取值的不同组合计算项目的内部收益率或净现值等指标。根据每个风险变量状态的组合计算得到的内部收益率或净现值的概率为每个风险变量所处状态的联合概率，即各风险变量所处状态发生概率的乘积。

若风险变量有 A，B，C，…，M。

每个输入变量有 n_i 个状态：

$$\begin{array}{cccc} A_1, & A_2, & \cdots, & A_{n_1}; \\ B_1, & B_2, & \cdots, & B_{n_2}; \\ \vdots & \vdots & & \vdots \\ M_1, & M_2, & \cdots, & M_{n_m} \end{array}$$

各种状态发生的概率：

$$\sum_{i=1}^{n_1} P\{A_i\} = P\{A_1\} + P\{A_2\} + \cdots + P\{A_{n_1}\} = 1$$

$$\sum_{i=1}^{n_2} P\{B_i\} = 1$$

$$\vdots$$

$$\sum_{i=1}^{n_m} P\{M_i\} = 1$$

则各种状态组合的联合概率为 $P\{A_1\}\times P\{B_1\}\times\cdots\times P\{M_1\}$，$P\{A_2\}\times P\{B_2\}\times\cdots\times P\{M_2\}$，…，$P\{A_{n_1}\}\times P\{B_{n_1}\}\times\cdots\times P\{M_{n_m}\}$，共有这种状态组合和相应的联合概率 $n_1\times n_2\times\cdots\times n_m$ 个。

（2）评价指标（净现值或内部收益率等）由小到大进行排列，列出相应的联合概率和从小到大的累计概率，并绘制评价指标为横轴、累计概率为纵轴的累计概率曲线，计算评价指标期望值、方差、标准差和离散系数。

（3）由累计概率（或累计概率图）计算 $P\{\text{NPV}（i_c）<0\}$或 $P\{\text{IRR}<i_c\}$的累计概率，同时也可获得

$$P\{\text{NPV}（i_c）\geqslant 0\}=1-P\{\text{NPV}（i_c）<0\}$$

$$P\{\text{IRR}\geqslant i_c\}=1-\text{P}\{\text{IRR}<i_c\}$$

当风险变量数和每个变量的状态大于三个时，这时状态组合数过多，一般不适于使用概率树方法。若各风险变量之间不是独立的，而是相互关联的时，也不适于使用这种方法。

3）概率树分析案例

【例 8-10】 某项目有 3 个主要的风险变量，即固定资产投资 5 000 万元、年销售收入 2 500 万元、年经营成本 1 500 万元。该项目的销售税金及附加为 6%，固定资产残值为 0，流动资金忽略不计。该项目的生产期为 10 年，忽略建设期，i_c=10%。三个风险变量经调查认为，每个变量有两种状态，概率分布如表 8-8 所示：①计算税前净现值的期望

值。②计算税前净现值大于等于 0 的累计概率。

表 8-8　某项目的状态概率分布表

风险变量	计算值	−20%
固定资产投资	0.8	0.2
年销售收入	0.7	0.3
年经营成本	0.7	0.3

解：该项目的概率树如图 8-9 所示，可以采用表 8-9 计算税前净现值的期望值。

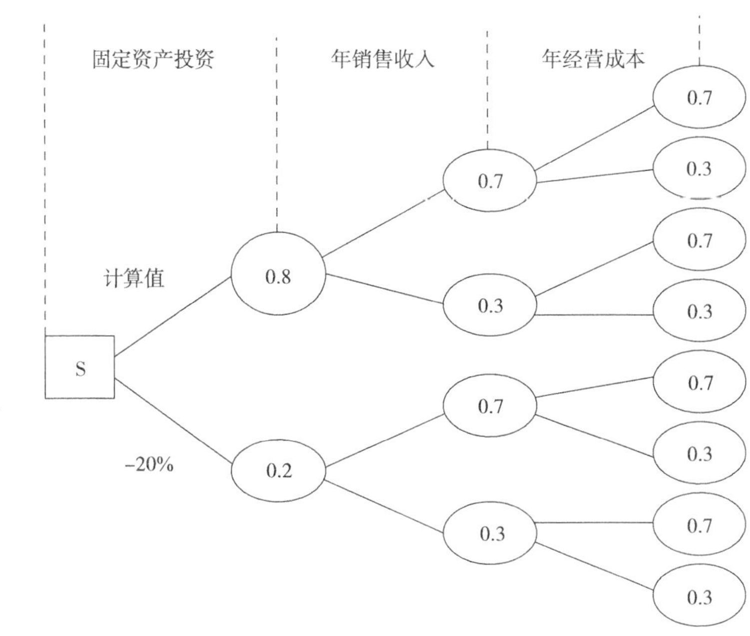

图 8-9　某项目概率树

表 8-9　税前净现值计算表

状态			发生可能性	净现值	加权净现值
固定资产投资	年销售收入	年经营成本			
计算值	计算值	计算值	0.8 × 0.7 × 0.7=0.392	1 144.6	448.7
计算值	计算值	−20%	0.8 × 0.7 × 0.3=0.168	2 987.9	502.0
计算值	−20%	计算值	0.8 × 0.3 × 0.7=0.168	−1 927.7	−323.9
计算值	−20%	−20%	0.8 × 0.3 × 0.3=0.072	−84.3	−6.1
−20%	计算值	计算值	0.2 × 0.7 × 0.7=0.098	2 144.6	210.2
−20%	计算值	−20%	0.2 × 0.7 × 0.3=0.042	3 987.9	167.5
−20%	−20%	计算值	0.2 × 0.3 × 0.7=0.042	−927.7	−39.0
−20%	−20%	−20%	0.2 × 0.3 × 0.3=0.018	915.7	16.5
合计			1.0		975.9

则：①税前净现值的期望值=975.9 万元。②税前净现值大于等于零的累计概率=P（FNPV≥0）=1−P（FNPV<0）=0.718。

计算结果说明该项目盈利的可能性为71.8%，抗风险能力也较强。

2. 蒙特卡罗法

1）蒙特卡罗法的含义

在经济计算中只有目前付出的投资额是比较固定的数值，而其他数据，如设备的使用寿命、产品的销售量、产品的销售价格、产品的成本等都是估计值，都是在一定范围内变动的值。如果把这些变动的值当做固定不变的值看待，那么计算的结果就难免不符合将来出现的实际情况，从而带来某种程度的风险。近年来的经济计算中越来越注意分析研究这种风险的程度和可能性，以便在决策时对今后出现的情况做到胸中有数。蒙特卡罗法（Monte Carlo method）是解决这类问题十分方便的方法。

从前有一位数学家看见一个醉汉倚着广场上的一根灯杆站着，忽然无目的地向某一方向走几步，然后又向另一方向走几步，这样东倒西歪地走。这位数学家提出一个问题：醉汉走出几步之后离开灯杆的最可能的距离是多少？这个问题叫做随机行走（random walk）问题。如果按照通常的方法，我们必须观察这个醉汉大量（如1 000次以上）的行走，然后求出行走距离的平均值。但这样的观察是很困难的，或根本不可能的。这位数学家研究出一种所谓仿真试验的计算方法。后来发现这种方法可以用来测算赌博的规律，所以与世界著名的赌城Monte Carlo相联系，被称为蒙特卡罗法。

蒙特卡罗法是经济风险估计常用的一种方法，又称模拟抽样法。它可以把一些具有经验分布统计特性的数据用于一个系统。如果模型是根据过去的房地产投资实际发生的情况来进行下一步投资决策的，我们可以借助于从真实分布中抽样的蒙特卡罗法模拟一个房地产投资的全过程，从而使模拟系统中的各个经济变量及时间与过去的实际情况相对应。在一般所用的不确定性因素影响下的决策方法中，常常只考虑最好、最坏和最可能几种估计。如果这些不确定性因素有很多，只考虑这三种估计便会使决策发生偏差或失误。而最好的方法可以避免这种偏差情况的发生，使之在复杂情况下，房地产投资决策更为合理和准确。

如前所述，蒙特卡罗法是对未来情况的幕景分析和模拟。对于大型的建设工程项目、大型的环境工程等常需进行认真的风险评估。而这些项目不仅规模大、投资大、难度大、风险大，建设周期也十分长，在合同期内，市场情况、利率、通货膨胀和技术进步情况等因素都在不断发生变化。因此，要进行房地产投资风险估计，首先面临的是对这些随机因素的影响做出估计。这是十分困难的，因为对大型的工程项目不能进行物理实验。即使是使用计算机，要将所有的可能情况都计算一遍也是困难的，需要的时间和费用相当大。

蒙特卡罗法正是为解决这一困难而设计的，可以将它看做一种对实际可能发生情况的模拟，是一种实验研究方法。如果我们对未来的情况不能确定而只知道各输入变量按某一概率分布取值，便可以采用一个随机数发生器产生具有相同概率的数值，赋值给各输入变量，并计算各输出变量，以对应于实际可能发生的情况，如此反复取值，得出多种数据，投资者便可根据这些数据求出输出量的概率分布。输出量的概率分布函数是随着反复的次数而变化的，次数越多则这种分布越接近于真实的分布。

2）蒙特卡罗法的运用

首先让我们看一个例子。这是蒙特卡罗法最原始的一个问题，它的目标是要估算一个正方形中的一个不规则图形的面积，如图 8-10 所示。

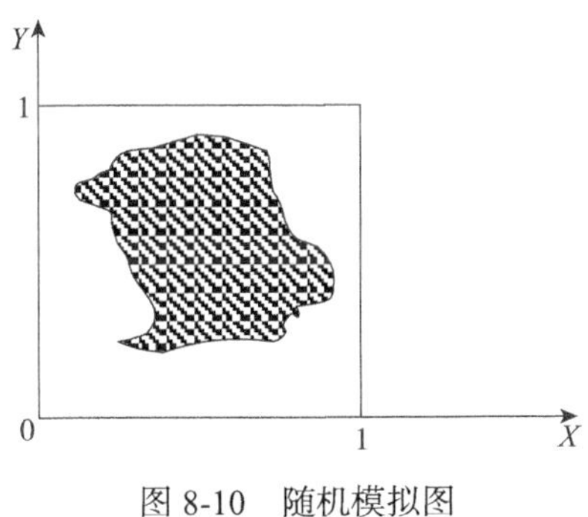

图 8-10　随机模拟图

将正方形放入直角坐标中，并设边长为 1，然后随机取两个 0~1 的随机数，第一个作 X 轴坐标，第二个作 Y 轴坐标，这样就可以在平面上得到一点，该点可能落在阴影区内，也可能落在阴影区外，将该结果记录下来并作为第一次试验。然后再取第二个随机数，在平面又确定一点，作为第二次试验并记录下来。这样反复进行（最好是上千次试验），直到认为这些点足以代表图形的特征为止。最后统计出落在阴影部分里的点数与全部试验点数的比例，然后乘以矩形面积就可得到阴影区的面积。

从该示例可以看出，蒙特卡罗法实质是一种随机模拟或统计试验的方法。它是通过对每一个随机变量抽样，代入其数学函数式来确定函数值。这样独立模拟试验多次，得到函数的一批抽样数据 Z_1，Z_2，…，Z_n，由此决定函数的概率分布特征，其中包括函数的分布曲线以及函数的数学期望、方差、偏度等。

蒙特卡罗法是一种常用的概率分析方法，它要求各自变量要有理论的或经验的概率分布，仅知道各自变量的数学特征是不能进行模拟试验的。项目经济评价人员数学知识有限时，蒙特卡罗法可以提供一个相对简单，并可圆满解决概率分析问题的途径。

应用该方法时，函数的数学期望与方差可以直接用下面的公式计算：

$$m_Z=\frac{\sum_{i=1}^{n} Z_i}{N} \tag{8-17}$$

$$\sigma_Z^2=\frac{\sum_{i=1}^{n}\left(Z_i-m_Z\right)^2}{N} \tag{8-18}$$

式中，N 为 Z 的子样个数，即实验次数；Z_i 为实验得到的函数 Z 的第 i 个子样，i=1，2，…，n。

从函数的实际分布可求得项目失败的风险，即用落到函数临界值 Z_0 以外的频率来代替项目失败的频率。一般而言，用该方法计算的结果比按假设正态分布求得的风险更为精确和可靠，但它要求实验的次数必须足够多，且每次实验都是随机的、独立的。

3）蒙特卡罗法的步骤

（1）确定风险分析所采用的评价指标，如净现值、内部收益率等。

（2）确定对项目评价指标有重要影响的风险变量。

（3）经调查和专家分析，确定风险变量的概率分布。

（4）为各风险变量独立抽取随机数。

（5）由抽得的随机数转化为各风险变量的抽样值。

（6）根据抽得的各风险随机变量的抽样值，组成一组项目评价基础数据。

（7）根据抽样值组成基础数据计算出评价指标值。

（8）重复第四步到第七步，直至预定模拟次数。

（9）整理模拟结果所得评价指标的期望值、方差、标准差和它的概率分布累计概率，绘制累计概率图。

（10）计算项目评价指标大于等于基准值的累计概率。

蒙特卡罗法模拟程序如图 8-11 所示。

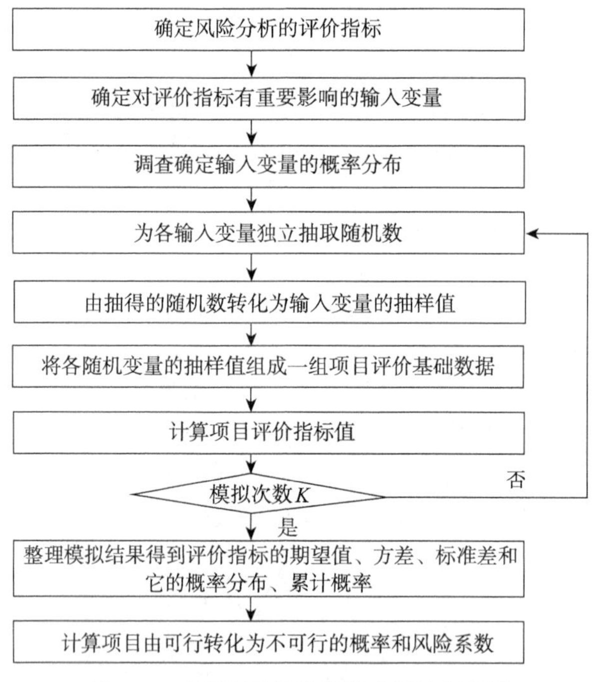

图 8-11　项目风险评价蒙特卡罗法程序图

4）应用蒙特卡罗法时应注意的问题

（1）在应用蒙特卡罗法时，假设风险变量之间是相互独立的，在风险分析中会遇到输入变量的分解程度问题。一般而言，变量分解得越细，风险变量个数也就越多，模拟结果的可靠性也就越高；变量分解程度越低，变量个数越少，模拟可靠性就越低，但能较快获得模拟结果。对一个具体项目，在确定风险变量分解程度时，往往与风险变量之间的相关性有关。变量分解过细往往造成变量之间有相关性。例如，产品销售收入与产品结构方案中各种产品数量与各种产品价格有关，而产品销售量往往与售价存在负相关的关系，各种产品的价格之间同样存在或正或负的相关关系。如果风险变量本来是相关的，模拟中视为独立变量进行抽样，就可能导致错误的结果。为避免此问题，采用以下办法处理。

其一，限制输入变量的分解程度。例如，不同产品虽有不同价格，如果产品结构不变，可采用平均价格。又如，销售量与售价之间存在相关性，则可合并销售量与售价作为一个变量；但是如果销售量与售价之间没有明显的相关关系，还是把它们分为两个变量为好。

其二，限制风险变量个数。模拟中只选取对评价指标有重大影响的关键变量，除关键变量外，其他变量被认为保持在期望值上。

进一步搜集有关信息，确定变量之间的相关性，建立函数关系。

（2）蒙特卡罗法的模拟次数。从理论上讲，模拟次数越多越正确，但实际上模拟次数过多不仅费用高，而且整理计算结果费时费力。因此，模拟次数过多也无必要，但模拟次数过少，随机数的分布就不均匀，影响模拟结果的可靠性，一般应在 200~500 次为宜。

➢复习思考题

1. 为什么要进行不确定性分析与风险分析？
2. 项目的不确定性与风险主要来自哪些方面？
3. 什么是盈亏平衡分析？
4. 盈亏平衡分析可以应用在哪些方面？
5. 怎样选择敏感性因素？
6. 敏感性分析需要哪些步骤？
7. 风险评估有哪些基本方法？
8. 什么是蒙特卡罗法？

➢本章重点及难点解析

工程项目可行性研究

9.1　可行性研究概述

9.1.1　可行性研究的含义和目的

1978 年联合国工业发展组织（United Nations Industrial Development Organization，UNIDO）在《工业可行性研究编制手册》中，首次给出了可行性研究（feasibility study）的定义：“可行性研究是为工业项目的投资决策提供技术、经济和商业上的基础。”可行性研究是对投资建议、工程项目建设等方案的确定，进行系统的、科学的、综合性的研究、分析、论证的一种工作方法，是运用多种科学研究成果，对建设项目投资决策进行技术经济论证的一门综合性学科。

可行性研究是指在项目投资决策前，通过对拟建项目有关的技术、工程、经济、环境、社会等方面的情况和条件进行调查、研究与分析，并对项目建成后可能取得的财务、经济效益及社会环境影响进行预测和评价，为项目决策提供科学依据的综合论证方法。

可行性研究的运用最早是在 20 世纪 30 年代。当时美国为了开发田纳西流域首次进行了可行性研究，田纳西流域的开发利用取得了显著的成效。第二次世界大战以后，随着技术与经济的高速发展、市场竞争的加剧以及科学管理的需要，可行性研究也不断发展和完善，在大型工程项目中得到了应用，成为投资项目决策前的一个重要的工作阶段。现在，世界各国对重要的投资项目都普遍进行可行性研究。我国是在 20 世纪 70 年代末引入这一方法的。经过试行，从 80 年代开始，国家已确定将可行性研究作为一个重要技术经济论证手段纳入基本建设的程序。

可行性研究是一项复杂的系统工程，国外通常用简单的几个字母来说明可行性研究所要回答的问题，这就是 5W1H。它们是 What 是指要干什么，如生产什么；Why 是指为什么要干，回答投资的理由；When 是指何时干为宜；Where 是指在哪里干；Who 是指谁来承担；How 是指如何进行。

可行性研究的目的是按照国民经济长期规划和地区规划、行业规划的要求，对拟建项目进行投资方案规划、工程技术论证、社会与经济效果预测和组织机构分析，对提出的投资建议、工程项目建设方案或研究课题的所有方面，进行尽可能详细地调查研究，做出鉴定，并对下一阶段是否终止或继续进行研究提出必要的论证。或者说它的目的是对新建或改建工程项目的主要问题，从技术、经济两个方面进行全面系统的研究、分析并对投产后的经济效果进行预测，在既定的范围内进行方案论证的选择，以便最合理地利用资源，达到预定的社会效益和经济效益。因此，项目可行性研究是保证建设项目以最少的投资耗费取得最佳经济效果的科学手段，也是实现建设项目在技术上先进、经济上合理和建设上可行的科学方法。

9.1.2　可行性研究的意义

可行性研究的意义主要体现在以下两点。

（1）为决策提供科学的依据，提高投资效益。现代工程项目的建设涉及面广，相关因素多，市场问题复杂，新项目的条件苛刻，技术要求突出，资金筹措困难，等等。这就要求在项目确定之前对项目涉及的各个主要方面进行深入调研、预测和定量估算，减少决策的盲目性。

（2）缩短项目周期，提高工程质量。可行性研究的工作内容是项目设计、施工时所需要的数据和资料，虽然要占用项目建设前期的时间，而且还要支付研究费用，但相比较而言，可以相应地减少后期的工作，即缩短建设期的周期。可行性研究作为投资前期所必需的阶段，是投资决策的依据，已被各国广泛采纳。我国明确规定，凡是未经可行性研究或是可行性研究深度不够的项目，设计任务书将不予批准，不得列入基建计划。

9.1.3　可行性研究的主要作用

建设项目的可行性研究的主要作用是作为项目投资决策的科学依据，防止和减少决策失误造成的浪费，提高投资效益。可行性研究在投资项目可行性研究中有着特别重要的地位和作用，主要体现在以下几个方面。

（1）作为建设项目投资决策和编制可行性研究报告的依据。一项投资项目能否成功，受到社会多方面因素的影响，包括政治、经济、技术、法律、管理以及自然因素等。如何对这些因素进行科学的调查与预测、分析与计算、比较与评价，是一项重要又复杂的系统性工作，可行性研究为这种工作提供了科学的方法和理论。通过对项目进行深入的可行性研究，从而为项目决策提供科学的信息，使决策者有据可依，避免主观判断；同时分析各种合理的投资方案，使投资者在此基础上进行比较和选择，降低投资风险，提高投资效益。

（2）作为项目建设单位进行项目融资的重要依据。一般情况下，项目运行离不开金融贷款，可行性研究报告详细预测了项目的财务效益、经济效益和贷款偿还能力。世界银行等国际金融组织，均把可行性研究报告作为申请项目投资贷款的前提条件。中国建设银行、国家开发银行和中国投资银行等也都把可行性研究报告作为审批建设项目投资贷款的依据。通过对贷款项目进行全面、细致的分析评估，银行等金融机构只有在确认项目具有偿还贷款的能力、不承担过大的风险情况下，才会同意贷款。

（3）作为项目主管部门与其他单位商谈合同、签订协议的依据。可行性研究报告通过之后，项目就进入落实实施阶段，要进行多方面的谈判，签订协议，可行性研究报告的许多内容和信息就可以作为直接或间接的依据，建设项目主管部门可同有关部门签订项目所需原材料、能源资源和基础设施等方面的协议和合同，以及同国外厂商就引进新技术和设备正式签约。

（4）作为项目进行规划设计及组织实施的依据。项目可行性研究的基本任务之一就是要构造多种可能的投资方案，甚至可以认为项目可行性研究本身就是关于拟建项目的总体性方案，其中包括项目的目标、规模、地点、融资、功能、技术方案等，这相当于一个项目的总体规划和设计。同时，可行性研究关于投资条件和实施等方面的构思或各种因素分析，可作为组织实施考虑的重要依据，项目实施中遇到的一些问题完全可以查找一些可行性研究中的内容。

（5）作为项目拟采用的新技术、新设备的研制和进行地形、地质及工业性试验工作的依据。

（6）作为环保部门审查项目对环境影响的依据，也作为向项目建设所在地政府与规划部门申请施工许可证的依据。项目在建设中和投产后对市政建设、环境及生态都有影响，因此项目的开工建设需当地市政、规划和环保部门的许可。可行性研究报告对选址、总图布置、环境及生态保护方案等诸多方面进行了论证，为申请和批准施工许可证提供了依据。

（7）作为项目考核和后评价的重要依据。一个建设项目在项目后评价中，可行性研究的资料和成果，大多数都要用来与运营效果进行对比分析，将项目的预期效果与实际效果进行对比考核，从而对项目的运行进行全面的评价。

9.1.4 可行性研究的阶段划分

广义的可行性研究，按研究深度分为投资机会研究（opportunity study）、初步可行性研究（pre-feasibility study）和详细可行性研究（feasibility study，又称可行性研究）三个阶段。

1. 投资机会研究

投资机会研究又称投资机会鉴别，是指根据市场需求预测资金的可得性及其他各种约束条件（如国家政策法规）等，寻求和识别有利的投资机会。这是进行可行性研究的第一阶段，主要任务是为工程项目投资方向提出建议，即在一定的地区和部门内，以自然资源和市场的调查预测为基础，寻找最有利的投资机会。

在此阶段，应进行调查、分析的内容有：①有关方面的宏观经济规划、建设方针及投资政策。②特定部门、区域的现状、环境和条件。③项目的资产在国内外市场的需求量与发展前景。④项目产品的进出口情况、替代进口产品的可能性及出口产品的国际竞争力。⑤现有企业的潜力，如资金条件、技术改造可能性，改扩建和发展多种经营、达到合理经济规模的可行性。⑥项目的经济和财务因素的初步研究。⑦完善建设布局，填补国家产业门类、地区经济空白的可能性。

投资机会研究又分为一般机会研究和特定项目机会研究。一般机会研究包括地区机会研究、部门机会研究和资源机会研究。而特定项目机会研究，即在确定项目发展方向或领域后，进行进一步的调查研究，经方案删选，经项目发展方向或投资领域转变为概括的项目提案或建议。

机会研究的工作比较粗略，投资与成本的数据一般是通过与现有可比项目的对比得来的，因而数据的精度误差可在 30%以内，所需费用约占投资总额的 0.2%~0.3%。

如果投资机会研究证明投资项目是可行的，就可以进行下一阶段的研究。

2. 初步可行性研究

初步可行性研究，又称预可行性研究或前可行性研究，是在投资机会研究的基础上，对项目方案进行初步的技术、财务、经济分析和初步的社会、环境评价，对项目是否可行做出初步判断。研究解决的主要问题是判断项目是否有前途，项目中是否有些关键性的技术或项目问题需要解决，是否值得投入更多的人力和资金进行可行性研究和辅助研究，并据此做出是否进行投资的初步决定。

初步可行性研究是介于投资机会研究和详细可行性研究之间的一个研究阶段，其研究的内容和结构方面与详细可行性研究基本相同，主要区别是获取的资料的详尽程度不同，研究的深度和详细程度有所区别，精确和准确程度略有差别。

初步可行性研究阶段主要的工作目标是分析投资机会研究的结论，并在现有详细资料的基础上做出初步投资估价；确定对某些关键性问题进行专题辅助研究，对各类技术方案进行筛选，选择效益最佳方案；鉴定项目的选择依据和标准，确定项目的初步可行性。

初步可行性研究阶段更注重以下内容的研究：①市场和生产能力，进行市场需求分析预测，渠道与摊销分析，初步的销售量和销售价格预测；依据市场销售量做出初步生产规划。②物料投入分析，物料投入分析包括从建设到经营的所有物料的投入分析。③地点及厂址的选择。④项目设计，项目设计是指项目总体规划、工艺设备计划和土建工程规划等。⑤项目进度安排。⑥企业管理费用。⑦财务经济分析。⑧社会经济效益分析。

初步可行性研究阶段投资估算的精度误差可在 20%以内，所需费用约占总投资额的 0.25%~1.5%。

经过初步可行性研究，可形成初步可行性研究报告，对项目进行全面的粗略的描述、分析、论证，所以初步可行性研究报告可以作为正式的文件以供参考；也可以将初步可行性研究报告形成项目建议书，通过审查项目建议书决定项目的取舍，即项目“立项”决策。需要指出的是，不是所有项目都必须进行初步可行性研究，小型项目或者简单的技术改造项目在选定投资机会后，可以直接进行可行性研究。

3. 详细可行性研究

初步可行性研究是为判定投资项目是否可行提供科学依据，详细可行性研究是为如何实施投资项目以及建成后的经济运行提供科学依据。

详细可行性研究即通常所说的可行性研究，是建设项目投资前期阶段最重要的工作。详细可行性研究是在项目决策前对项目有关的工程、技术、经济等各方面条件和情况进行的详尽、系统、全面的调查、研究和分析，对各种可能的建设方案和技术方案进行的详细比较论证，并对项目建成后的经济效益、国民经济效益和社会效益进行预测和评价的一种科学分析过程和方法，作为建设项目投资决策的基础，它是项目进行技术、经济、社会和财务方面评估和决策的依据，是项目具体实施的科学依据。因此，这个阶段是进行详细深入的技术经济分析的论证阶段。详细可行性研究的工作步骤如图 9-1 所示。

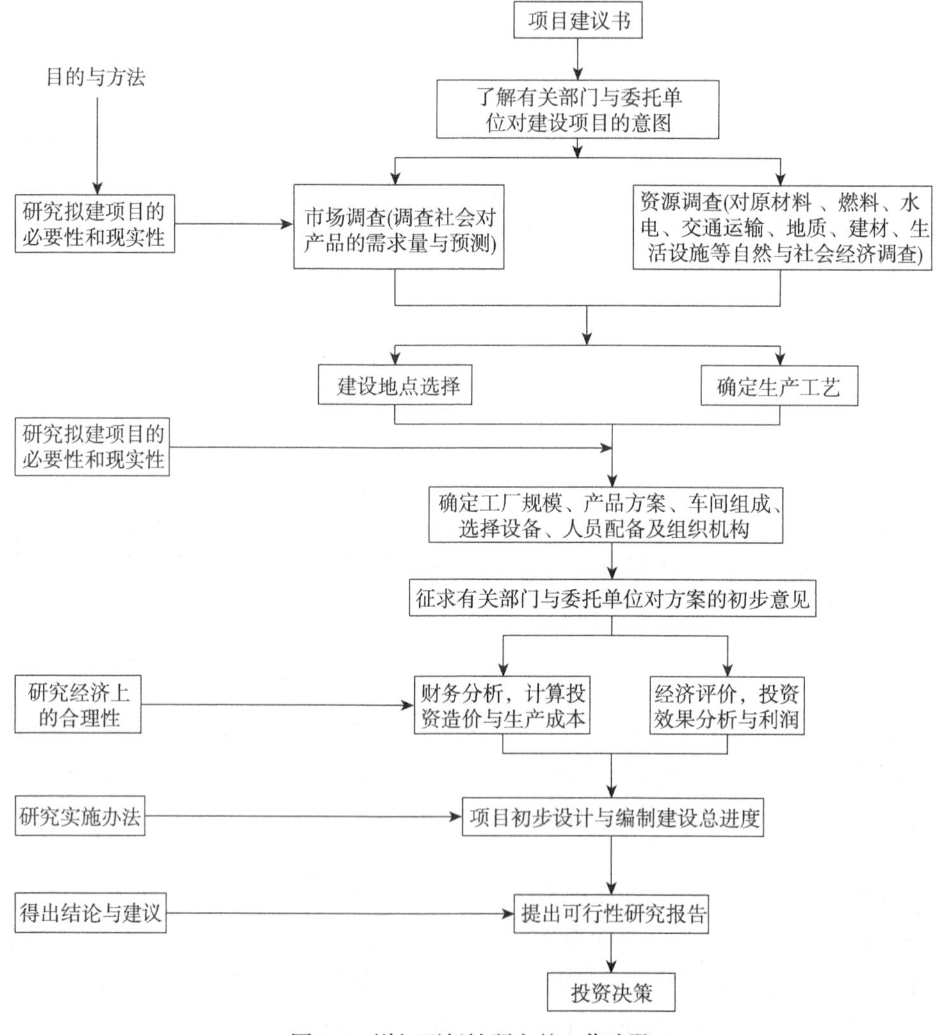

图 9-1 详细可行性研究的工作步骤

详细可行性研究的主要目标是深入研究有关产品方案、生产流程、资源效应、厂址选择、工艺技术、设备选型、工程实施进度计划、资金筹措计划以及组织管理机构和定员等各种可能选择的技术方案，进行全面深入的技术经济分析和比较选择工作，并推荐一个可行的投资建设方案；着重对投资总体建设方案进行企业财务效益、国民经济效益和社会效益的分析与评价，对投资方案进行多方案比较选择；确定项目投资的最终可行性和选择依据标准。详细可行性研究后，要将技术上可行与否和经济上合理与否的情况形成结论，写成报告，即可行性研究报告。可行性研究报告是该阶段的重要成果，也是项目审批、贷款申请、项目实施的重要依据。

详细可行性研究的内容比较详尽，所花费的时间和精力都比较大。这一阶段中投资额和成本都要根据项目的实际情况进行认真调查、预测和详细计算，其计算精度应控制在 10%以内。大型项目可行性研究工作所花费时间为 8~12 个月，所需费用占投资总额的 0.8%~1%；中小型项目可行性研究工作所花费的时间为 4~6 个月，所需费用占投资总额的 1%~3%。

投资机会研究、初步可行性研究和详细可行性研究等的比较结果如表 9-1 所示，以便对投资前期各阶段工作有一个较直观的认识。

表 9-1　投资前期各阶段研究内容比较

研究阶段	投资机会研究	初步可行性研究	详细可行性研究
研究性质	项目设想	项目初步选择	项目拟定
目的和内容	鉴别投资方向 寻找投资机会 确定初步可行性研究的范围 确定辅助研究的关键方面	鉴定项目的选择标准 确定项目暂定的可行性 评价是否应当开始可行性研究 辅助研究	确定项目选择标准 进行深入技术经济论证和效益分析 多方案比较 详细调查研究 确定可行性
工作成果及作用	编制项目建议书 为初步可行性研究提供依据	编制初步可行性研究报告 为可行性研究提供依据	编制可行性研究报告及项目设计任务书，为项目决策提供依据
估算精度	±30%	±20%	±10%
费用占总投资的百分比/%	0.2~1.0	0.25~1.25	小项目 1.0~3.0 大项目 0.8~1.0
需要时间/月	1~3	4~6	6~12

9.2　工程项目可行性研究报告

9.2.1　可行性研究报告的编制依据

（1）国民经济发展的长远规划以及国家经济建设的方针、任务和技术经济政策。以此确定项目的投资方向和规模，提出进行可行性研究的项目建议书。在宏观投资意向的控制下安排微观的投资项目，并结合市场需求，有计划地统筹安排好各地区、各部门和企业的产品生产和协作配套。

（2）委托单位的要求和项目建议书。建设单位在委托可行性研究任务时，应向承担可行性研究工作的单位，提出建设项目的目标和要求。项目建议书，即项目要求立项建设的建议书，是做各项准备工作和进行可行性研究的重要依据，由承办企业、单位，或各地区、各部门向国家主管部门提出，只有经国家部门批准，并列入建设前期工作计划后，方可进行各项工作。

（3）有关的基础数据资料。分析可靠的自然、地理、气象、水文、地质、社会、经济等基础数据资料，交通运输与环境保护等资料。

（4）有关工程技术经济方面的规范、规定、定额等，以及国家正式颁布的技术法规和技术标准。

（5）国家或有关主管部门颁发的有关项目评价的基本参数和指标，主要包括基准收益率、社会折现率、折旧率、汇率、影子价格等。它们是可行性研究中财务评价和国民经济评价的基准依据和判别标准。

9.2.2 可行性研究报告的主要内容

可行性研究的内容，因项目的性质不同、行业特点不同而有所差别。可行性研究是围绕项目诸多关联要素展开的。这些要素主要包括市场需求、资源条件、技术条件、资金可得性、环境状况、外部协作、盈利能力等。通常来说，建设项目可行性研究报告一般包括以下内容。

1. 总论

总论是从总体对项目进行简明扼要的概述。它包括项目的名称，主办单位，项目的背景，投资的必要性和社会经济意义，投资环境，提出项目调查研究的主要依据，工作范围和要求，可行性研究的主要结论概要，指出主要的研究结论，说明项目存在的问题并提出建议。

2. 市场研究和拟建规模

市场是企业一切活动的出发点，因此市场研究是最基础的工作。任何项目的提出，都要根据市场的需求。获益是项目建设的目的，而项目效益主要取决于项目生产能力，即拟建规模。拟建规模的大小，首先取决于对市场的研究。这主要包括以下几点。

（1）产品国内外市场供需预测。产品供需预测主要是利用市场调查所获得的资料，将市场细分为几个不同部分，制定相应的产品价格、销售渠道和促销等策略，以适应不同市场的特点。

（2）销售价格预测。产品的价格是测算项目投产后的销售收入、生产成本和经济效益的基础。产品定价过高或过低都不利于长远的发展。

（3）市场竞争力分析。竞争力分析是研究项目在国内外市场的竞争地位和竞争对手的情况。

（4）市场风险分析。在对产品供需、价格变动、市场竞争能力等常规分析达到一定深度了解的情况下，对未来国内外市场某些不确定性因素发生的可能性，及对项目可能造成的损失程度进行分析。

（5）项目规模的合理确定。项目规模是指用产品产量表示的工程项目所具有的综合生产能力。通过对现有企业生产规模预测，分析现有企业的产品产量满足市场需求的程度，通过定量分析判断产品目前在市场中的状态。对在建项目和规划建设项目的生产规模预测，了解在建项目的生产能力、投产时间、生产条件和产品销售区域和市场分布。

3. 资源、原材料、燃料及公用设施情况

资源、原材料、燃料是项目建设和生产经营中极其重要的物质基础和保证条件。所以说对项目建设所需要的原材料、辅助材料、燃料的来源、种类、数量、价格及运输供应等方面的情况，有毒、有害及危险品的种类、数量和储运条件，材料试验情况，所需动力（水、电、气等）公用设施的数量、供应方式和供应条件、外部协作条件，以及签订协议和合同的情况，都需要进行研究分析。

4. 建厂条件和厂址方案

新建项目的厂址分析，要注意厂址的选择是否符合城市规划、与原材料产地和市场的距离、厂址周边的条件；根据建设项目的生产技术要求，对建厂的地理位置、气象、水文、地质、地形条件、地震、洪水情况和社会经济现状进行调查研究，收集基础资料；了解交通运输及水、电、气、热的现状和发展趋势，以及厂址面积、占地范围、厂区总体布置方案、建设条件、地价、拆迁及其他工程费用情况；对厂址选择进行多方案的技术经济分析和比选，提出选择意见。

除对以上工程条件进行分析，厂址方案的比选还要看经济型条件的比较，即对建设投资和运营费用的比较，如土地购置费、场地平整费、基础工程费、场外运输投资、原材料与燃料运输费、产品运输费、动力费、排污费等。

5. 项目设计方案

项目设计方案主要是指在选定的建设地点内进行总图和交通运输的设计，进行多方案比选，确定项目的构成范围、主要单项工程的组成，进行主体工程和公用辅助工程方案的比较论证；项目土建工程总量估算；土建工程布置方案的选择，包括场地平整、主要建筑和构筑物与厂外工程的策划；对项目的工厂布置、生产技术、工艺流程、设备选型、设备来源与数量、技术参数以及生产和操作工艺的自动化和机械化等方面进行研究、分析和评价。

6. 环境保护与劳动安全

环境要研究的内容主要是对建厂具体地区环境现状的调研，包括拟建项目“三废”种类、成分和数量，对环境影响进行预测；治理方案的选择和回收利用的情况；对环境影响的预评价；劳动保护与安全卫生；城市规划，防震，防洪，文物保护等要求以及相应的措施方案。

7. 组织机构、人力资源配置

明确项目法人组建方案，给出组织系统表，说明人力资源配置情况，如全厂生产管理体制、机构的设置、方案的选择论证；工程技术和管理人员的素质和数量的要求；劳动定员的配备方案；人员培训的规划和费用估算。

8. 项目实施计划和进度要求

按照勘察设计、设备制造、工程施工、安装、试生产所需时间和进度要求，选择整个工程项目实施方案和制定总进度，主要包括建设工期、项目实施进度安排、项目实施进度表等，并用线条图和网络图来表述最佳实施计划方案的选择。

9. 投资估算和资金筹措规划

投资估算包括项目总投资估算，主体工程及辅助、配套工程的估算，以及流动资金的估算；资金筹措主要是说明资金来源，资金投入的时间、来源、偿还方式。资金投入的时间和金额可依据实施进度所确定的建设期各阶段的具体安排来筹措。

10. 项目的经济评价和社会评价

项目的经济评价主要是进行项目的财务评价和国民经济评价，在评价结论中给出满意方案，并给出有关建议、附表和附图，供决策者参考。经济评价是可行性研究最重要的组成部分。财务评价是根据国家现行财税制度和现行价格，分析、测算项目直接发生的财务效益和费用，考察项目的获利能力、清偿能力以及外汇平衡能力，据以判别项目的财务可行性。采用的指标和参数为市场实际价格和基准收益率，主要以企业自身为系统，追求的是企业自身的经济效益。国民经济评价是从国家整体角度考察项目的效益和费用，用货物的影子价格、影子工资、影子汇率和社会折现率等经济参数计算、分析项目为国民经济带来的净贡献。也就是按照资源配置的原则评价项目在经济上的合理性。国民经济评价以整个国家为系统，追求的目标是社会最终产品和劳务的价值。

项目的社会评价就是评价项目对社会的影响。分析项目实施可能对社会带来的益处和负面影响，使项目的内容和设计符合项目所在地区的社会发展目标，如减轻或消除贫困、促进社会性别平等、维护社会稳定、促进经济与社会的协调发展。

11. 结论和建议

结论和建议主要包括建设方案的综合分析评价与方案选择；运用各项数据，从技术、经济、社会、财务等方面综合论述项目的可行性，如效益情况、主要优缺点、存在的问题等；项目基本方案描述，说明主要争论与分歧意见；给出项目可行性研究的基本结论以及有利于项目发展的建设性意见。

12. 附件和附图

凡属于项目可行性研究范围，但在研究报告以外单独成册的文件，均需列为可行性研究报告的附件，所列附件应注明名称、日期和编号。附件包括以下内容。

（1）项目建议书（初步可行性报告）。

（2）项目立项批文。

（3）厂址选择报告书。

（4）资源勘探报告。

（5）贷款意向书。

（6）环境影响报告。

（7）需单独进行可行性研究的单项或配套工程的可行性研究报告。

（8）需要的市场调查报告。

（9）引进技术项目的考察报告。

（10）引用外资的各类协议文件。

（11）其他主要对比方案说明。

（12）其他。

附图包括以下内容。

（1）厂址地形或位置图（设有等高线）。

（2）总平面布置方案图（设有标高）。

（3）工艺流程图。

（4）主要车间布置方案简图。

（5）其他。

以上内容主要是针对新建项目而言。若对于改建或扩建项目进行可行性研究，应该增加对原有固定资产的利用和企业现有概况的说明和分析等内容。从以上内容可以看出，建设项目可行性研究范围是十分广泛而全面的。其中可行性研究报告的内容大致可以概括为三大部分：首先，是市场预测，这是可行性研究的前提和基础，主要解决项目的“必要性”问题；其次，是生产条件与技术条件研究，这是可行性研究的技术基础，主要解决项目在技术上的“可行性问题”；最后，是经济评价，即经济效益的分析和评价，这是可行性研究的核心部分，主要解决项目在经济上的“合理性”问题。这三部分共同构成可行性研究的三大支柱。

9.2.3 可行性研究报告的编写要求

1. 全面客观地收集和研究材料

可行性研究报告必须实事求是，在调查研究的基础上，比较多个方案，按客观情况论证和评价，按科学规律办事。由于可行性研究涉及的财务评价指标众多，一旦数据发生变更，将会影响到财务评价的准确性和客观性。因此，在收集数据和材料时，要注意材料的准确性和全面性。

2. 明确研究目的

可行性研究报告不仅要考虑项目的先进性技术、经济和资金筹措方面的可行性，还要从法律、政策等方面审查项目的合法性和合理性，以及投资各方的经济实力和项目投向等。因此，需要综合分析，以便提供可供审批部门决策的信息。

3. 准确、具体、全面地回答可行性研究的问题

可行性研究报告有自己特定的内容和固定的格式，所以报告要准确、具体、全面地回答相关问题。要对提出的设想和方案加以分析，说明合理性，说明项目得以实施的条件。

4. 目标明确

可行性研究报告要目标明确，前后一致，始终围绕项目的必要性、可能性和可行性进行分析、论证，切忌因内容复杂、材料繁多而出现目标不明和前后脱节等问题。

5. 论据充分且论证科学、灵活、周密

可行性研究报告，要进行大量细致的调查研究工作，广泛收集资料数据，充分调查项目是否符合产业政策和本地条件，以及配套资金、原材料、能源供应、运输能力等情况；调查了解整个市场对产品的质量、价格、运输、包装等环节的要求；特别要调查研究技术先进性、产品的销售等问题，使资料数据丰富而完整，论据充分、客观。在论证时，要注意综合比较论证，实事求是，客观公正，思维周密、灵活，避免主观臆断。

6. 重视附件的特殊作用

可行性研究报告往往附有大量的附件与图表，这是可行性研究报告必需的重要组成部分。这些附件有专业性、技术性强，附件多等特点。除了使正文表达简练外，更具有补充正文，使正文论证观点更严密、更具科学性的独特作用。

9.2.4 可行性研究的方法

可行性研究综合运用多种科学、有效的方法进行分析、研究和论证，其中较常用的有以下四种。

1. 战略分析

对项目进行战略分析，就是根据国民经济发展的需要，在进行国民经济预测的基础上，结合资源和国民经济布局的研究，选出时间和空间上布局最理想或最满意的方案。

由于项目战略布局问题的分析是一个极其复杂的问题，通常由智囊机构协助领导和决策机关完成。智囊人员常用系统工程、数学规划、控制论等理论方法，结合具体研究对象，建立大型规划模型，并借助计算机进行模拟和分析。

2. 调查研究

调查研究是可行性研究过程中获取有关资料、数据和信息的有效手段。通过收集与可行性研究内容有关的各种信息，并对涉及项目建设的技术、经济、社会等全局性的关键问题进行调查。其主要内容包括历史背景调查、环境因素调查、现状调查、趋势调查等。

目前常用的市场调查方法有典型市场调查法、普遍市场调查法和抽样调查法。

（1）典型市场调查法。典型市场调查法是通过对个别有代表性的重点用户或地区的调查，以达到了解整体市场的发展趋势的方法。优点是调查的单位少，需求情报汇总快，节省人力，适用于大型产品和专业设备市场的调查。

（2）普遍市场调查法。普遍市场调查法是一次性对整体市场进行全面调查的方法。这种方法准确度高，但调查费用昂贵，所需人力、物力、时间比较多。这种调查往往要由全国性的机构来组织协调，但对一些使用范围有限的产品，可行性研究小组也能完成任务。普遍市场调查法经常采用邮寄问卷法、访问法、电话调查法等。

（3）抽样调查法。抽样调查法是一种科学的非全面的调查方法。这种方法不如普遍市场调查法获得的信息全面，但科学的抽样调查同样具有一定的参考性，且该方法运用面广，耗用的人、财、物和时间也比较少，是市场调查中普遍使用的方法。其包括随机抽样法和非随机抽样法两类。

3. 预测技术

预测是人们利用科学文化知识、经验和技术手段，对事物的未来或未知状况预先做出的推知和判断。预测是可行性研究不可缺少的一环，预测方法的研究和应用在可行性研究中受到高度重视。预测分析的基本要素由预测者、预测依据、预测方法和手段、预测对象和预测结果等构成。预测的基本步骤包括明确预测对象、收集信息、选择预测方法、确定边界条件、建立预测模型、给出预测结果、评价预测结果。

预测的方法可以分为定性预测法和定量预测法。

1）定性预测法

定性预测法是指利用直观材料，依靠个人经验和分析判断能力，对事物未来发展进行的预测。往往适用于预测对象受到各种因素的影响，又无法对其影响因素进行定量分析的情况，这时预测者只能凭积累的经验、少量的数据资料和主观判断等对事物的发展趋势和未来状态进行解释、分析和判断。定性预测法的基本原理是运用逻辑学的方法来推断预测对象未来的发展趋势。较常用的典型方法有头脑风暴法、德尔菲法、主观概率法、关联树法、先行指标法、未来场景法等。定性预测法的优点是简单易行、时间快，是应用历史比较悠久的一种方法，至今在各类预测中仍占据重要地位。缺点是易带片面性、精度不高。

（1）头脑风暴法。头脑风暴法是通过会议，主持人以一种明确的方式向所有参与者阐明问题，使参与者在完全不受约束的条件下，敞开思路，畅所欲言。在一定的时间内“自由”提出尽可能多的方案，不允许任何批评，并且所有方案都当场记录下来，留待稍后再讨论和分析。

（2）德尔菲法。德尔菲法是以匿名方式通过几轮函询征求专家的意见，组织预测小组对每一轮的意见进行汇总整理后作为参考，再发给各专家，供他们分析判断，以提出新的论证。几轮反复后，专家意见渐趋一致，最后供决策者进行决策。

（3）主观概率法。在运用头脑风暴法和德尔菲法进行预测时，可采用主观概率法来综合专家的意见。主观概率是预测人员根据过去的一些经验，对某个事物实现的可能性做出主观判断的量度。主观概率法分为算术平均法和加权平均法。

其一，算术平均法。当参加预测的专家水平相当，则把各位专家预测的结果的重要程度同等对待，其公式为

$$\bar{Q}=\frac{\sum_{i=1}^{n}Q_i}{n} \tag{9-1}$$

式中，$\bar{Q}$ 为预测未来事件的平均值；Q_i 为第 i 位专家的预测值；n 为参加预测的专家人数。

其二，加权平均法。当各位专家的专业水平和经验相差较大时，对各位专家的预测结果给予不同的权数，其公式为

$$\bar{Q}=\frac{\sum_{i=1}^{n}W_iQ_i}{n} \tag{9-2}$$

式中，W_i 为第 i 位专家的权数。

2）定量预测法

定量预测法是根据历史数据和资料，应用数理统计学工具进行分析计算等方法预测未来，或利用事物发展的因果关系等预测未来的方法。定量预测仅是依据事物历史和现在的统计资料和情况，分析研究其发展变化规律并对未来做出预测，然而影响事物的因素是多方面的，很多因素的变化是不可预知的，很多因素也是难以量化的。因此定量预测的结果也存在一定误差并需要修正。常用的定量预测法有时间序列预测分析法、回归分析法等。

（1）时间序列预测分析法。

其一，简单平均法。简单平均法是通过求一定观察期的数据平均数，以平均数为基础确定预测值的方法。这是市场预测的最简单的数学方法，不需要复杂的运算过程，方法简单易行，是短期预测常用的方法。其包括算术平均法和加权平均法。

其二，移动平均法。移动平均法是以假定预测值同预测期相邻的若干观察期数据密切关系为基础的，是把已知的统计数据点划分为若干段，再按照数据点的顺序逐点推移，逐点求其平均值，得出预测值的一种方法。移动平均法常用于长期趋势变化和季节性变化的预测，其公式为

$$M_{t+1}=\frac{X_t+X_{t-1}+\cdots+X_{t-n+1}}{n} \tag{9-3}$$

式中，M_{t+1} 为第 t+1 期的移动平均值；X_t 为已知第 t 期的数据；n 为每段时期内数据个数。

其三，指数平滑法。指数平滑法是移动平均法的演变和改进，在改进中有新的发展，只用一个平滑系数 a，一个最新的数据 X_t 和前一期的预测值 F_t 就可以进行指数平滑法。

这种方法进一步加强了观察近期观察值对预测值的作用，加大了近期观察值的权数，使预测值能够迅速反映市场实际的变化，而且，权数有伸缩性，可以选择不同的 a 值来调节时间序列观察值的程度。指数平滑法具有移动平均法的长处，又可以减少数据的存储量，所以应用比较广泛，其公式为

$$F_{t+1}=aX_t+(1-a)F_t \tag{9-4}$$

式中，F_{t+1} 为第 t+1 期的预测值；a 为平滑系数，$0\leqslant a\leqslant 1$；F_t 为第 t 期的预测值。

平滑系数 a 实际是一个加权系数，决定了数据的分配比值。a 越小，F_t 所占比重越大，所得的预测值就越平稳；a 越大，新数据 X_t 所占比重越大，预测值对新趋势的反映越敏感；当 a=1 时，最近的数据就是下一周期的预测值；当 a=0 时，预测值等于上一年的指数平滑值，是个常数。

对于初始值 F_1，当历史数据相当多时（大于等于 50），可以取 $F_1=X_1$，当历史数据较少时，可取 $F_1=\bar{X}$。

（2）回归分析法。

回归分析法是根据实际统计的数据，通过数学计算，确定变量与变量之间互相依存的数量关系，建立合理的数学模式，以推算变量的未来值。回归分析法是寻求已知数据变化规律的一种数理统计方法。

4. 模型方法

模型是抽象地描述现实系统特征和变化规律的一种表示方法。模型反映实际，又高于实际。模型方法具有更具体、更集中、更深刻地反映客观实体的特点，是可行性研究中运用的基本方法之一。

常用的模型有以下三种。

（1）实物模型。用来模仿实际系统的物理状态和运动状态的模型。可行性研究中的工程建设模型、各种建筑模型、实验模型等都是实物模型。

（2）图示模型。用各种图表对客观事物进行抽象描述的模型，如可行性研究中的信息流、物质流、时间序列、逻辑关系及各种网络图、规划图等。

（3）数学模型。用数学方法描述系统变量之间的相互作用和因果关系的模型，用各种数学符号、数值去描述工程、管理、技术、经济等有关因素及它们之间的数量关系的数学公式。

9.3　工程项目可行性研究报告简例

9.3.1　总论

1. 项目名称

大连××开发区高科技产业园区基础设施建设项目可行性研究报告。

2. 项目背景

党的十六大以来，党中央、国务院对我国经济发展模式做出战略性调整，明确提出坚持科学发展观，建设和谐社会等一系列重大决策。2004 年 10 月，党中央、国务院制定发布关于实施东北地区等老工业基地振兴战略的若干意见，明确提出要通过调整、改造和发展，把东北地区建设成一个新型产业基地和新的经济增长区域。《建设“大大连”规划纲要》明确提出“西拓北进”的城市发展战略，把该区划为大连市主城区。这些政策措施为其迎来了前所未有的发展机遇。根据中共大连市委九届五次全会通过的《建设“大大连”规划纲要》的要求，以及《大连市××区国民经济和社会发展第十一个五年规划纲要》草案提出的发展战略，调整了产业空间布局，加快城市化建设步伐，按照“一城、两区、三带”总体布局，大力发展高技术产业、临港产业、旅游业、航运物流和现代农业等重点产业。为了进一步提高产业发展水平，拓展新的发展空间，弥补建设发展用地的不足，开发利用现有废置盐田增加建设用地已势在必行。该项目就是在上述背景下提出的。

3. 项目概况

综合考虑多种因素，规划开发面积 3.74 千米^2，其中首期开发 1.24 千米^2，二期开发 1.00 千米^2，三期开发 1.50 千米^2。主要建设条件包括用地条件、配套设施条件和施工条件。该区地处老铁山街道境内，东北紧邻旅顺城区，西部与铁山街道驻地相接，区内分布着一些村庄、盐田、耕地、林地和军事用地。园区内有溢洪渠（凤河）穿过，将园区分为南北两部分，北侧为盐田和虾池用地，地势低洼，南部地势较高，为丘陵地形，有两座山体；周边基础设施配套基本齐全，交通运输便利快捷，适合企业的经营发展；而且通过工程招标可以解决基础设施建设的技术问题，施工质量及材料供应可以满足工程要求。

4. 编制原则

项目评价必须建立在满足使用功能和符合规划的基础上，对所采用的技术方案应是经过使用验证的，是切实可行和稳妥可靠的，符合适用、安全、经济的原则。

符合以人为本和可持续发展的方针，对环保、节能、节约土地有切实保证。

项目评价遵循可比原理，使效益和费用计算口径一致，在计算期内使用同一价格和参数。

可行性研究的设计坚持实事求是原则，据实比选，推理论证，保证评价的科学性、公正性和可靠性。经济评价的内容、深度及计算指标，应能满足设计深度要求。

9.3.2 项目建设的必要性

1. 建设背景

中央在实施东北地区等老工业基地振兴战略中，将目光聚焦在大连，振兴大连老工业基地，为建设“大大连”提供了有力的支持和强劲的动力。《建设“大大连”规划纲要》把该区列入了大连主城区的一部分，这为该区经济社会发展提供了难得的发展机遇。

大连目前正处于工业化后期，相对于快速发展的经济来说，现有的城市规模显然较小。基于新一轮城镇体系规划，确定了大连的区域整体发展战略，提出以中心城市重工业转移带动地方工业跨越式自主发展为主体，等级辐射、点轴扩散、普遍动员，实现市域全面发展的规划图景。在这个大经济背景下，该区调整了城市空间布局，进一步优化了经济结构和产业结构，立足长远、统筹考虑工业园区的规划建设，在经济技术开发区与城区之间建设高新产业园区。

2. 建设的必要性

1）落实《中共中央关于制定国民经济和社会发展第十一个五年规划的建议》的重要举措

《中共中央关于制定国民经济和社会发展第十一个五年规划的建议》提出产业优化升级、产业转移、产业集聚、产业群等新经济和社会发展概念，并且对促进区域协调发展明确提出振兴东北地区老工业基地，东北地区要加快产业结构调整，在改革中实现振兴。

2）符合辽宁省及大连市对该区经济及社会发展的长远规划

辽宁省第九次中国共产党全国代表大会明确提出，大连要成为全省经济发展的火车头，要求大连把产业做大，把先导区做大，把城市规模做大。大连城区西拓到该区，城市用地由现在的 200 千米 ^{2} 扩大到 300 千米 ^{2} 左右，其纳入大连主城区后，与老市区融为一体，按照城市标准统一规划、建设和管理。从城市经济的现有基础出发，推进产业升级，扩大产业基地外延，优化高新技术产业布局，满足高新技术产业发展的空间要求。围绕大连市总体功能，其定位为旅游名胜区、临港产业区、高新技术产业园区和大学园区。总之，规划建设该高新技术园区符合辽宁省和大连市建设规划的总体要求。

3）可以解决"十五"期间经济发展存在的问题及制约因素

园区建设可以解决经济总量偏小、具有牵动作用的高新技术产业的大项目少的问题；解决投资强度不足、基础设施和公共设施尚不完善的问题；解决对外开放程度相对较低的问题。同时，可以弥补该经济技术开发区建设用地的不足，与该区南路高新技术产业带相协调，充分利用与该地城区的互动发展优势。此外，能够解决失地农民的就业需求，增加区级财政收入。

9.3.3　项目开发 SWOT（优势、劣势、机遇与挑战）分析

1. 区域土地发展现状

本园区定位为高新技术产业区，重点发展以无污染、耗能少的生物工程、新型材料、生命技术、新能源技术、医药等作为支柱的高新技术产业，微电子和电子信息技术产业，与软件、数码技术有密切联系的产业。

园区根据功能不同依次分为 6 个区：商贸区（A 区），位于园区东北角，用地面积为 10.41 公顷；研发区（B 区），位于园区北侧中部，用地面积为 33.70 公顷；综合服务区（C

区），位于园区西部，用地面积为 121.88 公顷；孵化区（D 区），位于园区中部北侧，用地面积为 42.95 公顷；中试区（E 区），位于园区北部西侧，用地面积为 52.02 公顷；产业化孵化区（F 区），位于园区南部，用地面积为 113.04 公顷。首期中科院创新园区将有 3 个项目入驻，占地十余万米 ^{2}。

2. 区域优势与劣势分析

1）优势分析

（1）区位优势。地处辽东半岛顶端，靠近渤海海峡主航道，区位条件优越。距大连市区 31 千米，是"大大连"主城区的重要组成部分，可直接接受大连市城市功能和产业辐射。该区将与大连市老城区连为一体，实现其与大连市的一体化发展。园区建设将能够便利地共享主城区的道路、供水、供热等基础设施，接受主城区在资金、劳动力、信息方面的辐射。

（2）协作优势。该区南路高新技术产业带对于拉动工业经济增长，推进产业结构优化，发挥了重要作用。园区作为高新产业新的发展空间，可以与南路高新技术产业带相互协调，有效地承接大连高新技术产业的扩散，提升产业发展水平。

（3）环境与高教优势。作为大连市的"后花园"，其依山傍海、景色秀丽，空气清新、环境优美，是著名的旅游名胜区，且非常适合高新技术产业的发展。大连市高校云集，在校学生众多，大学园区的建设也可为园区的发展提供潜在的智力资源支撑。

（4）政策优势。近年来，该区区委、区政府对其的区位、资源、产业优势的认识越来越明确，对未来的发展方向和产业重点越来越清晰，基本形成了符合时代要求和该区特点的发展思路。不断加大投资环境的改造力度，大力推进政府机构改革和政府职能的转变，使软环境明显改善，优惠的政策使园区的建设发展成为可能。

2）劣势分析

（1）用地方面。园区位于老铁山自然保护区的"实验区"内，用地面积相对较小，因此其产业选择既要符合生态环境保护的要求，拒绝发展污染型的产业，又要考虑土地空间的限制。

（2）资金方面。由于投资建设规模较大，区级财政支持基础设施投资存在一定困难，这是园区建设需要解决的问题，需多渠道融资。

（3）防洪要求。园区处于溢洪渠（凤河）的水道区，汇水区域面积大，面临着洪水的威胁。

3. 机遇与挑战分析

1）机遇分析

（1）经济政策导向。大连市为实施"大大连"发展规划，加大了城市工业建设力度，采取积极的态度扶持全市的工业发展；大连市政府推出了进一步鼓励外商投资的若干规定，这无疑为该项目吸引外资创造了巨大的空间。

（2）市场和发展机遇。该口区地处沿海地区，具有发展高新技术产业、临港加工业和滨海旅游业等的许多优势。“大大连”建设规划明确提出该区将成为大连市主城区，承担着重点发展旅游业、临港产业、高科技产业、大学城建设的重要任务。其临近大连高新园区，是大连发展高新技术产业的重要后备地，依托其独特的地域优势、环境优势，建立起我国北方的重要高科技研发基地，使其最终成为大连乃至东北地区经济未来发展的重要引擎之一，是今后其实现跨越式发展的必由之路。

（3）区域发展机遇。不仅区位条件优越，同时还拥有丰富的海洋、旅游资源及优美的生态环境。该地区还处于城区与省级经济开发区之间，开发区产业水平的提升与产业结构的调整需要有高新技术的协调支撑。其南路已经形成以软件及信息服务业为主的高新技术产业带，科研研发机构和著名院校汇集的科技产业带。同时该地区依山傍海、环境优美，可以吸引众多的投资者。

2）挑战分析

（1）资源和环境因素对工业发展的挑战。目前工业结构中占地多、耗水多、能耗高、“三废”排放量大的行业所占比重仍然较高，这一事实也是该项目建设所面临的一项挑战。

（2）激烈竞争带来的挑战。该项目所在地周边地区的工业区较多，可以增强该地区的集聚效应，但同时也加剧了该地区企业之间在原料、技术、人才等各个方面的竞争。

4. 发展前景分析

1）土地开发的现状

该区有近 2 千米^{2}的废弃盐田，未整治的 2 座土山，散落其中的南牙户咀等 3 个小村庄及零散的养殖地。初步估算，铲平 2 座土山，填平低洼废弃盐田等，可以得到 3.7 千米^{2}的可利用开发建设的土地。

2）招商优势分析

（1）临海的地理位置优势。从国际上看，其与日本、韩国发展海上交通有较好的便利条件；从国内看，是连接辽东半岛与山东半岛经济发展的“黄金水道”，在开展环渤海地区海上运输和东南沿海海上运输方面具有得天独厚的优势，而且其距大连市区 31 千米，可直接接受大连市城市功能和产业的辐射。

（2）毗邻城区优势。高新技术产业园区距离城区较为近便，能够较为便利地接受城区在资金、劳动力、信息等方面的辐射，促进园区的快速发展。

（3）基础建设条件优势。高新技术产业园区以国有废弃盐田为主要用地，经过一定的土地平整后即可用作建设用地，这样可以有效地减轻征地拆迁的压力，降低基础设施、公共设施建设的投资成本。良好的建设基础条件，非常有利于园区的建设。

（4）该区政府高度重视高新园区建设。其国民经济和社会发展第十一个五年计划纲要（草案）中，明确提出发展战略之一是工业强区战略，大力发展和引进规模大、科技含量高、附加值高、牵动作用强的企业。该区政府的“十一五”期间的经济发展战略及任务，有利于高新园区招商引资及建设。

9.3.4 项目建设条件

1. 项目选址

（略）。

2. 自然条件

1）气候条件

采用当地水师营气象站1964~1985年资料统计分析如表9-2和图9-2所示（特殊注明除外）。

表9-2 自然条件统计表

降水	历年最大月降水量	历年最大年降水量	多年平均降水量	日最大降水量	6~8月降水量占全年降水量比重	50毫米降水天数
	423毫米（1964年7月）	970毫米（1964年）	617毫米（1964~1982年）	150毫米	62%	2天
气温	最高气温	最低气温	年平均气温	年最高平均气温	年最低平均气温	
	35.4℃	−19.0℃	10.25℃	32.45℃	−16.4℃	
风况	多年平均风速	最大风速	常风向频率	次常风向频率	强风向	
	3.82米/秒	30米/秒	NNE31%	N27%	NNW，最大风速30米/秒	
雾况	历年平均雾日（能见度<1千米）		年最多雾日		年最少雾日	
	12.3天		38天		2天	
	备注：雾多发生于春夏季节（4~8月），占全年总数为69%					

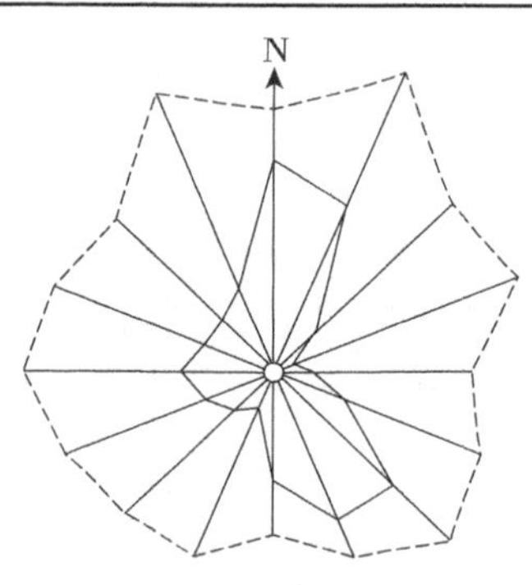

图9-2 风玫瑰图

根据当地水师营1983~1985年的风况统计资料，分析统计后得出风级统计天数表，如表9-3所示。

表9-3 风级统计天数表

风级	每年平均天数/天
＞6级	34
＞7级	17
＞8级	2
＞9级	0

2）地貌

高新园区内有溢洪渠（凤河）穿过，将园区分为南北两部分，北侧为盐田和虾池用地，地势低洼，标高在 0~5 米，需要大量土石方进行平整；南部地势较高，为丘陵地形，有 2 座山体。

3. 工程水文地质条件

1）水文

本流域附近建有水师营雨量站一座，具有 1905~1942 年、1955~1998 年两段降水实测资料。入海口设有部队气象台一座，提供 1979~1998 年 20 年间的实测潮汐资料。

（1）暴雨特性。雨量的年际变化相差悬殊，年内分配更为明显。随着大气环流的变化，降雨主要集中在 6~9 月，尤其 7~8 月最多。全年的降水量一般由 1~2 场大暴雨形成，最大 1 小时降水量为 53.80 毫米（1979 年）、最大 6 小时降水量为 122.00 毫米（1985 年）、最大 24 小时降水量为 158.60 毫米（1985 年）、最大 3 日降水量为 242.60 毫米（1985 年）。大暴雨和特大暴雨持续时间，一般为 1~2 天，最短为几小时，最长达 3 天左右。

（2）洪水特性。凤河流域的洪水均为暴雨所形成。洪水的年际变化很大，气候越干旱，洪水变化就越剧烈，相差越悬殊。洪水出现期与暴雨集中期一致，略缓于暴雨。一次洪水一般 1~2 天完成，最短几小时，最长也可达 3 天或以上。

2）地质

高新园区用地地质条件较为稳定，无重大不良地质现象。在尚无全面勘察的情况下，参照某新港的《岩土工程勘察报告》，局部分析如下。

（1）根据勘探资料，地层由上至下划分为：素填土、淤泥、亚砂土、粉细砂、淤泥质亚黏土、亚黏土、碎石砾石混中粗砂、亚砂土、砾石混中粗砂、石英砂岩、页岩。

（2）本区地震基本烈度为 7 度。

4. 项目建设的有利条件

（1）有可利用的高新园区基础设施建设的经验。目前该经济开发区正在建设，园区周边正在建设或即将建设石化、造船、物流等一批大项目，这将为园区的建设和发展提供有益的借鉴。

（2）基础设施配套条件具体，包括水资源配套、电力资源配套和路网配套。

（3）优越的生活条件。园区位于老铁山自然保护区的“实验区”范围内，该地区依山傍海、环境优美，距大连市区 31 千米，具有优越的生活环境。

9.3.5　工程建设方案

本项目建设范围为该园区基础设施开发项目工程“九通一平”基础设施项目，主要包括道桥、场地回填及给水、排水、供电、通信、燃气、供热多个分项工程。本次可研报告工程方案部分的技术分析是在控制性详细规划的基础上，将基础设施的分项工程的工作内容、技术方案与实际工程的工期计划、资金投入计划相结合，对各分项工程的技术方案进行合理的分析与调整。

1. 土方工程

1）回填料的选择

本工程回填总方量为 8 578 912.9 米^3。对于这么大的方量，工程中应首先考虑以开山石为主，考虑整个工程的挖填平衡，土石方来源主要采用园区南部两座山体的开山石，总挖方量为 10 043 936.3 米^3，陆上运距最大约为 2.5 千米。

2）开山、回填方案

回填方案中设备暂按选用 4.5 米^{3}装载机、25 吨自卸汽车及 90 千瓦推土机考虑。场地的开山回填料来源为园区南部的山丘，最大运距约为 2.5 千米，施工设备配备比例为推土机：装载机：自卸汽车=1：2.5：18，每天按 1.5 个台班（12 小时）计算，每组每天可回填石方 2 500 米^3。

园区基础设施建设工程分三期实施：首期回填量为 3 631 172.7 米^3，挖方量为 38 412 米^3；二期回填量为 2 096 241.2 米^3，挖方量为 4 367 567.3 米^3；三期回填量为 2 851 499 米^3，挖方量为 5 637 957 米^3。

2. 道路、桥梁工程方案

1）道路、桥梁工程建设的原则

本次可研建设原则上按远景园区规划，落实区内道路、桥梁工程。根据近期规划目标，针对现状及存在的问题，本次工程建设设计遵循协调性、可持续性、生态和安全合理等原则。做到各工程之间相互联系、相互影响；前一阶段的运作为后一阶段的建设打下良好的基础，后一阶段的建设为前一个阶段的持续发展提供强有力的保障；注重对原有地形、地貌及生态环境的保护和更新。

2）道路、桥梁工程建设的内容

本次路网系统由城市道路Ⅱ级主干路、城市道路Ⅱ级次干路和城市道路Ⅱ级支路组成。其中城市道路Ⅱ级主干路红线宽度为 30 米，城市道路Ⅱ级次干路红线宽度为 20 米，城市道路Ⅱ级支路红线宽度为 15 米。根据规划，将临港工业区内的主次干道划分为 14 条路，其中：盐尹路为城市主干路；冷柏路、内环路、横二路、横四路、横六路为城市道路次干路；纵一路、纵二路、纵三路、纵四路、横一路、横三路、横五路、横七路为城市道路支路。

为了使路网顺通，根据规划，跨越凤河河段设计四座桥梁。盐尹路上两座桥梁，内环路上一座桥梁，纵四路上一座桥梁。

3）道路工程方案

（1）技术标准。城市道路Ⅱ级主干路设计标准如表 9-4 所示，城市道路Ⅱ级次干路设计标准如表 9-5，平曲线和纵断面设计标准如表 9-6 所示，其中包括主干路和次干路的标准。

表 9-4　城市道路Ⅱ级主干路设计标准

设计计算行车速度	50 千米/小时
交通设计年限	20 年
行车道宽度	3.75 米
停车视距	60 米
会车视距	120 米

表 9-5　城市道路Ⅱ级次干路设计标准

设计计算行车速度	30 千米/小时
交通设计年限	15 年
行车道宽度	3.75 米
停车视距	30 米
会车视距	60 米

表 9-6　平曲线和纵断面设计标准

<table>
<tr><td>圆曲线半径</td><td>不设超高最小半径/米</td><td>设超高推荐半径/米</td><td colspan="7">设超高最小半径/米</td></tr>
<tr><td>主干路</td><td>400</td><td>200</td><td colspan="7">100</td></tr>
<tr><td>次干路</td><td>150</td><td>85</td><td colspan="7">40</td></tr>
<tr><td>平曲线最小长度</td><td>平曲线最小长度/米</td><td>圆曲线最小长度/米</td><td>小转角平曲线最小长度/米</td><td colspan="6">缓和曲线最小长度/米</td></tr>
<tr><td>主干路</td><td>85</td><td>40</td><td>600/ α</td><td colspan="6">45</td></tr>
<tr><td>次干路</td><td>50</td><td>25</td><td>350/ α</td><td colspan="6">45</td></tr>
<tr><td>纵断面设计</td><td>坡度</td><td>最大</td><td>最小</td><td>最小坡长</td><td colspan="5">竖曲线半径和最小长度/米</td></tr>
<tr><td>主干路</td><td rowspan="2">坡度</td><td>5.5%</td><td>0.3%</td><td>140</td><td colspan="2">凸曲线</td><td colspan="2">凹曲线</td><td rowspan="2">最小长度</td></tr>
<tr><td>次干路</td><td>7%</td><td>0.3%</td><td>85</td><td>一般</td><td>极限</td><td>一般</td><td>极限</td></tr>
<tr><td>主干路</td><td>横坡</td><td colspan="3">1.5%</td><td>1 350</td><td>900</td><td>1 050</td><td>700</td><td>40</td></tr>
<tr><td>次干路</td><td>横坡</td><td colspan="3">1.5%</td><td>400</td><td>250</td><td>400</td><td>250</td><td>25</td></tr>
</table>

（2）平面线形设计。建设一个道路结构明确，交通组织合理、顺畅，既能有效地分割各功能区，又可以方便地联系各建筑的道路系统。路线布设原则有以下三点。

首先，路线总体布设符合《×××控制性详细规划》总体走向和主要控制点要求。

其次，综合研究沿线功能区建设规划、各功能区发展规划和交通发展规划，处理好它们之间的关系。

最后，布设路线时合理掌握技术标准。充分考虑地形特征、地质条件，使路线尽量顺捷，以缩短建设里程，降低工程造价，节省营运费用，在不过多增加工程投资的前提下，选用较好的线形和采用较高的技术标准，以期达到最佳的社会效益和经济效益。

根据规划的调整，本次重新统计工程量，道路工程共建道路 23 682.45 米，总面积为 46.09 万米 ^{2}，各期道路工程量统计情况如表 9-7 所示。

表 9-7 各期道路工程量表

<table>
<tr><th>道路建设分期</th><th>序号</th><th>道路等级</th><th>长度/米</th><th>工程量/万米 ^{2}</th></tr>
<tr><td rowspan="4">第一期</td><td>1</td><td>主干道</td><td>3 020.00</td><td>9.06</td></tr>
<tr><td>2</td><td>次干道</td><td>3 227.80</td><td>6.50</td></tr>
<tr><td rowspan="2">3</td><td>支路</td><td>2 197.78</td><td>3.30</td></tr>
<tr><td>合计</td><td>8 445.58</td><td>18.86</td></tr>
<tr><td rowspan="3">第二期</td><td>4</td><td>次干道</td><td>3 875.79</td><td>7.75</td></tr>
<tr><td rowspan="2">5</td><td>支路</td><td>2 127.86</td><td>3.19</td></tr>
<tr><td>合计</td><td>6 003.65</td><td>10.94</td></tr>
<tr><td rowspan="3">第三期</td><td>6</td><td>次干道</td><td>4 974.31</td><td>9.95</td></tr>
<tr><td rowspan="2">7</td><td>支路</td><td>4 258.91</td><td>6.39</td></tr>
<tr><td>合计</td><td>9 233.22</td><td>16.34</td></tr>
</table>

（3）纵断线形设计。纵断标高按照该高新技术产业园区控制性详细规划中的规划标高进行控制，道路控制标高待建筑单体的标高确定后再行调整。

（4）断面设计。路幅断面的分布包括机动车道、人行道、分隔带等，各级道路横断面分布如表 9-8 所示。

表 9-8 道路路幅断面明细表

序号	道路宽度/米	路基宽度/米	机动车道/米	人行道/米
1	30	30	23	2×3.5
2	20	20	14	2×3
3	15	15	9	2×3

（5）路基设计。本工程采用土方调配进行场地平整。对于零填挖路基，路面底面以下 80 厘米范围应采用换填、翻松晾晒掺拌石灰或其他稳定材料等技术措施，其压实度不小于 95%；路基宽度如表 9-8 所示。

（6）路面设计。根据远景交通量预测，结合当地建筑材料状况，拟定沥青混凝土路面和水泥混凝土路面这两种路面结构方案。

沥青混凝土路面表面平整、无接缝、行车平稳；在烈日下不反光，便于行车；适于机械化施工，施工进度快，质量容易得到保证，且养护简单。但是沥青路抗弯拉强度低，要求基层具有足够的强度和稳定性；温度稳定性较差，高温时，易出现车辙、推移、波浪等破坏；低温时，沥青材料容易变脆而导致路面开裂；施工受季节和气候影响较大。

水泥混凝土路面强度高，稳定性和耐久性好，日常养护费用小，抗滑性能好，但是接缝较多，不但增加了施工和养护的复杂性，而且容易引起跳车；同时面板边缘和角隅部位，若处理不当，容易发生破坏；铺筑后不能立即开放交通，一般需经 2~3 周湿治养护。养护修复困难，水泥混凝土路面养护，主要是修复破坏处，在修复过程中开挖困难，工作量大，且影响交通。

综合比较分析，推荐沥青混凝土路面。机动车道路面结构（自下而上）为：路面基层，20 厘米水泥稳定碎石（水泥剂量为 2%），20 厘米水泥稳定碎石（水泥剂量为 5%），1 升/米^{2}黏层油；面层，8 厘米粗粒式沥青混凝土（AC-30I），1 升/米^{2}透层油；5 厘米中粒式沥青混凝土（AC-20I）。人行道路面结构（自下而上）为：15 厘米水泥稳定碎石（水泥剂量为 2%），2 厘米的 1 : 3 水泥砂浆找平层，6 厘米的彩色连锁砖。

（7）路灯和道路附属设施。为保证道路照明质量，达到辨认可靠和视觉舒适的基本要求，道路照明应满足三项指标，如表 9-9 所示。

表 9-9 道路照明标准表

道路类别	照明水平		均匀度		眩光限制
	平均亮度 La/（cd/m^2）	平均照度 Ea/lx	亮度均匀度 Lmin/La	照度均匀度 Emin/Ea	
主干道	1.0	25	0.35	0.35	严禁采用非截光型灯具
次干道	0.5	15	0.35	0.35	不得采用非截光型灯具
支路	0.5	15	0.35	0.35	不得采用非截光型灯具

路灯根据道路宽度和断面形式进行布置，主干道一般采用双排对称排列双悬挑的布灯方式，次干道一般采用双排或单排、对称或交错排列、双悬挑或单悬挑的布灯方式；安装高度与道路等级相匹配，主干道安装高度一般为 12 米，次干道安装高度一般为 8 米；灯具的纵向间距一般为 35 米。

道路照明选择效率高、机械强度高、耐高温、耐腐蚀性的灯具，同时具有重量轻、美观、防水、防尘等性能。路灯照明光源一般采用高压钠灯，灯杆一般采用镀锌锥形灯柱；电线穿钢管埋地敷设。

道路辅助设施包括交通标志、交通标线和局部防护设施。道路附属设施中交通标志、标线的设置按现行的《道路交通标志和标线》的规定执行。

4）桥梁工程方案

本区内桥梁桥位全部服从路线，共 4 座中型桥梁，A 桥、B 桥和 C 桥 3 座桥梁由西向东跨越凤河主河道，D 桥跨越凤河支流。由于跨越凤河的三座桥梁相距较近跨度也基本相同，为取得效果上的一致，选用相同的桥型和相似的跨度，上部结构均为 3 跨 20 米简支（桥面连续）梁桥，下部结构均采用圆柱式桥墩，钻孔灌注桩基础。

A 桥道路中线与河道斜交，斜交角度为 67 度，桥面全宽 31 米；由于全桥较宽，采用分离式断面，沿桥梁中线设置 1 米宽的中央分隔带。B 桥道路中线与河道正交，桥面全宽 20 米。C 桥道路中线与河道斜交，斜交角度为 79 度，桥面全宽 15 米。D 桥采用一跨简支梁桥，跨度为 20 米，桥面全宽 31 米。

3. 给水、排水工程

1）给（中）水工程

（1）水源。按照该地城市总体规划并结合本区规划，本区采用分质供水，分别为市政自来水和污水处理厂提供的中水。根据园区用地性质和用地面积，采用用地指标法来预测园区用水量。一期用水量约为 0.49 万米 ^{3}/日，二期用水量约为 0.50 万米 ^{3}/日，三期用水量约为 0.76 万米 ^{3}/日，总用水量约为 1.75 万米 ^{3}/日。其中市政自来水 1.15 万米 ^{3}/日、中水 0.6 万米 ^{3}/日（按园区内污水量的 40%计），如表 9-10 所示。

表 9-10 水量估算表

用地性质	高新技术产业用地			商贸区用地			市政公用设施用地		
阶段	一期	二期	三期	一期	二期	三期	一期	二期	三期
用地面积/公顷	59.35	67.49	111.51	10.00	0.00	0.00	2.33	1.63	1.84
用水量指标/［万米 ^{3}/（千米 ^{2}·日）］	1.20	1.20	1.20	0.70	0.70	0.70	0.50	0.50	0.50
日用水量/（万米 ^{3}/日）	0.71	0.81	1.34	0.07	0.00	0.00	0.01	0.01	0.01
用地性质	道路广场用地			绿化及其他			合计		
阶段	一期	二期	三期	一期	二期	三期	一期	二期	三期
用地面积/公顷	23.00	30.00	39.87	1.00	10.67	1.00	95.68	109.79	154.22
用水量指标/［万米 ^{3}/（千米 ^{2}·日）］	0.20	0.20	0.20	0.15	0.15	0.15			
日用水量/（万米 ^{3}/日）	0.05	0.06	0.08	0.00	0.02	0.00	0.84	0.89	1.43
备注	重复利用率 50%								

一期、二期、三期均按工业用水重复利用率不低于 50%计，则一期用水量约为 0.49 万米 ^{3}/日，二期用水量约为 0.50 万米 ^{3}/日，三期用水量约为 0.76 万米 ^{3}/日。

（2）管网布置。园区市政自来水管网布置采用环状管网供水，区内形成主环和次环，局部枝状敷设。供水系统采用工业、生活给水管网合用，在管网上按消防要求布设地下式消火栓。中水管网布置采用枝状管网供水。中水供给各工业企业，用于冷却洗涤用水、锅炉补给水、绿化、景观及广场道路用水不足部分。消防给水管道与园区工业、生活用的自来水管道合并使用。室外消防用水由室外环状自来水管网上的室外消火栓提供；园区内的多层及低层建筑的室内消防用水如水压、水量满足要求可直接取自室外环状自来水管网。此两部分的消防用水流量为 60 升/秒。其余高层建筑及其他特殊用室内消防用水设消防水池和消防泵房供给。

（3）管材接口及管道基础。管材采用高密度聚乙烯给水管（PE100 级）。管材的质量除应达到国家规定的技术要求外，还应根据本园区的管道埋深进行不同的型号配置。除机动车道下按汽-超 20 考虑外，其他按汽-10 考虑，并应承受施工时机械荷载。管道与阀门连接采用法兰连接。管道与管道连接按管材的要求采用热熔连接。管道基础要求地基承载力大于 150 千帕，管道基础采用砂垫层基础。

2）排水工程

排水体制采用雨污分流制，在园区内形成完善的污水、雨水排放系统。

（1）污水工程。园区内污水的组成主要是工业废水及部分生活污水。污水量按用水量的 80%，则园区内最高日污水量约为 1.40 万米 ^{3}/日。设 1 座污水泵站，设计规模为 1.5 万米 ^{3}/日。

园区内污水管线大部分为重力流排放，终端设污水提升泵站。园区设污水提升泵站 1 座，用地控制为 400~450 米 ^{2}。根据总体布置，在内环路和盐尹路上各布置 1 条主干线，形成污水管网，污水支干线均垂直主干线成东西走向。同时，由主干线汇集到污水提升泵站，再由污水泵站通过污水压力管提升至市政太阳街加压泵站，最后排至柏岚子污水处理厂。

污水管线布置还应尽量满足以下原则：①污水管的管径计算按最高日最大时污水量计算；②污水管道的最小管径取 DN300，最小坡度取 0.3%；③污水管在园区道路下按收水一侧布设；④工业污水在达到排放标准后排入污水管。

（2）雨水工程。雨水排放本着就近排放、尽量减少管线负荷的原则，采取安全稳妥的防洪措施，贯彻全面规划、防治结合、以防为主的方针，保证园区安全。

场地雨水就近排入管网，重力流排入园区内的河道内。根据总体布置，雨水管网主干线均布置成南北走向，各条雨水主干线均各自独立收集沿线各个地块的雨水并排放至河道内，主干线之间不再串联成总干线，这样还有利于分期建设。雨水管的最小坡度应满足规范的要求。

4. 供电及通信工程

1）供电工程

根据《城市电力规划规范》（GB/T 50293—2014），按用地特点、产业性质，以负荷密度法预测负荷发展水平，负荷预测详如表 9-11 所示。

表 9-11 区用电负荷统计

建设阶段	用地性质	建筑面积/公顷	负荷指标/（千瓦/公顷）	用电负荷/千瓦
一期	工业建筑用地	51.69	500	25 845
	公共建筑用地	2.26	700	1 582
	其他	21.00	300	6 300
	小计	74.95	1 500	33 727
二期	工业建筑用地	56.01	500	28 005
	小计	56.01	500	28 005
三期	工业建筑用地	149.11	500	74 555
	小计	149.11	500	74 555
合计		280.07	2 500	136 287

根据表 9-11，整个园区预测总负荷约为 13.6 万千瓦，供电电压等级为 66/10/0.4（0.22）千伏，各级同时率均按 0.8 计算，10 千伏侧最大供电负荷为 10.9 万千瓦。

根据园区情况拟设有两个方案：方案一是规划设计一座 66/10 千伏总降压站和 10 座 10 千伏开关站，总降压站设置在园区中心位置，开关站靠近园区主干路网附近；方案二是规划设计一座 66/10 千伏总降压站和 10 座 10 千伏开关站，总降压站设置在一期，开关站设置在各区域负荷中心位置。

方案一总降压站深入负荷中心，减少了总降压站到开关站之间的供电半径和供电电缆，开关站进出线方便；方案二结合实际工程实施情况，将总降压站设在一期，距离66千伏电源侧较近，开关站设置在负荷中心而不受主干路网限制，减少了开关站配出电缆的长度。综合比较选择方案二。

根据负荷预测，园区需建设1座66千伏户内型变电所，用地约需2 000米^2，安装4台容量为50兆伏安变压器，容载比为1.83。根据《城市电力规划规范》中10千伏开关站容量不超过15 000千伏安的要求，在负荷中心规划建设10个10千伏开关站。开关站与10千伏配电所联体建设。

园区主要为高新技术产业，各分区可根据用户要求建设10千伏变电所。10千伏变电所每座供电能力按1 800千瓦考虑，园区内共需建60座10千伏变电所。10千伏变电所均采用户内型，独立建设时占地面积为300~400米^2，与其他建筑物合建时占地面积为150~200米^2。10千伏变电所接线方式采用单母线分段，每段8~12回出线。供电电源主要由66千伏变电所的10千伏侧不同母线段供电，以保证园区内一、二级负荷供电要求。

10千伏电缆敷设原则：电缆根数在6根以下时，宜采用直埋敷设，敷设宽度为1.5米；电缆根数在6~14根时，宜采用排管敷设，敷设宽度为0.9~1.1米；电缆根数在15~20根时，宜采用单侧电缆隧道，电缆隧道宽度为2.1米；电缆根数超过20根时，采用双侧电缆隧道，电缆隧道宽度为2.6米。

2）通信工程

（1）电话容量预测。按用地性质、面积预测园区电话机数如表9-12所示。

表9-12 园区电话机数预测

用地性质	建筑面积/公顷	密度指标/（门/公顷）	电话数目/万门
高新技术产业	256.81	300	7.7
其他	23.26	500	1.2
合计	280.07	800	8.9

根据上述预测结果，整个园区的固定电话交换机容量约为9万门。规划在园区建设集电信、邮政等信息服务综合大楼，即通信站房。初步规划建筑面积在2 000米^{2}左右。

（2）方案比较。方案一是在园区靠近中心位置设置一通信站房，主干信息线缆选用72芯光缆，分支线缆选用24芯光缆；方案二是在园区一期工程设置一通信站房，随着工程建设在二三期交界处设置一通信站房，主干信息线缆选用72芯光缆，分支线缆选用24芯光缆。结合实际选用方案二。

（3）线路规划。园区内电话线路、信息线路、有线电视线路统一规划，并尽可能同沟敷设。园区内电信电缆全部采用埋地敷设，电信管道的建设与道路建设同步进行，管道根据电信终期规模一次埋设下地。

（4）管道。电信线缆沟管道材料的技术性能要求：园区线路管道拟采用ϕ110PVC塑料管，一般有6孔、9孔、12孔和16孔为一组，每孔为$\phi 28\times 3$的子孔PVC塑料管；过路段和入孔分支管道则采用镀锌钢管。

5. 供热与供燃气工程

1）供热工程

根据规划，本项目总用地面积为 3.74 公顷，估计建筑面积为 260 万米 ^{2}，用地建筑特点为高新技术集群产业园区，因而用热负荷多为工业用蒸汽及冬季工业建筑采暖。

（1）热源。热源拟设有两个方案，即大型工业锅炉房供热方案和海水水源热泵加调峰锅炉房供热方案。针对工业热负荷的特点首选是建设工业锅炉房，既满足工业用蒸汽要求又满足冬季工业建筑采暖要求。

经初步估算，集中工业锅炉房内主要设备总估价为 6 250 万元，折合 260 万米 ^{2} 建筑面积，单位面积集中锅炉房热源设备投资费为 24 元/米 ^{2}。工业锅炉房选址在园区横五路与纵三路交叉口的西北处。此处地势低洼，前侧、后侧有山体遮挡，且位于冬季主导风向下风侧，不会对园区的环境造成干扰。同时，该选址靠近园区东侧对外交通次入口处，便于燃料、灰渣的运输。

由于本项目一期工程东北角紧邻大海，也可选用海水水源热泵加调峰锅炉房供热，冬季使用海水作为热泵系统的热源，吸收海水中的低位热能供热。此方案的明显优势是从大海里吸取低温热能，解决了锅炉房供热大气污染问题，同时比风冷热泵有较好的节能效果。但是大型海水热泵目前在我国还处于刚刚起步阶段，经初步测算，国内采用海水源热泵机组（含海水引入取水系统、钛板换热器、水泵、电控及辅机）作为冷热源，其折合成单位建筑面积机房设备造价为 240~250 元/米 ^{2}，是集中供热锅炉房方案的锅炉房内设备费的 10 倍左右。且海水源热泵机组供热需另建调峰锅炉房，所以，海水源热泵方案的主机房设备费与大型工业锅炉房内锅炉及辅助设备费相差悬殊。因此，综合考虑选用大型工业锅炉房供热。

（2）集中工业锅炉房热源的热网。本项目热网包括高温水热网、换热站、低温水热网、蒸汽管网及凝结水管网。

根据《城市热力网设计规范》（GJJ 34—2002）及规划方案，建筑单位面积热指标：公共建筑为 55 瓦/米 ^{2}；工业厂房为 70 瓦/米 ^{2}，同时使用系数取 0.8，估算园区总建筑面积为 260 万米 ^{2}。供暖热负荷为 140 兆瓦，蒸汽用量估算为 19T/H，锅炉提供 80℃~140℃高温水至 9 个换热站，换热站的低温热水为 70℃~95℃，蒸汽锅炉提供 300℃过热蒸汽（压力 1.27 兆帕）凝结水温度 80℃。

高温水敷设路由根据园区道路规划，并兼顾如下原则而确定：①走向尽量与规划的道路平行；②主干线尽量短直；③尽量使管道布置在人行道及绿化带下。高温水管网与蒸汽管网采用有补偿直埋敷设，凝结水管网采用无补偿直埋敷设。

项目内热力站为水热力站，其供热半径不大于 500 米，应尽可能布置在负荷区域中心，有利于二次水管网的调节和敷设。高温水及凝结水干管采用经济比摩阻 30~80 帕/米。过热蒸汽管道设计流速 DN>200，40~60 米/秒；DN=100~200，30~50 米/秒；DN<100，20~40 米/秒。

本工程对管径大于 DN200 采用双面螺旋焊接钢管，管材采用 Q235B，对 DN 小于 200 采用无缝钢管，管材采用 20#钢。蒸汽管道附件公称压力均采用 2.5 兆帕；高温热水和凝结水管道附件公称压力采用1.6兆帕，阀门根据管径大小和介质参数选用蝶阀、截止阀和闸阀。热力网管道弯头，三通及固定支架均采用专业厂家的预制件。补偿器采用波纹管补偿器及方形补偿器，并考虑15%~20%的补偿余量。

热水管道的低点应设置泄水井，高点设置放气井。蒸汽管道的低点和垂直升高的管道前设置启动疏水和经常疏水装置。局部管道跨河，采用附桥敷设。

对于保温及防腐：①高温热水和凝结水管道采用硬质聚氨酯预制保温管（外防护为高密度聚乙烯套管，保温层为硬质聚氨酯泡沫塑料）。②蒸汽管道有补偿部分采用钢套钢硅钙瓦复合保温管，自然补偿部分采用钢套钢岩面保温管，外护钢管外防腐采用机械玻璃钢防腐，厚度不小于3毫米。

2）燃气工程

园区规划气源为液化石油气。规划在园区预留液化石油气储存站用地，用地控制在1公顷左右。由于园区工业用气的不确定性，规划预留燃气管线的位置，以利于园区的发展和建设。

管网根据规划燃气管线由工业区西北侧引入，成环状布置，对于管材，管径小于DN300的采用聚乙烯管，大于等于DN300的采用螺旋缝氩弧焊钢管，材质Q235B。管径范围为DN400~DN300。管线采用包覆聚乙烯防腐层（三层PE加强防腐）。

9.3.6 环境保护

1. 污染物的产生预测

项目区主要污染源及污染物包括锅炉燃煤烟气，铆焊设备产生的废气，机械加工设备及维修设施产生的噪声等工业生产垃圾、废水、废渣，生产人员产生的生活污水及生活垃圾等。

2.环境保护措施

1）大气污染防治对策及建议

项目区可能产生危害的主要污染物是锅炉燃煤烟气、建筑粉尘以及汽车尾气等。为了减轻废气对大气环境的影响范围和程度，本着“技术可行、经济合理”的原则，提出以下防治措施及建议。

（1）锅炉燃煤烟气防治措施。一是提高烟囱高度，二是安装高效并带脱硫性能装置的除尘设备。

（2）粉尘污染防治措施。对于煤尘，建议在卸煤时配备水雾喷洒装置，使煤尘产生量降到最小限度。将贮煤场和贮灰场修成封闭式的贮煤棚和贮渣库，尽量避免煤、渣在贮存过程中被风吹起扬尘。锅炉排渣应采用水力清灰，在灰渣外运时必须采用封闭型车辆运输，防止扬尘污染周围环境。

焊接作业环节拟设吸烟器将焊接时产生的焊烟吸入烟道并通过轴流风机统一排出室外。

该项目开挖及建筑过程中均有建筑粉尘产生。建议在施工过程中尽量减少粉尘的产生，拉运建筑垃圾时要采用封闭运输，防止撒漏产尘。道路上应喷水，防止车辆行驶产生扬尘。

（3）停车场汽车尾气防治措施。停车场汽车尾气排放属于无组织面源排放，其污染防治只能是加强停车场车辆管理，做到汽车有序停放，车辆进出畅通，减少汽车在停车场中的运行时间，从而控制汽车尾气的产生。

2）噪声污染防治措施及建议

（1）锅炉房设备噪声防治措施。建议在锅炉房外面建一密闭隔声机房，将鼓风机和引风机都安装在这一机房，并按工艺要求用风管把风机与主机连接起来，在机房顶上或墙上开设进气口并安装消声器供机房进风使用。循环水泵要安装适宜的隔声罩和消声器，在机座下加减振垫等。

（2）施工噪声防治措施。为了使施工噪声尽量达到人们可以接受的程度，首先必须加强降噪意识，一方面，降低噪声源的源强，选用低噪声设备来替代高噪声设备，另一方面，采用局部吸声、隔声降噪技术，必要时采用临时围障措施，能在室内进行的工作，尽量放在室内。

3）固体废渣污染防治措施

（1）企业生产废渣主要为产品废料及铁屑等，这些废料可集中起来回收。

（2）锅炉燃煤产生的灰渣要采用水力清灰。运输过程中要采用封闭运输，堆放时应采用密闭型贮渣棚，尽量减少渣尘对环境的影响。建议炉灰渣采用综合利用措施，用于建材行业制砖、水泥等，也可铺筑道路。

（3）生活垃圾要定点定期收集，并及时清运到指定垃圾场处理。

4）废水污染防治措施

园区排水设施采用雨污分流，雨水沿道路上的雨水管线汇集于提升站后就近排入大海，污水汇集于污水处理厂集中处理。

锅炉产生的废水经中和处理后可用来进行水力冲渣除灰。冲渣水经沉淀后可循环使用。厨房污水要经隔油池处理，冲厕所污水经化粪池处理后，排入下水管网进入污水处理厂集中处理。

3. 环境评价结论

（1）废气。项目区废气污染物主要为锅炉房冬季采暖期排放的燃煤烟气、停车场汽车尾气等，采用防治措施后，各项污染物的排放量及排放浓度均低于相应标准。

（2）噪声。项目区产生的各类噪声经采用隔声降噪措施后，在各预测点叠加值增幅很小，其等效声级值基本维持在现状水平上，旅顺经济开发区高科技产业园区用地噪声对周围环境不构成影响。

（3）总结论。项目区选址区域大气环境具备一定容量，经采取有效防治措施，旅顺经济开发区高科技产业园区用地建成后大气环境仍可达到二级标准；噪声环境基本维持现状水平，对环境不会造成明显影响。但在项目各项工程实施前须取得当地环境保护部门的环境评价许可意见。

9.3.7 节能节水措施

本项目将认真贯彻国家的能源政策，主要采取以下节能节水措施。

（1）道路照明设计时，采用技术先进、经济合理、节约能源的最佳方案，合理选择照明器材，照明均采用节能型光源。路灯及草坪灯采用双光源灯具，以便下半夜关掉一半灯具，同时下半夜采用能自动降低灯泡功率的镇流器，以降低灯泡消耗的电能。

（2）雨水采用重力自流方式排放，有利于节约能耗。在管理中严禁雨水管接入污水系统中，控制非污水进入污水泵站，以降低电耗。

（3）尽可能选用国家批准的节能产品，如污水提升泵、电机等，以增长设备使用寿命、降低能耗。污水泵站选用高效水泵机组，以水位控制自动开停，加强机电设备的维护管理，确保设备经常处于高效运行状态。供热管道选用合理的保温结构和优质保温材料，降低热量损耗。配齐水、电、气计量器具，项目建成后，加强能源计量，强化节能意识。

（4）制定园区节能管理条例及制度，宣传和提倡节约用水、节约用电。

9.3.8 劳动安全与卫生消防

1. 危害因素和危害程度分析

（1）危害因素。园区用地产生的危害物主要来源于区内项目通过燃煤、燃油所产生的废气以及废旧电子产品产生的有害物质，以及部分行业生产过程中产生的烟尘、生产性粉尘及有害性废渣等。

（2）危害程度分析。园区用地产生的危害物会给企业生产及人民生活带来一定的不利影响，但这些危害可以通过建立完善的防护措施及严格的处理办法来最大限度地减少项目运行对正常生产与生活造成的危害。

2. 劳动安全与卫生

（1）易燃、易爆等危险物品的管理。应当根据易燃、易爆危险物品的种类、性能，设置相应的通风、防火、防爆、监测、报警、防潮、避雷、防静电、隔离操作等安全设施。

（2）生产安全措施。该园区用地内所有企业必须严格执行国家安全生产的法律法规，严格按照《工业企业设计卫生标准》以及《生产设备安全卫生设计总则》；要按《建设项目（工程）职业安全卫生设施和技术措施验收办法》的要求，做好企业的安全生产“三同时”审验工作；入驻的企业要接受国家安全生产管理部门的监督检查。

3. 消防规划及设施

变电所、污水泵房等建筑物室内按《建筑设计防火规范》（GBJ16—87）设置消防设施。变电所总平面布置符合防火规范，变电所内道路形成环状，留有消防安全通道，各建筑物的间距符合防火间距要求，最小间距大于 10 米。

根据本项目的性质，在道路上设室外消火栓，保证达到城市消防给水的要求。为保证人员和设备安全，变电所内设置火灾报警系统，报警信号送至消防值班室，并可自动启动消防设施。变电所通风管进、出口均装设防火阀，防火阀与风机连锁，当防火阀关闭时，风机停转。

变电所、污水泵站内的电气设备布置和操作间距按消防规范进行考虑，并在配电间、值班室内配备有干式灭火器。供热管道的保温材料采用非燃性材料，以符合消防规范的要求。加强消防设施的维护保养工作，每半年启动和检查一次消防设施，确保设备时刻处于正常状态。

9.3.9　组织机构与人力资源配置

1. 组织机构

1）组织机构设置

大连市某经济开发区高科技产业园区建设办公室，建设办公室成员由各职能部门相关人员组成。针对高新园区用地的建设，公司专门成立办公室、投资服务中心、基本建设组、计划财务组、综合协调组、安全保卫组。组织机构图如图 9-3 所示。

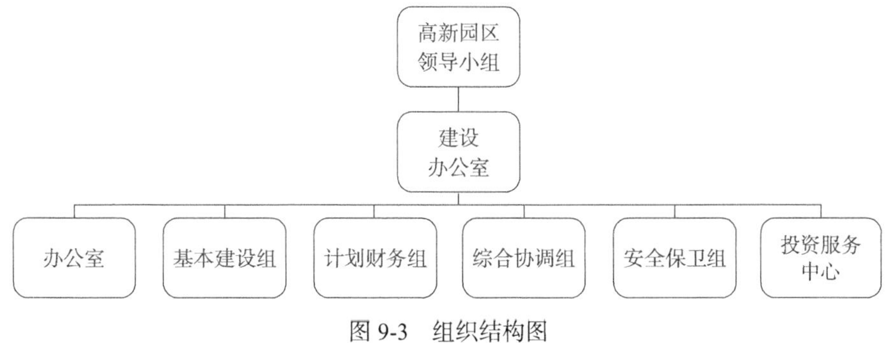

图 9-3　组织结构图

2）部门职能

（1）办公室。负责公司办公室、党办合署办公、工业用地及公司的宣传与信息工作及工业用地的政策研究工作，负责办理工业用地的人才引进、工作寄住证和公司的人事劳资以及公司领导交办的其他工作。

（2）基本建设组。负责为入驻工业用地的企业提供基础设施协调服务和物业管理服务。

（3）计划财务组。负责落实有关财政法规、政策；积极组织财政收入；落实工业用地的财政返还资金并对其使用进行监督与管理；对直属公司的财务会计工作进行管理。

（4）综合协调组。协调管理委员会与政府有关部门的工作，负责管理委员会的人事档案管理、后勤保障等。

（5）安全保卫组。负责建立工业用地安全保卫系统，对工业用地内企业进行日常安全保卫指导工作，为工业用地内的企业提供完善的安全服务。

（6）投资服务中心。负责整个工业用地的对外招商引资工作，定期组织参加各种招商说明会，介绍工业用地的招商政策等，包括项目立项、登记、审批与各有关部门的协调及政策咨询等各项工作。

2. 人力资源配置

根据公司各部门的职能情况，配置大连市某经济开发区高科技产业园区基础设施开发项目领导小组组长 1 人，副组长 2 人；办公室主任 1 人，干事 2 人；基本建设组组长 1 人，工作人员 2 人；计划财务组组长 1 人，工作人员 2 人；综合协调组组长 1 人，工作人员 3 人；安全保卫组组长 1 人，工作人员 2 人；投资服务中心主任 1 人，工作人员 3 人。以上人员合计 23 人。

9.3.10 项目实施进度

1. 建设工期

根据该项目的工程量大小和建设资金到位情况，确定建设工期为 4 年，即 2006~2009 年。

2. 项目实施进度

工程项目实施进度安排如下。

2006 年年初~2006 年 12 月：工程总体规划，基础设施建设方案论证和编制可行性研究报告，完成一期内 47 万米 ^{2} 基础设施建设。

2007 年 1 月~2007 年 12 月：完成一期剩余 77 万米 ^{2} 基础设施建设，包括园区主干道、次干道的铺设，上水、下水管网埋设，建设变电所以及供电管线的架设，部分企业入驻。

2008 年 1 月~2008 年 12 月：完成二期 100 万米 ^{2} 基础设施建设，招标采购变电所所需设备。

2009 年 1 月~2009 年 11 月：完成三期 150 万米 ^{2} 基础设施建设，设备安装调试、试运行。

2009 年 12 月：工程竣工验收，企业入驻工业用地，发挥高新园区功能。

3. 项目实施进度表

大连市某经济开发区高科技产业园区 2006~2009 年度基础设施开发建设进度安排如表 9-13 所示。

表 9-13　项目实施进度表（甘特图）

2006 年		2007 年		2008 年		2009 年		
1~6 月	7~12 月	1~6 月	7~12 月	1~6 月	7~12 月	1~6 月	7~11 月	12 月
工程规划、方案论证、项目可行性研究	一期工程			二期工程		三期工程		
	工程基础设施建设，包括工业用地主干道、次干道的铺设，上水、下水管网埋设，建设变电所以及供电管线的架设，部分企业入驻							
	土方工程			招标采购变电所所需设备				
						锅炉房建设	设备安装调试、试运行	
								工程竣工验收

9.3.11　投资估算及资金筹措

1. 投资估算

1）编制内容

估算编制内容主要包括道路工程、桥梁工程、场区内土石方工程（就地挖填）、给排水工程、供热（含蒸汽）工程、供电工程、污水提升泵站、锅炉房、开关站、总降压站、通信站房等其他配套设施，不包括绿化工程、河道整治工程，工程估算总投资 106 131.27 万元，如表 9-14 所示。

表 9-14　总估算表

序号	工程和费用名称	建筑工程费/万元	安装工程费/万元	设备购置费/万元	生产工器具费/万元	其他费用/万元	总价/万元
1	建筑安装工程费	34 677.56	30 457.77				65 135.33
2	设备购置费			7 029.05			7 029.05
3	工程建设其他费用					28 541.53	28 541.53
3.1	征地安置费	6 450 万元/千米 ^{2}				24 123.00	24 123.00
3.2	项目前期工作费					210.62	210.62
3.3	建设单位管理费	1、2 项计×		1.00%		721.64	721.64
3.4	工程监理费	1、2 项计×		0.80%		577.32	577.32
3.5	设计费					1 992.51	1 992.51
3.6	水文、地质勘察测量费	1、2 项计×		0.30%		216.49	216.49
3.7	预算费					199.25	199.25
3.8	招标代理服务费	1、2 项计×		0.05%		36.08	36.08
3.9	工程定额测定费	1、2 项计×		0.12%		86.60	86.60
3.10	设计文件审查费	1、2 项计×		0.10%		72.16	72.16
3.11	工程保险费	1、2 项计×		0.30%		216.49	216.49
3.12	环境评价费					57.45	57.45

续表

序号	工程和费用名称	建筑工程费/万元		安装工程费/万元		设备购置费/万元	生产工器具费/万元
3.13	劳动安全卫生评价费					31.91	31.91
4	基本预备费	1、2、3 项计×		3.00%		3 021.18	3 021.18
5	小计	34 677.56	30 457.77	7 029.05		31 562.71	103 727.09
6	建设期利息					2 374.38	2 374.38
7	估算总值	34 677.56	30 457.77	7 029.05		33 937.09	106 101.47

注：1 亿元人民币贷款为政策性贷款，贷款利率为 5.75%；其余贷款为商业贷款，贷款利率为 6.39%

2）编制说明

（1）本估算中对适用各定额的单项工程中的市场价执行大连工程造价信息网 2006 年第二季度材料价格，对于网刊没有的市场价格参考基价。

（2）管网、道路、桥梁的投资根据〔2001〕4 号《全国统一市政工程预算定额辽宁省单位估价表》，同时参考同类项目的经验值进行估算。

（3）估算中的管网设施投资包括园区与市政接口部分的投资，道路、桥梁是园区规划范围内的。

（4）项目的资金来源，现阶段考虑全部贷款（其中，1 亿元人民币为政策性贷款，贷款利率为 5.75%；其余为商业贷款，贷款利率为 6.39%），二期以后的贷款利息计入营销费用。

（5）基本预备费率按 3%计算。

（6）建设期发生的土地使用税计入征地安置费中，征地安置费按综合单价 64.5 万元/公顷计算。

3）工程建设其他费用

按照建设部 1996 年《市政工程可行性研究投资估算编制办法》（试行）规定的费用组成和标准计算，结合大连市具体情况确定工程建设的其他费用如下。

（1）征地安置费（含建设期土地使用税）：按照综合单价 64.5 万元/公顷计算。

（2）建设单位管理费：按大财建字〔2002〕348 号文规定计算。

（3）监理费：按国家物价局、建设部〔1992〕479 号文规定计算。

（4）项目前期工作费：按计价格〔1999〕1283 号文规定计算。

（5）招标服务费：按计价格〔2002〕1980 号文规定计算。

（6）设计费、勘察费：按《工程勘察设计收费标准》（2002 年修订本）执行。

（7）预算费：按设计费的 10%计算。

（8）环境评价费：按计价格〔2002〕125 号文规定计算。

（9）工程定额测定费和设计文件审查费：按现行规定。

（10）工程保险费：执行中国人民保险公司规定。

（11）涨价预备费：根据国家发展计划委员会计投资〔1999〕1340 号文件，价格指数为零，不计取该项费用。

4）总投资

一期投资为 46 070.27 万元，二期投资为 25 652.28 万元，三期投资为 34 408.72 万元，项目总投资为 106 131.27 万元。

2. 资金筹措

1）银行信贷

银行信贷是开发商主要的融资渠道。对高新园区开发，可以采用项目信贷的方式借款。开发商可使用以下资产作为抵押或质押，如土地使用权、相关建筑物的所有权、开发经营权或其他权利等。

2）资本融资

现阶段，本项目的资金筹措方式是：全部贷款（其中，1 亿元人民币为政策性贷款，贷款利率为 5.75%；其余为商业贷款，贷款利率为 6.39%），二期以后的贷款利息计入营销费用，如表 9-15 所示。

表 9-15　资金筹措表　　单位：万元

序号	项目	合计	2006 年	2007 年	小计	2008 年	2009 年
			一期			二期	三期
1	开发投资	106 101.47	16 746.34	28 482.88	45 229.22	26 035.07	34 837.19
1.1	不含财务费用	103 727.09	16 243.36	26 611.47	42 854.84	26 035.07	34 837.19
1.2	财务费用	2 374.38	502.98	1 871.41	2 374.38	0.00	0.00
2	资金筹措	106 101.47	16 746.34	28 482.88	45 229.22	26 035.07	34 837.19
2.1	自有资金	0.00	0.00	0.00	0.00	0.00	0.00
2.2	贷款本金	103 727.09	16 243.36	26 611.47	42 854.84	26 035.07	34 837.19
2.3	贷款利息	2 374.38	502.98	1 871.41	2 374.38	0.00	0.00

9.3.12　经济评价

1. 基础数据的确定

本项目的基准收益率采取 8%，将分三期实施，滚动开发，时间为 6 年，其中建设期为 4 年；从第 2 年开始销售，销售期为 5 年，第 6 年销售完毕，整个计算期为 6 年。

根据规划要求，本项目可转让的土地面积为 252.77 万米 ^{2}，占总用地面积的 67.58%，其中工业用地为 242.37 万米 ^{2}，公共设施用地为 10.4 万米 ^{2}。根据造地成本和投资主体的投资收益要求，确定本项目的转让价格是：一期工业用地为 400 元/米 ^{2}（其中 47 万米 ^{2} 为 120 元/米 ^{2}），公共设施用地为 1 600 元/米 ^{2}；二期工业用地为 600 元/米 ^{2}；三期工业用地为 700 元/米 ^{2}。

本项目的开发成本由两部分组成，一部分为开发建设投资（详见 9.3.11 小节中“投资估算”），另一部分为营销期费用，由管理费用、销售费用、财务费用组成，按销售收入的

1%分别估算管理费用和销售费用。全部开发建设投资为 109 131.27 万元（其中含凤河河道改造费用 3 000 万元），销售期费用为 8 651.60 万元；依据施工计划，本项目全部开发投资在 4 年内投入使用，一期开发投资在 2 年内投入使用，如表 9-16 所示。

表 9-16 项目开发成本估算（3.74 千米 ^{2}） 单位：万元

序号	项目	总投资	说明
1	开发建设投资	109 101.47	
1.1	土地费用	24 123.00	
1.2	前期工作费	210.62	
1.3	设备购置费	7 029.05	
1.4	基础设施配套费	6 5135.33	
1.5	工程其他费	4 207.91	
1.6	不可预见费	3 021.18	
1.7	建设期利息	2 374.38	建设期财务费
1.8	河道治理费用	3 000.00	
	建设开发成本	292.00	元/米 ^{2}
2	销售期费用	8 544.11	
2.1	管理费用	1 480.10	销售收入的 1%
2.2	销售费用	1 480.10	销售收入的 1%
2.3	财务费用	5 583.91	销售期利息
3	综合开发成本（1+2）	117 645.58	
	综合单位开发成本	315.00	元/米 ^{2}

根据现行财税制度要求，转让土地收入应该缴纳营业税，适用税率为 5%，同时还要缴纳城市维护建设税、教育费附加、地方教育费。本项目如果按期实现销售收入，扣除相应部分，其增值额未超过扣除项目金额的 50%，适用税率为 30%。对所得应缴纳所得税，适用税率为 33%。

2. 财务效益分析

1）财务指标计算

销售收入与经营税金及附加估算表（3.74 千米 ^{2}）如表 9-17 所示，损益表（3.74 千米 ^{2}）如表 9-18 所示。根据表 9-16~表 9-18 中的数据，编制现金流量表，由此计算的财务评价指标如表 9-19 所示。

表 9-17 销售收入与经营税金及附加估算表（3.74 千米 ^{2}）

序号	项目	营运期						合计/万元
		2006 年	2007 年	2008 年	2009 年	2010 年	2011 年	
1	销售收入/万元		5 640.00	22 232.00	41 010.00	39 564.00	39 564.00	148 010.00
1.1	工业用地转让/万元		5 640.00	5 592.00	41 010.00	39 564.00	39 564.00	131 370.00
	转让面积/万米 ^{2}		47.00	13.98	68.35	56.52	56.52	242.37
	转让单价/（元/米 ^{2}）		120	400	600	700	700	
1.2	商业用地转让/万元			16 640.00				16 640.00

续表

序号	项目	营运期						合计/万元
		2006 年	2007 年	2008 年	2009 年	2010 年	2011 年	
	转让面积/万米 ^{2}			10.40				10.40
	转让单价/（元/米 ^{2}）			1 600.00				1 600.00
2	经营税金及附加/万元		307.38	1 211.64	2 235.05	2 156.24	2 156.24	8 066.55
2.1	营业税/万元		282.00	1 111.60	2 050.50	1 978.20	1 978.20	7 400.50
2.2	城市维护建设税/万元		14.10	55.58	102.53	98.91	98.91	370.03
2.3	教育费附加/万元		8.46	33.35	61.52	59.35	59.35	222.03
2.4	地方教育费/万元		2.82	11.12	20.51	19.78	19.78	74.01
3	土地增值税/万元						6 689.36	6 689.36
4	所得税/万元						5 150.81	5 150.81

表 9-18　损益表（3.74 千米 ^{2}）

序号	项目	营运期						合计/万元
		2006 年	2007 年	2008 年	2009 年	2010 年	2011 年	
	转让土地/万米 ^{2}		47.00	24.38	68.35	56.52	56.52	252.77
1	营业收入/万元		5 640.00	22 232.00	41 010.00	39 564.00	39 564.00	148 010.00
1.1	工业用地/万元		5 640.00	5 592.00	41 010.00	39 564.00	39 564.00	131 370.00
1.2	商业用地/万元			16 640.00				16 640.00
2	销售税金及附加/万元		307.38	1 211.64	2 235.05	2 156.24	2 156.24	8 066.55
3	管理费用/万元		56.40	222.32	410.10	395.64	395.64	1 480.10
4	销售费用/万元		56.40	222.32	410.10	395.64	395.64	1 480.10
5	营运期利息/万元			2 502.91	1 863.91	608.54	608.54	5 583.90
6	土地增值税/万元						6 689.36	6 689.36
7	利润总额（1–2–3–4–5–6）/万元		5 219.82	18 072.80	36 090.84	36 007.94	29 318.58	124 709.98
8	弥补以前年度亏损/万元							
9	应纳税额/万元							
10	所得税/万元						5 150.81	5 150.81
11	税后利润（8–9）/万元							
12	累计未分配利润/万元							

表 9-19　现金流量表（3.74 千米 ^{2}）

序号	项目	营运期						合计/万元
		2006 年	2007 年	2008 年	2009 年	2010 年	2011 年	
	转让土地/万米 ^{2}		47.00	24.38	68.35	56.52	56.52	252.77
1	现金流入/万元		5 640.00	22 232.00	41 010.00	39 564.00	39 564.00	148 010.00
1.1	转让土地收入/万元		5 640.00	22 232.00	41 010.00	39 564.00	39 564.00	148 010.00
2	现金流出/万元	19 243.36	27 031.65	27 691.35	37 892.43	2 947.52	14 787.69	129 594.00
2.1	基础设施投资/万元	19 243.36	26 611.47	26 035.07	34 837.19			106 727.09
2.2	管理费用/万元		56.40	222.32	410.10	395.64	395.64	1 480.10

续表

序号	项目	营运期						合计/万元
		2006 年	2007 年	2008 年	2009 年	2010 年	2011 年	
2.3	销售费用/万元		56.40	222.32	410.10	395.64	395.64	1 480.10
2.4	销售税金及附加/万元		307.38	1 211.64	2 235.05	2 156.24	2 156.24	8 066.55
2.5	土地增值税/万元						6 689.36	6 689.36
2.6	所得税/万元						5 150.81	5 150.81
3	净现金流量（1–2）/万元	−19 243.36	−21 391.65	−5 459.35	3 117.57	36 616.48	24 776.31	18 416.00
4	累计净现金流量/万元	−19 243.36	−40 635.02	−46 094.37	−42 976.80	−6 360.32	18 415.99	
5	税前净现金流量（1–2）/万元	−19 243.36	−21 391.65	−5 459.35	3 117.57	36 616.48	29 927.12	23 566.81
6	税前累计净现金流量/万元	−19 243.36	−40 635.02	−46 094.37	−42 976.80	−6 360.32	23 566.80	
计算指标	所得税前			所得税后				
	财务内部收益率：11.8%			财务内部收益率：9.7%				
	财务净现值/万元：5 550（i_c=8%）			财务净现值/万元：2 334（i_c=8%）				
	投资回收期：5.2 年			投资回收期：5.3 年				

2）借款偿还期计算

如果本项目按计划实现销售收入，全部开发工程的借款偿还期在营运期的第 6 年可全部偿还借款本息，如表 9-20 所示。

表 9-20 借款还本付息计算表（3.74 千米²）

序号	项目	利率/%	营运期						合计/万元
			2006 年	2007 年	2008 年	2009 年	2010 年	2011 年	
1.1	年初借款本息累计/万元			16 746.34					
1.1.1	软贷款本金/万元	5.75	5 000.00	5 000.00					10 000.00
1.1.2	商业贷款本金/万元	6.39	11 243.36	21 611.47					32 854.83
1.1.3	建设期利息/万元		502.98	1 871.41					2 374.39
1.2	本年借款/万元								
1.3	本年应计利息/万元								
1.4	本年还本/万元				5 000.00	10 000.00	19 645.95	10 583.27	
1.5	本年支付利息/万元				2 502.91	1 863.91	608.54	608.54	5 583.90
2	偿还借款本金的资金来源/万元				5 000.00	10 000.00	19 645.95	10 583.27	
2.1	利润/万元				5 000.00	10 000.00	19 645.95	10 583.27	
2.2	折旧/万元								
2.3	摊销/万元								
2.4	其他资金/万元								
合计（2.1+2.2+2.3+2.4）/万元					5 000.00	10 000.00	19 645.95	10 583.27	

3）评价结论

从以上分析看，本项目如果按预定价格和时间出售，所得税前财务内部收益率为

11.8%，所得税后财务内部收益率为 9.7%，均高于企业基准收益率 8%，且财务净现值均大于零（i_c=8%），有一定的偿还能力，表明项目在财务上是可行的。另外，项目建成后，为大连市建设“大大连”提供一定的城市用地，缓解大连市用地紧张局面，同时，土地作为人类一项不可再生的特殊资源，随着时间的推移将不断升值，从发展的角度看，投资者进行土地的开发和建设，不仅能带来一定的经济效益，还具有改善当地的投资环境、经济环境、生存环境的特殊意义，因此，应积极筹措资金，加快项目的建设步伐，早日投产见效。

9.3.13 结论与建议

1. 结论

建设高科技产业园区是推进工业化和实施大开放的重要载体，它可以更好地发挥高科技产业的集聚规模效应，有利于环境的保护和可持续发展，有利于城市化。

本项目是在综合考虑拟建地域的资源特色、市场前景和预期经济效益、社会效益、生态效益的基础上提出的。项目拟建地域科学教育、自然环境资源优势突出，投资环境和经营条件有利，位置选择得当，交通便利，水、电通过技术措施即可解决，建设条件佳；建设规模适中，配套设施完善，空间布局与功能分区合理，保障措施有力，计划目标明确而又具体可行；投资估算准确，财务评价客观，预期效益显著，只要积极促销，加强成本费用控制，善于经营管理，财务收益良好。该项目的实施对加快城市化建设步伐、加快发展高科技产业区、培育新的经济增长点意义重大。研究结果表明，从项目的地点、功能、标准和相应的市场需求状况来看，建设本项目是必要的和可行的。

综合以上财务评价结果，本项目财务收益较好，且项目多为高新技术产业，是国家和大连经济发展所急需的，完全符合国家“十一五”规划发展战略和有关产业政策，故应予以及早批准立项、投资建设。

2. 建议

1）建立协调机构

要特别强调项目规划的权威性和严肃性，杜绝任何部门和个人违规开发、违规建设，造成不良后果的要依法追究责任。地方政府在编制国民经济和社会发展计划、土地利用总体规划时，应综合考虑本项目同地方经济和社会发展的相互关系，并纳入相关规划之中，从投资、信贷和税收等方面给予必要的政策扶持。

2）多方筹集资金并严格控制成本

要制定优惠政策，通过多种融资渠道和经营方式，吸引企业、个人和外资参与项目基础设施的建设，探索一条在政府引导下主要依靠社会资金开发建设高新园区的路子。园区内基建项目设计施工、基础设施维护保养、物业管理、环境卫生、交通通信、保安、宾馆饭店、商店等，属企业经营范畴，应在科学界定授权经营的前提条件和监管标准的基础上公开招标，择优授权经营。投资建设及具体营运要在保证工程和服务质量的前提下，严格控制成本，避免资金浪费。

3）全方位开拓市场

要及早动手，在项目建设过程中同步抓好宣传促销工作，通过电视、广播和报刊等新闻媒体向外界大力推介高新技术园区。依托现有产业基础，抓住大连高新产业转移扩散的有利时机，充分发挥区位、海洋、人才等优势，提升产业发展水平，培养新兴产业，形成规模效益、集聚效益，使园区实现自我滚动发展。

4）严格保护特色资源和生态环境

突出的资源特色和良好的生态环境是其赖以生存和发展的物质基础。因此，一切建设活动和内容都要严格按照《"大大连"城市总体规划》《该区产业发展规划》和确定的控制性详细规划建设方案进行，不许随意乱建，坚决杜绝建设性破坏。规划区内的各项建筑，要与周边景观的整体气氛相协调。

5）重视引进和培训人才

专业人才是高科技产业最重要的生产力，一切竞争力归根结底取决于人才的竞争。企业的发展和园区的建设也离不开人才的培养与储备。因此，主管部门要高度重视和全力支持高新园区的人才引进和培训工作，积极招纳有才干、懂技术、懂市场、善经营、会管理的贤才。要充分利用大学园区人力资源丰富的优势，加大力度进行人力资源储备，制定多种激励政策，积极吸引各类人才入住园区，加快园区建设。高新园区管理机构也应采取请进来（请专家讲学）、走出去（交流学习）的办法培训员工，逐步建立一支高素质的、稳定的从业人员队伍，以适应本项目持续发展的需要。

➢复习思考题

1. 什么是工程项目可行性研究？
2. 如何划分工程项目可行性研究的阶段？
3. 可行性研究报告包括哪些内容？
4. 可行性研究报告编制有哪些基本方法？

➢本章典型案例解析

第10章

价 值 工 程

10.1 价值工程概述

价值工程（value engineering，VE）是20世纪一门新兴的科学管理技术，是降低成本提高经济效益的一种有效途径。它于20世纪40年代起源于美国。

第二次世界大战结束前不久，美国的军事工业发展很快，造成原材料供应紧缺，一些重要的材料很难买到。当时美国通用电气公司工程师麦尔斯（L.D Miles）的任务是为该公司寻找和取得军工生产用材料。麦尔斯研究发现，采购某种材料的目的并不在于该材料的本身，而在于材料的功能。有一次，该公司汽车装配厂急需一种耐火材料——石棉板，当时，这种材料价格很高而且奇缺。他开始考虑为什么要用石棉板？其作用是什么？经过调查，原来汽车装配中的涂料容易漏洒在地板上，根据美国消防法规定，该类企业作业时地板上必须铺上一层石棉板，以防火灾。弄清这种材料的功能后，麦尔斯考虑能不能用一种价格较低的材料来代替它呢？最终找到了一种价格便宜且能满足防火要求的防火纸来代替石棉板。经过试用和检验，美国消防部门通过了这一代用材料。这就是价值工程史上有名的“石棉事件”。

麦尔斯从研究代用材料开始，逐渐摸索出一套特殊的工作方法，把技术设计和经济分析结合起来考虑问题，用技术与经济价值统一对比的标准衡量问题，又进一步把这种分析思想和方法推广到研究产品开发、设计、制造及经营管理等方面，逐渐总结出一套比较系统和科学的方法。1947年，麦尔斯以“价值分析”为题在《美国机械师》杂志发表了研究成果，标志着价值工程正式产生。

价值工程首先在美国得到广泛重视和推广，1955 年价值工程传入日本后，日本价值工程专家把价值工程与全面质量管理结合起来，形成具有日本特色的管理方法，并取得了极大成功。价值工程1978年被引入中国，1981年第一机械工业部颁发积极推行价值工程通知，1984年国家经济贸易委员会将价值工程作为18种现代化管理方法之一向全国推行。1987年国家标准局颁布了第一个价值工程标准，即《价值工程基本术语和一般工作程序》(GB 8223—87),并于 2009 年发布《价值工程　第 1 部分:基本术语》(GB/T 8223.1—2009),用 2009 版部分代替 1987 版内容。

10.1.1 价值工程的相关概念

价值工程,又称价值分析(value analysis,VA),是一种技术与经济紧密结合同时又非常注重经济效益的现代管理技术。价值工程是一项以产品或作业的功能分析为核心,以提高产品或作业的价值为目的,力求以最低寿命周期成本实现产品或作业必要功能的一项有组织的创造性活动。

价值工程的定义还有多种不同的表述。价值工程创始人——美国价值工程专家麦尔斯对价值分析的定义为:价值分析是用整套专门技术、广泛知识和熟练技巧来实现的一种解决问题系统,又是一种以有效识别不必要成本为目的的有组织的创造性方法。中国国家标准《价值工程　第 1 部分:基本术语》(GB/T 8223.1—2009)中对价值工程定义如下:通过各相关领域的协作,对研究对象的功能和费用进行系统分析,持续创新,旨在提高研究对象价值的一种思想和管理技术。

1. 价值

价值工程中的"价值 V"(value)指的是对象所具有的功能与获得该功能所发生的费用之比。例如,用户欲购买一套 90 米 ^{2} 的住宅,而市场有两套 90 米 ^{2} 的住宅可供选择,价格相同时,用户必将选择各方面条件较好的一套,因其价值大。但实际用户通常面临两种情况:一种情况是其中一套质优价廉,而另一套则质劣价高,用户当然选择前者;另一种情况是品质优的价格高,品质差的价格低,此时用户就需要进行权衡取舍。从这个意义上讲,价值是被当做衡量产品或服务有用程度的一种尺度,或者说是物品的功能与费用的比值。

2. 功能

功能 F(function)是对象能够满足某种需求的效用或属性。根据麦尔斯的观点,人对事物需求的实质是事物具有的功能。对建筑产品而言,功能是某一建筑产品区别于其他建筑产品的主要划分标准,是建筑产品得以存在的根本理由。例如,人们对住宅的需求,实质是需求住宅的"提供居住空间"的功能;对于教室的需求,则实质是需求其"提供教学场所"的功能。从这个意义上来说,建筑企业所生产的实际上是功能,用户所购买的也是功能。

3. 成本

价值工程所指的成本 C(cost)是寿命周期成本(life cycle cost,LCC)。寿命周期成本是从对象研究、形成到退出使用所需的全部费用,包括生产成本和使用成本两部分。建筑产品的寿命周期成本包括建设费用和使用费用两部分。建设费用是指建筑产品从筹建到竣工验收为止的全部费用,包括土地成本、基地开拓费、勘察设计费、建安工程费、设备费和建设单位管理费等。使用费用是指用户在使用过程中发生的各种费用，包括维修费、能源消耗费和管理费等。

设生产成本为 C_1，使用成本为 C_2，寿命周期成本 C 可表示为

$$C_1+C_2=C \tag{10-1}$$

产品功能–成本关系如图 10-1 所示。从图中可知产品生产成本随着产品功能的增加呈指数增长趋势，即功能提升会引起生产成本的急剧增长，但同时又会显著地降低使用成本。一般产品的功能在 $0\sim F^*$范围内变动，F^*为考虑寿命周期成本的最合理功能水平，对应着寿命周期成本的最低点 C_{min}。

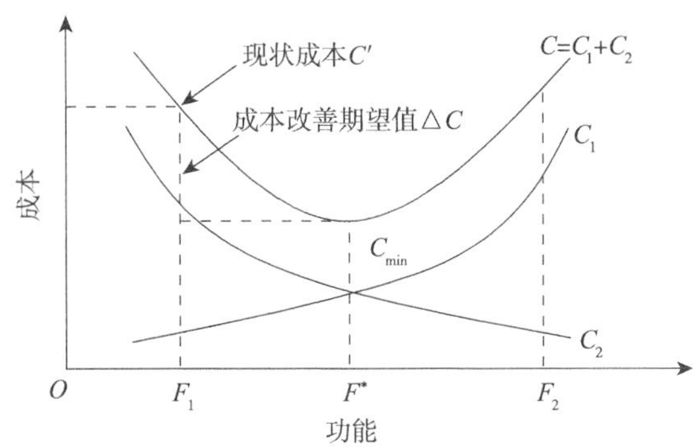

图 10-1　寿命周期成本与功能水平关系

价值分析的目的是使寿命周期成本最低，即把现状成本 C' 降低到 C_{min}，同时把功能从 F_1 提高到 F^*。由于科学技术的不断进步，产品功能还可以不断提高，计算机芯片就是很好的一个例子。

4. 有组织的活动

在价值分析的定义中提到了“以最低寿命周期成本实现产品或作业必要功能的一项有组织的创造性活动”。价值工程活动把各方面的专家组织起来形成小组，脱离部门之间的利害关系，发挥各部门专长，充分利用集体智慧，激发成员创造性是产生价值工程提案的必要保障。

10.1.2　提高价值的途径

根据价值是对象功能与获得该功能所发生的费用之比的定义，可以得到

$$V=\frac{F}{C} \tag{10-2}$$

式中，V 为价值；F 为功能；C 为成本。

根据式（10-2）可知，提高价值可通过提高功能或降低成本来实现。提高价值的基本途径见表 10-1。

表 10-1 提高价值的主要途径表

序号	提高价值工程途径	表达式	侧重点
1	功能不变、成本降低	$F/C\downarrow=V\uparrow$	降低成本
2	成本不变、功能提高	$F\uparrow/C=V\uparrow$	提高功能
3	功能提高、成本降低	$F\uparrow/C\downarrow=V\uparrow\uparrow$	理想途径
4	成本略增、功能大幅度提高	$F\uparrow\uparrow/C\uparrow=V\uparrow$	提高功能
5	功能略减、成本大幅度下降	$F\downarrow/C\downarrow\downarrow=V\uparrow$	降低成本

1. 功能不变、成本降低

这是提高价值普遍采用的基本途径，也是企业提高经济效益常用的方法之一。企业在保证用户功能需求的前提下，尽量降低产品成本，以提高企业的经济效益；用户购买产品，在保证所需功能的前提下，自然选购价格低廉的产品，以提高资金效益。显然，这一途径多用于对现有产品的工艺改进、材料代用、结构简化等方面，以求在保证产品功能不变的条件下，降低产品的成本。特别需要指出的是，成本的降低应以不损害用户所需功能为前提，否则，将违背价值工程活动的目的。

2.成本不变、功能提高

企业通过科研攻关，在成本不变的前提下，提升产品功能，将极大增强企业自身竞争力。因为用户花费同样的成本能够得到质量和性能更好的产品，这必然扩大企业产品的市场占有率。这种措施对于美学功能在功能系统中占有较大比重的产品，效果非常明显。

3.功能提高、成本降低

这是提高产品或服务价值最理想的途径。随着科学技术的进步，新技术、新材料的不断涌现，特别是价值工程活动的日益深入，人们在改进产品设计、研发换代产品时既提高了产品的功能，又降低了产品的成本，这种情况从计算机的发展历史来看尤为明显。随着科技进步，其成本越来越低，但运算速度越来越快，体积也越来越小，这也是当今电脑普及速度如此之快的重要原因。

4. 成本略增、功能大幅度提高

提高产品的功能往往会引起成本的增加。但是，当功能提高的幅度远大于成本增加的幅度时，产品的价值也会提高。在市场竞争更加激烈的今天，企业要想提高市场占有率，增加市场竞争力，就必须不断推出新颖的、多功能的产品或具有“与众不同”功能的产品，即使成本略增，也会赢得顾客，苹果公司生产的 iPhone 手机就是很好的例子。

5. 功能略减、成本大幅度下降

不同用户对产品功能的需求是不同的，因此，企业必须生产不同功能档次的产品以适应各种层次用户的需求。这就意味着，为适应某个层次用户的需求，虽然功能略有下降，但价格（成本）却大幅度降低，从而使产品的价值提高了。例如，AMD 公司生产的电脑芯片从性能上比 Intel 公司略差一些，但具有明显的价格优势，所以多年来依然能够在市场上占得一席之地。

以上五种基本途径仅是依据式（10-2）从定性的角度所提出来的一些思路。在实际价值工程活动中，既不能片面地强调提高功能，也不应单纯地追求降低成本，而应综合考虑两方面因素。具体选择提高价值途径时，必须进行市场调查和功能分析，依据用户的要求，按照价值分析的重点，针对不同途径的适用特点和企业的实际条件进行具体的选择。

10.1.3 价值工程的特点

价值工程作为一门独立的学科，具有一系列区别于其他管理技术的特点，熟悉这些特点，有助于我们在实践中得心应手地运用价值工程，充分发挥价值工程的优势。

1. 以提高价值为目标

提高研究对象的价值是价值工程活动追求的目标。从本质上说，提高价值就是以最小的资源消耗获取最大的功能，提高研究对象的经济效益。与传统的质量管理和成本管理不同，价值工程并不片面追求提高质量或降低成本，而是将提高功能和降低成本综合考虑，考虑功能和成本的共同作用和影响，研究提高研究对象的价值的有效途径。通过功能和成本的综合研究，能够有效地提高产品或服务质量，降低生产成本，实现提高产品价值的目标。

2. 以功能分析为核心

开展价值工程的主要目的是提高产品或服务功能，因此其核心是产品的功能分析。用户对产品的需求是产品提供的必要功能，只有通过透彻的功能分析，价值工程小组才能辨明必要功能与不必要功能，进而对产品的功能结构进行优化，实现提高产品或服务价值的目的。围绕着产品功能进行分析，能够使设计人员专注于产品功能，从而摆脱原产品、原设计、原施工方法和习惯等的束缚，获得更加合理的设计和施工方法。

3. 以集体智慧为依托

价值工程研究涉及面广，需要多专业知识领域专家集体合作完成。通常开展价值工程活动需要工程技术人员、经济管理人员共同研究，发挥集体智慧。多位专业专家具有不同的专业背景，可以及时处理价值工程研究过程中出现的各类问题，保障价值工程活动的顺利进行。而且价值工程强调“突破、创新、求精”，研究过程中好的创意和想法通常由某一专业的专家提出，这时如果有其他专业专家助其解决创意实施过程中可能遇到的困难，将使创新方案的实施可能性大幅提升。

4. 以系统观点为指导

从方法论上讲，价值工程活动十分强调用系统的思想和分析方法来提高研究对象的价值。这里有两层含义：其一，是把价值工程的研究对象本身当做一个系统来研究；其二，对开展价值工程活动的全过程用系统工程的思想、原理和方法进行分析研究。由于把价值工程研究对象和价值工程活动看成一个系统工程，而它又涉及企业设计、生产、经营、管理等各个方面，因此，需运用多种学科的理论知识和经验，在价值工程活动的各个步骤中，需用系统的思想和系统分析的方法来研究分析。价值工程研究对象是一个复杂的功能系统，对于如何实现总体功能，需要运用系统分析方法分析各分功能之间的逻辑联系，绘出功能系统图，剔除不必要功能和过剩功能，填补不足功能，从而提高研究对象的价值。

5. 投资回报高

开展价值工程研究需要一定的资金投入，但与成功的价值工程研究所带来的投资回报相比，这笔资金投入是非常值得的。美国通用电气公司自 1947 年首创价值工程到 1964 年的 17 年间，共投资 80 万美元用于价值工程活动，而由此获得的节约额超过 2 亿美元；1970~1978 年，该公司由此增加收益 10 亿美元。1954 年，作为美国政府部门的美国海军舰船局，也开始采用价值分析方法进行舰船的设计，取得了显著的效果，仅第一年就节约了 3 500 万美元，并将“价值分析”更名为“价值工程”。美国国家环境保护局通过 1975~1976 年 8 个案例分析，共节约 1 800 万美元，占总工程费的 4%，支付价值工程研究费仅 70 万美元，效益与投资比值为 26∶1。

10.1.4 建设项目应用价值工程的特点

1. 普遍性特点

建筑产品具有多样性特点，决定了建设项目应用价值工程具有普遍性特点。建设项目的多样性体现在建筑样式、结构形式、内外装饰、设施设备等方面。因此，对建设项目开展价值工程研究，可以从其功能、建筑样式、设施设备等不同方面展开。

2. 一次性特点

在制造工业应用价值工程，其影响体现在以后多次重复生产上，效益反映在成千上万乃至几百万件产品上。但建筑产品具有单件性特点，单体建筑之间均存在差异，对其开展价值工程研究应根据各自特点，开展有针对性的研究。因此，在建设项目中应用价值工程具有一次性特点。

3. 成效显著

建设项目投资巨大、历时长，对其开展价值工程活动，节约潜力巨大，如果措施得当，将收到显著的成效。通常建筑产品的造价动辄几百上千万元，最近几年高达几十亿元的项目也层出不穷，如果能成功开展价值工程研究活动，即使降低比较小的百分点，其节约额也将是巨大的。

4. 注重寿命周期成本

建筑产品具有使用寿命长的特点，除前期建设投资外，后期的使用运行、维护以及其他成本也是一笔巨大的开销，甚至超过建设投资。因此，建设项目的价值工程研究并不局限于前期建设阶段，后期的运行阶段也一并考虑，即考虑建设项目的寿命周期成本。

5. 系统性特点

建筑产品具有结构复杂、用途多样的特点，因此对建筑产品开展价值工程活动应统观全局，平衡各专业之间关系，突破专业之间的界限，追求项目的整体效益，同时研究如何提高劳动生产率、降低劳动强度、提高项目的功能以及可施工性等。

10.1.5 价值工程的工作程序

价值工程是一项复杂的系统工程，需要多专业专家在短时间内通过集体研究获得切实可行的创新方案，为保证研究效果必须遵循一定的工作原则和工作程序。价值工程工作程序实际是发现问题、分析问题、解决问题和效果评估的过程，即选定价值工程研究对象后，对研究对象的功能和成本进行分析，分析存在的问题并提出切实可行的解决方案，对方案实施效果进行评估，旨在提高研究对象价值。价值工程活动的全过程，围绕 10 个问题展开，具体问题及工作程序见表 10-2。

表 10-2 价值工程一般程序

阶段	程序	工作步骤		价值工程对应问题
		基本步骤	详细步骤	
准备阶段	成立研究小组，制订工作计划	确定目标	1.对象选择	1.价值工程对象是什么
			2.情报收集	2.需要哪些准备工作
分析阶段	功能系统分析	功能分析	3.功能定义	3.对象的功能是什么
			4.功能整理	
		功能评价	5.功能成本分析	4.对象的成本是多少
			6.功能评价	5.对象的价值是多少
创造阶段	初步设计	制订方案	7.方案创造	6.有其他方案实现这个功能吗
	方案评价		8.概略评价	7.新方案成本是多少 8.新方案的功能如何 9.新方案实施的可能性及如何保障
			9.方案具体化	
			10.详细评价	
	提案编写		11.提出提案	
实施阶段	检查实施情况	实施评价成果	12.审批	10.价值工程活动的效果如何
			13.实施与检查	
	评价活动成果		14.成果鉴定	

10.2 价值工程的对象选择与情报收集

10.2.1 价值工程对象选择的原则

价值工程是就某个具体对象开展的有针对性的分析评价和改进，对象的选择直接影响价值工程活动效果，选择合适，将取得明显的成效，从而促进价值工程在更广泛的领域应用；但选择不当，成效不显著，将严重影响价值工程的推广应用。通常，价值工程对象的选择着重从以下方面考虑：①对国计民生及实现企业经营目标影响较大的产品。②社会需求量大，竞争激烈及有良好发展前景的产品。③结构复杂、零件较多的产品，工艺、生产技术落后，在同类产品中技术指标较差的产品。④情报资料很容易收集齐全，投入较少且收效快的产品及设计生产周期短的产品。⑤成本高的产品以及占产品成本比重大的零部件，价格高且有代用可能以及成品率低的产品和零部件。⑥用户意见大、退换货多，功能差的产品。⑦产量大的产品。

10.2.2 价值工程对象选择的方法

1. 经验分析法

经验分析法又称因素分析法，是依靠价值工程人员的经验和知识，来选择和确定分析对象。经验分析法的优点是简便易行，不需要特殊训练，能综合考虑问题。缺点是缺乏定量依据，受分析人员的能力和主观因素的影响较大，可结合决策树分析法使用。

2. ABC 分析法

ABC 分析法是意大利经济学家帕雷托（Pareto）分析研究本国财富分配状况时总结出来的。他发现占人口比例小的少数人，拥有绝大部分社会财富，而占有少量社会财富的则是大多数人，他用帕雷托图（或称 ABC 分析图）直观地展示了这种现象，如图 10-2 所示。建筑产品的构配件中数量少，价值量大，占总成本比重大的为 A 类；数量多，占总成本比重小的为 C 类；其余为 B 类构件。A 类应优先列为价值工程的研究对象，B 类进行一般分析，C 类可不作分析。

ABC 分析法的具体步骤如下：①将所有研究对象，按其成本由多到少进行排列编号。②计算每个研究对象的累计个数占全部研究对象总数的百分比。③计算研究对象的累计成本及累计成本占总成本的百分比。④按 ABC 分类法的分类原则进行分类，做 ABC 分析图。⑤将 A 类作为价值工程的主要研究对象。

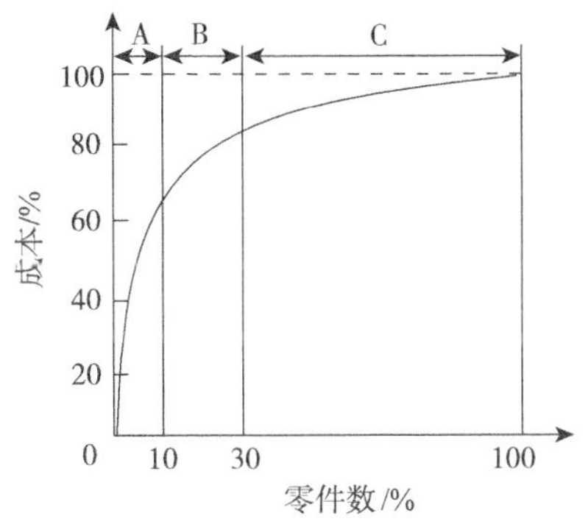

图 10-2 ABC 分析图

现以某住宅楼工程基础分项工程为例说明 ABC 分析法确定研究对象的过程，如表 10-3 所示。

表 10-3 某住宅基础分项工程 ABC 分析表

序号	分项工程名称	单项工程成本/元	累计分项工程数占比/%	累计成本占比/%	分类
1	C30 带形钢筋砼基础	78 535	45.93	45.93	A
2	干铺土石屑垫层	31 207	18.25	64.17	
3	回填土	13 452	7.87	72.04	
4	商砼运费	11 066	6.47	78.51	B
5	C10 砼基础垫层	12 408	7.26	85.77	
6	排水费	9 987	5.84	91.61	
7	C10 带形无筋砼基础	5 326	3.11	94.72	C
8	C30 矩形钢筋砼柱	3 007	1.76	96.48	
9	M5 砂浆砌砖基础	2 170	1.27	97.75	
10	挖土机挖土	2 540	1.49	99.23	
11	履带式挖土机场外运费	500	0.29	99.53	
12	脚手架	247	0.14	99.67	
13	平整场地	274	0.16	99.83	
14	槽底钎探	195	0.11	99.95	
15	基础防潮层	93	0.05	100.00	
总成本		171 007			

从表 10-3 中可以看出 C30 带形钢筋砼基础、干铺土石屑垫层以及回填土 3 项分项工程占累计分项工程数量的 20%，占累计成本百分比为 72.04%，应为 A 类，进行价值工程分析时应作为重点研究对象。

3. 强制确定法

强制确定法（forced decision method）是以功能重要程度作为选择价值工程对象决策指标的一种分析方法，既能用于产品，也可用于工程项目、工序、服务项目或管理环节的分析上。强制确定法除用于选择价值工程研究对象外还可以用于功能评价和方案评价。

强制确定法对构件进行比较打分时可采用 01 评分法和 04 评分法，评分时由熟悉产品的 5~15 位专家参加，各自独立打分，不讨论，不干扰。

1）01 评分法

01 评分法是先将构成产品的各零件（或项目因素）排列成矩阵，并站在用户的角度按功能重要程度进行循环对比打分，功能相对重要的零件得 1 分，不重要的得 0 分。为避免某零件的得分总值为 0，可在全部零件得分基础上各加 1 分进行修正，用修正后的得分值计算功能指数，如表 10-4 所示。用求出的功能指数除以成本指数，即可得到零件的价值指数。

表 10-4 01 评分法

功能名称	对比评分					得分值	修正值	功能指数
	A	B	C	D	E			
A	×	1	1	1	1	4	5	0.333
B	0	×	1	0	1	2	3	0.200
C	0	0	×	0	1	1	2	0.133
D	0	1	1	×	1	3	4	0.267
E	0	0	0	0	×	0	1	0.067
合计						10	15	1

2）04 评分法

01 评分法虽然能判别零件的功能重要程度，但评分规定过于绝对，准确度不高，可以采用 04 评分法来计算功能指数。04 评分法的步骤、方法与 01 评分法基本相同，但两零件得分之和为 4 分。进行比较的两个对象功能非常重要的零件得 4 分，另一个相对很不重要的得 0 分；功能比较重要的零件得 3 分，另一个功能比较不重要的得 1 分；功能相同的两个零件各得 2 分。各零件的得分值除以全部零件的得分值的总和，就得到该零件的功能指数。具体做法如表 10-5 所示。

表 10-5 04 评分法

功能名称	对比评分				得分	功能指数	功能重要性排序	目前成本	成本指数	价值指数
	A	B	C	D						
A	×	3	3	2	8	0.333	1	1 828	0.319	1.045
B	1	×	1	1	3	0.125	4	3 000	0.523	0.239
C	1	3	×	2	6	0.250	3	289	0.050	4.962
D	2	3	2	×	7	0.292	2	619	0.108	2.706
合计	4	9	6	5	24	1		5 376	1	

对于价值指数偏离 1 较大的对象应作为价值工程研究的重点，如表 10-5 中 B、C、D 三项应作为本次价值工程研究的重点对象。对价值指数小于 1 的对象，应考虑降低其成本；对价值指数大于 1 的对象应考虑适当增加成本以保证其功能的更好实现，或分析对象是否存在过剩功能，如存在应加以消除，最后使功能程度与成本水平相一致。

强制确定法是国内外应用十分广泛的方法之一，它虽然在逻辑上不十分严密，又含有定性分析的因素，但操作简便、实用性强，只要运用得当，多数情况下得出的结论与真实情况大致相同。

4. 最合适区域法

强制确定法选择价值工程研究对象时，只要价值指数不为 1 的零部件都可以作为研究对象，这样并不科学，而且难以做到。应用强制确定法还会将价值指数接近 1，但功能指数和成本指数较大的零部件排除在研究范围之外，同时又将价值指数偏离 1 较大，但功能指数和成本指数较小的零部件作为价值工程研究对象，这显然是不合理的。日本东京大学田中教授于 1973 年在美国价值工程师学会举办的国际学术讨论会上提出最合适区域法能够克服强制确定法的上述不足。

最合适区域法不仅考虑价值指数的大小，而且选择目标时把价值指数相同的对象区别对待，并考察其功能指数和成本指数的数值，进行综合考虑确定研究对象。

最合适区域法如图 10-3 所示。

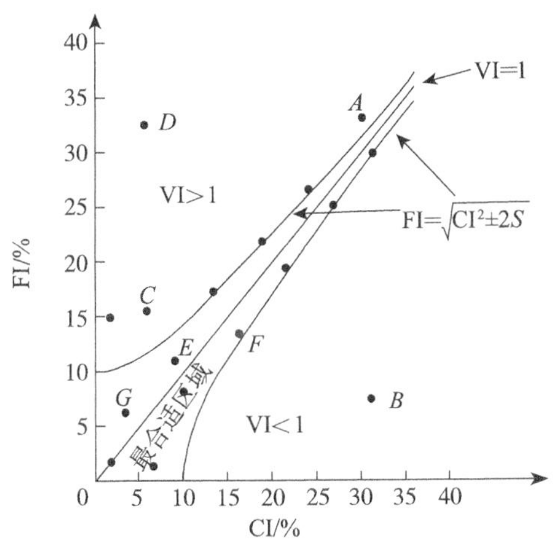

图 10-3　最合适区域法图

图中倾角为 45°的直线称为标准价值线，这条线上的点标志着功能与成本恰好平衡，此时 VI=1。标准价值线左上方的区域表示 VI>1，右下方的区域表示 VI<1，其中远离原点的点表示功能重要成本高，其变化对整体影响大，必须严加控制，即使偏离标准价值线不多，也要列为价值工程对象。而靠近原点，表明其功能次要成本低，其变化对整体影响小，可以放宽控制，允许有较大的偏离。在最合适区域内的各点，如 E、F、G 虽然偏离标准线，但不选作价值工程对象，只将处于最合适区域外的各点，即 A、B、C、D 选作价值工程对象。

最合适区域的大小由给定的常量 S 决定，其中 $S=\dfrac{\left|\mathrm{CI}^2-\mathrm{FI}^2\right|}{2}$，$S$ 值给定得大，则两条曲线偏离标准线的距离大，落在最合适区域外面的点少，价值工程对象选得就少；反之，S 值给定得小，最合适区域缩小，则价值工程对象可能增加。S 的取值，可根据工作需要和人力、财力、设备能力而定，原则是采用拉网式逐渐缩小，直到选择的对象与客观需要

一致为止。

除上面介绍的四种方法外，确定价值工程对象的方法还有费用比重分析法、经验估计法、用户评分法、成本模型法、功能重要性分析法等，可根据实际情况灵活运用。

10.2.3 情报收集与调查

价值工程以提高研究对象价值为目标，为实现目标所进行的决策都需要与对象相关的大量信息情报的支撑。通过对收集的信息情报的整理分析，可以发现问题，找出差距，确定解决问题的方向。价值工程研究的成效依赖于信息的质量、数量以及对信息的理解和掌握程度，必须高度重视信息情报收集工作。

1. 情报收集注意事项

情报收集工作应立足产品的寿命周期，进行广泛、全面的情报收集，以便从全局的观点对研究对象进行分析。收集时应注意资料的准确性、目的性、可靠性和及时性，这样才能保证价值工程研究不会偏离预定目标。实际操作应力求优质、高效、迅速地完成情报收集工作。

2. 情报收集的内容

随研究对象的不同，情报收集的信息也有差异。价值工程情报通常涉及以下方面：用户方面的情报，包括用户的基本要求和用户的基本条件；销售方面的情报，包括产品方面信息和竞争企业方面的信息；技术方面的情报，包括有关的科研成果及其应用情况和产品设计的主要功能标准与其相关要求；成本方面的情报，包括同类企业成本以及供料企业成本；企业自身的情报，包括经营概况和企业的综合能力。另外，情报的内容还应包括国家与社会有关部门方面的情报。例如，政府或有关部门颁布的与研究对象有关的法律、法规、条例、政策等。

建设项目需要收集的信息包括项目的构思、有关图纸和技术的说明、投资估算、工作计划以及设计计算书等，并应尽可能收集现场条件、项目约束条件等方面的信息，明确价值工程研究的约束条件。

10.3 功 能 分 析

功能分析是价值工程研究的核心，系统地分析研究对象，掌握其所提供的功能以及用户对功能的需要，并对其功能进行科学评价。

10.3.1 功能定义

1. 定义方法

价值工程通常用两个词来进行功能定义，根据语词的词性及语词的搭配结构，功能定义可分为动宾词组型和主谓词组型两种方式。

（1）动宾词组型功能定义。动宾词组是由一个动词加上一个名词构成的词组。在这种功能定义形式中，动词用来陈述研究对象的动作，名词用作宾语，表示承受动作的对象。实际上作为功能载体的研究对象，与动宾词组中的动词和名词是主、谓、宾关系。例如，建筑结构的功能是“承受荷载”、内墙的功能是“分隔空间”、门的功能是“控制出入”等。

（2）主谓词组型功能定义。为体现功能实现程度，需要由一些技术经济指标和综合特性指标来表示，此时可以采用名词加形容词构成的主谓词组，来描述用户对功能水平的具体要求。这里，特性指标用名词表示，用户的功能水平要求用形容词表达。例如，住宅的主要功能是“提供居住空间”。除此要求外，用户还有一些功能水平要求，如“居住舒适”、“维修方便”、“造型大方”及“色泽柔和”等。

实际使用时以动宾词组定义为主，以主谓词组定义为辅。有时用两个词来表达某个功能确有困难，此时可以增加一个形容词来进行限定。例如，居民住宅的功能定义为“提供空间”就不如定义为“提供居住空间”更确切。如果不增加形容词来明确功能定义，则该抽象的功能定义能够引发价值工程参与者的讨论，从而可以加深人们的理解。

2. 功能定义应注意的问题

（1）适当抽象。功能定义中的动词部分要适当地抽象，给研究者以广阔的想象创作空间，为方案创造阶段的工作奠定基础。

（2）精确简练。所谓精确简练，是用简明扼要的词语把价值工程研究对象的功能正确无误地定义出来。因为功能定义得正确与否，直接关系到价值工程活动的效果。

（3）尽可能定量化。功能定义应尽量使用可测定数量的词汇定义功能，以便于功能分析评价时可以把实现功能的费用与功能水平的高低有机地联系在一起，如定义建筑物基础为“承受荷载20吨/米^2”等。

（4）明确约束条件。功能定义应以事实为基础，根据可靠信息下定义，应考虑可靠实现功能的制约条件。例如，对楼板的功能定义为“承受荷载”就不如定义为“承受竖向荷载”更确切。

（5）注意表述的唯一性。进行功能定义时，必须对研究对象及其构成要素的功能逐项明确，并且每项功能只能有一个定义，若某项构成要素由几项功能构成，则需对其分别定义，否则容易造成后期研究的混乱。如果几个构成要素同时具有某一项功能，则这些构成要素的功能定义中都应具有这一功能定义。

10.3.2 功能分类

1. 按功能重要程度分类

按功能重要程度可将功能分为基本功能和辅助功能。

（1）基本功能。基本功能是与对象的主要目的直接有关的功能，是对象存在的主要理由，必须予以保证。对建筑的组成部分而言，基本功能是指要求该部分所应该具备的基本用途，如室内分隔墙的基本功能是“分隔空间”。

（2）辅助功能。辅助功能是为更好地实现基本功能服务的功能。由于辅助功能不是硬性指标，设计有较大的灵活性，因此应在确保基本功能的前提下，合理配置辅助功能，达到降低成本的目的。

2. 按用户需求分类

按用户需求可将功能分为必要功能和不必要功能。

（1）必要功能。这是指设备符合使用者所要求的必须具备的作用或功能，即设备的使用价值，如手表的“显示时间”功能。

（2）不必要功能。这是指使用者不需要的功能，即多余的功能。例如，在手表上装上指南针，对于一般人来讲，这就是不必要的功能。

当然，功能是否必要，不同用户有不同的标准。例如花园小区中的绿化面积，水景数量等。

3. 按功能性质分类

按功能性质可将功能分为使用功能和美学功能。

（1）使用功能。使用功能是指对象所具有的与技术经济用途直接有关的功能。凡是根据产品使用目的所提出的各项特性要求都属于使用功能。建筑产品的使用功能一般包括用途、可靠性、安全性以及维修性等。

（2）美学功能。美学功能是指与建筑产品的技术经济用途无关的外观功能和艺术功能。建筑产品的美学功能一般包括造型、色彩、图案等。美学功能是在满足用户对使用功能要求的前提下，为了吸引用户，提高竞争能力，在贵重、美学、外观、欣赏等方面所提供的功能。随着生产力的发展，人们生活水平的提高，人们对美学功能的要求会越来越高。

4. 按功能水平分类

按功能水平可将功能分为不足功能和过剩功能。

（1）不足功能。不足功能是对象尚未满足使用者需求的必要功能。例如，某图书馆设计过程中忽略了使用中图书的荷载，导致建筑物沉降过大，基础部分属于功能不足。

（2）过剩功能。过剩功能是对象所具有的、超过使用者需求的必要功能。例如，在浅层地质条件较好的地区建造六层居民楼，通常采用浅基础即可，但是设计为保证安全而使用桩基础则属过剩功能。

10.3.3 功能整理

所谓功能整理，就是在功能定义的基础上，按照功能之间的逻辑关系，把产品构成要素的功能按照一定的关系进行系统的整理与排列，然后绘制功能系统图，以便从局部与整体的相互关系上把握问题，从而达到掌握必要功能和发现不必要功能的目的，并提出改进方案。

功能整理可以采用功能卡片法和功能分析系统技术。

1. 功能卡片法

功能卡片法主要基础是制作功能卡片和寻找上位、下位功能。功能卡片是记录功能及实现功能的零部件名称、功能和成本的卡片，每张卡片记录一个功能，根据每张卡片的内容，从目的和手段出发寻找其上位和下位功能，直到所有卡片都用完，并绘制功能系统图，进行检查修正。现以建筑物的平屋顶为例，说明功能系统图的绘制。建筑物的平屋顶功能系统图的主要部分如图 10-4 所示。

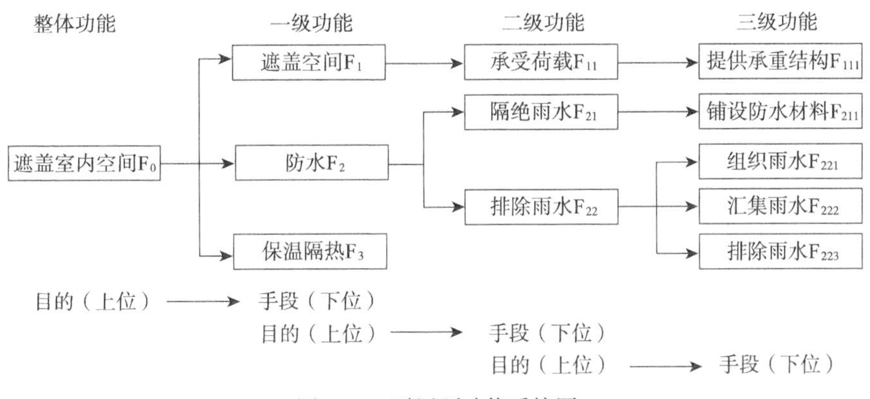

图 10-4 平屋顶功能系统图

位于功能系统图最左端的 F_0 是整体功能，其后从左至右依次为一级功能（F_1、F_2、F_3）和二级功能（F_{11}、F_{21}、F_{22}）等。图 10-4 中 F_0 是项目的总目的，紧随其后的一级功能是实现项目基本功能的手段；而一级功能又是二级功能的目的，同样二级功能是一级功能的手段功能。功能系统图中具有存在直接依存关系的两功能，位于左侧的为上位（目的）功能，右侧的为下位（手段）功能，如图 10-4 中的 F_0 与 F_1。共有同一上位功能的各个下位功能称为并列功能或同位功能。

功能系统图表明了活动对象的最终目的和最终用途，也表明了实现目的的途径。借助功能系统图，就可以从整体出发，逐步研究各功能之间的关系，更好地把握必要功能，排除一切不必要功能，以利于发现原设计方案的不合理之处。

2. 功能分析系统技术

功能分析系统技术（function analysis system technique，FAST）最早由美国的查理·巴塞威（Charles Bytheway）于 1964 年首次提出。FAST 的初衷是强迫人们从另一个角度来思考项目，通过“目的–手段”方式，明确各对象之间的相互关系并形成 FAST 图。FAST 图又分为技术型 FAST 图（图 10-5）和任务型 FAST 图。FAST 图是以目标或结果为起点的，通过从左向右询问“怎么办”寻找实现功能的手段，从右向左询问“为什么”解释功能存在的意义，即目的。如果改变路径上的一个功能，则会对其右侧所有的功能产生影响。FAST 强调的是在研究功能的过程中通过“问题激发思考”的方法来得到更多的解决方法。因此，建立 FAST 图的过程比结果更重要。

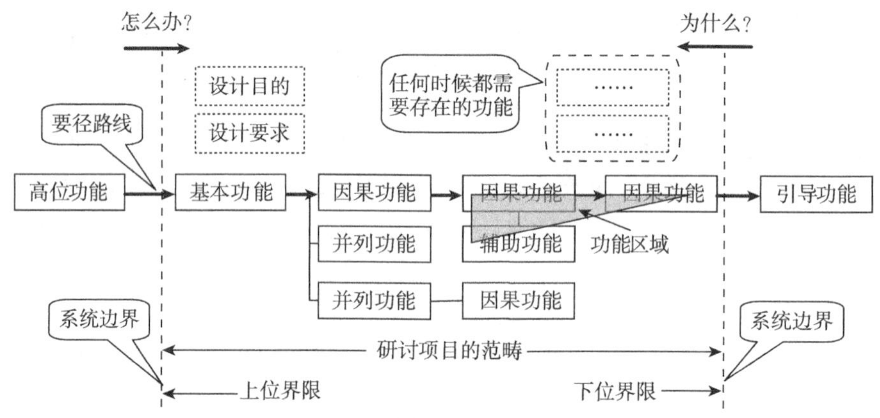

图 10-5 技术型 FAST 图

FAST 具体分析步骤：①首先在左右两侧画两条虚垂线，这两条虚线定义了产品开发目标的区域。②确定基本功能，放在左界线的右侧，开始要径路线的构造。③寻找上位功能（目的）和下位功能（手段），确定要径路线。④要径路线以右界线外的“引导功能”为结束点，引导功能为外部功能，如使用的能源等。⑤确定要径路线之外的子功能，构建功能区域。⑥检查连接错误，完善功能系统图。

FAST 图反映了价值工程小组思考的过程，个人思维方式的不同决定了 FAST 图的多样性，即没有绝对正确的 FAST 图。重要的是，价值工程研究各成员通过分析讨论，对最终的 FAST 图达成了一致意见。

10.3.4 功能评价

所谓功能评价，是指对通过功能系统分析所确定的功能进行定量化计算，并定量地评价功能价值，筛选出价值低、改善期望值大的功能作为价值工程的重点改进对象的活动。功能评价实际上就是将测定的功能价值通过与评价基准的比较来进行判断和评定。由于对功能价值的测定方法及相应评价基准选择的不同，形成了不同的评价方法。常用的有两类方法，即功能成本法和功能指数法。

1. 功能成本法

功能成本法，又称绝对值法，是用实现功能所需的最低成本与现实成本相比来评定功能价值，以确定改进对象的方法。该方法的基本特征是：以购买者为获得某项功能所愿

意支付的最低费用（目标成本）作为评价值，并以此作为功能量化的标准。由此，价值工程基本方程式就转化为

$$功能价值V=\frac{功能最低成本F}{功能现实成本C} \tag{10-3}$$

根据式（10-3）可知，当 V=1 时，表明用户为实现某项功能所愿意支付的最低费用与该功能的现实成本相吻合，功能价值较为理想；当 $V<1$ 时，表明某项功能的现实成本超过了用户预期，功能价值偏低，应采取措施降低产品成本；当 $V>1$ 时，表明某项功能的现实成本低于用户预期，功能价值偏高。

按式（10-4）计算成本改善期望值，然后综合功能价值和成本改善期望值确定重点改进对象。

$$\Delta C=C-F \tag{10-4}$$

2. 功能指数法

功能指数法又称相对值法，在功能指数法中，功能的价值用价值指数来表示，它通过评定各对象功能的重要程度，用功能指数来表示其功能程度的大小，并将功能指数除以相对应的成本指数得出该评价对象的价值指数，进而确定改进对象，并求出各对象的成本改善期望值。

功能指数法的计算过程如下。

（1）计算成本指数。第 i 个评价对象的成本指数 CI_i 的公式为

$$\mathrm{CI}_i=\frac{C_i}{\sum C_i} \tag{10-5}$$

式中，C_i 为第 i 个评价对象的目前成本；$\sum C_i$ 为全部成本。

（2）推算功能指数。功能指数的推算可以采用强制确定法（参见 10.2 节）。功能指数的计算，应注意一个研究对象可能承担多种功能，一个功能也可能由多个研究对象共同完成。因此，在计算时需要将产品或零件的成本根据具体情况分摊给各项有关功能。功能指数 FI 按式（10-6）计算。

$$\mathrm{FI}_i=\frac{F_i}{\sum F_i} \tag{10-6}$$

式中，F_i 为功能单元得分；$\sum F_i$ 为得分总和。

功能指数的计算还可以采用多比例评分法以及逻辑流程评分法等。

（3）按式（10-7）计算价值指数 VI，确定改进对象，VI 的计算公式为

$$\mathrm{VI}=\frac{\mathrm{FI}}{\mathrm{CI}} \tag{10-7}$$

具体计算过程如表 10-6 所示。

表 10-6 价值指数计算表

功能	功能得分	功能成本/万元	功能指数	成本指数	价值指数
F_1	29	1 839	0.19	0.26	0.750
F_2	23	3 100	0.15	0.44	0.353
F_3	19	307	0.13	0.04	2.942
F_4	36	412	0.24	0.06	4.153
F_5	9	644	0.06	0.09	0.664
F_6	13	97	0.09	0.01	6.370
F_7	21	731	0.14	0.10	1.366
合计	150	7 130	1.00	1.00	

10.4 方案创造与评价

10.4.1 方案创造

所谓方案创造就是针对价值工程改进的对象，依据建立的功能系统图、功能特性以及功能的目标成本，通过创造性的思维和活动，创造出各种不同的实现功能要求的方案。

方案创造的形式对于新产品的设计，通常是从最终功能出发，寻求手段功能，创造出一个全新的设计方案；对于老产品的改造，通常以 FAST 图为依据，从某一功能范围出发，创造出新方案。

1. 方案创造的原理

方案创造的理论依据是功能载体的替代性。方案创造在正确的功能分析和评价的基础上，寻找实现每一功能的各种替代方案，并以各替代方案的费用为标准，对功能现实成本有效程度进行测定。将各种替代方案按费用高低排序，寻找最低成本的替代方案，从而确定功能的目标成本。功能载体替代的内容包括结构替代、材料替代、工艺替代以及设备替代等方面。

2. 方案创造的过程

（1）方案设想的构思和创造。要求价值工程小组人员在结合情报资料的研究和前一阶段功能系统分析和评价结果的基础上，紧扣必要功能要求，最大限度地发挥集体的创造力，尽可能地提出多种创意方案。

（2）创新方案的具体化。创新方案的具体化就是在方案概念设想和创造的基础上，对所提出的全部创意进行系统整理和较完整意义上的分析。通过初步的整体可行性判断，归纳出若干种方案创意，并逐一进行具体细化和实验研究，最后形成若干有价值的具体、详细的改进方案，供方案评价阶段进行选择。

（3）方案的调整与优化。通过概略评价舍掉其中明显不可行的设想，对保留下来的设想进行粗略的概括，进而考虑其具体的实现条件，并将其明确表示出来，形成具体的可操作的物理方案。

（4）方案的实验研究。制订出的具体方案能否达到预定的功能的要求和价值改善的要求，必须通过实验验证和分析研究来最终确定。方案的实验研究包括产品结构实验、零部件实验、新材料和新工艺实验以及样机或样品性能实验等。方案的实验可以分别穿插在总体设计、技术设计、工作图设计、样机或样品试制等各个阶段进行。实验的方式可以采用模拟实验、样机实验、理论验证以及实际使用等。

3. 方案创造的方法

方案创造的方法很多，据统计，20世纪30~80年代，世界各国共开发创造性方法340多种。目前国内常用方法主要有以下几种。

（1）头脑风暴法是一种专家会议法，通过召集一定数量的专家（通常为10~15人）开会研究，对某一问题做出集体判断，它可以用来产生大量关于解决问题的潜在解决办法的建议。头脑风暴法具有如下优点：①它能够发挥一组专家的共同智慧，产生专家智能互补效应。②它使专家交流信息、相互启发，产生“思维共振”作用，爆发出更多的创造性思维的火花，比同样人数单独提方案的效果高70%。③专家团体所拥有及提供的知识和信息量比单个专家所拥有的知识和信息量要大得多。④专家会议所考虑的问题的方面以及所提供的备选方案，比单个专家单独思考及提供的备选方案要更多、更全面和更合理。

这种方法的主要缺点是：与会专家人数有限，难以保证代表性；与会者易受权威及潮流的影响；出于自尊心等因素，部分专家易于固执己见；会后整理工作量大；等等。

（2）哥顿法是美国人哥顿（W. J. Gordon）在1964年提出的方法。这种方法的指导思想是：把要研究的问题适当抽象化，以利于开阔思路。哥顿法同样采取会议形式，与头脑风暴法的不同之处在于，除主持人外，与会者开始并不知道会议要解决什么问题。会议主持者并不把要解决的问题全部摊开，只把问题抽象地介绍给大家，要求海阔天空地提出各种设想。当与会者探讨到一定程度时，主持人再适时把问题具体化，随着问题的逐渐明确，方案也越来越集中。实行哥顿法的关键在于会议主持人要善于引导和启发，能够把握住揭开具体问题的适当时机。

（3）德尔菲法又称专家调查法，是一种采用通信方式分别将需要解决的问题单独发送到各个专家手中，征询意见，然后回收汇总全部专家的意见，并整理出综合意见，随后将该综合意见和预测问题再分别反馈给专家，再次征询意见，各专家依据综合意见修改自己原有的意见，然后再汇总。经多次反复，逐步取得比较一致的预测结果的决策方法。

德尔菲法的优点主要是简便易行，具有一定科学性和实用性，可以避免会议讨论时产生的畏惧权威随声附和，或固执己见，或因顾虑情面不愿与他人意见冲突等弊病；同时也可以使大家发表的意见较快收敛，参加者也易接受结论，具有一定程度综合意见的客观性。但德尔菲法过程比较复杂，花费时间较长。

此外，方案创造可以采用T.T-STORM法、输入输出法、类比法以及问题列举法等，此处不再详述。

10.4.2 方案评价

方案评价是对创新阶段提出的设想和方案的优缺点和可行性作分析、比较、论证以及评价，并在评论过程中对有希望的方案进一步完善的过程。对方案进行评价包括技术评价、经济评价以及社会评价三个方面。技术评价主要评价方案能否实现所要求的功能，以及方案本身在技术上是否能实现；经济评价是对方案实施的经济效果的大小进行分析和评价；社会评价是对方案给国家和社会带来的影响进行的分析和评价。

方案创造与评价是一个循环过程，先经过对研究对象的功能分析获得改善对象价值的构思，后经方案创新获得初步改进方案。在制订方案的过程中可能会发现新方案的不足，此时必须对新方案进行改进，即开始新一轮的方案创新活动。对于最后所优选出的最佳方案，需对其进行充分的评价，方案评价分为概略评价、详细评价、综合评价。

1. 概略评价

概略评价是对已创造出来的方案从技术、经济和社会三个方面进行初步研究，目的是从众多的方案中进行粗略的筛选、减少详细评价的工作量，使精力集中于优秀方案的评价。方案概略评价主要通过参考有关资料，汇总设计、生产以及销售部门的意见，来全盘考虑方案中的各种问题。由于方案的概略评价只进行粗略的筛选，因而一般只进行定性的分析即可。

1）概略评价的内容

概略评价包括技术、经济和社会三个方面的主要影响因素，不同性质的方案，有不同的概略评价内容。一般可从以下几个方面进行评价。

（1）技术可行性。对功能是否满足用户要求、满足程度怎样、企业内部是否具备实施方案技术条件、技术难题能否解决、相关企业外部条件能否解决等方面进行评价。

（2）经济合理性。主要是测算方案的寿命周期成本，通过与目标成本进行比较，寿命周期成本是否能实现预定的期望目标、企业内部是否允许、投资是否可能。

（3）社会适宜性。主要考虑是否符合国家政策法规、是否最有效地利用资源、有无造成环境污染或损害生态平衡、是否对国民经济存在不利影响等。

（4）综合分析。在结合技术、经济和社会三方面因素基础上，根据企业经营方针的需要，进行综合分析、评价。在概略评价的过程中，要在对比表格的基础上，根据价值的高低，全盘考虑该方案能否满足功能与成本方面的要求，从能否提高价值的角度来解决方案的取舍。

2）概略评价注意事项

（1）对方案设想进行系统整理。对方案创新阶段产生的众多设想进行归类和系统整理，以便取长补短，提高设想的质量，并将整理后的各种设想方案按照产品或功能进行汇总填入表 10-7。

表 10-7 概略评价一览表

方案	技术评价	经济评价	社会评价	综合评价
A	○	○	○	○
B	○	○	○	○
C	×	○	×	×
D	△	○	○	△
E	○	○	×	△

注：×为不可行方案；○为可行方案；△为有待进一步研究的方案

（2）概略评价标准要适度，不应过细过严，防止有价值的方案被舍弃。

（3）概略评价阶段不能确定最后的提案。

（4）小组成员中只要有一人坚持认为方案可行，也应当暂时保留。

（5）对不采用的方案要弄清楚原因。

（6）对经济性好而技术上难度大的方案，不可轻易否定。

2. 详细评价

详细评价是在掌握大量数据资料的基础上，对通过概略评价筛选出的少数方案进行详尽的评价分析，为提案的编写和审批提供依据。详细评价的内容包括以下几个方面。

（1）技术可行性方面。主要以用户需要的功能为依据，对创新方案的必要功能实现的程度做出分析评价，特别是对产品或零部件，一般要对其功能的实现程度、可靠性、维修性、操作性、安全性以及系统的协调性等进行评价。

（2）经济可行性方面。主要考虑成本、利润、企业经营的要求；创新方案的适用期限与数量；实施方案所需费用、节约额与投资回收期以及实现方案所需的生产条件等。

（3）社会评价方面。主要研究和分析创新方案给国家和社会带来的影响。

（4）综合评价方面。在上述三种评价的基础上，对整个创新方案的诸因素做出全面系统的评价。

3. 综合评价

综合评价是在上述评价的基础上，对方案所做的整体评价。综合评价的方法多种多样，下面介绍几种简单常用的方法。

1）加法评分法

加法评分法又称等分制评分法，它是以方案的多项评价标准对各项评价项目逐一评分（百分制或五分制）。打分的依据是方案能满足标准的程度，然后将各项评价项目得分相加，以得分多少来评价方案的优劣。以某房地产项目为例的加法评分法见表 10-8。

表 10-8 加法评分法

方案	评价项目						总分	结论
	户型结构	承重结构	立面效果	地段位置	小区环境	价格		
A	80	60	60	70	65	75	410	
B	90	65	70	80	70	70	445	√
C	90	80	60	70	60	60	420	
D	70	75	70	75	60	75	425	

2）连乘评分法

同加法评分法类似，先按照加法评分法评出各项功能的得分，然后将每种方案的每一项要素得分连乘，并将连乘所得到的积作为方案的评价值，具体做法见表 10-9。

表 10-9 连乘评分法

方案	评价项目						总分	结论
	户型结构	承重结构	立面效果	地段位置	小区环境	价格		
A	4	3	3	2	2	4	576	
B	5	4	5	4	3	3	3 600	√
C	4	4	3	4	3	4	2 304	
D	3	4	2	4	3	3	864	

3）加权评分法

加权评分法是同时考虑功能与成本两方面的因素，按重要性进行加权计算，并根据各方面对评价项目的满足程度进行评价。这种方法结果更接近方案的实际情况。评价步骤如下：①确定评价项目。②评定各评价因素的重要系数，以此作为加权系数。③评定方案对评价项目的满足程度。④加权计算各方案得分，总分高者为最优方案。

在加权评分法中，方案的满足程度由评分人员按计算、实验结果可凭经验直接打分评定。除百分制外，也可采用五分制或十分制，加权评分法见表 10-10。

表 10-10 加权评分法

方案	评价项目及得分												总分	结论
	户型结构 0.2		承重结构 0.1		立面效果 0.1		地段位置 0.3		小区环境 0.1		价格 0.2			
A	4	0.8	3	0.3	3	0.3	3	0.9	2	0.2	4	0.8	3.3	
B	5	1	3	0.3	4	0.4	4	1.2	3	0.3	3	0.6	3.8	√
C	4	0.8	4	0.4	3	0.3	4	1.2	3	0.3	3	0.6	3.6	
D	3	0.6	4	0.4	3	0.3	4	1.2	3	0.3	3	0.6	3.4	

10.5 价值工程研究效果评价

价值工程形成的方案对于如何提高对象功能，降低成本效果进行评价，以评定价值工程活动的成效。对于价值工程研究效果的评价一般从企业和社会两个角度进行。重视评价过程，积累经验，总结教训将更有利于今后价值工程研究活动的开展。

10.5.1 企业技术经济效果评价

（1）产品功能条件的改善。包括产品的质量、寿命、使用的可靠性、维修的方便程度、运转的协调性、外观以及各项技术指标的改善情况等。

（2）产品经济指标的改善。包括劳动生产率、市场占有率、设备利用率、资金利润率、资金利用率的提高和原材料以及能源消耗的降低等。通常用以下几项指标来分析。

全年净节约额=（改进前单位产品成本−改进后单位产品成本）×年产量−价值工程活动费

产品成本降低率=（改进前单位产品成本−改进后单位产品成本）/改进前单位产品成本×100%

价值工程活动效率=价值工程产品成本净节约额/价值工程活动费×100%

10.5.2 社会效果评价

社会效果评价可以从以下几个方面综合考虑：①是否填补地区或国家所需产品的空白。②稀缺和贵重物资的节约。③能源的节约和开发。④使用成本的降低。⑤公害的防止和减少。⑥劳动强度的减轻等。

10.6 价值工程在工程设计方案选优中的应用

图10-6显示的是建设项目不同阶段对项目经济性的影响程度，可见在项目初期的活动对项目经济性的影响是非常显著的，项目成本的70%~80%取决于前期阶段活动。因此，在项目的开发设计阶段开展价值工程活动，能够在项目建设前确定其合理结构形势、施工工艺、材料、建筑造型以及经营管理等，使建设项目功能与成本优化，提高项目价值。

案例：某中学高边坡支护方案价值分析

1. 工程概况

某中学高边坡是修建该中学时挖掘而成的。边坡坡向为70°~80°，坡角为45°~75°，长260米，坡高20~30米，坡面面积近6 000米^2。坡底为正在施工的该校图书馆、教学楼和学生宿舍楼等教学建筑。建筑群边缘距坡脚平均距离为7米，坡后缘为公路。

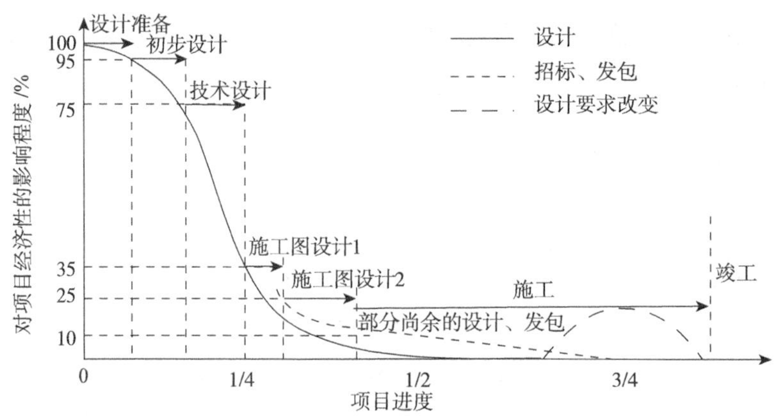

图 10-6　项目不同阶段对经济性的影响程度

边坡剖面露出的主要地层自上而下为第四系滑坡堆积土石混合体、侏罗系中统紫红色泥岩、褐红色泥质粉砂岩。根据《工程岩体分级标准》(GB 50218—94)，边坡岩体类别综合划分为Ⅲ类。由于开挖和雨水的影响，在边坡的中部出现滑塌区，分布长度为 54 米，前缘高度为 20~27 米。

根据《建筑边坡工程技术规范》(GB 50330—2002)对滑塌区稳定性进行评估，计算的稳定系数为 0.88，小于临界状态稳定系数 1。事实上，边坡的这一部分已经发生了滑动，如果不采取治理措施，将有进一步滑塌的可能，所以必须进行支护，使其达到稳定性要求。

2. 方案创新

边坡加固要完成的基本功能为保证坡体下建筑物的安全以及坡体上附属道路的畅通。具体而言就是通过减载工程、支挡工程、坡面防护工程和排水工程的实施，保证坡体在正常使用条件及规定的设计年限内完成保证坡体下建筑物安全、坡体上附属道路畅通的功能，同时通过绿化工程，还能改善坡面环境，为学校创造良好的环境氛围。工程的具体要求如下。

(1)减载工程。通过挖除边坡后缘土体，以减小坡体的自重；通过修整坡面，减缓坡角，以增加坡体的稳定性。在实施这一工程中，还需要考虑坡体上附属功能的实施，即坡上道路的建设和坡面的绿化。

(2)支挡工程。通过在坡体前缘设置抗滑桩、挡土墙、抗滑键等结构，以承受坡体的下滑变形趋势产生的作用力，阻止破坏性变形的发生；或者通过锚杆、锚索等传力构件将坡体下滑变形趋势产生的下滑力传递到变形体后面的稳定体上；或者将锚索等传力构件与坡前的抗滑结构连用，共同承担下滑力，如锚索抗滑桩、锚杆挡墙等。

(3)坡面防护工程。对边坡坡面应做防护，以阻止风化、水流侵蚀等。

(4)排水工程。疏浚坡体表面的外来水，以避免水的下渗导致坡体抗剪强度的降低；排出地下水，降低孔隙水压力，以改善岩土体的性质，提高坡体岩土体的抗剪能力。

(5)绿化工程。坡体表面绿化是环境建设的要求，通过绿化弥补由于建设对环境造成的破坏，也可为学校创造好的教学环境。

根据上述各工程的特点和所完成的功能要求，结合当地的习惯做法，价值工程小组提出了两个支护方案。

方案 A：锚索抗滑桩结合排水方案。在边坡滑体的前缘设一排抗滑桩，抗滑桩上设锚索，方案具体参数及费用见表 10-11。该方案不需要大量的削坡减载，只是需要对坡面作必要的修整，坡体的下滑力由抗滑桩和锚索共同承担。由于抗滑桩的使用，在坡顶形成了较大的空间，有利于坡顶道路的修建；抗滑桩间距较大，抗滑桩之间的间隙需要设置必要的挡板作为坡面防护，以阻止边坡前缘表面可能出现的坍塌、掉块等现象。

表 10-11　治理方案及成本

<table>
<tr><td>项目</td><td colspan="4">方案 A</td><td colspan="4">方案 B</td></tr>
<tr><td>方案构成</td><td colspan="2">方案做法</td><td>成本/万元</td><td>成本系数</td><td colspan="2">方案做法</td><td>成本/万元</td><td>成本系数</td></tr>
<tr><td>减载工程</td><td>坡面修整</td><td>土石方 956 米^3</td><td>2.752</td><td>0.016</td><td>坡面修整</td><td>土石方 2 441 米^3</td><td>7.027</td><td>0.033</td></tr>
<tr><td rowspan="2">支挡工程</td><td>抗滑桩工程</td><td>11 根抗滑桩，截面为 2 米×3 米，净间距为 3 米，平均桩长为 23.5 米，体积配筋率为 0.90%，砼标号 C30</td><td>125.237</td><td>0.709</td><td>格构梁工程</td><td>截面为 0.5 米×0.5 米，纵、横方向间距为 2 米，体积配筋率为 1.37%，砼标号 C25</td><td>20.580</td><td>0.096</td></tr>
<tr><td>锚索工程</td><td>22 根 7Φ15.2 钢绞线锚索，平均长度为 33 米</td><td>24.563</td><td>0.139</td><td>锚索工程</td><td>184 根 7Φ15.2 钢绞线锚索，平均长度为 23 米</td><td>172.263</td><td>0.801</td></tr>
<tr><td>坡面防护工程</td><td>桩间的砼面板</td><td>板厚 0.3 米，体积配筋率 1.73%</td><td>16.138</td><td>0.091</td><td>坡面防护</td><td>采用绿化措施防护，与绿化工程结合</td><td>—</td><td>—</td></tr>
<tr><td>排水工程</td><td>坡面排水孔
坡面排水沟</td><td>60 根 PVCΦ45 花管长为 1.0 米，石砌排水沟横截面尺寸为 0.4 米×0.4 米，长为 304 米</td><td>5.785</td><td>0.033</td><td>坡面排水沟</td><td>石砌排水沟横截面尺寸为 0.4 米×0.4 米，长为 304 米</td><td>5.497</td><td>0.025</td></tr>
<tr><td>绿化工程</td><td></td><td>221 米^2</td><td>2.210</td><td>0.012</td><td></td><td>972 米^2</td><td>9.720</td><td>0.045</td></tr>
<tr><td>合计</td><td></td><td></td><td>176.685</td><td>1</td><td>合计</td><td></td><td>215.087</td><td>1</td></tr>
</table>

方案 B：削坡、格构锚索结合排水方案。将坡面进行修整，坡度 1∶0.3，在坡面布置钢筋混凝土格构梁，在格构梁的交点处设锚索，方案具体参数及费用见表 10-11。该方案需要按照设计的坡度削坡减载，以便于坡面格构梁的放置。由于坡体的下滑力由锚索承担，而且坡面上的格构梁将位于格构梁结点处的锚索连接成一个整体，因而可以使它们相互支援，共同发挥作用；同时，格构梁也起着护面的作用。

3. 功能分析

1）支护结构功能要求

边坡加固措施需要完成的功能如下。

（1）坡体安全：在正常使用条件下，坡体在规定的设计年限（50 年）内安全运行。

（2）道路通行：保证坡体上附属道路的修建空间，路面达到 7 米。

（3）坡面美化。

在上述三项功能中，以第（1）项最为重要，第（2）项次之，第（3）项再次之。

2）功能评价

根据方案能够达到各项功能要求的程度，采用定量评价法的直接打分法，按 10 分制进行打分。

（1）方案A：能够满足第一项功能的要求；同时，由于抗滑桩是垂直的，削坡量很少，这样就使坡顶上的空地较大，为坡上的公路提供了较大的空间，使坡上的附属功能能够得以较好地实施；抗滑桩间的坡面防护是采用混凝土防护的，无法绿化，绿化只能在桩顶、路边实施，因此，坡面的绿化和美化功能基本上就不能够满足，但可以通过增加浮雕等形式提升观感。

（2）方案B：该方案能够满足第一项功能的要求；由于格构的设置需做必要的削坡，这样就减小了坡上的空间，使原本就较小的坡上空间更加狭窄，对坡上公路的建设产生不利影响，不能保证七米路面；但可以在设计调整后，达到五米的路面；坡面格构的实施和坡面有一定的倾斜度，绿化就比较容易实施。

根据上述分析，将方案满足功能的程度组织专家进行打分，取其平均值，结果见表10-12。

表10-12 方案功能评分表

方案	坡体安全	道路通行	坡面美化	成本	总分	方案选择
方案A	10	10	4	10	34	√
方案B	10	5	10	8	33	

4. 方案优化

1）锚索抗滑桩结合排水方案的成本分析和功能分析

锚索抗滑桩方案的成本构成可以分解为五个方面：减载工程；支挡工程，包括抗滑桩工程和锚索工程；坡面防护工程；排水工程；绿化工程。各项的成本及成本指数见表10-11。功能分析根据构成成本的五个分项工程在三项功能中的重要程度进行打分，打分结果见表10-13。

表10-13 方案A的功能评价

评价项目	减载工程	支挡工程		坡面防护工程	排水工程	绿化工程	合计
		抗滑桩工程	锚索工程				
重要程度/%	5	50	20	10	10	5	100
功能指数（FI）	0.05	0.50	0.20	0.10	0.10	0.05	1
成本指数（CI）	0.016	0.709	0.139	0.091	0.033	0.013	1
价值指数（VI）	3.21	0.71	1.44	1.10	3.06	4.00	

2）锚索抗滑桩结合排水方案的价值分析和方案优化

根据价值分析的原理，计算方案A各项功能的价值指数见表10-13。对价值指数进行分析发现，锚索工程和坡面防护两项工程成本投入与满足功能基本匹配，价值指数分别为1.44和1.10，无须改进。排水工程和绿化工程的功能远大于成本，价值指数分别为3.06和4.00，但是由于此两项工程需要经常性修理，年年进行投资，综合起来，其价值指数随着投资增加而降低，因此，也不需要作调整。减载工程相对于功能来讲，投资偏低，价值指数为3.21，可适当增加投资，增加削方量。抗滑桩工程的价值指数为0.71，表明成本偏高，因此应该结合减载工程将抗滑桩工程优化，减少数量或降低配筋率，使减载工程和抗滑桩工程都达到合理的价值指数。

在实际做法当中，根据上述评估结论，适当加大了削坡工程量，导致了下滑力减小，用以抵抗下滑力的抗滑桩的配筋率自然降低，从而使两者价值都达到了理想的程度。通过上述调整，减载工程投资略有增加，抗滑桩工程成本下降，综合节约资金11万元，取得了良好的经济、社会效果。

10.7　价值工程在工程施工方案优选中的应用

在工程施工阶段开展价值工程，其目的是使施工过程合理化、科学化，提高施工质量，降低劳动消耗，加快施工进度，力图高效、快速地完成工程施工，保证达到设计要求。

10.7.1　一般要求

在工程施工中应用价值工程，还应充分注意工程施工的特点，做到以下几点。

（1）注意做好调查研究，情报收集工作：①基础资料，包括施工企业的技术素质和施工能力，以及本项目的建设规模、工程特点和施工组织设计、投资计划、工程进度计划及工期要求、质量标准等。②技术资料，包括施工图纸、会审纪要等设计文件、地质勘探资料以及用料的规格和质量等。③经济资料，包括施工图预算、施工定额、资金安排计划和工、料、机费用的市场价格、同业类似工程的价格等。④供应链资料，包括材料供应价格、劳务提供价格、设备购买或租赁价格、专业施工队的专项承包价格、专利技术使用权的购买价格以及客户的需求等。

（2）分析工程特点，围绕着项目的功用和指标要求，合理制定施工方案。价值工程研究中的方案创造阶段将形成非常多的待选方案，进行方案的创造和筛选时应突破常规，注重采用新的科技成果，尽量采用新材料、新技术、新结构、新标准，选用价值高的最优方案。

（3）注意从工程项目的功能要求出发，合理分配资源。应用功能分析的原理方法，以功能系统图的形式揭示施工内容，采取剔除、合并、简化等措施使功能系统图合理化，依据有关定额指标估算工程量，相应地组织材料供应、设备配备、工具和人员安排。

（4）方案实施前或施工过程中，应注意对原方案进行研究和改进，并积累相关经验。

10.7.2 案例：某商住两用楼工程价值分析

1. 项目概况

某广场项目中一幢商住楼工程，高 26 米，框架结构，建筑面积为 23 360 米^2，1、2 层为商场，3 层以上为 4 幢点式住宅和 1 幢板式住宅，3 层为结构转换层，同时作为上汽车屋面。

2. 选择价值工程活动对象

（1）收集资料。为了准确地选择价值工程活动对象，需要收集有关技术、经济方面的信息资料包括：工程的招标文件；工程的勘察设计文件；工程造价信息；相关的工程技术、材料资料；相关的单位、部门资料。

（2）确定价值工程活动对象。价值工程组织者邀请有关专家、项目经理、施工员、材料员等共八人参加确定价值工程活动对象的恳谈会，最后确定将原设计中的结构转换层混凝土工程作为价值工程活动对象。

3. 功能分析

为了能够明确对象的功能水平，为方案创造提供有利条件，对结构转换层混凝土工程进行功能分析，并绘制功能系统图，如图 10-7 所示。

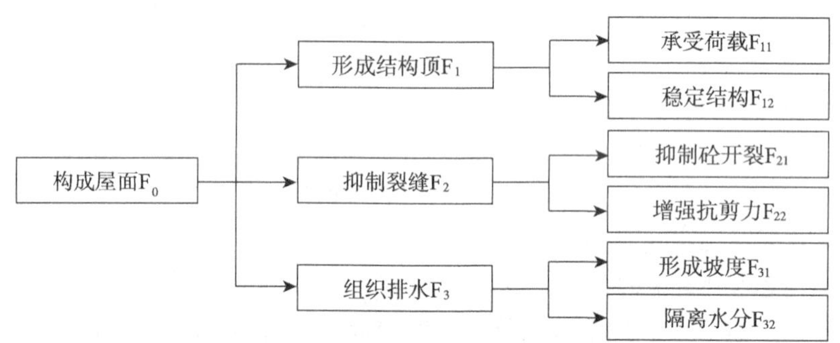

图 10-7 转换层混凝土工程功能系统图

组织 5 位经验丰富的专家组成价值工程研究小组，各自对 3 项一级子功能重要性进行打分，汇总计算，确定功能指数，如表 10-14 所示。为简化计算，将各功能对应的预算直接费作为各评价对象的实际成本，如表 10-14 所示。最后计算各评价对象的价值指数，确定改进对象。

表 10-14 功能指数计算

序号	功能名称	专家打分					总分	功能指数	成本/万元	成本指数	价值指数
		一	二	三	四	五					
1	形成结构顶 F_1	6	5	6	7	5	29	0.483	158.53	0.475	1.02
2	抑制裂缝 F_2	2	3	3	2	4	14	0.233	99.12	0.297	0.78
3	组织排水 F_3	4	4	3	3	3	17	0.284	76.09	0.228	1.25
4	合计						60	1.000	333.74	1.000	

从表 10-14 中可以看出，功能 F_2 的价值指数远小于 1，其实际成本偏高，可能存在功能过剩。因此，应将结构转换层混凝土工程作为价值工程的改进目标。

4. 方案创新及效果评价

1）方案创新

研究小组采用头脑风暴法寻找能降低结构转换层混凝土工程成本的方法。对结构层内的混凝土进行分析发现，原设计在结构层混凝土中加入 80 千克/米 ^{3} 的钢纤维，钢纤维的市场价格为 3 650 元/吨，该项总费用高达 99.13 万元。钢纤维对混凝土性能改善的主要机理在于它能够缓和混凝土内部集中应力，抑制混凝土的开裂。经调查采用杜拉纤维代替能达到相同的功效，而且钢纤维由于本身材料的特性与混凝土搅拌时容易结团，浇捣时钢纤维容易下沉，采用杜拉纤维能很好地解决这些问题。基于以上考虑，提出以杜拉纤维替代钢纤维的方案。

2）方案评价

（1）技术可行性。确定替代方案后，对样品进行一系列的力学实验，检验其性能是否满足要求，实验具体结果如表 10-15 所示。

表 10-15　各样品性能指标

实验样品＼性能指标	抗压强度/兆帕	抗折强度/兆帕	抗劈拉强度/兆帕	抗剪强度/兆帕	韧性/Nm
素混凝土	80	13.5	6.3	6.6	22
掺钢纤维砼 80 千克/米 ^{3}	89	13.8	7.6	7.8	23
掺杜拉纤维砼 0.7 千克/米 ^{3}	78	12.6	6.7	7.2	22
掺杜拉纤维砼 0.9 千克/米 ^{3}	83	13.3	7.7	7.7	24
掺杜拉纤维砼 1.2 千克/米 ^{3}	80	12.0	6.2	6.8	16

经实验对照掺钢纤维砼（80 千克/米 ^{3}）与掺杜拉纤维砼（0.9 千克/米 ^{3}）的方案力学性能相似，掺杜拉纤维混凝土可以替代掺钢纤维混凝土。考虑到屋面的防水可靠性，在混凝土内加入 12%的 U 型膨胀剂（united expansing agent，UEA）。

（2）经济评价。按原方案，钢纤维的成本费用高达 99.13 万元，按新方案实施，杜拉纤维的用量为 270.8 千克，单价为 110 元/千克，总费用约为 2.98 万元，UEA 增加量为 148.5 吨，单价为 680 元/吨，总费用约为 10.10 万元。经济效果评价表如表 10-16 所示。

表 10-16　经济效果评价表

增减项目	单价/（元/吨）	工程量/吨	总价/万元
UEA 12%	680	148.5	+10.10
525 水泥	450	148.5	−6.68
钢纤维	3 650	271.6	−99.13
杜拉纤维	110 000	0.270 8	+2.98
活动费用			+2.15
总计			−90.58

本次价值工程方法在结构层混凝土施工中应用的直接经济效益达到 90.58 万元，考虑到该项目其他区块约 65 000 米^{3}结构层屋面的推广效应，其经济效果相当可观。

（3）社会效益评价。本次价值工程活动的实施，实现预定功能的同时极大地降低了建设成本，为工程的后续工作打下了良好的基础。同时，由于此次价值工程研究的成功将对今后在工程建设领域开展价值工程研究起到很好的示范作用，从而使工程施工走向节约化和高效化，符合国家建设节约型社会的宏观政策。

➢复习思考题

1. 什么是价值工程？价值工程中的价值含义是什么？提高价值有哪些途径？
2. 价值工程的工作程序是什么？
3. ABC 分析法和强制确定法选择分析对象的基本思路和步骤是什么？
4. 什么是功能？功能如何分类？什么是功能定义？怎样进行功能定义？
5. 什么是功能整理？怎样绘制功能系统图？试将你熟悉的某种生活日用品及其组成部分进行功能分析，并绘出功能系统图。
6. 什么是功能评价？常用的功能评价方法有哪几种？

➢本章重点及难点解析

第11章

项目后评价

项目后评价起始于20世纪30年代，美国政府开始对政府控制的项目进行以投资效益为核心的后评价。到70年代中期，项目后评价被许多国家及世界银行、亚洲开发银行等双边和多边援助组织使用，对其世界范围的资助活动结果进行评价。

中国的项目后评价始于20世纪80年代中后期，1988年国家计划委员会正式委托中国国际工程咨询公司进行第一批国家重点项目的后评价。2005年国务院国有资产监督管理委员会发布了《中央企业固定资产投资项目后评价工作指南》，2008年国家发展和改革委员会发布了《中央政府投资项目后评价管理办法（试行）》，并于2009年1月起执行。

项目后评价的产生、发展和不断完善，说明了世界各国对项目实施的效益和影响的关注度不断提高，体现了项目全过程评价——从决策论证、建设实施、投入运营到后评价的重要性。通过不断完善项目后评价方法体系和监督机制，约束项目决策过程管理与控制，形成一个完整有效的全过程管理循环，促进政府投资功能、效益的顺利发挥，为社会和经济发展创造良好的环境。

11.1 项目后评价的概念

11.1.1 项目后评价的含义和目的

项目后评价是指项目投资完成之后对其进行的评价，通过对项目的实施过程、结果及其影响进行调查研究和全面系统回顾，与项目决策时确定的目标以及技术、经济、环境、社会指标进行对比，找出差别和变化，分析原因，总结经验教训，得到启示，提出对策建议。通过评价信息反馈，改善投资管理和决策，达到提高投资效益的目的。

项目后评价的基本目的是通过对项目投资活动的全过程的回顾总结，判别成功度，找出差距及原因，为决策和管理提出经验教训；同时预测项目的前景和发展，提出改进和完善管理的措施，提高项目的可持续性，从而形成对投资项目全过程评价、监督和控制的管理循环和评价体系，提高决策水平和投资效益，为国家宏观投资计划、政策的制定、调整，以及企业投资决策和项目管理水平的提高积累基础资料，提供科学的依据。

11.1.2 项目后评价的特点

1. 后评价的目标特点

项目前评价是在项目实施前进行的，着重投资机会的选择，目标是保证项目决策的科学性与实用性；而进行项目后评价的时间，一般是在项目竣工后的一定时期内，目标是审查验证前评价的正确性，积累经验，提高项目决策、建设实施和生产经营的管理水平。

2. 后评价的内容特点

项目前评价的重点内容是对项目可行性研究报告进行审查，分析其完整性和可靠性，保证目标的实施；而项目后评价不仅是对项目决策、建设实施和生产经营的效果进行评价，还要对后评价时点以后的项目前景进行预测。

11.1.3 项目后评价的作用

项目后评价的作用有：①总结项目的管理经验教训，提高项目管理水平。②提高项目决策科学化水平。③为国家工程项目计划和政策的优化提供依据。④为银行等金融机构调整信贷政策提供依据。⑤对项目开展进行监督，督促项目运营状态的正常化。⑥保证项目预计目标的实现。

11.1.4 项目后评价的基本原则

1. 独立性和公正性

独立性可以保证后评价的合法性和公正性，即后评价工作应由投资者和业主、受益者以外的第三者——专门的独立机构来执行，避免项目决策者和管理者自己评价自己。例如，有明文规定，中央政府投资项目的后评价必须委托具备相应资质的甲级工程咨询机构承担。国家发展和改革委员会将委托中国工程咨询协会，定期对承担项目后评价任务的工程咨询机构和人员进行执业检查。

2. 可信性和客观性

后评价的可信性取决于评价者的专业素质和经验水平，取决于资料信息的可靠性和评价方法的精确性。可信性的一个重要标志是应当同时反映出项目的成功经验和失败教训。应重视各方公众参与，广泛听取意见，收集资料和查明情况，并在后评价报告中予以客观反映。报告的分析和结论应当具有充分可靠的依据。

3. 透明性和反馈性

后评价的透明度可以引起公众的关注，引起更有效的社会监督；透明度能促进成果的扩散和增加反馈的效果，有利于更多相关人员对项目经验教训的借鉴。后评价的结果需要反馈到决策部门，作为新项目立项和评价的基础，以及调整投资规划和政策的依据，这是后评价的最终目标。因此，具有畅通的信息流系统和反馈机制，确保信息反馈的畅通和快捷，成为后评价成败的关键环节之一。例如，国家发展和改革委员会建立了项目后评价信息管理系统，专门负责项目后评价的组织管理工作。

4. 可操作性和全面性

为了实现后评价成果对决策的指导作用，后评价报告必须具有可操作性，即实用性。后评价报告要有很强的时效性、针对性，应突出重点，紧紧围绕项目存在的问题和症结展开，文字要求简练、针对性强，避免引用过多的专业术语。此外，后评价报告的建议应与其他内容分开表述，应能提出具体的措施和要求。

项目后评价的全面性主要是指，后评价要对项目立项决策、设计施工、生产运营等全过程进行系统评价，也就是对项目要做出全面评价。这种评价不仅要涉及项目生命周期的各个阶段，还要涉及方方面面的内容，包括经济效益、社会影响、环境影响、项目综合管理等，因此项目后评价是比较系统、全面的技术经济活动。

5. 现实性和合作性

后评价要针对项目的实际情况，收集项目实施过程中实际发生的真实数据，把项目建设实施的结果与规划的目标相比较，与国内外同期、同类项目相比较，分析存在的经验和教训，这样，才能发现问题和差距，判断决策实施是否正确，衡量项目成败得失，以便于采取对策措施，改善项目建设和管理。项目后评价工作涉及范围广、人员多，需要各方面的有关人员和组织机构（如项目经理、专职技术经济人员、企业经营管理人员、投资项目管理部门等）通力合作，齐心协力才能做好。因此，合作性也是项目后评价的一个重要原则。

11.1.5 工程项目后评价与工程项目前评价的区别

工程项目的特点决定了其后评价与前评价存在较大的差别，主要体现在以下几个方面。

1. 评价主体不同

工程项目前评价是由工程主体（投资者、贷款决策机构、项目审批机构等）组织实施的；而工程项目的后评价则是以工程运行的监督管理机构、单独设立的后评价机构或决策的上一级机构为主，会同计划、财政、审计、设计、质量等有关部门进行的。这样一方面可保证工程项目后评价的全面性，另一方面也可确保工程项目后评价的公正性和客观性。

2. 评价的侧重点不同

工程项目前评价主要以定量指标为主，侧重于项目的经济效益分析与评价，其作用是直接作为项目投资决策的依据；而工程项目后评价则要结合行政、法律、经济、社会、建设、生产、决策和实施等方面的内容进行综合评价，它以现有事实为依据，以提高经济效益为目的，对项目实施结果进行鉴定，并间接作用于未来项目的投资决策，为其提供反馈信息。

3. 评价的内容不同

工程项目前评价主要是对项目建设的必要性、可行性、合理性及技术方案和建设条件等进行评价，对未来的经济效益和社会效益进行科学预测；而工程项目后评价除了对上述内容进行再评价外，还要对项目决策的准确程度和实施效率进行评价，对项目的实际运行状况进行深入细致的分析。

4. 评价的依据不同

工程项目前评价主要依据历史资料和经营数据以及国家和有关部门颁发的政策、规定、方法、参数等文件；而工程项目后评价则主要以已经建成投产后一段时间内，项目全过程（包括项目的工程实施期）的总体情况为依据进行评价。

5. 评价的阶段不同

工程项目前评价在项目决策前的前期工作阶段进行，是项目前期工作的重要内容之一，它为项目投资决策提供依据；而工程项目后评价则是在项目建成投产后一段时间里，对项目全过程（包括项目的工程实施期和生产期）的总体情况进行的评价。

总之，工程项目后评价不是对工程项目前评价的简单重复，而是依据国家政策和制度的规定，对工程项目的决策水平、管理水平和实施结果进行的严格检验和评价。它在与工程项目前评价进行比较分析的基础上，总结经验教训，发现存在的问题并提出对策措施，促使项目更好更快地发挥效益和健康发展。

11.2 项目后评价的基本内容

11.2.1 目标评价

项目的目标后评价主要是将项目目标的实际实现情况与项目可行性研究和评估中制定的项目目标进行对照，讨论项目目标的确定是否正确，找出变化、差距并分析目标偏离的主要原因，判断项目目标是否符合项目进一步发展的要求。

1. 宏观目标评价

项目宏观目标评价是指分析项目是否能够满足国民经济或地方经济发展对项目提供产品或服务的需求，推动相关产业和地方乃至全国经济的发展；是否有利于推动国家或地方产业结构的调整，提高现有产业、产品或服务的功能、层次，提高高附加值产品所占的比例，提高产业和产品的经济效益；是否能够增加就业和居民收入，改善居民生活质量，提高居民的健康、教育水平，减少环境污染，改善环境质量，提高生产安全程度，降低或防止事故发生的可能性，加快少数民族和边远地区的经济发展，促进经济社会的和谐发展。

2. 建设目的评价

项目建设目的评价是指分析项目是否能够提高产品或服务的产量和质量，增加产品或服务的品种，改善产品的结构和性能；是否能够降低对原材料和能源的消耗，从而降低产品成本，努力降低产品或服务的价格，结合良好的售后服务，提高产品在市场上的知名度，增强产品或服务的市场竞争力，提高市场占有率，提高获利能力；是否能够提高产品的财务或经济效益，提高资源投入的产出销量，实现资源的合理配置。

11.2.2　过程评价

过程评价一般应对照项目立项时或可行性研究报告所确定的目标和任务，分析和评估项目执行过程的实际情况，从中找出产生变化的原因，总结经验教训。

1. 前期工作评价

前期工作评价是指对立项条件、勘察设计准备工作和决策程序等的评价。主要是评价立项条件和决策依据是否正确，决策程序是否符合规定，勘测工作对设计与施工的满足程度，设计方案的优化情况，技术上的先进性和可行性，经济上的合理性，等等。

2. 建设实施评价

建设实施评价是指对设备采购、工程建设、竣工验收和生产准备等工作的评价。包括对施工准备、招标投标、工程进度、工程质量、工程造价、工程监理以及各种合同执行情况和生产运营准备情况等的评价。

3. 生产运营评价

生产运营评价是指对项目从正式投产到后评价期间的运行情况进行评价。包括对项目设计生产能力和实际生产能力的验证；对工程技术经济指标的分析；对项目的生产管理和生产条件的分析；对项目的经营效益的分析；等等。主要对生产和销售情况，原材料、燃料供应情况，资源综合利用情况，生产能力的利用情况进行评价。

4. 项目投资评价

项目投资评价是指对项目总投资、主要资金来源和融资成本的变化及影响进行评价。包括对项目的资金筹措情况、资金投入情况及变化、工程项目总投资控制情况、主要工程量、独立费用与主要设备价格变化等的评价。

5. 管理水平评价

管理水平评价是指对项目管理体制、机制和管理者的工作水平做出评价。主要分析和评价管理者能否有效地管理项目的各项工作；是否与政策机构和其他组织建立了必要的联系；人才和资源使用是否得当；是否有较强的责任感；等等。从中总结出项目管理的经验教训，并对如何提高管理水平提出改进措施和建议。

11.2.3 效益评价

1. 项目技术评价

主要内容包括对工艺、技术和装备的先进性、适用性、经济性、安全性进行评价，以及对建筑工程质量及安全进行评价，其中要特别关注资源、能源的合理利用问题。

2. 项目财务和经济费用效益评价

主要内容包括根据实际已经发生的财务和经济费用效益现金流量，扣除物价上涨和参数变化的影响，分别重新测算项目的财务评价指标、经济费用效益评价指标，与可行性研究预测的目标对比，分析实现的程度以及产生差异的原因，同时对项目的前景和采取的措施进行分析。

3. 投资使用情况评价

将项目原定的预算和资金投入计划与实际发生的投资进行对比分析，找出发生变化的原因及其影响。主要包括检查资金到位的时间和数量是否按照贷款协议计划和原投资计划执行；投资预算是否得到了控制；项目财务执行情况如何；项目资金渠道和贷款条件是否发生了变化；等等。分析评估投资是否及时到位和使用是否合理，并进行贷款偿还能力分析。

11.2.4 持续性评价

当前，国内外的许多投资者越来越重视投资项目的持续性，世界银行、亚洲开发银行等组织把项目的持续性视为其援助项目成败的关键因素之一，故持续性评价已成为项目后评价的一个重要内容。

项目的持续性评价是指分析项目投产或运营后，既定目标是否还可以持续；项目是否可以顺利地持续实施；项目的业主是否愿意并可以依靠自己的能力持续实现既定的目标。项目的持续性评价就是要从政府政策、管理组织和社区群众参与，以及财务、技术、社会文化、环境和生态等内外部因素各个方面，来评价分析项目在物质、经济和社会等方面的持续性，并指出保持项目持续性的条件和要求。其核心是对项目能否持续发挥投资效益、持续发挥企业的发展潜力和进行内涵式改造的前景等进行考察评价，做出判断，提出项目持续发挥效益必须具备的内外部条件和需要采取的措施。

11.2.5 影响评价

对于基础设施、农林水利、社会事业项目、高技术等大中型项目，其影响有可能在较长的时间内才会显现出来，故在项目投产 5~8 年后的完全发展阶段，侧重分析项目对其周围地区在技术、经济、社会和文化环境方面所产生的影响和作用是十分必要的。项目的影响评价应站在国家的宏观立场上，重点分析项目对整个社会发展的影响。其内容包括以下三个方面。

1. 项目经济影响评价

主要评价项目对所在地区、行业、部门和国家经济发展产生的作用和长远影响，如对国民经济结构、分配、就业、技术进步的影响，对项目所使用的国内资源的价值进行测算，为在宏观上判断项目资源利用的合理程度提供依据。

2. 项目环境影响评价

对照项目前评价重新审查项目对环境产生的实际影响，审查项目环境管理的决策、规定、规范和参数的可靠性及实际效果。项目环境影响评价主要包括项目的污染源控制、区域的环境质量、自然资源的利用、区域的生态平衡和环境管理能力五方面的内容。

3. 项目社会影响评价

主要从社会发展的角度分析项目对于社会发展目标所做的贡献和产生的影响，包括有形的和无形的。评价的内容主要有项目对社会文化、教育、卫生的影响；对扶贫、公平分配的影响；对社区生产与生活、社区治理与群众参与、社区机构与经济发展的影响；对居民生活条件和生活质量的影响；对妇女、民族团结、风俗习惯和宗教信仰等的影响。项目社会影响评价采取定量与定性分析相结合的方法，以定性分析为主，最后做出综合评价。

对于性质不同的投资项目，根据各部门、机构和单位进行项目后评价的不同目的，具体的项目后评价内容也可以各有侧重。针对项目的具体情况，突出重点进行深入剖析，全面总结经验教训，以便为未来同类项目的决策提供有益的借鉴。

11.2.6 房地产项目后评价内容

1. 投资决策管理后评价

投资决策管理后评价主要是对房地产项目前期投资决策目标设定的合理性与偏离度、决策分析的科学性、决策机制的合理性进行评价。具体来说，通过查阅项目可行性研究报告、策划报告以及项目总结报告等，将前期确定的项目定位、经济技术指标、进度计划、财务情况等指标与实际情况进行对比分析，评价这些目标实现的偏离度，并分析偏离原因；通过参考《建设项目经济评价方法与参数》等规范，评价决策分析的科学性；通过对决策制度、决策流程、决策执行与反馈情况的分析，评价决策机制的合理性。

2. 规划设计管理后评价

规划设计管理后评价主要对房地产项目的设计成果与设计管理进行评价。具体来说，通过建筑方案与市场同类产品的对比分析，并将住宅户型、户室以及面积等经济指标与市场分析发展报告作对比。结合市场的实际反馈，评价项目总平面设计、建筑设计、景观设计与室内设计的竞争力与附加值；通过对施工图设计若干影响经济性的指标与市场同类产品的对比分析，以及对审图结果的考察，评价施工图设计的经济性与变更程度；通过对设计管理制度的查阅，以及相关人员的访谈，评价设计进度管理、设计成本管理、设计变更管理以及设计协调管理的制度的完备性及合理性。

3. 进度管理后评价

进度管理后评价主要是对房地产项目的进度目标、进度计划编制及进度管理措施进行评价。具体来说，通过对项目整体进度计划与施工进度计划的分析，评价各进度关键节点目标设定的明确性及可行性，以及实际进度水平与目标的偏差程度及偏差合理性；通过对项目进度计划的分析，评价项目进度计划的内容完整性和工作时间估算的合理性；通过对项目进度管理措施及制度、工程例会纪要等文件的查阅，以及相关人员的访谈，评价项目进度组织措施、管理措施、经济措施和技术措施的完备性及合理性。

4. 成本管理后评价

成本管理后评价主要是对房地产项目的成本目标、成本计划编制以及成本管理措施进行评价。具体来说，通过对工程重要的四算（估算、概算、预算、结算）的对比分析，评价项目成本管理目标的明确性与可行性，以及实际成本与目标的偏差程度；通过对成本计划的查阅与分析，分析计划制订、执行及控制的合理性；通过对成本管理措施的查阅，评价成本的组织措施、技术措施、经济措施和合同措施的完备性及合理性。

5. 质量与安全管理后评价

质量与安全管理后评价主要是对房地产项目施工质量管理和安全管理的成效以及制度合理性进行评价。具体来说，基于质量管理的4M1E（人、机、料、法、环）理论，评价项目的组织与人员质量、工程材料质量、机械设备质量、施工方法与工艺质量以及工程环境质量的优劣性，评价质量管理制度的合理性；通过测算质量合格状况指标（质量优良品率、工程合格率、实际返工损失率）和交房 1 年内报修状况指标（交房 1 年内裂缝渗漏、沉降情况），评价工程总体质量的优劣性；通过查阅项目安全管理制度、安全事故统计结果、《施工企业安全生产评价标准评分表》等资料，评价项目安全工地达标情况以及安全管理制度的合理性。

6. 招标与合同管理后评价

招标与合同管理后评价主要是对房地产项目招标计划与过程，合同条款与风险、合同执行以及合同管理制度进行评价。招标管理方面：通过查阅项目勘察、设计、施工、监理等招标文件，评价各项招标计划与工程进度的匹配程度以及战略合作模式的应用情况；通过查阅各项招标文件、招标管理办法等，评价招标、评标与定标文件的完备性，招标流程的完备性以及承包商选择的合理性。合同管理方面：通过查阅设计、施工、监理等合同文件、补充合同等材料，评价标准合同使用情况、非标准化合同条款的合理性与完备性以及合同风险的可控性；通过查阅项目合同履行情况说明、非标准化合同会签文件、审价报告、决算书等文件，评价非标准化合同会签执行情况、合同履行率及补充协议履行率、合同异常及索赔情况的优劣性和合理性；通过查阅项目合同管理制度，评价合同管理制度的完备性。

7. 项目营销后评价

项目营销后评价主要是对房地产项目的营销策略、营销计划、营销业绩和营销管理进行评价。可以通过对营销策划、营销总结报告等资料的分析，评价项目产品策略、渠道策略（主要是代理商管理）、价格策略和促销策略的合理性及执行情况；通过查阅营销计划的相关资料，评价计划制订步骤和内容的完备性，计划执行与控制的合理性；通过计划与实际的对比分析，评价销售收入、销售速度以及销售经济效率等反映销售业绩指标的实现度，并对偏差原因及过程中的应对措施进行深入分析；通过对项目相关的客户关系管理制度与措施的调研，评价客户关系管理的完备性与合理性。

8. 项目财务后评价

项目财务后评价主要是对房地产项目的盈利能力、资金平衡能力、融资能力、税务筹划能力以及财务管理制度进行评价。具体来说，通过对比项目盈利能力指标与项目目标及行业水平的偏离程度，评价项目的实际盈利水平；通过对项目现金流程的分析，考察资金持续性和对需求的满足程度；通过对项目融资方式及结果的分析，考察其融资能力（融资渠道的可靠性、融资成本情况等）；通过对项目税务筹划方式的分析，考察其税务筹划能力（节税技术、节税额度等）；通过对财务管理制度的分析，考察预算管理、筹资管理、资金运用管理等财务制度的合理性。

9. 产品综合质量后评价

产品综合质量后评价主要是在房地产项目竣工交付 1~2 年后，基于业主满意度以及专家认可度对居住小区与住宅单体综合质量进行评价。可以通过调查问卷的方式，一方面评价业主与专家对居住的小区的布局、配套设施、环境景观、物业管理以及品牌形象的满意度和认可度；另一方面评价业主及专家对住宅单体的适用性能、安全性能、耐久性能以及绿色性能的满意度和认可度。

此外，房地产项目后评价不同于一般的方案选优，只需得到综合评价结果即可。项目后评价的一大重要价值在于通过对评价结果的深入分析，进一步挖掘该项目的具体经验与问题，在成因分析的基础上，提出有益的建议，从而为后续项目的高效运营以及相关制度的完善提供借鉴。因此，房地产项目后评价成果除了基于后评价指标体系的综合评价结果外，还应包括该项目的经验总结、问题分析及相关建议。

11.3 项目后评价的工作程序和方法

11.3.1 项目后评价的工作要求

开展项目后评价对项目决策科学化、管理现代化以及提高项目投资效益有着重要的作用，对项目后评价工作的要求主要集中在以下几个方面。

1. 建立和完善项目评价体系

目前，中国投资项目的评价工作，主要侧重于项目前评价，这对保证项目决策的正确性和做好建设项目前期工作，都起到了非常重要的作用。但只凭前评价，还远远不能把项目做好。在项目建设实施和投产后所发生的问题，足以说明仅有前评价还是不够的，还必须有后评价，以建立和完善项目评价体系，即项目评价体系应有前、中、后三个评价，才能对项目实行全过程的控制，保证项目达到预期的效果。

2. 建立和完善工作责任制度

项目投资效益的好坏是项目管理各阶段、各环节、各相关单位和部门综合作用的结果。其中任何一个环节的过失都会给整体带来损失。只有加强了各个环节的工作联系，才能够有利于建立和完善项目工作责任制，从而使项目后评价达到预定的效果。

3. 适应市场经济发展需要

中国市场经济体制的建立，投资体制和金融体制的深化改革，使银行贷款管理工作由过去侧重于前评价，向生产领域延伸，向加强后评价、重视企业的偿还能力转移。市场经济体制下，变化因素多而繁，对项目预测数据和实施结果有很大影响。因此，在项目后评价的过程中，必须根据市场的变化和偏离预测目标的程度来对项目进行综合评价，才能调整企业的产业结构，适应市场经济发展的需求。

11.3.2　项目后评价的工作程序

1. 制订项目后评价计划

从项目周期的概念出发，每个项目都应该重视和准备事后的评价工作。国家、部门、地方和企业的年度评价计划是后评价的基础。例如，国家发展和改革委员会每年年初研究确定需要开展后评价工作的项目名单，制订项目后评价年度计划，印发给有关项目主管部门和项目单位。

1）后评价项目的选定

国家、部门、地方和企业可以根据不同的着眼点和需要，选择进行后评价的项目。一般情况下，可以考虑选定以下项目进行后评价：①项目运营中出现问题或发生变化的项目；②非常规项目，如规模过大、建设内容复杂、带有实验性的新技术项目；③具有示范意义的项目；④亟须了解项目作用和影响的项目；⑤可为国家预算、宏观战略和规划原则提供信息的相关投资活动和项目；⑥为投资规划或计划确定未来方向的代表性项目；⑦对开展行业、部门或地区后评价研究有重要意义的项目；等等。

2）项目后评价范围的确定

由于项目后评价的范围很广，因此，在评价实施前必须明确评价的范围和深度。评价范围通常是在委托合同中确定的，委托者要把评价任务的目的、内容、深度、时间和费用以及特定要求明确交代清楚。受委托者应根据自身条件确定能否按期完成合同。委托合同通常有以下内容：①项目后评价的目的、范围和特定的要求；②提出项目后评价过程中采用的方法；③提出项目后评价的主要对比指标；④确定完成项目后评价的经费和进度。

3）委托具有相应资质的咨询机构

注意不得委托参加过同一项目前期工作和建设实施工作的工程咨询机构承担该项目的后评价任务。承担项目后评价任务的工程咨询机构在接受委托后，应组建满足专业评价要求的工作组。应重视公众参与，广泛听取各方面意见，并在项目后评价报告中予以客观反映。

2. 项目单位进行自我评价

列入项目后评价年度计划的项目单位，应当在项目后评价年度计划下达后一定时间内，进行自我评价，并报送项目自我总结评价报告。报告的主要内容包括：①项目概况，即项目目标、建设内容、投资估算、前期审批情况、资金来源及到位情况、实施进度、批准概算及执行情况等；②项目实施过程总结，即前期准备、建设实施、项目运行等；③项目效果评价，即技术水平、财务及经济效益、社会效益、环境效益等；④项目目标评价，即目标实现程度、差距及原因、持续能力等；⑤项目建设的主要经验教训和相关建议。

3. 受委托咨询机构执行后评价工作

承担项目后评价任务的工程咨询机构，应当按照委托要求，根据应遵循的评价方法、工作流程、质量保证要求和执业行为规范，独立开展项目后评价工作，按时、保质地完成项目后评价任务，提出合格的项目后评价报告。

1）资料信息的收集

项目后评价的资料一般包括：①项目自我评价报告、项目完工报告、项目竣工验收报告；②项目决算审计报告、项目概算调整报告及其批复文件；③项目开工报告及其批复文件、项目初步设计及其批复文件；④项目评估报告、项目可行性研究报告及批复文件；等等。

此外，可能还需要项目所在地区的相关资料，以及国家和地区的统计资料、物价信息等。后评价方法规定的资料应根据委托者的要求进行收集。

2）现场调查

项目后评价现场调查应事先做好充分准备，明确调查任务，制定调查提纲。调查任务一般应回答以下几个问题。

（1）项目基本情况。项目的实施情况如何？目标是否合理？是否实现？是否应该考虑其他目标？

（2）目标实现程度。原定目标的实现程度如何？目标实现的关键因素是什么？从宏观目标考虑，项目目标是否表达清楚？是否还需要对项目的作用和影响作进一步评价？

（3）作用和影响。项目产生了什么样的结果？不仅包括直接的结果，还应包括对社会、环境及其他发展因素的作用和影响。

3）分析和结论

在现场调查之后，应对资料进行全面认真的分析，主要研究以下几个问题。

（1）总体结果。项目的成功度及形成原因是什么？项目的投入与产出是否成正比？项目是否按时并在投资预算内实现了目标？成功和失败的主要经验教训是什么？

（2）可持续性。项目在维持长期运营方面是否存在重大问题？

（3）方案比选。是否有更好的方案来实现这些成果？

（4）经验教训。项目有哪些经验教训？对未来规划和决策有哪些参考意义？

4）后评价报告

后评价报告是评价结果的汇总，应真实反映情况，客观分析问题，认真总结经验。同时，后评价报告是反馈经验教训的主要文件形式，必须满足信息反馈的需要，要有相对固定的内容格式，便于分解和计算机录入。

4. 后评价的反馈

1）反馈的意义

反馈是后评价的主要特点，它是一个表达、扩散，以及采纳、应用评价成果的动态过程。后评价的作用和目的在于，它所总结出来的经验教训能在项目周期的不同阶段被借鉴、采纳和应用，对国家和企业提高规划制定、项目审批、投资决策、项目管理的水平具有积极的作用。所以，评价成果反馈的好坏是后评价能否达到最终目的的关键之一。

2）反馈机制

必须建立明确的反馈机制，以确保评价成果的扩散和应用。例如，亚洲开发银行除了设有评价局，还设有后评价办公室和高层次的后评价成果管理委员会。通过出版物（以年报、年报分析、成果摘录、研究报告等多种形式的出版物，将后评价成果服务于需要的部门）、后评价信息计算机系统和数据库、各种成果反馈讨论会，以及内部培训和研讨等方式促进后评价成果的扩散。同时通过加强与董事会的联系，以及运用行政管理手段强化后评价成果的应用。

2008 年，国家发展和改革委员会印发了《中央政府投资项目后评价管理办法（试行）》，在后评价成果应用中，对后评价成果信息的反馈和应用提出了要求。

11.3.3　项目后评价的方法

前面已经提到，后评价方法应当遵循宏观分析与微观分析相结合、定量分析与定性分析相结合的原则。在此基础上，目前常用的方法主要有以下三种。

1. 对比分析法

对比分析法是项目后评价的基本方法，包括前后对比法（before and after comparison）和有无对比法（with and without comparison）。

1）前后对比法

此法一般是将项目实施前与建成后的实际情况加以对比，测定项目的效益和影响。主要将项目前期可行性研究所预测的建设成果、规划目标、投入产出、效益和影响与建成投产后的实际情况加以比较，从中找出存在的差别及原因。这种比较方法简单、易于操作，是一种最基础和最常用的科学方法，是进行项目后评价的基础，用于揭示计划、决策和实施的质量，测定项目的效益和影响，是项目过程评价应遵守的原则。例如，油田产能建设后评价中，各专业、各部门主要应用该方法进行“前后对比”，分析实际值与预测值偏差。

2）有无对比法

此法是将投资项目建设与投产后在项目所在地区内产生的实际效果和影响，与如果该项目不存在，该地区可能的情况进行对比分析。由于项目的建设需要一定的周期，特别是对于一些大型社会项目，建设周期往往需要几年的时间，在这个过程中，项目建设运营的外部环境，如政策等可能会发生比较大的变化，简单的前后对比不能得出真正的项目效果的结论，因此，进行项目后评价不仅要考虑项目本身所带来的影响，还要分析项目以外的许多其他因素的作用，才能判定项目的真实效果。这种对比方法的关键是要分清项目自身的作用和影响，与项目以外因素的作用和影响。有无对比法是进行项目后评价的主要方法之一，用于项目的效益评价和影响评价。需要注意的是，项目的有无对比不是前后对比，也不是项目实际效果与预测效果之比，而是项目实际效果与若无此项目实际或可能产生的效果的对比。

2. 逻辑框架法

1）概念和表格

逻辑框架法（logical framework approach，LFA），全称为逻辑框架结构矩阵，是美国国际开发署在 1970 年开发使用的一种设计、计划和评价工具，在国际上已经广泛应用到项目策划设计、风险分析、评估、实施检查、监测评价和可持续分析的实践中。它是项目后评价进行综合分析时的常用方法，近年来许多发达国家和国际组织广泛应用该方法开展工程项目后评价工作。

它是一种概念化论述和分析项目的方法，即用一张简单的框架表清晰地分析一个复杂项目的内涵和关系，使之更容易理解。它不是一种机械方法程序，而是一种综合、系统地研究和分析问题的思维框架。它将几个内容相关、必须同步考虑的动态因素有机组合起来，从设计、策划到目的、目标等方面来评价一项活动或工作，通过分析各因素相互之间的逻辑关系来评价项目的目标实现程度和项目的效果、作用和影响，并查找原因，从而改进和完善项目的决策立项、项目准备和评估程序。

在项目后评价中采用逻辑框架法分析项目的运作，如项目的目的和目标、进行时间和方式等，有助于评价者厘清工程项目中的因果关系、目标与手段关系、外部条件制约关系；有助于对关键问题和因素做出系统的、合乎逻辑的分析评价。

逻辑框架法的基本模式是一个矩阵，如表 11-1 所示，供读者参考。

表 11-1　项目后评价逻辑框架表

项目描述	可客观验证的指标			原因分析		项目可持续能力
	原定指标	实现指标	差别或变化	内部原因	外部原因	
项目宏观目标						
项目直接目的						
产出/建设内容						
投入/活动						

2）逻辑框架法的目标层次

逻辑框架法把项目的目标及因果关系划分为四个层次，即目标/影响、目的/作用、产出/结果和投入/措施。

（1）目标。通常具有宏观性、高层次性，包括宏观政策、规划和方针等，往往可以由几个方面的因素来实现。宏观目标一般超越了项目自身的范畴，它是指国家、部门、地区或投资组织机构的整体目标以及项目对其可能产生的影响。这个层次目标的确定和指标的选择一般由国家、地区或行业部门负责。

（2）目的。相对于目标，目的较为具体，它是指为什么要实施这个项目，即项目实施的直接效果和作用。一般要分析项目为受益目标群带来什么利益，主要侧重社会和经济方面的效果分析。它通常由项目自身或独立的后评价机构来确定，评价指标根据不同的项目分别确定。

（3）产出。产出是指项目建设了哪些工程，做了哪些成绩，取得了哪些效果，一般是指项目可计量的直接结果。

（4）投入。投入是指项目的实施过程及内容，主要包括资本、劳动力、资源等要素的投入等。

逻辑框架法的核心概念就是事物层次间的因果逻辑关系，即“如果”提供或者具备了某种条件，“那么”就会对应地产生某种结果，这些条件既包括事物的内在因素也包括事物所需要的外部条件。项目后评价建立逻辑框架的目的是根据已有资料，分析并确立目标层次间的逻辑关系，用以分析项目的效率、效果、影响和持续性。

3）问题树和目标树

为了建立逻辑框架法中的目标层次，可用问题树和目标树模型的方法进行分析。它们是建立和编制逻辑框架法的基础，可作为后评价分析的一个步骤。

问题树用来分析问题（后果）与原因的因果关系，由以分析核心问题（或后果）为中心的“树”和“树枝”组成，“树枝”是问题的间接原因和直接原因。

目标树用来分析目标与措施间的因果关系，由以需要达到的核心目标为中心的“树”和“树枝”组成，“树枝”是达到目标的手段和措施。

4）逻辑框架法在工程项目后评价中的应用

应用逻辑框架法运行工程项目后评价，通常可以解决三个方面的问题：①评价项目的原定目标和目的是否可以达到，目标是否有调整的必要；②评价项目的原定效益能否实现以及实现的程度如何；③分析项目将面临何种风险，风险的程度如何，将对项目目标的实现产生何种影响等。

该方法的优点在于：有利于找出工程项目建设运营中的主要问题和缺陷所在，后评价的反馈信息能够为项目改进或新项目的决策提供客观、科学的依据；作为沟通项目决策、管理和其他方面的重要手段，有利于增加各方面的相互理解并改善工程项目建设的组织、运营和管理；有利于行业部门的对比和分析，从而做出高层次和全方位的总结。该方法也有一定的局限性，主要表现在：需要详尽的数据，过分强调与原定目的和目标的对比，可能对实际发生的变化有所忽视；项目实施过程中对于项目目标和外部风险因素的强调，可能会造成项目管理的僵化；作为一种总体的分析工具，逻辑框架法只能进行一般性的分析，不能替代经济后评价、环境影响后评价等专业性后评价。

在项目后评价中采用逻辑框架法分析项目的运作，如项目的目的和目标、进行时间和方式等，有助于评价者厘清工程项目中的因果关系、目标与手段关系、外部条件制约关系；有助于对关键问题和因素做出系统的、合乎逻辑的分析评价。

3. 成功度评价法

1）成功度评价法的基本概念和原理

成功度是对项目成败程度的衡量标准。成功度评价法通常依靠评价专家或专家组的经验，结合项目运行制定系统标准或评价指标体系，根据项目的执行情况综合评价各项指标，对各项指标打分或评级，最后得到项目的综合评级，对项目实施预期目标的成功程度给出定性的结论。在较大的投资项目上可以尝试采用这种方法进行后评价。在进行项目成功度评价时，要十分注意项目预期目标的合理性、可行性以及环境条件变化所带来的影响并进行分析，以便更好地根据实际情况评价项目的成功度。成功度评价法的核心在于根据经验建立合理的指标体系。

2）成功度的标准

成功度就是对成败程度的衡量标准。一般情况下，成功度可以分为五个等级，各等级标准如下所示。

（1）完全成功的，有时用 AA 表示。表明项目的各项目标已经全面实现或超过；相对于成本而言，项目取得了巨大的效益和影响。

（2）成功的，有时用 A 表示。表明项目的大部分目标已经实现；相对于成本而言，项目达到了预期的效益和影响。

（3）部分成功的，有时用 B 表示。表明项目实现了原定的部分目标；相对于成本而言，项目只取得了一定的效益和影响。

（4）不成功的，有时用 C 表示。表明项目实现的目标非常有限；相对于成本而言，项目几乎没有取得什么效益和好的影响。

（5）失败的，有时用 D 表示。表明项目的目标是不现实的，根本无法实现；相对于成本而言，项目不得不终止。

3）成功度的测定

项目的成功度评价是项目后评价中一项重要的工作，是项目评价专家组对项目后评价结论的集体定性。一个大中型项目一般要对十几个重要的和次重要的综合评价因素进行定性分析，断定各项指标的等级，见表 11-2。

表 11-2 后评价项目成功度评价表

评价项目指标	项目相关重要性	评定等级
宏观目标和产业政策		
决策及其程序		
布局与规模		

续表

评价项目指标	项目相关重要性	评定等级
项目目标及市场		
设计与技术装备水平		
资源和建设条件		
资金来源和融资		
项目进度及其控制		
项目质量及其控制		
项目投资及其控制		
项目经营		
机构和管理		
项目财务效益		
项目经济效益和影响		
社会和环境影响		
项目可持续性		
项目总评		

注：项目相关重要性分为重要、次重要、不重要；评定等级分为 A——成功；B——基本成功；C——部分成功；D——不成功；E——失败

4）项目成功度评价的程序

项目成功度评价的程序为：①确定评议专家；②选定综合评价指标并确定其权重；③专家个人打分；④专家集体评议；⑤进行数据处理；⑥得出成功度评价的等级。

5）测定的步骤和方法

在评定具体项目的成功度时，并不一定要测定表 11-2 中的所有指标。评价人员首先要根据具体项目的类型和特点，确定表 11-2 中指标与项目相关的程度，把它们分为重要、次重要和不重要 3 类，在表中项目相关重要性一栏中注明。对于不重要的指标，就无须测定了。一般的项目实际需要测定的指标为 7~10 个。

在测定各项指标时，采用打分制，分别用 A，B，C，D，E 表示。通过将指标重要性分析和单项成功度结论综合，可得到整个项目的成功度指标，也用 A，B，C，D，E 表示，填入表 11-2 的项目总评栏内。

在具体操作时，项目后评价组的每个成员各填好一张表后，对各项指标的取舍和等级进行内部讨论，或经必要的数据处理，形成评价组的成功度表，再将结论写入后评价报告。

4. 层次分析法

1）层次分析法的概念

层次分析法（analytic hierarchy process，AHP）是美国著名数学家 A. L. Saaty 在 20 世纪 70 年代提出的。这种系统分析方法是一种模拟人的分析、判断及决策过程的理论方法。运用层次分析法分析问题时思路清楚，可使决策者保持其思维过程和决策准则的一致性，采取相应的措施，进行反馈控制。

层次分析法的基本思路是，根据问题的性质和要达到的目标，将研究对象和问题分

解为不同的组成因素，按照各个因素之间的相互影响以及隶属关系自上而下、由高到低排列成若干层次结构，在每一个层次上依照某一特定准则，根据客观实际情况对该层次各项因素的权重值，通过排序结果对问题进行分析和决策。

通过这种方法可以把定性分析、定量分析有机地结合起来，并且使复杂的问题层次分明，便于逐个处理。因此，将层次分析法用于那些多准则、多目标，又难以全部采取定量化处理的复杂的社会经济问题，能够取得比较满意的效果。

层次分析法的应用范围十分广泛，许多社会经济问题均可以归结为层次决策问题。例如，国家或地区资源开发利用政策分析；经济发展计划管理与规划；投资项目评价；企业经营管理；城市及地区发展规划、产业规划与政策研究；交通运输系统分析与评价；等等。

2）层次分析法的基本原理

在进行项目后评价时，往往会遇到这样的情况，多种因素以不同方式共同地作用、影响着项目总体的目标或效果。运用层次分析法可将一个复杂的问题分解为它的组成部分或组成要素，如项目的目标、前提条件或约束、宏观政策、必须遵守的原则或准则、可供选择的技术方案等。按照要素的不同属性，可将这些因素组成相应的层次，上一个层次的因素对相邻的下一个层次的全部或某些因素起着支配作用，形成按层次从上到下的逐层支配关系，具有这种性质的层次称为递阶层次。通过对问题的分析，建立一个有效、合理的递阶层次结构对于运用层次分析法解决系统评价问题具有决定性的意义，递阶层次结构示意图，如图 11-1 所示。

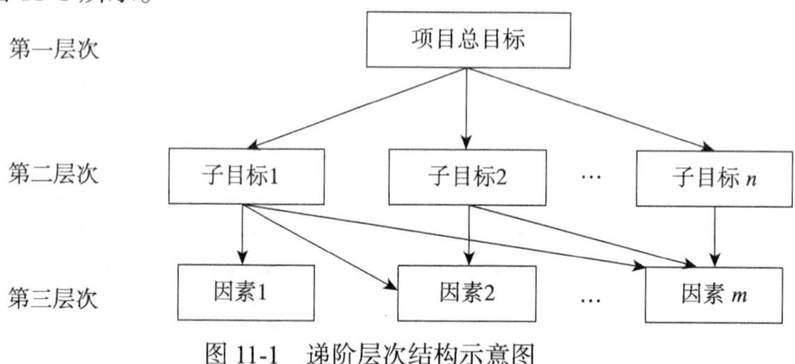

图 11-1 递阶层次结构示意图

3）层次分析法在项目评价中的应用

根据以上的原理介绍和分析，层次分析法可以作为一种定量化的分析方法，应用于过程项目评价中。这是由于过程项目后评价往往涉及众多的因素和指标，并且各种指标的性质存在差异，表现形式也不完全一致。仅仅从单一指标去衡量或评价项目的实施效果未免失之偏颇，而运用层次分析法可从系统的角度对项目总体效果给出一个全面、客观的评价。

运用层次分析法的过程可基本归纳为以下五个步骤：①根据项目评价的指标体系建立层次结构模型；②构造判断矩阵；③层次单排序；④层次总排序；⑤一致性检验。

5. 因果分析法

1）因果分析法的概念

项目后评价主要是在项目建设实施过程中或者是项目竣工投产后，对影响（或决定）项目成败和实施效果的主要技术经济指标以及有关政策法规、管理条例的执行情况进行跟踪调查和监督。

由于一些投资项目（如交通、能源、水利等基础设施投资项目）建设周期较长，在此过程中，受社会经济发展变化、国家政策等外部客观因素的影响以及项目执行或管理单位内部的一些主客观因素的影响，项目的主要技术经济指标和可行性研究阶段以及勘察设计阶段预测的结果会发生一定的偏差，并对项目实施效果产生较大影响。因此，在项目后评价时，为了及时发现问题、分析问题，提出解决问题的对策、措施和建议，就需要运用一定的方式方法，对这些变化进行因果分析，即主要通过对造成变化的原因逐一进行剖析，分清主次及轻重关系，以便于总结经验教训，提出改进或完善的措施和建议。

2）因果分析的对象

（1）对投资项目管理法规条例及办事程序的执行情况的分析：主要针对基建项目是否按照国家有关基建项目管理程序进行了项目立项决策、勘察设计、资金筹措、项目招投标、施工组织管理、工程监理、竣工验收等工作进行分析。

（2）工程技术及质量指标变化的因果分析：①设计方案变化；②工期变化；③资金来源及融资方式的变化；④项目总投资及单项工程投资的变化；⑤工程设施数量及规模的变化；⑥设施及设备技术标准的变化；⑦设备采购方式的变化；⑧技术设备引进及人员培训方式的变化；⑨工程支付方式、时间及数量的变化。

（3）经营方式、运营管理体制及经济效益指标变化：①项目经营方式的变化；②项目运营管理体制的变化；③项目投产后实际产量、产品结构与前期工作阶段及设计阶段预测值的差距及变化；④项目投产后市场及销售量与预测结果的变化；⑤项目经营（运营）管理成本的变化；⑥项目国民经济效益指标（包括经济效益费用比、经济净现值、经济内部收益率）的变化；⑦项目财务效益分析指标（包括财务效益费用比、财务净现值、财务内部收益率）的变化。

3）因果分析图

因果分析可采用因果分析图的方式来实现。根据因果分析图的形状，也可称之为鱼刺图或树状图。因果分析曾被用于分析和评价产品质量，即通过分析查找造成质量问题的原因。因为一个产品质量问题的产生往往不是一个或几个原因造成的，而可能是由于大大小小、错综复杂的一系列原因共同作用所产生的后果。同样，在评价一个过程项目的工程质量或效益等技术经济指标时，往往也会遇到这种情况，即由于若干因素的共同作用，在项目设计、施工建设、运营管理过程中，实际指标与前评价阶段预期的目标产生一定的差距，影响到项目实施的总体目标或子目标。由于这些复杂的原因不是以同等效力作用于项目实施效果或项目指标变化的，所以它们中必定有主要、关键的原因，也有次要、一般的原因。要在其中整理出头绪，找出作用于实际效果或指标产生变化的关键原因，并不是一件轻而易举的事情。因果分析图就是这样一种分析和寻找影响项目主要技术经济指标变化的原因的简便有效的方法或手段。

运用因果分析法的步骤如下所示。

（1）作图。从项目中首先要找出或明确所要分析的问题或对象，并画一条从左至右的带箭头的粗线条作为主干，表示要分析的问题。在箭头的右侧写出所要分析的问题或指标，如图 11-2 所示。

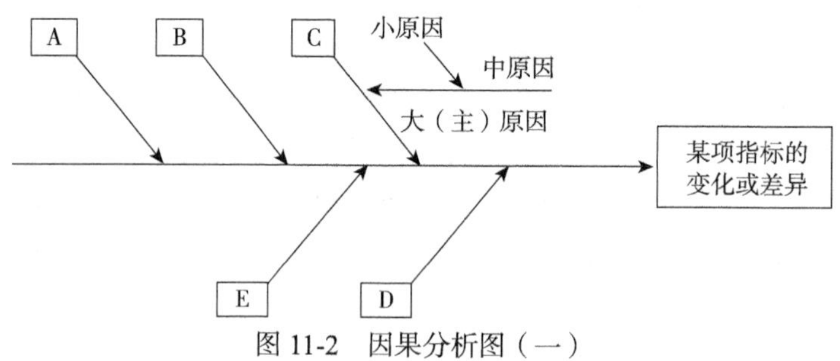

图 11-2 因果分析图（一）

因果分析法除了采取上述画图的方式以外，还可以采取其他形式，见图 11-3。

（2）原因分类。将项目实施情况调查或考察中收集到的信息，或者专家座谈会上大家提出的原因和分析意见进行整理、分类。通常可按照问题的性质或属性进行分类。例如，人的因素（人员素质及专业构成）；技术条件因素（评估方法及技术、勘测设计技术、工程技术条件、运营管理技术等）；环境因素（社会环境、自然环境、经济环境，相关政策法规环境等）；实施方法因素（项目管理方式及方法包括立项决策、招投标管理、投融资管理、施工管理、工程监理、审计监督、运营管理等）；设备及材料的因素（设备、材料的选型及质量保障等）。

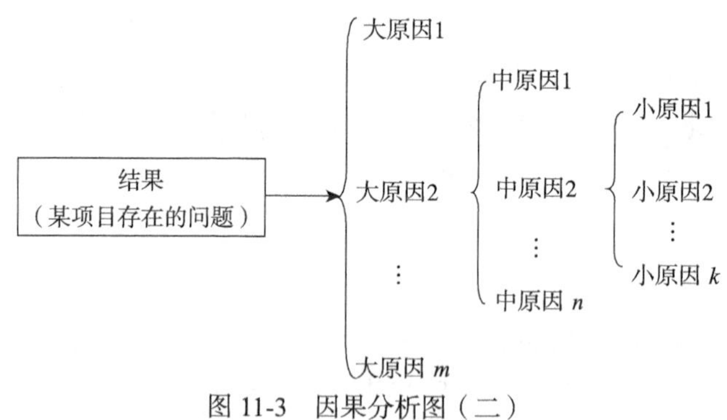

图 11-3 因果分析图（二）

（3）重要原因的标定。将通过对项目实地考察、调研或从其他途径收集到的问题和情况以及项目评价专家组成员提出的问题和对原因的分析，进行集中整理和分类。一般可以按照“外部因素”和“内部因素”两大类进行划分；也可以按照项目管理的主要环节进行分类。例如，按照前期评估论证工作环节、立项审批程序环节、勘察设计环节、融资环节、项目招投标环节、工程建设实施及管理环节、建设资金使用环节、财务管理环节、竣工验收环节以及投产后运营管理环节等大原因进行分类，然后按照造成上述各环节变化的中原因和小原因依次罗列。其中，对于造成项目重大变化的，或对项目实施目标和效果产生重大影响的主要原因和核心问题加上突出的标记，以便作为重点分析评价的对象。

4）分析时需注意的问题

（1）充分听取不同的意见，集思广益。对项目中存在的问题进行分析讨论时，要让各方面有关负责人参加。例如，针对工程建设质量问题，除业主单位外，还应该邀请工程设计、施工、监理等专业技术部门负责人参加，认真听取他们的意见和对问题的看法。一些工程项目实施效果的分析涉及社会经济、经营管理、工程技术、环境保护等专业领域，所以，在进行因果分析时，应邀请各相关专业的专家学者参与分析。此外，针对项目建设实施对沿线地区社会经济发展所产生的作用和影响进行分析评价时，应认真听取当地政府、社会团体、工矿企业、居民或使用者代表等对项目的意见和建议。尤其是一些对公众利益可能产生较大影响的工程项目，如能源交通、城市公共基础设施建设项目等，对项目周边地区居民的日常工作生活可能带来许多正面的或负面的影响。对于这些因素的影响程度只有通过广泛深入的调查才能得出正确的分析结果。总之，应尽可能多地收集和听取各方面的意见，集思广益，以便全面准确地找出问题产生的原因。

（2）注意分析的条理性。分析原因时要注意分析的条理性，应当从大到小，从宏观到微观，从外到内，由粗到细，追根究底，采取“解剖麻雀”的方法，分层剖析，直至找出问题的最根本原因。特别是那些对项目目标或实施效果影响较大的原因，如工程设计方案选择、工程质量的监督控制、项目资金审批使用以及财务管理制度的执行、项目实施对环境造成的影响等，应进行具体详细的分析。

（3）分清原因的主次关系。分清原因的主次关系，在于有针对性地提出解决问题的措施、意见或建议。主次关系并不完全是大小关系，有时看似大的原因不一定就是造成问题的主要原因，具体问题应进行具体分析和比较。

（4）注重实地调查。在进行项目后评价时，运用因果分析法若要取得真正的效果，深入细致的实地考察和调研是重要的基础。只有通过调研取得翔实和丰富的第一手数据资料，认真听取和收集来自基层部门的意见，尤其是对于已建成投产的项目（如公路、铁路等交通建设或改造项目）来说，项目运营管理部门的意见和观点，是评价项目建设实施效果的重要参考依据，是十分重要的。

6. 综合评价法

1）工程项目综合评价的概念

所谓工程项目综合评价，就是在工程项目的各个部分、各阶段、各层次评价的基础上，谋求工程项目的整体优化，而不谋求某一项指标或几项指标的最优值，从而为决策者提供各种决策所需的信息。

2）综合评价法的一般工作程序

为了更好地听取各方面的意见，可采取以下程序进行综合评价。

（1）确定目标。工程项目的具体目标，要根据项目的性质、范围、类型、条件等确定。目标的确定要考虑到眼前、长远、局部和全局。目标的确定本身就是一项评价内容，要通过反复比较、权衡利弊才能确定，目标选错，会影响方案的效果，甚至导致失败。

（2）确定评价范围。在目标确定之后，就要调查影响达到目标的各种因素，研究各因素间的相互制约关系，并找出主要因素，进而了解这些因素所涉及的范围。范围太大，必然增大工作量，却不一定能增加评价的准确性；范围太小，则有可能把需要分析的效果排除在外，影响评价的准确性。

（3）确定评价指标和标准。评价指标是目标的具体化，根据目标设立相应的评价指标。指标的设立，不仅与工程项目的目标、特点、类型、规模等有关，而且与子目标所处的级别（层次）有关。站在不同的角度，评价的侧重点不同，设置的指标也有所不同。指标的设立过程也是一个评价的过程，评价指标的设立应遵循以下原则：①系统性原则，指标体系应能全面反映工程项目的综合情况，其主要方面的指标，既要反映直接效果，又要反映间接效果，以保证综合评价的全面性与可信度。②指标的可测性原则，指标含义明确，计算指标所需的数据资料便于收集、计算方法简便、易于掌握。③定量指标与定性指标结合使用的原则，用定量指标计算，可使评价具有客观性，便于用数学方法处理；与定性指标结合，又可弥补单纯的定量指标评价的不足，以防失之偏颇。④绝对指标与相对指标结合使用的原则，绝对指标反映总量、规模，相对指标反映某些方面的强度或密度。⑤指标之间应尽可能避免显见的内容和重叠关系，对隐含的相关关系，要在模型中用适当的方法消除。⑥指标的选择要尽可能保持同趋势，不能保持同趋势的，应经适当步骤实现同趋势化，以保持可比性。⑦指标的设置要有重点，重要方面的指标可设置得密些、细些，次要方面的指标可设置得稀些，指标的覆盖范围要宽些。⑧指标要有层次性，这样有利于确定指标的权重，便于确定方案的综合效果。

这些原则在实际应用中既要综合考虑，又可能会出现一定的矛盾，应力求正确处理以下矛盾：①评价的有效性与简便性的矛盾。②指标的系统性与指标的可测性的矛盾。③指标的精确性和可信度的矛盾。

（4）确定指标的权重。根据评价结果，各分项指标对综合评价的目标的影响程度是不同的，为了能正确地反映各分项指标对评价目标影响的重要程度，通常通过加权予以修正，重要的指标赋予较大的权重，相对次要的指标赋予较小的权重。加权理论在国内外都有广泛的研究和应用，权重的确定主要依靠专家。因此，如何选定专家、如何搜集和处理专家意见，是获得较为客观的权重的关键。

（5）确定综合评价的判据。综合评价的单一判据多为定性与定量相结合的评价值，如某一指数、某一百分比。对综合评价值的高低、优劣的判别有两种处理方法：一种是预先规定某一数值 N，大于 N 的为可行方案，小于 N 的为不可行方案；另一种是预先不规定一个临界值，而是以综合评价值的大小排列优先顺序。

（6）选择评价方法。根据所评价的类型、内容和具体情况，选择合适的评价方法。评价方法经常是多种方法结合使用，在评价的不同阶段，采用的方法也不同，要在实践中不断探索、改进。

从确定目标、评价范围到确定评价指标权重、选择综合评价方法直至做出评价结论，其中包括预测、分析、评定、协调、计算、模拟、综合等工作，而这些工作又是交叉和反复进行的。

11.4 项目后评价的综合结论与报告

11.4.1 后评价的综合评价和结论

后评价报告的最后一部分内容包括项目的综合评价、结论、经验教训、建议等。

1. 对项目的综合评价和结论

综合评价应汇总整个后评价，以便得出项目实施和成果的定性结论。综合评价以如下三张表为主要依据：①项目的逻辑框架表，如表 11-1 所示，评定项目的目标合理性、实现程度及外部条件。②项目效益指标对比表，通过前后、有无对比评定项目的投入产出结果。③成功度评价表，如表 11-2 所示，就项目实现预期目标的成败程度给出一个定性的结论。

定性结论可分为成功的、部分成功的和不成功的三个等级。

2. 主要经验教训

经验教训主要是两方面的：一是项目本身的重要收获和教训；二是可供其他项目借鉴的经验教训。经验教训也可以从项目、企业、行业、宏观四个方面说明，特别是给项目决策者、投资者、债权人、执行者等提供在项目决策、程序、管理和实施中可借鉴的经验教训，可直接为新项目的决策服务。

3. 建议和措施

根据项目的问题、评价和经验教训，提出对应的建议和措施，包括提出使项目今后持续发挥投资效益和企业潜力的建议和措施。

11.4.2 项目后评价报告的格式

下面给出《投资项目后评价报告》的标准格式，是《中央企业固定资产投资项目后评价工作指南》的附件，供参考。

目录

编制单位资质证书

项目后评价实施单位

参加项目后评价人员名单和专家组人员名单

附图：项目地理位置示意图

报告摘要

一、项目概况

（一）项目情况简述

概述项目建设地点、项目业主、项目性质、特点，以及项目开工和竣工时间。

（二）项目决策要点

项目建设的理由，决策目标和目的。

（三）项目主要建设内容

项目建设的主要内容，决策批准生产能力，实际建成生产能力。

（四）项目实施进度

项目周期各个阶段的起止时间，时间进度表，建设工期。

（五）项目总投资

项目立项决策批复投资、初步设计批复概算及调整概算、竣工决算投资和实际完成投资情况。

（六）项目资金来源及到位情况

资金来源计划和实际情况。

（七）项目运行及效益现状

项目运行现状，生产能力实现状况，项目财务经济效益情况等。

二、项目实施过程的总结与评价

（一）项目前期决策总结与评价

项目立项的依据，项目决策过程和程序。项目评估和可行性研究报告批复的主要意见。

（二）项目实施准备工作与评价

项目勘察、设计、开工准备、采购招标、征地拆迁和资金筹措等情况和程序。

（三）项目建设实施总结与评价

项目合同执行与管理情况，工程建设与进度情况，项目设计变更情况，项目投资控制情况，工程质量控制情况，工程监理和竣工验收情况。

（四）项目运营情况与评价

项目运营情况，项目设计能力实现情况，项目运营成本和财务状况，以及产品结构与市场情况。

三、项目效果和效益评价

（一）项目技术水平评价

项目技术水平（设备、工艺及辅助配套水平，国产化水平，技术经济性）。

（二）项目财务经济效益评价

项目资产及债务状况，项目财务效益情况，项目财务效益指标分析和项目经济效益变化的主要原因。

（三）项目经营管理评价

项目管理机构设置情况，项目领导班子情况，项目管理体制及规章制度情况，项目经营管理策略情况，项目技术人员培训情况。

四、项目环境和社会效益评价

（一）项目环境效益评价

项目环保达标情况，项目环保设施及制度的建设和执行情况，环境影响和生态保护情况。

（二）项目的社会效益评价

项目主要利益群体，项目的建设实施对当地（宏观经济、区域经济、行业经济）发展的影响，对当地就业和人民生活水平提高的影响，对当地政府的财政收入和税收的影响。

五、项目目标和持续性评价

（一）项目目标评价

项目的工程目标；技术目标；效益目标（财务经济）；影响目标（社会环境和宏观目标）。

（二）项目持续性评价

根据项目现状，结合国家的政策、资源条件和市场环境对项目的持续性进行分析，预测产品的市场竞争力，从项目内部因素和外部条件等方面评价整个项目的持续发展能力。

六、项目后评价结论和主要经验教训

（一）项目成功度评价

（二）评价结论和存在的问题

（三）主要经验教训

七、对策建议

（一）对项目和项目执行机构的建议

（二）对中央企业的对策建议

（三）宏观对策建议

➢复习思考题

1．项目后评价的含义和目的是什么？

2．项目后评价的基本原则是什么？

3．项目后评价的基本内容有哪些？

4．制订项目后评价计划的工作有哪些主要内容？一般应当选择什么样的项目进行后评价？

5．简述项目单位进行自我评价的主要内容。

6．简述受委托咨询机构执行后评价工作的主要内容。

7．项目后评价反馈的特点和意义有哪些？

8．项目后评价报告的综合评价和结论部分应当包括哪些内容？

参 考 文 献

陈立文，陈敬武. 2008. 技术经济学概论［M］. 北京：机械工业出版社
陈文晖. 2009. 工程项目后评价［M］. 北京：中国经济出版社
成其谦. 2014. 投资项目评价［M］. 北京：中国人民大学出版社
戴大双，王瑶琪. 2009. 项目融资［M］. 北京：机械工业出版社
郭子坚，宋向群. 2008. 土木工程经济与管理［M］. 北京：中国建筑工业出版社
国家发展改革委，建设部. 2006. 建设项目经济评价方法与参数［M］. 第三版. 北京：中国计划出版社
何芳，傅旗康. 2014. 房地产项目后评价理论与实务［M］. 北京：清华大学出版社
黄渝祥，邢爱芳，等. 2005. 工程经济学［M］. 上海：同济大学出版社
姜早龙. 2005. 工程经济学［M］. 长沙：中南大学出版社
李南. 2009. 工程经济学［M］. 北京：科学出版社
刘晓君. 2008. 工程经济学［M］. 第二版. 北京：中国建筑工业出版社
陆宁，史玉芳. 2009. 建设项目评价［M］. 北京：化学工业出版社
马秀岩. 2011. 项目融资［M］. 北京：高等教育出版社
全国注册咨询工程师（投资）资格考试参考教材编写委员会. 2003. 项目决策分析与评价［M］.北京：中国计划出版社
吴锋，叶锋. 2007. 工程经济学［M］. 北京：机械工业出版社
武献华，宋维佳，屈哲. 2010. 工程经济学［M］. 北京：科学出版社
徐向阳. 2006. 实用技术经济学教程［M］. 南京：东南大学出版社
赵华，苏卫国. 2004. 工程项目融资［M］. 北京：人民交通出版社
朱红章. 2010. 工程项目经济评价［M］. 武汉：武汉大学出版社
Blank L，Tarquin A. 2010. 工程经济学［M］. 胡欣悦，李从东，汤勇力译. 北京：清华大学出版社